ADMIS ÉCOLES DE MANAGEMENT

CONCOURS 2021

4e édition

# LE TOUT-EN-UN ACCÈS

## ESDES • ESSCA • IÉSEG


Ouvrage coordonné par **Sophie Mattern**

**Anne-Marie Bonnerot**
*Professeur certifié d'anglais*

**Marie-Laure Boursat**
*Diplômée de l'ESCP Europe,*
*Responsable administrative et d'orientation de Prépa ECOpole*

**Sophie Mattern**
*Professeur agrégée d'économie et de sciences sociales,*
*Responsable pédagogique de Prépa ECOpole*

**Jean-Dominique Picchiottino**
*Professeur agrégé de mathématiques en CPGE*

**Benoît Thierry-Hildenbrand**
*Enseignant en mathématiques et sciences physiques en classes préparatoires*





PRÉPA ECOpole
Engagement Compétences Orientation

Vuibert

# Ressources numériques

**Offert en ligne :**
**– Fil d'actu mois par mois**
**– Tutos vidéos sur le raisonnement logique et mathématiques**
**– Sujets corrigés supplémentaires**
**sur www.Vuibert.fr/site/208085**

**Remerciements**
Merci à toute l'équipe Vuibert, si sympathique et professionnelle.
Merci aux auteurs pour leur implication.
Merci aux élèves, et lecteurs, sans qui nous ne pourrions exercer notre beau métier.
– Sophie Mattern, coordinatrice –

ISBN : 978-2-311-20808-5

Conception de la couverture et de l'intérieur : Séverine Tanguy
Composition : Stdi


Site Internet : http://www.vuibert.fr

# Sommaire
## pour se repérer

## PARTIE 2 Réussir les épreuves orales

## Entretiens individuel et collectif

## Anglais

# Votre concours, votre école

## en 10 questions-réponses

**NOTE DE L'ÉDITEUR**

Nous dénommerons dans cet ouvrage « écoles de commerce » les écoles qui proposent une formation au monde de l'entreprise au sens large. Elles sont également appelées « écoles de management » ou « écoles de gestion ».

## 1. Quels sont les intérêts d'une école de commerce post-bac ?

Si :

– vous ne vous sentez pas sûr de réussir par la voie de l'université, qui demande une très grande autonomie dans son travail ;

– vous n'êtes pas non plus prêt à faire une CPGE, réservée aux élèves ayant une grosse capacité de travail personnel. On estime, en effet, à 60 heures le temps de travail hebdomadaire d'un étudiant en CPGE, pendant au moins 2 ans ;

– vous êtes attiré par un enseignement concret et appliqué, en rupture avec votre année de terminale ;

– vous préférez vous engager dans une voie où la sélection est faite en début de parcours et non tout au long de la scolarité…

**… alors une école de commerce post-bac correspond peut-être à vos attentes.**

Néanmoins, avant de choisir la vôtre, vérifiez la reconnaissance de la formation de chaque école ! De nombreuses petites écoles privées aux frais de scolarité élevés ne vous donneront ni une formation sérieuse ni un vrai diplôme visé par le ministère de l'Enseignement supérieur. Alors prenez bien le temps de choisir.

- **Diplômes et certificats délivrés par les écoles**
  - **Labels** (reconnaissance européenne ou internationale)
    - **AACSB** (label américain)
    - **EQUIS** (reconnaissance par l'UE de toute l'école)
    - **EPAS** (reconnaissance par l'UE d'une formation spécifique au sein de l'école)
  - **Visa** (autorisation du ministère de l'Enseignement supérieur de délivrer des diplômes)
    - Bachelor (bac + 3)
    - BBA *(Bachelor in Business Administration)* (bac + 4)
    - Master 2 ou mastère (bac + 5)
    - Grade master (permet de poursuivre en doctorat) (bac + 5)
- **Certificat**
  - Sorte de certificat de scolarité de l'école, pas un diplôme reconnu par le ministère de l'Enseignement supérieur

## 2. Qu'apprend-on dans une école de commerce ?

À la différence d'un enseignement en faculté d'économie ou d'une formation de type IEP, vous suivrez, dans une école de commerce, des enseignements très différents de ceux du lycée.

Finies, ou quasi finies, le français, l'histoire et la philosophie !

L'enseignement est appliqué au monde de l'entreprise et à son fonctionnement. La formation donnée par l'école est toujours complétée par des stages et des expériences à l'international, en entreprise et/ou en université.

**Les matières enseignées en école de commerce**

- Gestion – Finances – Audit – Comptabilité
- Marketing et ventes
- Entreprenariat – Management
- Économie – Droit commercial
- 2 langues étrangères au minimum

## 3. Quelles sont les voies possibles pour intégrer une école de commerce ?

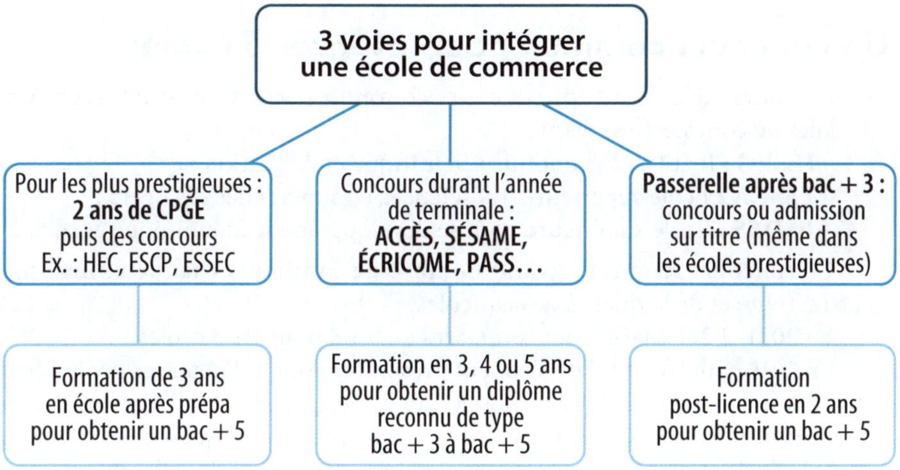


### A. Les avantages et les inconvénients de chacune des voies d'accès en école de commerce

| Voies d'admission | Avantages | Inconvénients |
|---|---|---|
| **Post-bac** | ■ Pas de stress lié à Parcoursup, l'orientation est assurée à condition d'obtenir le bac. | ■ Études (très) chères. |
| **Bac + 2 via CPGE** | ■ Accès aux écoles prestigieuses : la CPGE reste la voie de l'excellence. | ■ Beaucoup de travail et de stress.<br>■ Pas de certitude d'intégrer une école. |
| **Bac + 2 (BTS, IUT, L2) ou Bac + 3 (autre que CPGE)** | ■ Pas la pression de la CPGE.<br>■ Deux années de scolarité en moins à payer par rapport à la voie d'admission post-bac. | ■ Difficulté de travailler seul en fac (beaucoup d'échec en 1re année).<br>■ Pas de certitude d'intégrer une école. |

### B. Financer ses études en école de commerce

Contrairement à d'autres études, l'État ne finance pas les études en école de commerce. Elles sont donc très onéreuses pour les étudiants.

Les pistes de financement, qui se cumulent, sont les suivantes :

– faire un prêt étudiant : les banques prêtent assez facilement aux étudiants de cette filière ;

– avoir en tête que des stages sont obligatoires et rémunérés (500 euros par mois les premières années, parfois 1 000 euros ou plus en 5e année) ;

– obtenir des bourses des écoles et de certaines fondations au service de l'égalité des chances et de l'éducation si la situation familiale le justifie ;

– mais surtout faire ses études en alternance, ce qui est souvent possible en années de master, parfois dès la troisième année : on partage son temps entre l'entreprise et l'école. L'entreprise paie les frais de scolarité et rémunère l'étudiant au SMIC. Un vrai bon plan, qui aide aussi à trouver rapidement du travail à la sortie.

# 4. Pourquoi intégrer une école de commerce du concours ACCÈS ?

## A. Un concours commun pour intégrer 3 écoles

Le concours ACCÈS est un concours commun permettant d'intégrer l'une des 3 écoles de commerce suivantes :

- **IÉSEG :** Institut d'économie scientifique et de gestion ;
- **ESSCA :** École supérieure des sciences commerciales d'Angers ;
- **ESDES :** École supérieure pour le développement économique et social.

Ce concours réunit un **grand nombre de candidats chaque année**, signe de l'attractivité et de la qualité de ces écoles.

En 2021, 2 200 places sont proposées au total pour les 3 écoles.

En 2019, 7 000 candidats s'étaient présentés, pour 1 850 places proposées.

Tout le monde n'aura pas la possibilité d'intégrer une de ces écoles. **Une bonne préparation est donc un atout** car c'est en s'entraînant que l'on devient performant ! D'autant plus que les épreuves sont bien différentes de celles du baccalauréat.

Avant tout, **soyez confiant** ! Les statistiques d'admission font, à tort, souvent peur.

Il faut noter que le **désistement** de certains admis peut vous donner la chance d'intégrer finalement une école.

Le taux d'admission ne correspond pas au nombre de candidats rapporté au nombre de places mais au rang du dernier admis, après désistement de certains candidats (ceux admis dans plusieurs écoles), rapporté au nombre de places.

**Exemple :** l'ESDES propose 220 places en première année, mais un certain nombre de candidats, inscrits au concours ACCÈS à l'ESDES et à l'IÉSEG, seront admis aux deux écoles. La plupart choisiront d'intégrer l'IÉSEG, qui bénéficie d'une renommée plus grande. Ils se désisteront alors de la liste des admis à l'ESDES et les places libérées bénéficieront aux candidats qui étaient sur liste d'attente. Si l'ESDES offre 220 places, le dernier étudiant admis à cette école sera peut-être à la 500$^{e}$ place.

**ATTENTION**

Master, mastère et Grade de master renvoient à un diplôme visé par le ministère de l'Enseignement supérieur, de la Recherche et de l'Innovation au niveau bac + 5. Master et mastère sont des synonymes, « mastère » étant la version française du mot anglais « master ».

En revanche, le « grade de master » offre une distinction supplémentaire, qui donne au diplôme une valeur supérieure et surtout la possibilité de poursuivre des études en doctorat.
Toutes les formations universitaires à bac + 5 délivrent un grade de master, mais seules les meilleures écoles de commerce obtiennent cette distinction pour leur diplôme.
Et ceci n'est pas définitif. Ce droit est accordé pour une durée déterminée. Le ministère de l'Enseignement supérieur, de la Recherche et de l'Innovation peut décider de renouveler ou non ce label en fonction de la qualité de la formation au sein de l'école de commerce considérée.

## B. Les points forts communs aux 3 écoles

- Les 3 écoles sont **membres de la Conférence des grandes écoles**. La Conférence des grandes écoles réunit les meilleures écoles d'enseignement supérieur dans tous les domaines (ingénierie, commerce, management, etc.) ainsi que des écoles normales supérieures en architecture, art, médecine vétérinaire, etc. Elles délivrent des diplômes visés avec le grade de master (bac + 5).
- Leurs formations sont **labellisées AACSB**, qui est un label américain garantissant la grande qualité des programmes. Seules les meilleures écoles décrochent ce label.
- Il s'agit d'une formation généraliste en 5 ans, de qualité reconnue, avec obtention d'un **diplôme visé avec le grade de master** par le ministère de l'Enseignement supérieur, de la Recherche et de l'Innovation, qui est attribué uniquement aux meilleures écoles de commerce en France. Seules 12 écoles de commerce post-bac délivrent un diplôme revêtu du grade de master. Pour obtenir son diplôme, il faut cependant valider les 5 ans d'études : il n'y a pas de diplôme intermédiaire au niveau bac + 3.
- Les 3 écoles sont **membres de la Fédération internationale des universités catholiques**. Les universités catholiques reçoivent des étudiants de toutes sensibilités religieuses et sont ouvertes à tous. Elles ne demandent pas un certificat de baptême à l'inscription ni ne dispensent de cours de religion, mais proposent souvent des enseignements autour des **valeurs** et de la **quête de sens**.

# C. Présentation des 3 écoles

## a. L'ESDES

<table>
<tr><th colspan="2">Fiche d'identité</th></tr>
<tr><td>Logo</td><td>esdes Lyon<br>THE BUSINESS SCHOOL OF UCLY</td></tr>
<tr><td>Histoire</td><td>Cette école de commerce post-bac a été créée en 1987 par l'Université Catholique de Lyon.</td></tr>
<tr><td>Campus</td><td>Un tout nouveau campus a ouvert au cœur de la ville de Lyon.<br>10, place des Archives<br>69002 Lyon</td></tr>
<tr><td>Informations</td><td>04 72 32 50 48<br>www.esdes.fr</td></tr>
<tr><td>Description</td><td>L'école du concours la plus accessible<br>250 places sont proposées en première année. Cette école est plus récente que les 2 autres, mais bénéficie comme celles-là des garanties de grande qualité de l'enseignement (diplôme bac + 5 visé, grade de master, label américain AACSB et rattachement à l'Université Catholique de Lyon). Son histoire plus récente lui a donné à ce jour nettement moins de diplômés sur le marché du travail (3 500 contre 15 000 pour l'ESSCA), et moins de reconnaissance par les entreprises. Cela rend cette école un peu moins difficile à intégrer, et c'est peut-être une chance à saisir ! Vous aurez la chance d'étudier dans de très bonnes conditions sur un campus tout neuf en centre-ville de Lyon.<br>Une marque de fabrique : le « manager-entrepreneur responsable »<br>L'ESDES a un programme pédagogique qui met l'accent sur l'humain en entreprise et une économie responsable, avec des promotions d'étudiants à taille humaine (250 étudiants par année).<br>La formation sensibilise tout particulièrement les étudiants à l'importance des comportements et de l'éthique professionnels, et éveille aux questions de sens et de valeur avec un socle solide de culture économique et sociale.<br>Vous noterez que, dans le recrutement, cette école valorise plus que les deux autres écoles l'épreuve d'ouverture culturelle et, à l'inverse, un peu moins les mathématiques (voir les coefficients des épreuves écrites).<br>La pédagogie 360 ° à l'ESDES pour devenir manager-entrepreneur :<br>
</td></tr>
</table>

## International et double diplôme

De façon plus classique sur ce plan, l'ESDES a développé un vaste réseau d'accords avec 130 universités partenaires à travers le monde, dont 9 permettant l'obtention d'un double diplôme. Tous les étudiants partent au minimum 1 semestre dans une université étrangère, et jusqu'à 3 semestres sont possibles.

## Profil des candidats

L'ESDES était « dans l'ancien bac » un peu plus ouverte (et un peu moins sélective) que les deux autres écoles quant à son recrutement puisque la répartition des admis de l'ESDES par type de bacheliers était la suivante :
- 60 % ES ;
- 30 % S ;
- 10 % autres.

## Programmes

Le cycle master en 2 ans : les deux dernières années permettent aux étudiants de se spécialiser dans un des domaines suivants, au choix :
- audit et finance d'entreprise ;
- expertise et contrôle ;
- finance et marchés ;
- *digital communication* ;
- *marketing and sales development* ;
- développer et entreprendre ;
- *international risks management* (IRM) ;
- *international supply chain management* (ISCM) ;
- management et stratégie d'entreprise ;
- management stratégique des ressources humaines.

## Frais de scolarité

9 900 € par an en 2020-2021.
L'école propose son propre système d'aide au financement des études allant jusqu'à une réduction de 30 % sur le prix normal, en fonction de la situation de l'étudiant et de sa famille. 10 à 15 % des étudiants en bénéficient.

## b. L'ESSCA

| Fiche d'identité | |
|---|---|
| **Logo** | ESSCA ÉCOLE DE MANAGEMENT |
| **Histoire** | Première des écoles de management post-bac, créée il y a plus de 100 ans par l'Université Catholique de l'Ouest. |
| **Siège** | 1, rue Joseph-Lakanal<br>BP 40348<br>49003 Angers CEDEX 01 |
| **Campus** | Paris – Boulogne :<br>55, quai Alphonse-Le-Gallo<br>92513 Boulogne-Billancourt CEDEX<br>Angers<br>1, rue Joseph-Lakanal<br>BP 40348<br>49003 Angers CEDEX 01<br>+ 3 campus plus petits ouverts récemment à Aix-en-Provence, Bordeaux, Cholet et Lyon. |
| **Informations** | 02 41 73 47 47<br>www.essca.fr |
| **Description** | **L'ESSCA est également l'une des meilleures écoles de commerce post-bac, et la plus ancienne.**<br>Son sérieux et son ancienneté lui donnent une bonne légitimité vis-à-vis des entreprises et un réseau d'anciens élèves important (14 500 diplômés), qui est une aide précieuse pour trouver un stage ou un emploi à la sortie de l'école.<br>**1 100 places sont proposées en première année**, réparties sur 5 campus (Angers et Paris, les deux plus grands, Aix-en-Provence, Bordeaux et Lyon).<br>Comme pour l'IÉSEG, le choix du campus se fera après votre admission en fonction de votre rang d'admission et des places encore disponibles sur le campus : si vous êtes bien classé après les oraux, vous choisirez librement, et si vous intégrez l'ESSCA parmi les derniers, peut-être qu'un seul campus vous sera proposé. |

### International et double diplôme

En plus des 6 campus, l'ESSCA s'est implantée à Budapest (Hongrie) et à Shanghai (Chine).
Durant le cursus, l'étudiant doit étudier au moins deux semestres à l'étranger, le premier pouvant être effectué dès la 2e année. La 3e année est dédiée à l'international avec un semestre de cours en anglais et un semestre à l'étranger obligatoire, soit dans une université partenaire, soit sur les sites de l'ESSCA à Budapest ou à Shanghai, soit en stage en entreprise à l'étranger.
L'ESSCA a développé par ailleurs un important réseau de 227 universités partenaires à travers le monde.
Et 22 doubles diplômes avec une université étrangère sont proposés aux étudiants.

### Profil des candidats

Les candidats du concours ACCÈS qui intègrent l'ESSCA viennent de filière générale. Il n'est pas précisé de spécialité requise, mais une spécialité mathématiques complémentaire en terminale est conseillée.

## Programmes

Après un premier cycle généraliste sur 3 ans, chaque élève est amené à se spécialiser en fonction de son projet professionnel durant ses 2 dernières années d'études.
En 4e année, vous devrez faire un premier choix parmi 3 grands domaines : marketing, management, finance.

En 5e année, vous choisirez une majeure plus ciblée au choix parmi 19 spécialisations !
L'ESSCA propose à ceux qui le souhaitent pour ces 2 dernières années un dispositif d'études en alternance : vous alternez 2 semaines à l'école et 3 semaines en entreprise. Pour plus d'informations, vous pouvez envoyer vos questions à l'adresse : audrey.menard@essca.fr

## Frais de scolarité

11 025 € par an en 2020-2021.
L'école propose son propre système d'aide au financement des études.
Des réductions sur les frais de scolarité sont accordées en fonction des ressources et des charges de l'étudiant et sa famille. De plus, des bourses d'excellence sont attribuées aux dix premiers boursiers lauréats du concours d'entrée.

## c. L'IÉSEG

| Fiche d'identité | |
|---|---|
| Logo | IÉSEG<br>SCHOOL OF MANAGEMENT |
| Histoire | École créée en 1964 par l'université catholique de Lille.<br>Deux campus d'études possibles : Paris-La Défense ou Lille. |
| Siège | 3, rue de la Digue<br>59000 Lille |
| Campus | Socle de la Grande Arche<br>1, parvis de la Défense<br>92044 Paris-La Défense<br>ou<br>3 rue de la Digue<br>59000 Lille |
| Informations | 03 20 54 58 92<br>www.ieseg.fr |
| Description | **Une école très prisée et sélective**<br>**900 places sont proposées au total en première année**, avec un taux d'admission de 12 % environ. Il y a peu de désistements parmi les candidats admis en première liste. |
| | Elle est l'une des meilleures écoles de commerce post-bac, sinon la meilleure, selon les différents classements existants sur les écoles de management en France (*Financial Times*, *Le Point*, *L'Étudiant*). N'hésitez pas à consulter sur Internet le palmarès annuel, généralement donné sur 3 ans pour mettre en évidence les écoles qui montent en cote de popularité et celles qui baissent.<br>En fonction de votre rang d'admission, vous pourrez choisir le campus où vous étudierez, soit Lille soit Paris-la-Défense. Mais il est probable que les derniers étudiants admis n'aient pas le choix. Si, par exemple, toutes les places proposées sur le campus de Lille ont été pourvues, alors seules les dernières places disponibles sur le campus de Paris seront proposées. |

### International

**Une dimension internationale forte**

À partir de la 3e année, l'enseignement est délivré entièrement en anglais par des enseignants étrangers.
Le cursus prévoit plusieurs stages obligatoires à l'étranger.
Il prévoit également des échanges universitaires de 6 à 18 mois, avec possibilités de doubles diplômes, dans l'une des 306 universités partenaires de l'école dans 75 pays.

### Emplois

**Une formation généraliste, reconnue sur le marché du travail**

80 % des étudiants sortis de l'IÉSEG trouvent du travail dès la sortie de l'école ou dans les 4 mois suivants, dans tous les domaines d'activité.
Un tiers des jeunes diplômés démarrent leur carrière à l'étranger.

### Profil des candidats

**Des élèves issus de terminale générale avec une spécialité mathématiques très conseillée.**

Les candidats du concours ACCÈS qui intègrent l'IÉSEG proviennent pour la moitié environ de terminale ES et pour l'autre moitié environ de terminale S. Très peu ou aucun des candidats n'a suivi une filière L ou STMG.

| Programmes |
|---|
| **Les 9 programmes de master proposés à l'IÉSEG**<br>Le cycle bachelor en 3 ans<br>Tous les élèves commencent par une formation généraliste sur 3 ans, intégrant des stages en entreprises et des échanges avec des universités étrangères.<br>Puis, ils intègrent le cycle master en 2 ans.<br>Les deux dernières années permettent aux étudiants de se spécialiser dans l'un des 9 domaines suivants au choix :<br>– Marketing management ;<br>– Marketing digital ;<br>– Négociation internationale et développement des affaires ;<br>– Systèmes d'information ;<br>– Économie des affaires ;<br>– Entrepreunariat ;<br>– Gestion des hommes et organisations ;<br>– Opérations de gestion de la chaîne d'approvisionnement ;<br>– Gestion d'actifs et des risques ;<br>– Gestion et contrôles financiers ;<br>– Transactions financières et stratégie d'entreprise ;<br>– Audit et conseil.<br>**Depuis 2016 : un double diplôme « International Business and Law » permet d'avoir une double compétence en droit et management.**<br>Durée : 5 ans.<br>Campus : Issy-les-Moulineaux et La Défense (région parisienne).<br>L'IÉSEG s'associe à la faculté de droit de l'université catholique de Lille pour proposer un double diplôme unique afin d'acquérir une double compétence, prisée sur le marché du travail.<br>Les fonctions visées par ce double diplôme sont les suivantes : juriste, avocat spécialisé en droit des affaires, magistrat, fiscaliste, administrateur judiciaire, directeur financier, etc.<br>La procédure d'inscription à ce programme se fait en plusieurs étapes :<br>1. Il faut s'inscrire des deux côtés :<br>– s'inscrire et passer le concours ACCÈS ;<br>– simultanément compléter un dossier sur le site de la faculté de droit de l'université catholique de Lille sur : espaceadmission.univ-catholille.fr.<br>2. Le résultat d'admissibilité a lieu le jour des résultats du concours ACCÈS.<br>3. Une seule étape orale commune à l'IÉSEG et la faculté de droit (avec un oral de motivation et un oral d'anglais).<br>4. Résultats définitifs mi-juin. |
| **Frais de scolarité** |
| 11 480 € par an en 2020-2021. |

## Tableau récapitulatif des 3 écoles

| Écoles | Campus de l'école | Nombre de places | International | Atouts | Frais de scolarité |
|---|---|---|---|---|---|
| **ESDES** | Lyon | 250 | Accords avec 130 universités | Manager-entrepreneur responsable | 9 900 € |
| **ESSCA** | Angers<br>Paris<br>Budapest<br>Shanghai | 1 100 | Accords avec 180 universités | Certains masters possibles en alternance | 11 025 € |
| **IÉSEG** | Lille<br>Paris | 900 | Accords avec 200 universités | Nouveau double diplôme « *International Business & Law* » | 11 480 € |

## 5. Comment se déroulent les concours ?

Les concours se déroulent en trois temps :

**Temps 1 : tous les candidats passent les épreuves écrites**
Seront ensuite déclarés admissibles pour passer la deuxième série d'épreuves orales les candidats qui ont les meilleures notes aux épreuves écrites. Les autres candidats non admissibles sont éliminés du concours.

**Temps 2 : l'admissibilité et les épreuves orales**
Les candidats sont déclarés admissibles ou non, séparément par chacune des écoles en fonction :

– de leur inscription à cette école ;

– de leur rang, calculé à partir des notes obtenues aux épreuves écrites pondérées des coefficients.

**Exemple :** un candidat peut être admissible à l'ESDES et non admissible à l'IÉSEG en étant inscrit aux deux écoles ou inversement.

**Temps 3 : l'admission par école**
Sont déclarés admis dans chaque école les meilleurs candidats après les épreuves orales.

Si l'école a 500 places, les 500 premiers candidats sont déclarés admis. Mais rien n'est encore perdu pour les autres candidats car une liste d'attente est constituée par l'école en classant les candidats suivants. En effet, certains élus de la première liste sont admis simultanément à plusieurs écoles ou à d'autres choix qu'ils ont faits (une CPGE, une faculté, etc.). Ils libèrent alors une place en se désistant. Ne désespérez surtout pas et renseignez-vous sur le rang du dernier admis de l'école les années précédentes pour vous donner une estimation de votre chance de l'intégrer.

### CONSEILS DU FORMATEUR

- Il est très important, avant de vous inscrire au concours ACCÈS, de savoir quelle(s) école(s) vous intéresse. Pensez à tous les critères : l'école, les coefficients appliqués sur chaque épreuve du concours (voir le tableau ci-après), mais aussi le lieu d'études et les frais d'études (scolarité et hébergement si vous quittez le foyer familial).
- Réalisez également que vous devrez vous déplacer dans chaque école pour passer les épreuves orales et cela vous mobilisera à chaque fois une journée, prise sur vos cours de terminale en mai-juin, à l'approche du bac.

# 6. Quelles sont les épreuves ?

## Les épreuves écrites en détail

| Matières | Épreuves écrites sur 1 journée | Durée |
|---|---|---|
| **Synthèse** | ■ Synthèse écrite à partir d'un dossier d'un ensemble de documents sur un thème d'actualité ou d'intérêt général. Rédigée en 350 mots avec une marge de tolérance de 10 % | 3 h 00 |
| **Raisonnement logique et mathématiques** | ■ 3 parties de 5 questions chacune (raisonnement logique, raisonnement mathématique, problème mathématique) | 2 h 30 |
| **Ouverture culturelle** | ■ 65 questions réparties en 4 grandes thématiques :<br>– histoire, géographie, mythes et religions ;<br>– idées, sciences et techniques ;<br>– politique, économie, société ;<br>– arts, loisirs, médias | 45 min |
| **Anglais** | ■ Grammaire et vocabulaire (30 questions)<br>■ 2 textes de compréhension écrite sur des sujets d'actualité (10 questions) | 45 min |

## Les épreuves orales en détail

| Matières | Épreuves orales | Durée |
|---|---|---|
| **Entretien individuel** | ■ Conversation informelle avec un jury de 2 ou 3 personnes. Le candidat doit montrer sa capacité à communiquer, son ouverture au monde et sa motivation pour faire des études de gestion longues | De 30 min (ESSCA) à 45 min (ESDES et IÉSEG) |
| **Entretien collectif (ESSCA)** | ■ Discussion non préparée sur un sujet d'intérêt général, avec un groupe de 6 ou 7 candidats. Le jury n'intervient pas et juge les candidats sur leur capacité à contribuer au collectif et leurs relations avec les autres | 45 min |
| **Entretien d'argumentation (ESSCA)** | ■ Exposé de présentation d'un sujet d'intérêt général ou d'actualité | 10 min (30 min de préparation) |
| **Anglais** | ■ Commentaire d'un texte et réponses à des questions orales, avec 30 minutes de préparation | De 30 min (ESDES et IÉSEG) à 45 min (ESSCA) |

# 7. Quels sont les coefficients des différentes épreuves ?

### Les coefficients des épreuves écrites et orales par école

| Épreuves | ESDES | ESSCA | IÉSEG |
|---|---|---|---|
| Synthèse | 4 | 6 | 6 |
| Raisonnement logique et mathématiques | 6 | 8 | 8 |
| Ouverture culturelle | 6 | 3 | 3 |
| Anglais écrit | 4 | 3 | 3 |
| Total des épreuves écrites | 20 | 20 | 20 |
| Entretiens individuel et collectif (pour l'ESSCA) | 7 | 10 | 7,5 |
| Anglais oral | 3 | 3 | 2,5 |
| Total des épreuves orales | 10 | 13 | 10 |
| Total des coefficients | 30 | 33 | 30 |

- L'anglais est obligatoire et est évalué à l'écrit et à l'oral avec des coefficients presque identiques, d'où l'importance de se préparer à l'écrit et à l'oral.

# 8. L'inscription : quand et où ?

## a. Quand ?

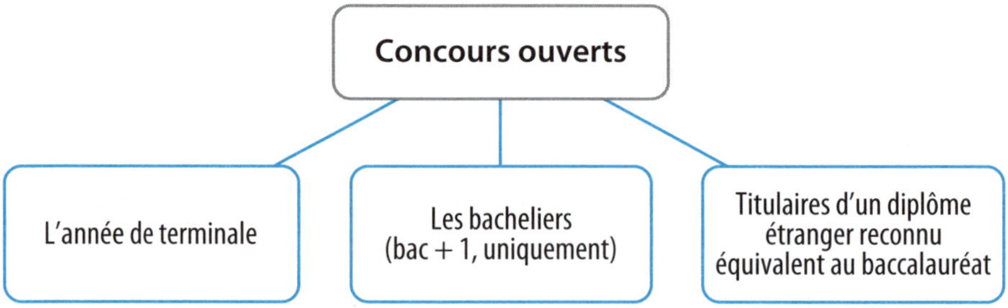


Ce concours est ouvert aux élèves de terminale et de bac + 1 et à ceux titulaires d'un diplôme étranger reconnu équivalent au baccalauréat.

L'inscription se fait **uniquement en ligne sur la plateforme Parcoursup.** L'inscription au concours ACCÈS vaut pour un vœu, même si vous présentez les trois écoles.

Une confirmation d'inscription est envoyée par e-mail au candidat. Il doit en vérifier l'exactitude.

Le candidat devra télécharger et imprimer sa convocation aux épreuves écrites depuis le site ACCÈS, qu'il devra présenter le jour des épreuves, avec sa carte d'identité. Aucun envoi de convocation n'est fait par courrier.

# RÉUSSIR SON INSCRIPTION SUR PARCOURSUP

Si Parcoursup impressionne les élèves, la procédure est pourtant bien encadrée. Il suffit de suivre les recommandations indiquées sur le site Internet du ministère de l'Éducation nationale : www.parcoursup.fr.

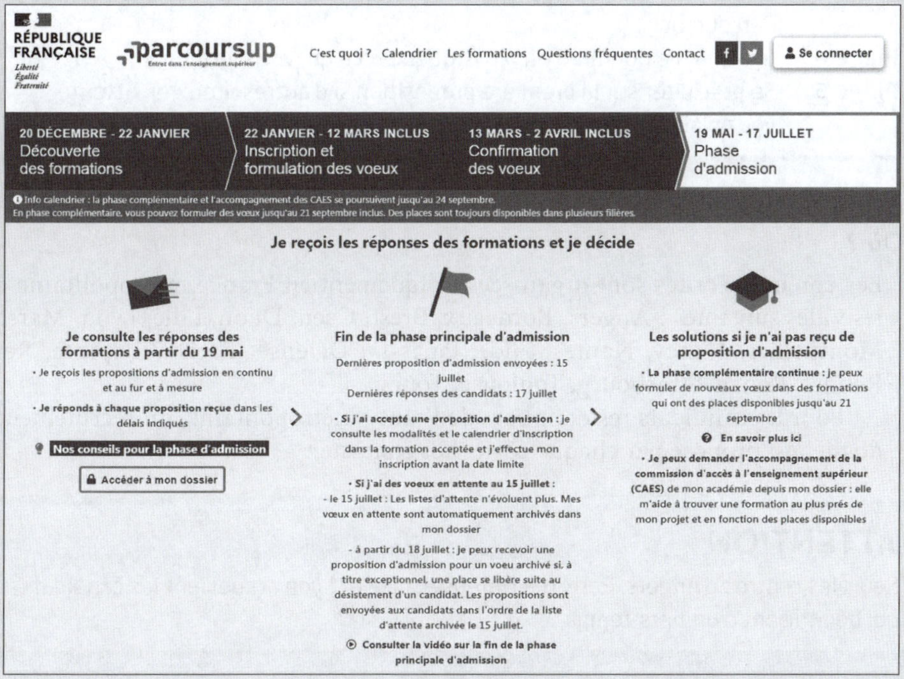


Par ailleurs, vous serez accompagné toute l'année par le responsable du centre de documentation d'information et d'orientation (CDIO) et par l'équipe enseignante.

Des milliers d'autres élèves sont passés par la procédure avant vous et tout s'est bien fini. Les rares élèves déçus par la procédure, souvent médiatisés pour faire sensation, sont souvent ceux qui n'ont pas suivi les conseils suivants :

**Conseil 1 :** Respectez bien les dates, sinon, aucun recours n'est possible.

**Conseil 2 :** Choisissez ce qui vous donne envie de poursuivre vos études en cohérence avec vos compétences (n'allez pas en médecine si vous avez renoncé aux maths en classe de première).

**Conseil 3 :** Écoutez votre cœur plutôt que les statistiques de réussite (ou vos parents).

**Conseil 4 :** Ne choisissez que des filières sélectives mais ouvrez également le champ des possibles à des formations plus accessibles.

**Conseil 5 :** Soignez la présentation de votre motivation lorsqu'il vous est demandé d'en écrire une. Faites attention aux fautes d'orthographe et faites un effort de structure de l'argumentation.

Voici cinq conseils supplémentaires sous la forme de pièges à éviter :

**Piège 1 :** Ne choisir que des filières sélectives.

**Piège 2 :** Ne pas répondre à temps aux propositions de vœux (tout est bien indiqué sur le site au fur et à mesure, vous ne pouvez pas vous tromper).

**Piège 3 :** Ne pas suivre les conseils de vos enseignants qui ont l'habitude de Parcoursup.

**Piège 4 :** Choisir « ce qui fait bien » plutôt que « ce qui vous va bien ».

**Piège 5 :** Se précipiter sur la première proposition si d'autres vœux en attente vous plaisent davantage.

### b. Où ?

Les épreuves écrites sont organisées uniquement en France métropolitaine dans les villes suivantes : Angers, Bordeaux, Brest, Caen, Dijon, Lille, Lyon, Marseille, Montpellier, Nancy, Nantes, Nice, Paris-La Défense, Paris-Villepinte, Reims, Rennes, Rouen, Strasbourg, Toulouse, Tours.

Pour les candidats résidant hors de France métropolitaine, un recrutement sur dossier est proposé par chaque école. Les contacter.

**ATTENTION**

Seuls les centres d'Angers, Paris (La Défense), Lille et Lyon accueillent les candidats qui bénéficient d'un tiers-temps.

**NOTE DU FORMATEUR**

Les candidats boursiers de l'année en cours bénéficient de la gratuité des frais d'inscription sur présentation d'un justificatif (mais procédure en amont auprès du rectorat).

## 9. Combien coûte l'inscription aux concours ?

L'inscription au concours a un prix unique de 285 euros.

**ATTENTION**

- Les frais de déplacement pour aller passer les épreuves orales dans chaque école où le candidat est admissible sont à la charge du candidat.
- Le report de votre admission d'un an dans une école est impossible ! Si vous avez la chance d'être admis dans une école, vous n'aurez pas la possibilité de retarder d'un an votre admission dans l'école pour, par exemple, faire une année de césure, partir à l'étranger, etc. Vous êtes obligatoirement admis pour l'année en cours, à la rentrée de septembre.

## 10. Quel est le calendrier des concours, depuis l'inscription jusqu'aux résultats d'admission ?

Les différentes dates sont publiées sur le site du concours ACCÈS fin octobre de chaque année : www.concours-acces.com.

Inscription au concours :
du 22 janvier au 2 avril 2021

Épreuves écrites :
1 journée, 8 avril

Résultats d'admissibilté :
16 avril

Épreuves orales dans chaque école :
du 19 au 30 avril

Résultats d'admission définitive le 19 mai,
avec liste d´attente pour certains

## Manon, lauréate du concours

« Au début de l'année, je n'étais sûre de rien. Je me suis inscrite au concours ACCÈS parce que je ne savais pas quoi faire, tout comme j'ai fait des vœux sur Parcoursup sans trop d'avis. Puis, au fur et à mesure des salons étudiants et des portes ouvertes, j'ai été de plus en plus emballée par les écoles de commerce, et notamment l'IÉSEG.

Pour les oraux, j'étais très stressée, forcément. En plus, c'est assez impressionnant d'arriver sur l'énorme parvis de La Défense, avec tous ses actifs pressés.

C'est un homme qui m'a ouvert la porte pour entrer dans la salle d'entretien. Il y avait deux autres membres de jury assis. Un homme plus âgé avec de toutes petites lunettes et une femme très classe avec des cheveux blancs, genre ministre. Ce n'était pas trop l'univers dans lequel j'avais l'habitude de vivre. Mes parents et moi sommes plutôt décontractés mais comme l'habit ne fait pas le moine, je ne me suis pas laissée déstabiliser. J'avais mis un pantalon noir, des chaussures en toile toutes propres et un chemisier rayé. Pas trop le genre de vêtements que je porte d'habitude mais je ne suis quand même pas allée jusqu'à mettre une jupe ou une robe alors que je ne le fais jamais.

L'entretien a commencé par les questions classiques : mon âge, mon lycée, ma filière en terminale, mes points forts et faibles. Puis ils m'ont demandé si j'avais une passion. Je n'ai jamais trop su répondre à cela… Je ne suis pas une musicienne, une danseuse, une férue de littérature ou autre, mais comme j'avais lu dans le livre Vuibert qu'il valait mieux être sincère, j'ai joué franc jeu. Je leur ai dit que j'adorais le trampoline. J'habite dans un pavillon en région parisienne, avec un jardin où mes parents ont installé un trampoline pour mon petit frère et moi depuis qu'on est petit. J'ai inventé un jeu avec des règles bien précises pour concilier le trampoline et la passion de mon petit frère pour le foot. Ça avait l'air d'intéresser le jury parce qu'ils m'ont demandé de décrire ce jeu. Et ils ont souri. Je ne savais pas trop s'ils se moquaient de moi ou pas, mais je ne me suis pas laissée abattre. J'ai dit que cela prouvait que j'avais des idées et aussi de la détermination parce que l'élaboration des règles avait demandé de la réflexion. Ils ont à nouveau souri.

Au final, je suis fière de moi ! J'ai eu 16/20 à mon oral et je suis maintenant en 3e année de l'IÉSEG.

Si j'avais un conseil à vous donner, je reprendrais celui du livre : soyez sincère, osez défendre vos idées. Le tout, c'est d'être convaincant. Parmi ceux de ma promo, il y en a un qui avait parlé de sa passion des mangas, un autre de ses compétitions de trottinettes. C'est véridique ! Alors, bonne chance pour le grand saut :-) »

# Tom, membre de jury du concours ACCÈS

« Je suis polonais d'origine et j'enseigne dans une université avec laquelle plusieurs écoles de commerce françaises ont des partenariats. C'est pour cela que je suis régulièrement sollicité pour faire passer les oraux d'entretien collectif ou individuel.

C'est très marquant de voir avec quelle rapidité on se fait une idée du candidat. Il paraît qu'en entretien d'embauche, tout se joue dans les 30 premières secondes. Je n'irai peut-être pas jusque-là pour les entretiens avec les étudiants, il est nécessaire néanmoins qu'ils prennent conscience de la première impression qu'ils donnent.

Il faut arriver soigné pour montrer son respect au jury, représentant l'école et le monde professionnel. Les candidats doivent être polis et à l'écoute. Trop de jeunes sont prétentieux et arrogants. Il faut savoir convaincre tout en restant humble. Ce n'est pas facile mais c'est leur défi ! Par ailleurs, il est important de se montrer ouvert sur l'international car le monde est désormais connecté. Il est fort probable que les étudiants travailleront à l'étranger, ou avec d'autres pays. Souvent, les candidats évoquent les pays anglo-saxons, le rêve américain ou la puissance chinoise mais ils ne doivent pas oublier toute l'Europe de l'Est ! C'est en effet des partenaires privilégiés dans l'Union Européenne et une zone économique dynamique en plein essor.

Bonne chance à chacun et à bientôt peut-être dans mon université ! »

# Auto-évaluation

Afin d'organiser votre préparation, voici un QCM d'auto-évaluation de 25 questions sur toutes les épreuves du concours ACCÈS.

Pour chaque question, une seule réponse est correcte.

## Synthèse (méthodologie)

**1 L'épreuve de synthèse de 3 h 00 comporte :**

- a. Un plan déjà déterminé.
- b. Pas de plan, tout est à déterminer.
- c. Un résumé « à trous » à compléter.

**2 Lors du concours, les outils mis à disposition sont :**

- a. La calculatrice pour compter les mots.
- b. Le dictionnaire pour les termes complexes.
- c. Aucun outil n'est mis à disposition.

**3 Outre une rédaction synthétique, l'épreuve suppose :**

- a. Une lecture efficace de documents.
- b. Une parfaite maîtrise de l'actualité.
- c. Des connaissances littéraires appuyées.

**4 Des recommandations de mots à +/- 10 % sont :**

- a. Une indication pour donner une idée de la longueur attendue.
- b. Un impératif à suivre absolument.
- c. Un minimum autorisé.

**5 « La forme » compte beaucoup pour un concours, cela signifie qu'il faut :**

- a. Être sportif pour réussir.
- b. Soigner sa graphie et éviter les ratures.
- c. Arriver en tenue élégante lors des écrits.

## Raisonnement logique et mathématiques

**6 Quelle est la dérivée de $f(x) = -4\sqrt{x^2 - 3x}$ ?**

- a. $f'(x) = \dfrac{2x-3}{2\sqrt{x^2-3x}}$
- b. $f'(x) = \dfrac{-4x+6}{\sqrt{x^2-3x}}$
- c. $f'(x) = -2(2x-3)(x^2-3x)^{-1/2}$

**7 Un stade d'athlétisme possède 25 000 places. Le tarif moyen d'une entrée est de 20 €. Le tarif moyen des meilleures places est de 35 € et celui des moins bonnes places est de 10 €.**
**De plus, 8 % de ces moins bonnes places ont un tarif moyen de 5 €.**
**À partir de ces informations, on peut conclure que :**

- a. Les meilleures places correspondent à 2/5 des places de ce stade.
- b. Si l'organisateur de l'événement sportif diminue le tarif moyen des meilleures places de 6 €, alors le tarif moyen global devient inférieur à 17 €.
- c. La vente des 8 % des moins bonnes places représente moins de 2 % de la recette totale si toutes les entrées sont vendues.

**8 Soit m un réel. On note (E) l'équation suivante : $e^{2x} - 2m.e^x + 1 = 0$.**

**À partir de ces informations, on peut conclure que :**

- a. (E) admet deux solutions distinctes pour $m$ appartenant à l'intervalle$]-\infty\,;-1[\cup]1\,;+\infty[$.
- b. (E) admet deux solutions distinctes pour $m$ appartenant à $]1\,;+\infty[$.
- c. (E) admet une solution unique pour $m = 1$ ou $m = -1$.
- d. (E) admet deux solutions positives pour $m$ appartenant à $]1\,;+\infty\,[$.

**9 Dans un tiroir, on trouve plusieurs sortes de pantalons. On sait que 50 % des pantalons sont en coton et que 75 % des pantalons en coton sont à carreaux.**
**Parmi les pantalons en coton, 40 % sont fabriqués en France. On choisit un pantalon au hasard.**

- a. La probabilité qu'il soit fabriqué en France et en coton vaut $\dfrac{1}{5}$.
- b. La probabilité qu'il soit à carreaux et en coton est de $\dfrac{3}{8}$.
- c. La probabilité qu'il ne soit pas fabriqué en France est de 60 %.

**10 Une primitive de $f(x) = \dfrac{2x-4}{-x^2+4x-6}$ peut être :**

- a. $F(x) = -ln|-x^2+4x-6|$
- b. $F(x) = -ln|2(-x^2+4x-6)|$
- c. $F(x) = -\ln(-x^2+4x-6)$

## Ouverture culturelle

**11 Le Printemps arabe :**

- a. a commencé en juin 2009.
- b. a débuté en Égypte.
- c. a conduit le Président Ben Ali à quitter le pouvoir.

**12 Friedrich Nietzsche :**

- a. était originaire de Hollande.
- b. s'est attaché à défendre les valeurs morales occidentales.
- c. a notamment développé la notion de volonté de puissance.

**13 L'ONU :**

- a. a remplacé la Société des Nations.
- b. siège à Genève.
- c. se compose d'un Conseil de sécurité constitué de sept membres permanents.

**14 Le surréalisme :**

- a. est un courant artistique né à la fin du XIXe siècle.
- b. a eu pour objectif de libérer l'esprit et de s'opposer à tout ordre.
- c. est le prolongement du courant babaïste.

**15 Le Louvre :**

- a. a ouvert à Abou Dabi.
- b. a ouvert à Metz.
- c. a été construit par Jean Nouvel.

## Anglais

**16 Was the man you saw ____ me?**

- a. taller than.
- b. tallest than.
- c. more tall than.

**17 Where did the scene ____?**

- a. took place.
- b. take place.
- c. taking place.

**18 Were you ____ when it happened?**

- a. lonely.
- b. only.
- c. alone.

⑲ **What was the color of the woman ____ eyes?**

- ❍ a. 's.
- ❍ b. s.
- ❍ c. Ø.

⑳ **Be ____. It can be dangerous.**

- ❍ a. caution.
- ❍ b. attention.
- ❍ c. cautious.

## Entretiens individuel et collectif

㉑ **L'épreuve d'entretien individuel a lieu :**

- ❍ a. Dans un centre d'examen.
- ❍ b. Dans l'école convoitée.
- ❍ c. Dans le lycée du candidat.

㉒ **Lors de l'entretien, les candidats doivent porter :**

- ❍ a. Obligatoirement un costume et une cravate pour les hommes et un tailleur pour les femmes.
- ❍ b. Une tenue habituelle pour révéler leur vraie personnalité.
- ❍ c. Une tenue correcte, de préférence sans basket ou grand décolleté.

㉓ **Lors de l'entretien individuel, le jury est généralement composé :**

- ❍ a. De deux ou trois membres, professionnels ou travaillant dans l'école.
- ❍ b. Du directeur de l'école.
- ❍ c. Du comité des anciens élèves.

㉔ **L'entretien collectif se déroule :**

- ❍ a. En table ronde avec 6 à 7 autres candidats.
- ❍ b. En visionconférence avec des étudiants d'autres campus.
- ❍ c. Entre étudiants en provenance du même département pour créer un collectif.

㉕ **La note de l'entretien individuel ou collectif est donnée :**

- ❍ a. Immédiatement après l'entretien.
- ❍ b. En fin de journée, après délibération du jury.
- ❍ c. Avec l'ensemble des résultats, ultérieurement, sur Internet.

# Corrigé

❶ b. ❷ c. ❸ a. ❹ b. ❺ b. ❻ a., c. ❼ a., c. ❽ a., b., c. ❾ a. ❿ a., b. ⓫ c. ⓬ c. ⓭ a. ⓮ b. ⓯ a.
⓰ a. ⓱ b. ⓲ c. ⓳ a. ⓴ c. ㉑ b. ㉒ c. ㉓ a. ㉔ a. ㉕ c.

## Analysez votre score :

| | Réponses correctes | Réponses incorrectes | Vous avez entre 0 et 3 réponses correctes | Vous avez 4 ou 5 réponses correctes |
|---|---|---|---|---|
| Synthèse | _/5 | _/5 | Afin de consolider vos connaissances, reportez-vous à la méthodologie de l'épreuve de synthèse. Rendez-vous à la page 35. | Votre score est prometteur ! Vous pouvez passer directement à l'entraînement et aux sujets blancs corrigés. Rendez-vous à la page 39. |
| Raisonnement logique et mathématiques | _/5 | _/5 | Afin de consolider vos connaissances, relisez le cours de mathématiques et entraînez-vous à l'aide des exercices corrigés. Rendez-vous à la page 87. | Votre score est prometteur ! Vous pouvez passer directement aux sujets blancs corrigés. Rendez-vous à la page 145. |
| Ouverture culturelle | _/5 | _/5 | Consolidez votre culture générale grâce aux conseils du formateur. Rendez-vous à la page 206. | Votre score est prometteur ! Vous pouvez passer directement aux entraînements et aux sujets blancs corrigés. Rendez-vous à la page 209. |
| Anglais | _/5 | _/5 | Afin de consolider vos connaissances, révisez les bases en vocabulaire, grammaire et conjugaison. Rendez-vous à la page 256. | Votre score est prometteur ! Vous pouvez passer directement aux sujets blancs corrigés. Rendez-vous à la page 326. |
| Entretien | _/5 | _/5 | Afin de progresser, reportez-vous à la méthodologie des épreuves d'entretien. Rendez-vous à la page 367. | Votre score est prometteur ! Vous pouvez passer directement à l'entraînement. Rendez-vous à la page 382. |

PARTIE 1

# Réussir les **épreuves écrites**

# Synthèse

DURÉE
3 HEURES



COEFFICIENTS

| ESDES | ESSCA et IÉSEG |
| --- | --- |
| 4 | 6 |

# Planning de révisions

La synthèse suppose une préparation au long cours avec :

– un travail de culture générale pour comprendre au mieux, et le plus rapidement possible, les textes du dossier documentaire ;

– un travail d'écriture : plus vous vous entraînerez, meilleur vous deviendrez.

| TRAVAIL À FOURNIR | FRÉQUENCE | COMMENT RÉVISER |
|---|---|---|
| Actualité et culture générale | **Quotidienne** | Suivez l'actualité sur supports audio et vidéo. |
| | **Hebdomadaire** | Lisez des articles d'actualité ou de culture générale. Allez voir des expos, visitez des musées… |
| Écriture | **Quotidienne** | Pensez au quotidien à bien vous exprimer, à finir vos phrases, à utiliser des connecteurs logiques et du vocabulaire précis. |
| | **Hebdomadaire** | Résumez à l'écrit un ou deux articles de presse d'une page en trois lignes maximum. Entraînez-vous à l'aide des exercices proposés dans la partie entraînement, et des sujets corrigés en fin de chapitre. |

# Méthodologie et conseils

## 1. Présentation de l'épreuve

La synthèse du concours ACCÈS consiste à résumer un dossier conséquent de documents écrits portant sur un même thème. Cela suppose d'être doublement efficace : en lecture et en écriture.

**Synthèse ACCÈS**

| | |
|---|---|
| Durée | 3 h 00 |
| Documents | 12 ou 13 documents non classés. Certains documents peuvent traiter une même idée. Certains traitent de points importants, d'autres plus subsidiaires. |
| Travail à effectuer | Synthèse de 350 mots (+/– 10 %) avec introduction, développement et conclusion. |
| Indications données pour la synthèse | Aucune recommandation de plan.<br>Les seules indications fournies sont les suivantes :<br>– indiquer le nombre de mots avec un astérisque (*) après chaque groupe de 50 mots ;<br>– indiquer le nombre de mots EXACT à la fin de la synthèse ;<br>– opter pour un ton neutre : aucun commentaire personnel n'est autorisé ;<br>– ne pas indiquer les documents utilisés (ex. : dans le document 1) ;<br>– soigner l'orthographe, la syntaxe et la calligraphie. |



## 2. Préparation à l'épreuve

Pour maximiser vos chances, vous avez tout intérêt à travailler trois grands axes.

### 1. La culture générale

La culture générale est nécessaire pour mieux appréhender les documents fournis et comprendre rapidement les idées évoquées.

Pour cela, deux règles simples permettent d'y arriver.

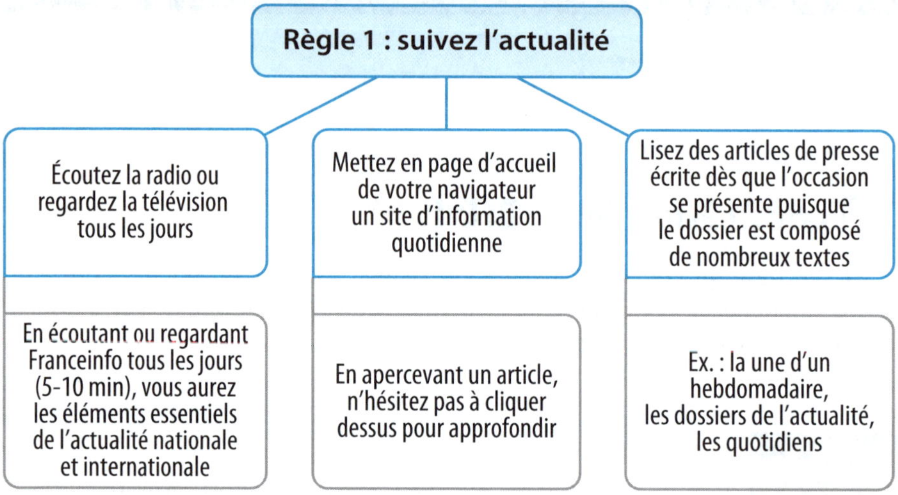


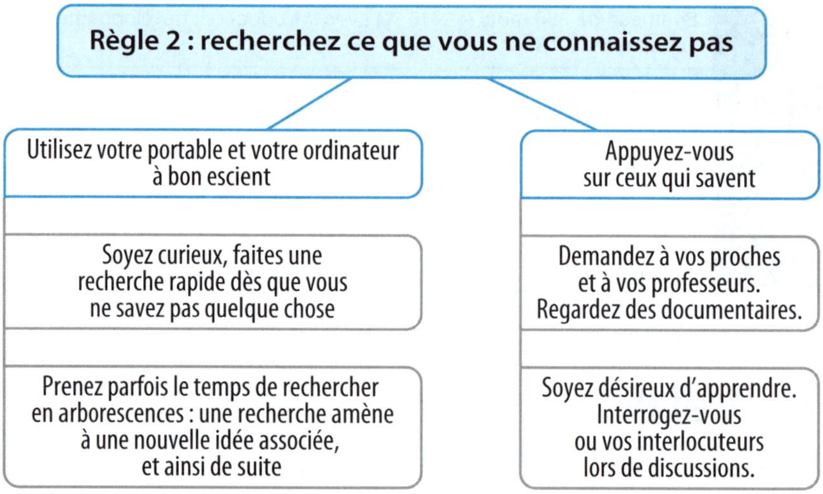


## 2. L'écriture

Il faut s'entraîner pour être capable de synthétiser le plus justement l'ensemble du dossier.

**Synthétiser**

Pour synthétiser efficacement, il faut :

– s'entraîner à écrire des phrases courtes ;

– utiliser des connecteurs logiques. Une pensée est plus claire si vous utilisez « donc », « alors », « dans un premier temps », « en définitive », etc. ;

– penser la rédaction comme une démonstration. Il faut que la synthèse s'inscrive dans une logique organisée avec un début, un développement et une fin.

■ « Gagner » des mots

**Il est difficile de respecter le nombre de mots imposé par la synthèse** (350 mots, à plus ou moins 10 %). Au premier jet, la tentative d'en utiliser deux ou trois fois plus est fréquente… Néanmoins, de petites astuces permettent rapidement de réduire votre texte.

**Astuces pour « gagner » des mots dans la synthèse**

| Astuces | Illustrations |
|---|---|
| Écrire au présent | « il démontre » coûte un mot de moins que « il a démontré » |
| Utiliser des termes écrits en un mot plutôt que plusieurs | ■ aujourd'hui (2 mots) → actuellement (1 mot)<br>■ en effet (2 mots) → effectivement (1 mot) |
| Éviter les expressions banales et gourmandes en mots, qui ne veulent rien dire | ■ De tout temps, le chômage est un problème…<br>■ Depuis toujours…<br>■ La question est si complexe qu'on ne peut apporter de réponse… |

## 3. La gestion du temps

Comme pour tous les concours, « rien ne sert de courir, il faut partir à point ».

Il est absolument nécessaire de bien gérer son temps pour :

– avoir fini dans les temps, sans quoi vous serez éliminé face aux autres qui auront relevé le défi ;

– proposer une copie de qualité, tant dans la forme que dans le contenu.

Voici donc des indications du temps imparti à chaque étape. Elles ne sont pas à respecter à la minute près mais elles vous permettront néanmoins de vérifier que vous êtes dans les temps, au fur à mesure de votre avancement.

**Répartition indicative du temps de travail au cours de l'épreuve de synthèse**

| Étapes | Temps |
|---|---|
| Lecture des documents et résumé de chaque document en une phrase | 1 h |
| Élaboration du plan | 20 min |
| Rédaction de l'introduction au brouillon | 5 min |
| Rédaction du développement au brouillon<br>Compte de mots<br>Vérification de l'utilisation de tous les documents, en les cochant | 1 h 15 |
| Rédaction de la conclusion au brouillon | 5 min |
| Rédaction de l'intégralité de la synthèse sur la copie de concours | 10 min |
| Relecture et vérification de l'orthographe | 5 min |
| TEMPS TOTAL | 3 h 00 |

## 3. En résumé

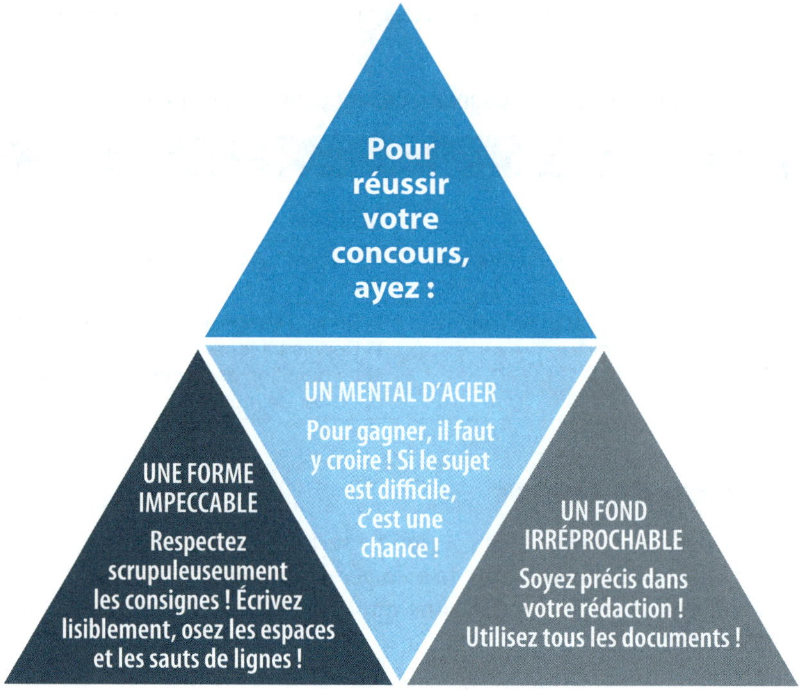
Pour réussir votre concours, ayez :
UN MENTAL D'ACIER
Pour gagner, il faut y croire ! Si le sujet est difficile, c'est une chance !
UNE FORME IMPECCABLE
Respectez scrupuleuseument les consignes ! Écrivez lisiblement, osez les espaces et les sauts de lignes !
UN FOND IRRÉPROCHABLE
Soyez précis dans votre rédaction ! Utilisez tous les documents !

# Entraînement

Prenez des articles d'actualité, relativement courts dans un premier temps, puis plus longs, et tâchez de les résumer en quelques lignes.

Donnez-vous comme défi, par exemple, de synthétiser le texte en 10 fois moins de mots environ.

**Exemple :** si le texte compte 40 lignes, résumez-le en 4 lignes.

Cette contrainte est à relativiser au regard de votre écriture. Si vous écrivez petit ou gros, adaptez à la marge la consigne.

Par ailleurs, trouvez un titre court et représentatif de l'idée principale s'il n'en existe pas.

## Exercice 1

**1 Reformulez les phrases suivantes.**

**a.** Selon l'INSEE, il y a des actifs au chômage dans 10,3 % des cas en France au quatrième trimestre 2015.

..........................................................................................................

..........................................................................................................

**b.** Pierre Bourdieu disait que les individus des classes aisées avaient des stratégies de distinction.

..........................................................................................................

..........................................................................................................

**2 Réécrivez le paragraphe ci-dessous dans un langage écrit plus rigoureux en gagnant au moins 15 mots.**

Dans la société actuelle, les gens sont plutôt en train de contester. Il y a eu des manifestations contre la loi du travail d'El Khomri et, en plus, des « nuits debout » un peu partout en France. C'est une bonne chose parce que cela veut dire que la démocratie marche mais en même temps, ça veut aussi dire qu'il y a des gros problèmes à résoudre. (68 mots)

..........................................................................................................

..........................................................................................................

..........................................................................................................

..........................................................................................................

..........................................................................................................

..........................................................................................................

## Exercice 2

**Lisez le texte ci-dessous. Lisez ensuite les copies de candidats qui avaient pour consigne de résumer le texte en 80 mots (+/- 10 %). Corrigez l'orthographe, la grammaire, la syntaxe et les idées, puis proposez une synthèse de correction.**

« L'effet Mozart » : un mythe ou une réalité ? La recension des principales recherches sur le sujet nous amène à conclure que le phénomène de « l'effet Mozart » n'est pas fondé. Les procédures méthodologiques et expérimentales utilisées par Rauscher *et al.* (1993, 1995) sont discutables. Seuls les spécialistes qui ont repris le même schème expérimental ont obtenu des résultats semblables à ceux de l'étude originale. Comme le fait remarquer Howell (1997), une étude est considérée valable seulement lorsqu'elle peut être reproduite auprès d'un échantillon partageant des caractéristiques semblables, à l'aide de mesures évaluatives comparables et dans un contexte expérimental équivalent. Or, plusieurs chercheurs ont porté une attention particulière aux critères spécifiques de Rauscher et Shaw (1998) sans pour autant obtenir des résultats concluants. Il semble donc possible d'établir une corrélation entre l'écoute de la musique de W. A. Mozart et les tâches spatio-temporelles lorsque celles-ci sont extraites ou adaptées du Stanford-Binet Intelligence Scale (Thorndike *et al.*, 1986). Si tel est le cas, nous pouvons difficilement considérer que « l'effet Mozart » est valide sur le plan scientifique. Cependant, il a été démontré que la musique peut, à l'occasion, stimuler certaines habiletés cognitives. Elle aurait donc un effet potentiel sur le développement intellectuel de l'individu. Néanmoins, le fait d'associer cela exclusivement à la musique de W. A. Mozart serait une grave erreur. Il est préférable, selon nous, de tenir compte des bienfaits de la musique de façon générale plutôt que se référer à un seul et unique compositeur. (250 mots)

Extrait de Jonathan Bolduc, « L'écoute mozartienne contribue-t-elle au développement cognitif : "l'effet Mozart", un mythe ou une réalité ? », 2001.

### Copie n° 1

De tout temps la musique a été appréciée des personnes. Il semblerait même que les effets par la musique sur les résultats des étudiants aient été positifs dans l'ensemble. Cet analyse repose sur un travail de Rauscher et son équipe mais Howell pense plutôt que ce ne n'est pas toujours vrai puisqu'une étude n'est vraiment validée que si elle est démontré dans des conditions équivalantes. Ce que l'on peut dire quand même, c'est qu'a priori, la musique est favorable sur le cerveau mais ce n'est pas forcément Mozart qu'il faut écouter pour que cela fonctionne. (95 mots)

### Copie n° 2

La musique adoucit les mœurs, c'est bien connu ! C'est pourquoi « l'effet Mozart » dit que la musique rend les étudiants meilleures. Cependant, tous les chercheurs ne sont pas toujours d'accort sur les méthodes d'expériences et sur les résultats. Ce qui est sûr néanmoins : la musique permet de développer des savoirs, de la réflexion, de la mémoire. Il n'est néanmoins pas nécessaire d'utiliser toujours Mozart ! Est-ce que le rap marcherait aussi ? On peut se le demandé ! (81 mots)

## Exercice 3

**Titrez et synthétisez les articles suivants :**
- **article 1 : 3-4 lignes ;**
- **article 2 : 4-5 lignes ;**
- **article 3 : 4-5 lignes ;**
- **article 4 : 4-5 lignes.**

### Article 1

# Les Chinois veulent cloner un million de vaches pour se nourrir

Le pays construit actuellement le plus grand site de clonage d'animaux au monde à destination du commerce. En plus des vaches, chiens et chevaux seront produits en série. Un projet inenvisageable aujourd'hui en Europe.

La sécurité et l'autosuffisance alimentaire sont des obsessions en Chine. À tel point que le pays semble prêt à tout pour faire face à ces défis. Y compris construire une usine de production d'animaux en série. Il y a quelques jours, des scientifiques ont obtenu le feu vert pour la construction du plus grand site mondial de clonage commercial d'animaux dans la ville portuaire de Tianjin, au nord du pays. Objectif : produire quelque 100 000 embryons de vaches chaque année dans un premier temps, puis un million à terme, selon Xu Xiaochun, président de Boyalife, la société de biotechnologie chinoise à l'origine du projet. La production doit débuter au premier semestre 2016.

Les vaches clonées ont vocation à atterrir dans les assiettes. *« Les agriculteurs chinois ont des difficultés à produire suffisamment de vaches à viande pour répondre à la demande du marché »*, a justifié Xu Xiaochun. Pour mener à bien l'opération, Boyalife s'est associée à deux instituts de recherche chinois mais aussi au très controversé Hwang Woo-suk, fondateur de l'entreprise sud-coréenne Sooam Biotech. Ce dernier est connu pour avoir publié de nombreux travaux de recherche jugés douteux sur les cellules souches. Il s'est aussi taillé une réputation d'imposteur auprès de ses pairs après l'annonce de la création en 2004 des premières cellules souches dérivées d'un embryon humain cloné. Une « première mondiale » qui s'est avérée frauduleuse. Le scientifique, expulsé de son université, est aujourd'hui devenu spécialiste du clonage de chien. La co-entreprise créée par Sooam Biotech et Boyalife s'est d'ailleurs lancée sur le marché chinois du clonage dès septembre 2014 en dupliquant trois chiots Mastiffs Tibétains pure race. […]

Extrait. Hayat Gazzane, *Le Figaro.fr*, 25 novembre 2015.

Article 2

## De quoi l'« uberisation » est-elle le nom ?

[...] Les réseaux sociaux utilisent depuis quelques mois le terme d'« uberisation », un néologisme formé à partir du nom d'Uber, la fameuse société de transport californienne. Ils s'en gargarisent même depuis les incidents des derniers jours entre les taxis et les VTC (voitures de transport avec chauffeur) [...]

Entre numérisation et paupérisation, que recoupe ce terme, qui sert d'étendard aux détracteurs de plusieurs réalités économiques ? [...]

**Les taxis**

**Ce qui est critiqué : la précarisation**

Au-delà de leur cas personnel et des conséquences sur leur profession, les taxis dénoncent « *la précarisation des chauffeurs* » de VTC. [...]

De fait, sauf en Californie où l'entreprise sera obligée de les embaucher, les chauffeurs d'Uber sont une force de travail payée au pourcentage, sans ou avec très peu de protection sociale et bien sûr aucun avantage de salarié, mais une grande liberté d'organisation – du moins en apparence – de leurs emplois du temps. [...]

**Ce qui est craint : l'évolution du modèle économique**

Face à ces arguments, les entreprises de VTC répliquent que ce que critiquent réellement les taxis, c'est la contestation de leur monopole et le changement de paradigme : il n'est plus nécessaire d'acheter une licence et de rentrer dans un quota fixe de chauffeurs.

Pour François Meunier, professeur de finance à l'École nationale de la statistique et de l'administration économique, Uber « *promet de bousculer en profondeur la profession de taxi. Dans la pratique du métier, c'est une bonne chose* ». Une des solutions serait, selon lui, de « *multiplier le nombre des plaques et d'imposer une régulation qui oblige tout chauffeur, Uber ou pas, exerçant l'activité de transport de personnes en milieu urbain de façon régulière, à acquérir lui aussi une licence* ».

Extrait. Mathilde Damgé, *LeMonde.fr*, 26 juin 2015.

Article 3

# L'Inde suspend « Free Basics », le service d'Internet gratuit de Facebook

L'Inde donne du fil à retordre à Mark Zuckerberg. Comme le relate le site de Bloomberg, les autorités indiennes ont décidé de suspendre Free Basics, un service gratuit créé par Facebook, permettant d'accéder à une version simplifiée du réseau social, à la météo, à un moteur de recherche, etc. Au nom de la neutralité du Net, la Trai (la Telecom Regulatory Authority of India), a demandé à Reliance Communications, l'opérateur dont dépend le service, d'interdire le service.

**Manque de neutralité et favoritisme**

Depuis février, l'application mobile permet aux clients indiens de se connecter gratuitement à Internet. Jusque-là rien de problématique, si ce n'est que l'Internet auquel se connectaient les internautes était conçu par Facebook, qui décidait des partenaires pouvant participer à ce projet. Largement taxé de favoritisme, le réseau social a par la suite décidé d'ouvrir les candidatures à tous, tout en gardant le contrôle final.

Malgré cet effort, la Trai a quand même décidé d'interdire le service, posant la question de la neutralité du Net. Pour le régulateur indien des Télécoms, le réseau social continuerait de favoriser certains services, et en écarterait d'autres. Par exemple, via Free Basics, une recherche sur Google est payante, sur Bing, non. « *Nous n'avons pas de problème avec l'Internet libre à partir du moment où il est ouvert à tous. Free Basics n'est qu'un moyen de verrouiller les utilisateurs vers l'écosystème de Facebook. Il n'y a pas Google, ni Youtube* », a expliqué Mahesh Murthy, patron d'une startup indienne interrogé par Bloomberg. « *Il n'est pas possible que les riches aient accès à l'intégralité du Net quand les pauvres, eux, ne peuvent avoir accès qu'à Facebook* ».

**Facebook a lancé une campagne de soutien**

Face à ce rejet des autorités indiennes, Facebook n'a pas tardé à contre-attaquer. En plus d'une campagne de soutien (pétition, panneaux publicitaires), le fondateur du réseau social en personne s'est exprimé via une tribune dans le Times of India. « *Dans chaque société, il existe des services de base qui sont si importants pour le bien-être des personnes qu'ils doivent être accessibles librement* », a déclaré Mark Zukerberg, « *il ne s'agit pas de nos intérêts commerciaux* […] *mais de permettre un accès à des services basiques à des personnes, afin qu'elles profitent des opportunités offertes par Internet* ».

Si Free Basics est présent dans 37 pays, l'Inde, avec ses 400 millions d'internautes, demeure tout de même un marché non négligeable pour Facebook. Le bras de fer ne fait donc que commencer.

*20minutes.fr*, 30 décembre 2015.

# Violation de brevets : confiscation de hoverboards en plein CES

Alors que le CES[1] battait son plein à Las Vegas, une entreprise chinoise s'est vu saisir ses hoverboards suite à la plainte d'une société californienne pour violation de brevets.

Les produits de type « hoverboard » ont la cote ces temps-ci. L'entreprise chinoise Changzhou First International Trade Co avait profité du CES qui se déroulait à Las Vegas pour présenter ses nouveaux produits à une roue. Seulement jeudi, les autorités ont débarqué sur son stand et confisqué son matériel, la société Future Motion ayant porté plainte pour violation de 2 brevets.

**Hoverboard : perquisition d'une société chinoise au CES**

Jamais une procédure pour violation de brevet n'aura été exécutée aussi rapidement. Le mardi 5 janvier, l'entreprise Future Motion portait plainte devant le tribunal fédéral de Las Vegas pour 2 violations de brevet concernant une sorte de hoverboard à une roue, présenté par la société chinoise Changzhou First International Trade Co. Après une courte audience téléphonique le lendemain, le juge Miranda Du ordonnait alors la saisie du matériel concerné. Le jeudi, les autorités, 2 US Marshals, se rendaient sur le stand du fabricant chinois et saisissaient tout son matériel ainsi que des documents marketing.

La procédure a été très rapide. L'avocat de Future Motion déclarait : « *Je n'avais jamais entendu parler d'un cas où l'on pouvait obtenir une ordonnance d'interdiction temporaire et une saisie le même jour* ».

**Les hoverboards, des engins dangereux ?**

C'est le modèle Surfing Electric Scooter qui est mis en cause par la société californienne. Cet engin ressemble comme deux gouttes d'eau au OneWheel fabriqué par l'entreprise californienne qui estime que son concurrent violerait des brevets concernant la fonction de stabilisation et le design.

Ce nouveau type de produits provoque actuellement des polémiques. Difficile à maîtriser, l'engin avait été interdit au CES pour se déplacer. En outre certains modèles bon marché auraient tendance à s'enflammer à cause de batteries défectueuses. Dans de nombreux pays les autorités ont mis en garde la population contre ces hoverboards. Amazon a même bloqué les ventes des produits incriminés.

*Begeek.fr*, 9 janvier 2016.

1. Le Consumer Electronic Show (CES) est le plus grand événement mondial high-tech. C'est le rendez-vous de l'innovation et des nouvelles tendances numériques.

# Corrigé 1

❶ a. 10,3 % des actifs sont au chômage en France, selon l'INSEE, au quatrième trimestre 2015.

b. Selon Pierre Bourdieu, les classes aisées optent pour des stratégies de distinction.

❷ Actuellement, les contestations sont nombreuses. Outre les manifestations contre la loi travail, appelée loi El Khomri, des « nuits debout » naissent à Paris et en province. Ceci témoigne d'une démocratie fonctionnelle, mais révèle également de difficultés à surmonter. (40 mots)

# Corrigé 2

## Copie n° 1

~~De tout temps la musique a été appréciée des personnes.~~ *(inutile, il faut absolument éviter les « grandes phrases inutiles » qui alourdissent le style et « coûtent cher » en mots)* Il semblerait ~~même~~ que les effets ~~par~~ **de la** musique sur les résultats des étudiants aient été positifs dans l'ensemble. Cet**te** analyse repose sur un travail ~~de~~ **réalisé par** Rauscher et son équipe mais Howell ~~pense plutôt que ce ne n'est pas toujours vrai~~ *(dans le vocabulaire scientifique, « pense que » n'est pas pertinent ; mettre par exemple « critique », soit : « mais Howell la critique »)* puisqu'une étude n'est vraiment validée que si elle est démontrée dans des conditions ~~équivalantes~~ **équivalentes**. Ce que l'on peut dire ~~quand même~~, c'est que~~'a priori~~ *(familier)* la musique est ~~favorable sur le cerveau~~ *(trop imprécis et expression plus orale qu'écrite)* mais ce n'est pas forcément Mozart qu'il faut écouter pour que cela fonctionne *(reformulez)*.

■ **Proposition de synthèse**

Il semblerait que les effets de la musique sur les résultats des étudiants aient été positifs dans l'ensemble. Cette analyse, réalisée par Rauscher et son équipe, ne peut être néanmoins confirmée, selon Howell, que si elle est démontrée dans des conditions équivalentes. Dans ce cas, l'écoute de musique composée par Mozart, ou non, pourrait accroître les capacités cognitives des individus. (62 mots)

## Copie n° 2

**Il paraît que** la musique adoucit les mœurs, c'est bien connu ! *(familier)* C'est pourquoi « l'effet Mozart » ~~dit~~ *(évitez le verbe « dire » lorsqu'il ne s'agit pas de personnes, et encore... même dans ce cas, évitez car ce verbe n'est pas très élégant)* ~~que la musique~~ rend les étudiants meilleures. Cependant, tous les chercheurs ne sont pas toujours d'accor**d** sur les méthodes d'expériences et sur les résultats. Ce qui est sûr néanmoins : la musique permet de développer des savoirs, de la réflexion, de la mémoire. *(à placer juste après l'effet Mozart)* Il n'est ~~néanmoins~~ *(répétition)* pas nécessaire d'utiliser toujours Mozart ! Est-ce que le rap marcherait aussi ? On peut se le demand**er** ! *(ne donnez pas votre avis et ne proposez pas une ouverture dans un exercice de synthèse, limitez-vous à résumer les idées du texte, ce n'est déjà pas si simple !)*

■ **Proposition de synthèse**

Il paraîtrait que la musique adoucit les mœurs. D'après « l'effet Mozart », expérience réalisée auprès d'étudiants, la musique permettrait de développer des savoirs, de la réflexion, de la mémoire. Néanmoins, les chercheurs ne sont pas tous unanimes quant aux méthodes d'expérimentales et aux résultats. De plus, la musique écoutée ne doit probablement pas être spécifiquement des compositions de Mozart. (60 mots)

# Corrigé 3

## Article 1

■ **Titre :** La Chine veut cloner des vaches pour se nourrir

■ **Synthèse :** Dès 2016, la Chine va produire 100 000 embryons de vaches pour répondre à une volonté d'autosuffisance alimentaire. Le laboratoire sera dirigé par le très controversé professeur Woo-suk, spécialiste du clonage de chiens.

## Article 2

■ **Titre :** Uber : entre précarité et liberté

■ **Synthèse :** La société californienne de voitures de transport avec chauffeur Uber devient le symbole d'un genre nouveau d'emplois : les travailleurs y sont indépendants, donc potentiellement plus libres, mais moins protégés que les salariés. L'uberisation est-elle une aubaine pour les clients et les actifs en quête d'emploi ou une précarisation accrue sur le marché du travail ?

## Article 3

■ **Titre :** Free Basics : cadeau empoisonné de Facebook, selon les autorités indiennes

■ **Synthèse :** Facebook, dirigée par Mark Zuckerberg, joue les philantropes. En effet, la multinationale propose un service aux internautes indiens permettant une navigation verrouillée, par des partenariats, mais gratuite. La Trai (la *Telecom Regulatory Authority of India*) a interdit ce service au nom de la liberté de la concurrence et des informations.

## Article 4

■ **Titre :** Saisie éclair d'hoverboards chinois pour plagiat au Salon du hi-tech

■ **Synthèse :** Lors du *Consumer Electronic Show* (CES), Salon mondial du hi-tech à Las Vegas, les autorités des politiques de la concurrence ont saisi des hoverboards chinois, à la suite d'une plainte d'une entreprise américaine pour violation de brevet. La rapidité de la procédure s'explique en partie par la dangerosité et le risque d'inflammation de certaines contrefaçons.

# Sujets blancs corrigés

## SUJET 1 : Synthèse

**DURÉE :** 3 HEURES

Il vous est demandé de faire une synthèse et non une suite de résumés, de l'ensemble des seize documents présentés, **en 350 mots**, avec une tolérance de 10 %, c'est-à-dire de 315 à 385 mots.

Voici les consignes à suivre :

- respecter l'orthographe et la syntaxe de la langue française ;
- soigner la calligraphie ;
- ne pas donner son avis sur le sujet proposé ;
- ne pas faire référence à un document en indiquant son numéro d'ordre, son auteur, son titre ;
- mettre un signe après chaque groupe de 50 mots ;
- noter le nombre total de mots à la fin de votre copie.

Le barème de correction prend en compte tous ces éléments.

Le non-respect de l'une au moins des consignes est fortement pénalisé.

### NOTE DU FORMATEUR

La phrase « *Aujourd'hui, 4 juillet, c'est-à-dire jour anniversaire de l'indépendance des États-Unis, 75 % des nations de l'ONU se réunissent à New York.* » comporte 27 mots.

## Document 1

Taxer la viande pour sauver le climat, cela est « inévitable » pour le *think tank* britannique Fairr. Pour cause, entre 2000 et 2017, la consommation mondiale de viande a augmenté de 40 %. Et elle pourrait augmenter de 75 % d'ici à 2050. Le problème, c'est que l'élevage contribue fortement au changement climatique. Il produit en effet 14 % des émissions mondiales de gaz à effet de serre. Pour comparaison, c'est autant que l'ensemble du secteur du transport.

**Des taxes comportementales**

Pour respecter l'accord de Paris, des taxes sur la viande ont été envisagées en Suède, au Danemark ou en Allemagne. Elles pourraient se généraliser d'ici 5 à 10 ans. Il s'agit de taxes comportementales, c'est-à-dire des taxes sur des produits jugés néfastes pour la santé ou l'environnement, comme c'est déjà le cas pour le tabac, le carbone ou le sucre.
Selon ses défenseurs, cette taxe a un double objectif. D'une part, elle permettrait de réduire la consommation de viande, et d'autre part, cela permettrait des financements pour soigner les maladies liées à la surconsommation de viande. En effet, selon une étude de l'université d'Oxford, une taxe de 40 % sur le bœuf, de 20 % sur les produits laitiers et de 8,5 % sur le poulet limiterait considérablement les émissions de $CO_2$ et éviterait 500 000 décès par an.
Toutefois, Katherine Baicker, professeure à Harvard, soulignait le 25 avril dernier dans *Vice* le problème inégalitaire que cette mesure pourrait poser : « *Les taxes sur la nourriture peuvent être régressives, étant donné que les revenus les plus bas dépensent une plus grande partie de leur salaire dans la nourriture.* »

« Taxer la viande pour sauver le climat, bientôt "inévitable" »,
*Franceinfo*, décembre 2019.

## Document 2

**La petite histoire du véganisme**

Dès l'Antiquité paraissent des régimes qui excluent la consommation de chair animale, notamment en Inde et dans les sociétés méditerranéennes orientales. Vers 500 av. J.-C., l'illustre mathématicien grec Pythagore revendique déjà son végétarisme. Les disciples rigoureux du bouddhisme et de l'hindouisme partagent la conviction que l'homme ne doit pas infliger de souffrance à d'autres animaux et ne consomment également pas de viande.
Le mode de vie végan tel qu'on le conçoit aujourd'hui a été théorisé **il y a plus de 70 ans en Angleterre**. Dérivé du mot végétarien, ce néologisme est attribué à l'association The Vegan Society et son fondateur Donald Watson en 1944. Les premières publications de livres de recettes véganes datent elles aussi de la fin des années 1940.
Mouvement marginal mais bien identifié par le public aux États-Unis et en Angleterre, il trouve sa place en France avec des initiatives associatives d'ampleur à partir de 2010, dont la création de la Société végane francophone. Le terme véganisme fait son entrée dans le dictionnaire Hachette 2013, et dans le Larousse en 2015.
*La définition du véganisme par The Vegan Society : « arrêter l'utilisation des animaux par les hommes à des fins de nourriture, de marchandise, outil, gibier, pour la vivisection, et tout autre usage qui implique l'exploitation de la vie animale par l'homme. »*

**Régime végan et carences ?**
D'un point de vue nutritionnel, les végans doivent bien **surveiller leurs apports quotidiens** et conserver une alimentation suffisamment diversifiée. Les protéines végétales peuvent remplacer les protéines animales à condition d'être consommées en bonnes proportions. Si ces précautions sont suivies correctement, chacun peut se passer de produits animaux sans pour autant être carencé. À une exception près : la vitamine B12, essentielle aux globules rouges, est absente des végétaux et devra être suppléée au moyen de compléments alimentaires. La plupart des produits manufacturés n'étant pas végans, la nécessité de cuisiner soi-même peut être un point santé positif du régime végétalien qui ne se veut pas du tout un régime amaigrissant.

D'après JVogel, Extrait de l'article « Vegan : tendance ou meilleur mode de vie ? », *Linflux.com*, septembre 2016.

## Document 3

Bonjour. J'ai beaucoup aimé ce documentaire qui montre qu'on peu vivre et être performant sans viande à coups de démonstrations que je vous laisserai interpréter ou non. Pour ma part, plutôt que de critiquer ou faire du blabla bêtement, j'ai voulu essayer à presque 39 ans. Je souligne que je suis rugbyman et je fait de la musculation 5 jours minimum par semaine. Après 10 jours sans viande, je n'ai pas perdu de poids ni de muscle (ce qui est normal, le métabolisme met plus de temps à réagir à un changement sur le plan musculaire), en revanche j'hallucine sur mes gains purs. Je fait plus de répétitions, plus lourd, pas de grosses courbatures après les entraînements, c'est bluffant et ce n'est pas psychologique, a mon âge je ne peu plus tricher, quand l'acide monte dans un muscle c'est absolument chimique. Pourtant je suis capable d'aller chercher beaucoup plus loin, ce qui validera les études démontrées dans le film. Certains dirons que c'est de la propagande, je leur répondrai dans quel but ? Je n'ai vu aucun placement de produit végan, de compléments, etc. alors que l'industrie de la viande nous conditionne a un régime carnivore depuis l'enfance. Je consommait 300 g de viande par jour (blanche), après 10 jours je ne souffre pas de fatigue au contraire et la digestion se passe bien aussi. J'ai décidé de tester sur 3 semaines complètes et j'en tirerai des conséquences moi-même. Un conseil : prenez ce que vous voulez de ce film et si vous avez la motivation essayez bon dieu à la place de faire de grands débats, c'est peut-être votre façon de vivre qui va changer et vos perfs sportives peuvent s'améliorer.

*Forum Allociné*, novembre 2019.

## Document 4

**Les Français consacrent en moyenne 385 euros par mois pour se nourrir, soit une hausse de 12 euros par rapport à l'année dernière. Une majorité d'entre eux continue à trouver ce budget trop élevé et multiplie les stratégies d'économies.**

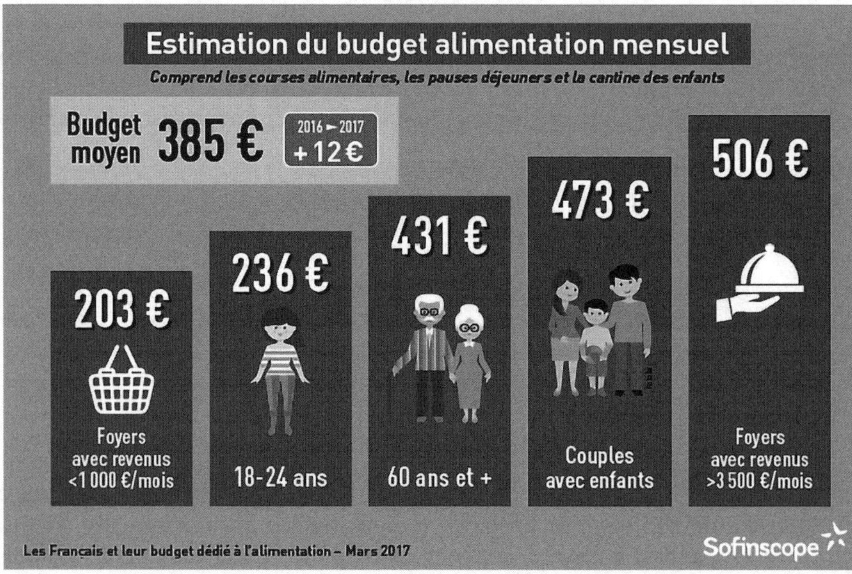


## Document 5

**–12 % en 10 ans**

Selon l'étude du CRÉDOC de septembre 2018 :

« Malgré une forte baisse de la consommation de viande en France (12 % en 10 ans), et en particulier de viande bovine, l'image de cette dernière demeure très positive : en 2015, 81 % des acheteurs déclaraient en avoir une "excellente" ou "bonne" image. Plus de 90 % la considèrent "nourrissante", "comme un aliment qui a du goût", "faisant partie des aliments qu'on a plaisir à manger", "facile à cuisiner". Néanmoins, près de la moitié (47 %) sont d'accord avec le fait qu'il s'agit d'"un aliment que l'on mange en trop grande quantité aujourd'hui", 31 % pensent qu'"en produire est néfaste pour l'environnement", 25 % que cela "augmente le risque de certains cancers", 23 % que c'est "un aliment qui apporte de mauvais nutriments (trop gras, trop de protéines)". »

« La consommation de viande en France », *planetoscope.com.*

## Document 6

**En 2010, l'UNESCO décidait de classer le « repas gastronomique des Français » comme patrimoine culturel immatériel de l'humanité. Cette catégorie, créée en 2003, a pour objectif de protéger les pratiques culturelles et savoir-faire traditionnels, aux côtés des sites et monuments. Retour sur la décision, à l'époque, de l'UNESCO, et sur la définition d'un repas « à la française ».**

**Le repas : une pratique sociale**
Dans sa décision, le comité avait noté que la gastronomie française relevait d'une « pratique sociale coutumière destinée à célébrer les moments les plus importants de la vie des individus et des groupes ». Car au-delà des plats, ce qui constitue le repas à la française, c'est la pratique sociale qui l'entoure : la convivialité, le plaisir du goût, le partage, l'association avec le vin, le lien aux terroirs, etc.
Moment festif par excellence, occasion pour les familles – et les amis – de se rassembler, le repas est, en France plus qu'ailleurs, un moment convivial qui a lieu à heures fixes : à 12h30 chaque jour, plus de 54 % des Français sont attablés. À titre de comparaison, la prise alimentaire équivalente au Royaume-Uni est à 13h10, et ne rassemble que 17 % de la population. Et en France, au moins 1 repas par jour est pris en famille. Le repas français se caractérise également par le temps passé à table, l'ordre des mets (entrée, plat, dessert) – tandis qu'en Chine par exemple, tous les plats sont servis en même temps –, le plaisir de dresser une belle table, et, bien sûr, par les bons petits plats faits maison.

**Un patrimoine à transmettre**
La préservation est l'un des objectifs du Programme national pour l'alimentation (PNA), qui part du principe que « Bien manger, c'est l'affaire de tous ». Au travers de ce programme, les ministères se mobilisent autour d'actions concrètes : pour valoriser les produits et les savoir-faire culinaires, encourager le tourisme gastronomique sur les territoires, promouvoir le modèle alimentaire français à l'étranger, transmettre ces valeurs aux enfants dans les écoles. Autant de pistes à suivre pour sauvegarder le repas gastronomique des Français.

« Le « repas gastronomique des Français », un patrimoine culturel immatériel de l'humanité », *Agriculture.gouv.fr*, mars 2019.

## Document 7

**« On n'est pas accro à la substance dans l'aliment, on est accro à notre propre dopamine »**
DR : Est-ce que la nourriture, comme une substance psychoactive, a une fonction apaisante ou calmante sur le patient ?
PM : Ce qui est très intéressant c'est que dans la nourriture on ne peut pas parler, aujourd'hui, de substance psychoactive identifiée. En revanche, nous sécrétons notre propre substance qui nous rend accros puisque le circuit de la récompense est stimulé de la même façon par du chocolat, du gruyère, des biscuits, de la cocaïne ou du cannabis. Quand on mange, on se sent immédiatement soulagé, détendu. Bien sûr, on a plaisir à manger, mais quand on mange de façon addictive, ça va au-delà du plaisir gustatif. Ça fait du bien, ça fait sécréter de la dopamine de la même façon. On n'est pas accro à la substance dans l'aliment, on est accro à notre propre dopamine comme quand on est accro à internet ou aux jeux. Il n'y a pas de substance dans internet, c'est nous qui sécrétons notre propre substance. Dans l'alimentation, à ce jour, il n'y a pas de substances addictogènes détectées, ce qui fait dire aux nutritionnistes que ce n'est pas une addiction, mais c'est une addiction comportementale qui va nous faire ce même plaisir, ce même soulagement que l'on retrouve dans d'autres addictions.
DR : Est-ce que lorsque l'on est accro, par exemple au chocolat, on est forcément addict, on a un comportement addict ?
PM : Pour parler d'addiction, il faut quand même qu'il y ait une souffrance à un moment ou à un autre. Quand on mange une tablette de chocolat parce qu'elle est délicieuse et puis

qu'on n'y pense plus, on n'est pas accro. Quand on est addict au chocolat par exemple, ou au fromage ou aux biscuits, aux produits gras et sucrés, on y pense beaucoup, on a besoin d'en avoir chez soi. On va le chercher quand on ne se sent pas bien. C'est vraiment une démarche différente.
DR : Est-ce que, comme dans les autres addictions, il y a un syndrome de sevrage ?
PM : Quand on a défini le sevrage, on l'a défini par rapport à l'alcool au départ, donc il y avait des signes de manque physique. Mais le sevrage, ce n'est pas forcément des signes de manque physique, par exemple quand on est accro à internet, quand on arrête de jouer, il n'y a pas de signe physique, il y a ce qu'on appelle des signes psychologiques qui sont la mauvaise humeur, l'irritabilité, la nervosité. Quand vous rentrez chez vous le soir et que vous avez choisi de ne pas manger le morceau de fromage qui vous calme, vous allez voir dans quel état vous êtes. C'est ce que décrivent les patients, s'ils mangent de façon compulsive à certains moments, c'est justement pour éviter cette nervosité. S'ils ne mangent pas, ils peuvent avoir cette nervosité.

D'après la Docteur Pascale Modaï, « Les addictions alimentaires », *Sos-addictions.org.*

## Document 8

Le Pérou et la Bolivie sont les deux premiers producteurs mondiaux de quinoa (*cf. tableau ci-dessous* ; les chiffres donnés par le syndicat bolivien l'ANAPQUI sont bien plus élevés que ceux de la FAO, puisqu'ils font état de plus de 30 000 tonnes dès le début des années 2000 alors que la FAO indique 24 000 tonnes en 2004). En Bolivie, les surfaces ont doublé entre 2005 et 2012, atteignant environ 70 000 hectares pour 44 000 tonnes. L'Association nationale des producteurs de quinoa (ANAPQUI), créée en 1983, est le principal producteur de quinoa du pays. Cet intérêt mondial pour le quinoa a conduit à une hausse des prix dans les pays andins. Le Pérou est le premier exportateur mondial devant la Bolivie et l'Équateur. Plus de la moitié de la production est exportée vers les États-Unis, un peu moins d'un tiers vers l'Union européenne et 6 % vers le Canada, ces trois régions représentant donc 94 % des exportations de quinoa bolivien.
Depuis 2009, la culture à grande échelle du quinoa a été introduite en France, de l'Anjou jusqu'au Poitou, et en Corrèze. Le pionnier de cette culture est Jason Abbott, économiste de formation que l'intolérance au gluten de sa fille avait convaincu de développer cette chénopodiacée. La production française est passée de 100 à 200 hectares entre 2009 et 2010. Le prix de ce quinoa français demeure supérieur à celui importé d'Amérique du Sud, mais le produit intéresse les consommateurs privilégiant l'agriculture de proximité.
La demande croissante du marché mondial pour le quinoa a engendré des modifications importantes de la part des agriculteurs boliviens en vue d'en intensifier la production. Le développement de la monoculture du quinoa se fait aux dépens d'activités comme l'élevage traditionnel du lama (son fumier servait à fertiliser le sol) ou la culture d'autres productions vivrières dans la puna. Cela a des conséquences à la fois environnementales (appauvrissement du sol par la réduction des jachères ou la mécanisation par la charrue à disques) et sociales importantes. Si cette tendance freine, voire inverse partiellement l'exode rural, les revenus apportés entraînent néanmoins des tensions au sujet des terres au sein des communautés villageoises.

« Quinoa », *Wikipédia.org.*

## Document 9

Près d'un tiers de la population mondiale est en surpoids ou obèse, d'après une étude publiée, lundi 12 juin, dans la revue médicale américaine *New England Journal of Medicine*. Un indice de masse corporelle (IMC) élevé (le poids divisé par la taille au carré), supérieur à 24,5, signale un surpoids. À partir de 30, on parle d'obésité. En 2015, le surpoids touchait 2,2 milliards de personnes, soit 30 % de la population mondiale, selon cette étude menée depuis trente-cinq ans dans 195 pays et territoires.
L'excès pondéral est responsable d'un net accroissement des maladies cardio-vasculaires, du diabète et de certains cancers à l'origine d'une augmentation de la mortalité. En 2015, près de 4 millions de personnes sont mortes à cause de problèmes cardio-vasculaires, de diabète, de cancers et autres maladies liées à un surpoids, un nombre en hausse de 28 % depuis 1990.
Les États-Unis (79,4 millions) et la Chine (57,3 millions) avaient en 2015 le plus grand nombre d'adultes obèses. Parmi les vingt pays les plus peuplés, les États-Unis comptent le taux d'obésité le plus élevé pour les enfants et les jeunes adultes, avec près de 13 %, tandis que l'Égypte est en tête pour la prévalence des adultes obèses, avec environ 35 % de cette population.
Les incidences les plus faibles d'obésité des adultes ont été constatées au Bangladesh et au Vietnam avec seulement 1 %. La Chine et l'Inde comptaient le plus grand nombre d'enfants obèses avec 15,3 millions et 14,4 millions.

« Hausse alarmante de l'obésité et du surpoids », *Le Monde*, juin 2017.

## Document 10

Dans les faits, les allergies alimentaires ont doublé en cinq ans et touchent aujourd'hui au moins 4 % des Français adultes et 8 % des enfants.

**Dans les faits, les allergies alimentaires ont doublé en cinq ans** et touchent aujourd'hui au moins 4 % des Français adultes et 8 % des enfants. Tous les aliments peuvent en principe causer une allergie, mais le lait, l'œuf et l'arachide concernent 80 % des enfants touchés.
L'IMMUNITÉ CHAMBOULÉE
L'allergie est due à une réaction anormale de notre système immunitaire lors d'un contact avec un agent pathogène. Habituellement, les aliments, comme d'autres substances étrangères telles que le pollen, les poils de chat, etc., sont bien tolérés. Mais pour une raison qui reste inexpliquée, en leur présence, notre organisme réagit parfois en produisant des anticorps particuliers, les immunoglobulines E, ou IgE, responsables des symptômes de l'allergie : urticaire, boutons, crises d'asthme, etc. D'où vient cette hypersensibilité croissante ? Les causes sont multiples.

**Une des raisons du boom des allergies alimentaires serait notre mode de vie moderne** qui aurait déstabilisé notre immunité :
« On pense qu'aujourd'hui, à cause du recours massif aux antibiotiques, de la diminution de l'allaitement maternel et d'un environnement aseptisé, les bébés ne sont pas assez confrontés aux bactéries, inoffensives pour la plupart, qui sont indispensables à "l'éducation" de leur système immunitaire, qui est vierge à la naissance », explique Gisèle Kanny, du service de médecine interne, immunologie clinique et allergologie, au CHU de Nancy. « Ces microbes apprennent au système immunitaire à tolérer certains éléments étrangers à l'organisme, poursuit-elle. Faute d'un contact suffisant avec ceux-ci, le système immu-

nitaire est ainsi désorienté et se met à lutter contre certains aliments, les pollens ou les acariens, provoquant plus d'allergies. » C'est la « théorie hygiéniste ».

**Autre facteur pouvant expliquer la hausse des allergies alimentaires : la pollution de notre environnement** par le transport automobile, les peintures d'intérieur, etc. Ces substances toxiques peuvent favoriser la production de cellules immunitaires spéciales baptisées TH2, et qui encouragent la production des IgE. Mais médecins et chercheurs pointent aussi du doigt l'industrie agroalimentaire.

D'après Fiorenza Gracci, « Pourquoi les allergies alimentaires sont-elles en hausse ? », *Sciences-et-vie.com*, mai 2014.

## Document 11

Les ventes de produits bio en France ont connu une croissance de près de 15,7 % entre 2017 et 2018 et représentent un chiffre d'affaires total de **9,7 milliards d'euros** en 2018, dont **555 millions** d'achats par la restauration hors domicile (+ 22,8 %). Le bio représente en France en 2018 plus de **52 390 emplois** équivalent temps plein dans la transformation et la distribution.

**Évolution du chiffre d'affaires bio par circuit de distribution depuis 2011 en millions d'euros)**

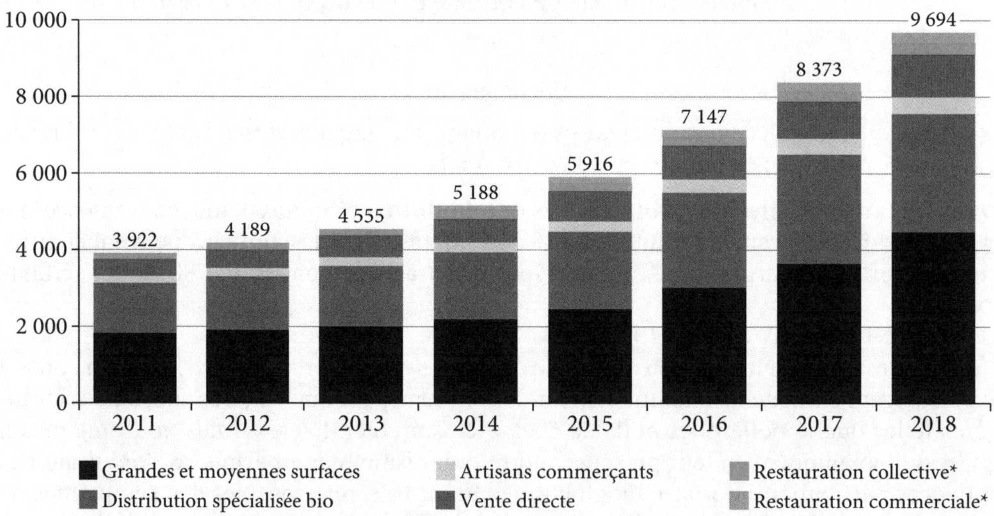


*Achats hors taxes évalués par enquête auprès des fournisseurs et des acheteurs, depuis 2014 en restauration commerciale et depuis 2009 en restauration collective

Ministère de l'Agriculture et de l'Alimentation, rapport 06/02/2020.

## Document 12

**Un scandale industriel en remplace souvent un autre. Et notre mémoire collective est malheureusement très courte. Si bien que les marques incriminées n'ont souvent pas de mal à s'en remettre. Et pourtant, ces scandales industriels sont les symptômes d'un modèle en voie de perdition, mais aussi l'opportunité de faire renaître des modes**

**de production plus justes, éthiques et naturels. Pour ne rien oublier, un petit rappel des grands scandales alimentaires de nos jours jusqu'à la crise de la vache folle.**
Lait en poudre contaminé aux salmonelles, œufs aux fipronil et poulets aux dioxines… Ces **20 dernières années, les scandales alimentaires en Europe et dans le monde se sont suivis et se ressemblent tristement.** Loin de l'impression d'hygiène que peuvent susciter les aliments suremballés et bien présentés dans les rayons de nos supermarchés, ils mettent avant tout en lumière les comportements des acteurs de l'agro-industrie qui n'hésitent pas à **contourner les règles pour produire toujours plus à moindres frais**. Mais face à la répétition, ce ne sont pas une enseigne ou un industriel isolé qui serait en cause, mais **un modèle économique généralisé, peu transparent, où la recherche de profit justifie toutes les inepties.**
Aujourd'hui, la question n'est certainement pas de savoir *si* un nouveau scandale éclatera, mais *quand et où.* Au bout du compte, c'est la société dans son ensemble qui paie la facture et la confiance des consommateurs qui s'effondre. Malheureusement, **force est de constater qu'un scandale en remplace souvent un autre dans les médias**, puis dans l'opinion publique. Très vite, l'attention est portée sur un autre sujet polémique ou une nouvelle alarmante. Ainsi, il est aisé de s'accoutumer à ces scandales une fois la vague d'émotion et de colère retombée. **Chacun retourne gentiment dans son monstro-marché le plus proche sans se poser de question**, jusqu'au prochain scandale alimentaire. Afin de briser cette mécanique de l'oubli, prenons un instant pour nous souvenir de **neuf grands scandales qui ont touché l'industrie alimentaire pendant ces dernières années** (liste non exhaustive).

Extrait de l'article « 9 scandales de l'industrie alimentaire qu'on ferait bien de ne pas oublier ! », *Mrmondialisation.org*, février 2018.

## Document 13

En une dizaine d'années, le livre de cuisine est devenu un véritable phénomène éditorial. Si le marché semble donner quelques signes d'essoufflement, les éditeurs sont sur la piste d'une nouvelle formule magique.
C'est un petit miracle qui s'est produit l'année passée et qui n'en finit plus de se poursuivre encore aujourd'hui. La sortie, ni vue ni connue début septembre 2015 du livre *Simplissime, le livre de cuisine le plus simple du monde* de Jean-François Mallet, avec rupture de stock en deux semaines, a bousculé le petit monde de l'édition culinaire avec ses 345 000 exemplaires vendus à ce jour, à force de réimpressions.
La recette est simple, pas plus de 6 lignes de texte, 6 ingrédients maximum, et une photo (non retouchée) du plat réalisé. Les manchots de la casserole s'en sont emparés, éblouis et… reconnaissants. Des lecteurs « disent que mon livre a changé leur vie, que leurs enfants les regardent autrement, que leur femme leur reparle », rigole l'auteur encore ébaubi par son succès, qui pensait « juste en vendre 25 000 ». Ni une ni deux, les autres maisons d'édition se sont engouffrés dans la brèche, *Gâteaux simplissimes*, *Cuisine super facile* chez Marabout, ou *La Cuisine pour les nullissimes* chez First sur le même principe et avec la même maquette. Mallet lui-même a exploité son idée à l'infini, *Simplissime Light*, *Desserts*, *Dîners chic*, *Simplissime Terrines et Foies gras les plus faciles du monde*, on attend le *Simplissime Pâtes* pour janvier… « À elle seule, cette collection représente 18 % de part du marché de l'édition cuisine », annonce fièrement Céline Le Lamer, directrice projet cuisine de Hachette Pratique.

Bonne nouvelle pour un marché qui patinait depuis quelques années. Si ce phénomène a incontestablement « fait remonter les ventes du secteur », confirme l'institut d'études GFK, les chiffres baissaient régulièrement depuis le pic de 2012, l'explosion des livres-coffrets (un livre de recettes vendu avec ses ustensiles), et les ouvrages tout petits prix consacrés à une marque culte comme *La vache qui rit, les 30 recettes*, ou le best-seller, *Le Nutella*, qui avaient explosé les ventes avec 500 000 exemplaires. Jusqu'à saturation. L'examen à la loupe des tout derniers chiffres de janvier à octobre 2016 montre une remontée en valeur de 10 %, mais parallèlement, le secteur accuse une baisse en volume de 3 %. Autrement dit, « moins de livres achetés, mais plus chers », traduit GFK.

Extrait de l'article « Pourquoi l'édition est (toujours) accro aux livres de cuisine », L'*Obs*., janvier 2017.

## Document 14

**Valeur ajoutée brute de la branche agroalimentaire**

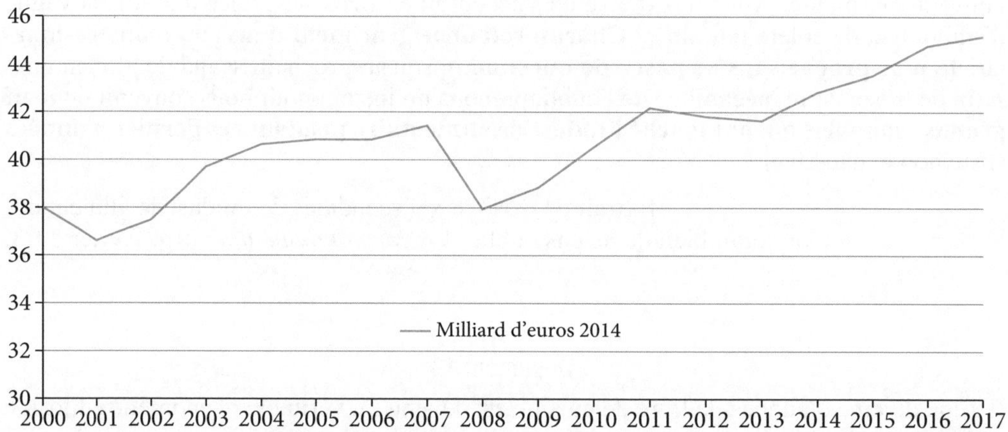


Champ : la branche fabrication de denrées alimentaires, de boissons et de produits à base de tabac regroupe l'ensemble des unités de production homogènes fabriquant les produits cités.
La valeur ajoutée de la branche agroalimentaire augmente régulièrement depuis 2013 de 1 à 3 % par an.

Ministère de l'Agriculture et de l'Alimentation, rapport 06/02/2020.

## Document 15

Lorsque vous choisissez de réduire la quantité de nourriture que vous gaspillez, vous faites le choix de **sauver la planète**. Près d'un tiers de la nourriture produite dans le monde est perdue ou gaspillée pour une raison ou une autre. Le gaspillage alimentaire, qui comprend à la fois la perte et le gaspillage de nourriture, n'est pas seulement moralement irresponsable, puisqu'il cause aussi d'énormes **pertes économiques** ainsi que de graves **répercussions partout dans le monde**, notamment sur l'environnement, à savoir :

**Augmentation de l'empreinte carbone et accélération du changement climatique**
On estime que la nourriture produite et ensuite gaspillée équivaut à 3,3 milliards de tonnes d'émissions de **gaz à effet de serre**, ce qui accélère l'impact du changement climatique. La recherche indique également que les **déchets alimentaires** sont le troisième émetteur

de gaz à effet de serre en importance. Cela s'explique par la prise en compte du gaspillage d'énergie et de l'utilisation primaire des combustibles fossiles dans la production alimentaire, y compris la transformation et la cuisson ainsi que le transport vers divers marchés de consommation dans le monde entier. De plus, le **méthane** produit dans les sites d'enfouissement par les aliments jetés comme déchets aggrave encore davantage les changements climatiques et le **réchauffement de la planète**.

**Perte de biodiversité**

Les gaspillages alimentaires ont un impact sur la perte de biodiversité au niveau mondial. Afin de maximiser les rendements agricoles, les agriculteurs ont de plus en plus envahi les zones sauvages à la recherche de **terres plus fertiles**, ce qui a entraîné une perte de biodiversité. La raison en est que des pratiques telles que les brûlis, la déforestation et la conversion de zones sauvages en terres agricoles ont détruit les habitats naturels des oiseaux, des poissons, des mammifères et des amphibiens. Les pratiques agricoles telles que la monoculture ont également aggravé la perte de biodiversité. **L'élevage de masse du bétail** pour la consommation et l'utilisation de pesticides dans la production agricole ont également contribué de manière significative à la pollution azotée, phosphoreuse et chimique des ruisseaux, des rivières et des eaux côtières, affectant ainsi la vie marine.

**Gaspillage de l'eau**

Le volume d'eau utilisé dans la production alimentaire agricole est immense. Par conséquent, si 30 pour cent de toute la nourriture produite est gaspillée, cela signifie que plus de 30 pour cent de l'eau douce utilisée dans la production et la transformation de la nourriture est également gaspillée. Cela contribue à **l'empreinte de l'eau bleue** qui fait référence à la quantité d'eau de surface et d'eau souterraine consommée qui est gaspillée. Des estimations précises indiquent que le gaspillage alimentaire est responsable du gaspillage de près de 250 kilomètres cubes d'eau.

« Les effets du gaspillage alimentaire sur l'environnement », *Agirecologie.fr.*

## Document 16

Quarante millions de personnes supplémentaires ont rejoint cette année les rangs des sous-alimentés de la planète du fait principalement de la hausse des prix des denrées alimentaires, ce qui porte le nombre d'affamés dans le monde à 963 millions, selon les estimations préliminaires de l'Organisation des Nations unies pour l'alimentation et l'agriculture (FAO).

Et la crise économique et financière actuelle pourrait entraîner une augmentation du nombre des victimes de la faim et de la pauvreté, met en garde la FAO dans un communiqué publié mercredi.

Les prix des denrées alimentaires ont chuté depuis le début de l'année, mais cela n'a pas mis fin à la crise alimentaire dans beaucoup de pays pauvres, a déclaré le sous-directeur général de la FAO, Hafez Ghanem. Pour des millions de personnes dans les pays en développement, manger le minimum requis pour mener une vie saine et active reste un rêve lointain. Les problèmes structurels de la faim et du manque d'accès à la terre, au crédit et à l'emploi ainsi que les prix élevés des denrées alimentaires demeurent une réalité cruelle, a-t-il ajouté.

Les prix des principales céréales ont chuté de plus de la moitié par rapport aux sommets atteints début 2008, mais ils restent élevés comparés aux niveaux des années précédentes. Bien qu'il ait fortement baissé au cours des derniers mois, l'indice FAO des prix des denrées alimentaires était, en octobre 2008, toujours plus haut de 28 % par rapport à son niveau d'octobre 2006.

Les prix des semences, des fertilisants (et d'autres intrants) ayant plus que doublé depuis 2006, les paysans pauvres n'arrivent plus à augmenter leur production alors que les fermiers riches, notamment dans les pays développés, ont les moyens de faire face à la hausse des coûts des intrants et peuvent s'agrandir. Résultat : l'accroissement de la production céréalière dans les pays développés atteindrait au moins 10 % en 2008 alors qu'il ne dépasserait même pas 1 % dans les pays en développement.

Si le recul des prix et les restrictions sur le crédit associés à la crise économique devaient forcer les paysans à réduire les surfaces plantées, un nouveau cycle dramatique affectant les prix des denrées alimentaires pourrait se déclencher l'an prochain, a indiqué M. Ghanem.

L'objectif du Sommet mondial de l'alimentation de 1996 relatif à la réduction de moitié du nombre de sous-alimentés à l'horizon 2015 nécessite une forte volonté politique et des investissements dans les pays pauvres d'au moins 30 milliards de dollars par an pour l'agriculture et la protection sociale des pauvres, a-t-il rappelé.

La grande majorité de la population sous-alimentée vit dans les pays en développement. Ils étaient 907 millions en 2007, selon « L'état de l'insécurité alimentaire dans le monde », sept pays rassemblant, à eux seuls, 65 % de ces personnes : Inde, Chine, République démocratique du Congo, Bangladesh, Indonésie, Pakistan et Éthiopie.

Il est évident que des progrès dans ces pays très peuplés pourraient avoir d'importantes répercussions sur la diminution générale de la faim dans le monde, indique le rapport.

L'Asie étant très peuplée et les progrès en matière de réduction de la faim étant relativement lents, environ deux tiers des sous-alimentés du monde vivent dans cette région, soit 583 millions de personnes en 2007. Côté positif, certains pays d'Asie du Sud-Est comme la Thaïlande et le Vietnam sont sur la bonne voie pour atteindre l'objectif de réduction de la faim du Sommet mondial de l'alimentation. Mais l'Asie du Sud et l'Asie centrale ont essuyé des revers dans ce domaine, selon le rapport.

En Afrique subsaharienne, une personne sur trois (soit 236 millions en 2007) souffre de faim chronique. Cette partie du monde possède la plus forte proportion de personnes sous-alimentées par rapport à la population totale, selon le rapport de la FAO.

L'augmentation du nombre de sous-alimentés est due, en grande partie, à un seul pays : la République démocratique du Congo. Secoué en permanence par des conflits de grande ampleur, ce pays a vu son nombre de personnes souffrant de faim chronique passer de 11 millions à 43 millions d'individus (en 2003-2005), alors que la proportion de personnes sous-alimentées augmentait de 29 à 76 %.

D'après Graeme Villeret, Extrait de l'article « 963 millions de sous-alimentés dans le monde », *Populationdata.net*, décembre 2018.

# Corrigé

L'alimentation est essentielle, savoir la contrôler est vital. Aujourd'hui, elle devient un enjeu planétaire : chaque citoyen du monde doit pouvoir se nourrir... sans en mourir.

Nous verrons dans un premier temps que l'alimentation rime avec plaisir, mais qu'elle doit être maîtrisée comme impératif de santé publique. Enfin, nous montrerons en quoi repenser notre alimentation devient une nécessité environnementale.

L'alimentation est souvent associée au plaisir du goût, de la table et de la convivialité. Manger est d'autant plus plaisant que cela libère de la dopamine.

L'UNESCO a d'ailleurs consacré la gastronomie française au rang de patrimoine mondial de l'humanité. Il est donc logique que les Français y consacrent près de 15 à 20 % de leur budget mensuel, avec un engouement notoire pour le bio, dont la consommation a progressé de 15 % entre 2017-2018.

L'alimentation est aussi associée au plaisir de faire, comme en témoigne le succès des livres de cuisine, du *Simplissime* aux beaux recueils.

Néanmoins, pour des questions de santé publique, il est primordial de contrôler l'alimentation. Manger trop tue, en provoquant des maladies cardio-vasculaires et des cancers. 4 % des adultes et 8 % des enfants sont également victimes d'allergies alimentaires.

En outre, produire trop est tout aussi néfaste. Le Pérou souffre de sols moins fertiles suite à la surproduction de chénopodiacées, tandis que les consommateurs du monde entier ont connu des scandales sanitaires. L'industrie agro-alimentaire semble parfois plus soucieuse de sa valeur ajoutée, en progression de 20 % depuis 2000, qu'à la santé de ses clients.

Plus grave encore, maîtriser l'alimentation devient une urgence environnementale planétaire. La surproduction et le gaspillage, qui en découle, sont le 3e émetteur de gaz à effet de serre. La viande, en particulier, est décriée. Car, bien qu'elle bénéficie d'une image encore très positive auprès de ses consommateurs, elle génère 14 % des GES mondiaux et provoque 500 000 décès par an, alors même que limiter sa consommation augmenterait les performances physiques.

En définitive, l'alimentation jouit d'un double statut. C'est à la fois un besoin vital et un plaisir à partager, tout en étant un danger pour l'humanité. Savoir la maîtriser est donc une priorité.

Les choix pour y parvenir sont multiples : d'aucuns choisiraient de contrôler le volume quand d'autres, à l'instar de Pythagore, opteraient pour une alimentation sélective, végane, par exemple.

382 mots

# SUJET 2 : Synthèse

**DURÉE :** 3 HEURES

Il vous est demandé de faire la synthèse, et non une suite de résumes, de l'ensemble des 10 documents présentés, en 350 mots, avec une tolérance de 10 %, c'est-à-dire de 315 à 385 mots.

Voici les consignes à suivre :

- respecter l'orthographe et la syntaxe de la langue française ;
- soigner la calligraphie ;
- ne pas donner son avis sur le sujet proposé ;
- ne pas faire référence à un document en indiquant son numéro d'ordre, son auteur, son titre ;
- mettre un signe * après chaque groupe de 50 mots ;
- noter le nombre total de mots dans le cadre prévu sur votre copie et vérifier. Le décompte des mots est systématiquement contrôlé par les correcteurs.

Le barème de correction prend en compte tous ces éléments.

Le non-respect de l'une au moins des consignes est fortement pénalisé.

**NOTE DU FORMATEUR**

La phrase « *Aujourd'hui, 4 juillet c'est-à-dire jour anniversaire de l'indépendance des États-Unis, 75 % des nations de l'ONU se réunissent à New York.* » comporte 27 mots.

## Document 1

### Le cinéma d'animation, un secteur qui recrute

**Animateurs, coloristes, techniciens, scénaristes, story-boardeurs... le cinéma d'animation offre de multiples opportunités aux étudiants français, dont la formation est appréciée à l'étranger.**

Pierre Coffin, Louis Clichy, Kristof Serrand, Eric Bergeron, Simon Rouby, etc. : lorsqu'on parle cinéma d'animation, les Français qui brillent à l'étranger sont nombreux. Comment expliquer ce succès de l'animation française ? Pour répondre à cette question, retrouvez ci-dessous une sélection de nos récents articles publiés sur le sujet.

**Des formations de qualité**

Le succès du cinéma d'animation tricolore prend sans doute d'abord sa source dans la qualité de ses formations, écoles de dessin ou d'animation 2D ou 3D, dont l'école des Gobelins fait figure de vaisseau amiral. De ses couloirs sont sortis les auteurs, animateurs, designers et réalisateurs de *Moi, moche et méchant, Les Minions, Un monstre à Paris, Ratatouille, Wall-E, Adama* ou encore *Kung Fu Panda*... Pour découvrir comment le cinéma d'animation fait école aux Gobelins, voici notre reportage.

Depuis la création du département animation de l'école des Gobelins, le nombre d'établissements formant les animateurs de demain a explosé en France, portés par la généralisation des images de synthèse et de la 3D. Qu'est-ce qui fait la particularité et la force de la french touch au niveau international ? La réponse de Pierre Coffin, coréalisateur de *Moi, moche et méchant et des Minions*, qui souligne aussi, dans cet entretien, qu'il n'est pas nécessaire de partir à l'étranger : *« Pour les animateurs, il y a énormément de travail dans les studios français depuis quelques années »*, même si c'est souvent sur des productions américaines plutôt que des films français.

**Qualité française**

Il n'empêche, les petits Français s'exportent à merveille, au moins au début de leur carrière. En témoigne Gaëtan Borde, passé par Supinfocom Rubika. *« Les studios britanniques recrutent à la sortie des écoles françaises »*, explique dans un entretien celui qui travaille depuis son diplôme en 2015 chez Nexus, un studio d'animation londonien.

Selon les pays et les studios d'animation, les méthodes de production varient du tout au tout. *« Aux États-Unis, la particularité, c'est l'échelle qui est plus grande. On dispose de plus de moyens, de plus de possibilités, de plus de talents... Cependant, la quantité n'est pas forcément un avantage. Quelquefois, on souhaiterait faire plus petit ! »*, explique Kristof Serrand, directeur de l'animation de DreamWorks, en Californie. Il détaille, dans un entretien, les compétences et les pays les plus en vogue, estimant que *« désormais, dans les métiers de l'animation, le Canada recrute plus qu'Hollywood »*.

Pour ceux qui veulent passer les frontières, les métiers de la 3D, comme ceux du luxe, de l'artisanat d'art, de la gastronomie ou encore d'ingénieur se révèlent ainsi de bons filons.

*Le Monde,* 27 mai 2017.

## Document 2

### Le cinéma, une industrie ancienne de la nouvelle économie

La souveraineté culturelle, associée aux « externalités » de natures morale, politique ou éducative du cinéma, est apparue comme un problème fondamental de politique internationale dès la confirmation du succès et de l'expansion de cette industrie. Le cinéma est ainsi devenu un « enjeu » qui a justifié les mesures restrictives adoptées à partir de la fin des années 1920, notamment par les pays européens et, déjà, à rencontre du cinéma américain. En 1926, avant même la diffusion du cinéma parlant et la crise économique mondiale, un représentant de l'industrie publiait un essai qui soulignait la nécessité d'une régulation internationale sous l'égide de la Société des Nations. En 1946, l'industrie cinématographique sera d'ailleurs le seul secteur qui fera l'objet d'un traitement particulier dans les accords du GATT (article IV : *Dispositions spéciales relatives aux films cinématographiques*) qui autorise des contingents à l'écran, par exception au principe du traitement national. Néanmoins, cette disposition a été peu appliquée (à quelques exceptions près, comme l'Espagne). En effet, immédiatement après la Seconde Guerre. Depuis, ces mesures sont périodiquement mises en cause dans les relations commerciales. L'« exception culturelle », revendiquée par les représentants de l'industrie audiovisuelle et des médias (périodiques, édition,...), vise à maintenir ces soutiens malgré les règles générales du multilatéralisme (clause de la nation la plus favorisée, traitement national). Cette mobilisation a contribué à retarder l'achèvement des négociations d'Uruguay (1993) et à faire échouer l'Accord Mondial sur l'Investissement (AMI) discuté au sein de l'OCDE.

D'après Jean-Marc Siroën, « Le cinéma, une industrie ancienne de la nouvelle économie », *Revue d'économie industrielle,* éditions Persée, 2000.

## Document 3

### Quelle école de cinéma choisir ?

**La France, berceau du cinéma, offre tous les cursus, privés comme publics, pour apprendre l'image et le son. Prestigieuses, les écoles publiques sont particulièrement sélectives.**
À l'instar d'un générique de fin de film, la liste des métiers de l'audiovisuel est pléthorique : acteur, cadreur, chef opérateur, ingénieur du son, monteur, producteur, réalisateur, régisseur, scénariste, scripte, truquiste, directeur photo et désormais même youtubeur dont certains sortent des écoles de cinéma comme <u>LinksTheSun</u>, de son vrai nom Alexis Breut, diplômé de <u>l'Esra</u>.

**1. Le BTS métiers de l'audiovisuel : très technique**

Proposé dans de nombreux établissements, est un premier pas qui vous ouvrira notamment la porte de nombreuses écoles supérieures accessibles à bac +2, même si, selon Mélissa Malinbaum, directrice de production, « il est intéressant aussi de s'enrichir avec des études qui ne sont pas forcément liées au cinéma pour élargir son horizon ». Le **BTS audiovisuel** offre cinq options : métiers de l'image, métiers du son, métiers du montage et de la postproduction, gestion de production, et techniques d'ingénierie et exploitation des équipements. La plupart acceptent en priorité des bacheliers S très motivés, ayant déjà fait un stage ou ayant acquis une expérience professionnelle. Ceux qui n'auraient pas le niveau peuvent passer un an en Mancav (classe de mise à niveau arts cinéma audiovisuel). Les BTS et les Mancav sont accessibles sur le site Admission postbac.
Ina SUP, à Bry-sur-marne (94), propose de son côté plusieurs formations : le BTS Métiers de l'audiovisuel, en partenariat avec le lycée Évariste Galois à Noisy-le-Grand, une licence, des diplômes Ina (bac +3) et toute une gamme de masters.

**2. La licence de cinéma : plus littéraire**

À l'université, le département Satis de la Faculté des sciences Aix-Marseille, la filière ISB (Image et Son Brest) de l'Université de Bretagne occidentale ou encore la mention cinéma et audiovisuel développée par certaines universités comme Paris 1 Panthéon Sorbonne ou Montpellier 3 Paul Valéry permettent de suivre un cursus complet jusqu'au doctorat.

**3. Écoles de cinéma : plus professionnelles**

Après un bac +2, les deux incontournables écoles publiques sont la Femis à Paris et Louis-Lumière à Saint-Denis (93) qui ont formé des générations de professionnels. Pensez aussi aux écoles privées qui sont nombreuses aussi, et souvent de très bonne réputation : l'Esra qui couvre l'ensemble des formations, l'Institut international image & son (3IS), la récente École de la Cité créée par Luc Besson, l'Eicar et le CLCF qui offrent des formations complètes.

**4. Scénariste : des formations plus spécialisées**

Certaines écoles se sont spécialisées dans un domaine précis comme le Conservatoire européen d'écriture audiovisuelle (CEEA) pour les futurs scénaristes. Il faut être âgé de 20 à 40 ans.

Après un Deug (deux premières années de licence) Mathématiques, informatique et applications, Éponine Momenceau a passé une licence Cinéma avant d'intégrer la Fémis. Son film de fin d'études a remporté le prix du Salon de Montrouge, ce qui lui a permis d'en faire un autre, projeté cette fois au Palais de Tokyo. Jacques Audiard est présent ce jour-là et décide de la recruter comme directrice photo pour son film Dheepan qui va rafler la Palme d'or du Festival de Cannes 2015. De son passage à la Fémis, elle a conservé un solide réseau : « Durant les études, nous sommes amenés à travailler ensemble sur des projets. Des relations assez riches se nouent et nous continuons encore aujourd'hui à nous consulter et à travailler ensemble ». C'est ce qu'on appelle la grande famille du cinéma…

D'après Fournoux Xavier et Sophie de Tarlé, *Le Figaro.fr étudiant*, 10 mai 2015.

## Document 4

### Fréquentation cinématographique : estimations du mois de mars 2019

Selon les dernières estimations de la direction des études, des statistiques et de la prospective du CNC, la fréquentation cinématographique atteint 18,34 millions d'entrées au mois de mars 2019, soit un niveau inférieur à mars 2018 (-12,0 %). 58,83 millions d'entrées ont été réalisées au cours du premier trimestre 2019 en diminution de 4,5 % par rapport au premier trimestre 2018. Sur les 12 derniers mois écoulés, les entrées dans les salles sont estimées à 198,30 millions, en recul de 5,6 % par rapport aux 12 mois précédents.

| **Fréquentation totale** (en millions d'entrées) | **2019** | **2018** | **Évolution 2019/2018 (%)** |
|---|---|---|---|
| Janvier | 18,21 | 18,28 | -0,4 |
| Février | 22,27* | 22,48 | -0,9* |
| Mars | 18,34* | 20,86 | -12,0* |
| Premier trimestre | 58,83* | 61,61 | -4,5* |
| Année glissante (de avril *n*-1 à mars *n*) | 198,30* | 210,07 | -5,6* |

Source : CNC

* Les données sont des estimations.

La part de marché des films français est estimée à 46,9 % sur le premier trimestre 2019 (43,7 % au premier trimestre 2018) et celle des films américains à 44,1 % (40,3 % au premier trimestre 2018). Sur les 12 derniers mois, la part de marché des films français est estimée à 40,2 %, celle des films américains à 45,9 % et celle des autres films à 13,9 %. Trois films français sont présents dans le classement des 10 premiers films au premier trimestre 2019 : *Qu'est-ce qu'on a encore fait au bon Dieu ?* (1er, sorti le 30 janvier), *Nicky Larson et le parfum de Cupidon* (9e, sorti le 6 février) et *le Chant du loup* (10e, sorti le 20 février). Deux films américains sont dans le top 3 : *Dragons 3 : le monde caché* (2e, sorti le 6 février) et *Captain Marvel* (3e, sorti le 6 mars). Sur le premier trimestre, le premier film non français et non américain est 24e. Il s'agit du film japonais *Dragon Ball super Broly* (sorti le 13 mars).

| Parts de marché (%) | Films français | | Films américains | | Autres films | |
|---|---|---|---|---|---|---|
| Premier trimestre | 46,9* | 43,7 | 44,1* | 40,3 | 8,9* | 16,0 |
| Année glissante (de avril *n*-1 à mars *n*) | 40,2* | 37,7 | 45,9* | 45,8 | 13,9* | 16,5 |

Source : CNC

* Les données sont des estimations.

Les estimations de fréquentation mensuelle sont fiables à 5 % près, et leur précision augmente avec le cumul des mois. En revanche, la précision est moins grande dans le calcul des parts de marché. Il s'agit donc de considérer ces parts de marché avec prudence.

CNC, La Direction des études, des statistiques et de la prospective, Paris, 5 avril 2019.

## Document 5

### « Le cinéma à domicile n'est pas inaccessible »

**Écouter et voir un film chez soi en bénéficiant du même rendu que dans une salle de cinéma ne relève plus du domaine du rêve. Grâce à la généralisation de la haute définition, il est désormais possible d'obtenir de très bons résultats sans se ruiner. Lever de rideau sur le home cinéma avec Franck Kantor, directeur de la rédaction du magazine Cinéma Chez soi.**

**Maison à part : Que désigne exactement le terme « home cinéma » ?**

Franck Kantor* : Le home cinéma, c'est littéralement le cinéma à domicile ou la possibilité de visionner un film chez soi dans des conditions similaires à celles des salles de cinéma : une image de grande dimension, au format 26/9, un son multicanal, la vidéo projection… Bref, une qualité d'image et de son qui n'a rien de comparable avec la télévision ! Grâce à ce type d'équipement, on s'immerge totalement dans le film tout en profitant du même confort que dans une salle de cinéma classique. C'est aussi la possibilité de partager des moments avec sa famille ou ses amis avec toute la souplesse possible : on arrête et reprend la projection quand on veut.

**MAP : Depuis quand les français s'intéressent-ils à ce genre d'installation ?**
F.K : Le Home cinéma est né globalement dans les années 90, avec l'arrivée des premiers laser-disques. A l'époque, seuls les passionnés du son et de la vidéo s'y intéressaient. Depuis cinq ans, le Home cinéma s'est largement démocratisé et derrière ce terme, on retrouve toutes sortes de produits reproduisant, plus ou moins bien, un son multicanal… On en oublierait presque le concept de base : se créer sa propre salle de cinéma.

**MAP : De quels éléments se compose un home cinéma et comment les choisir ?**
F.K : Un home cinéma se compose d'un vidéoprojecteur ou à défaut d'un téléviseur, d'un ensemble audio multicanal de cinq enceintes avec un caisson de basse, d'un ampli audio et vidéo et d'un lecteur DVD ou blu-ray. On peut acheter des dispositifs « tout en un » qui englobent des enceintes avec un lecteur de DVD. C'est une solution pratique quand on ne dispose pas de lecteur mais qui offre un résultat qualitatif peu exigeant. On peut également se procurer des packs home cinéma qui se composent essentiellement d'enceintes 2.1 ou 5.1, sans lecteur DVD. Reste enfin, la solution d'acheter des éléments séparés. Il existe des dizaines ou des centaines de références, pour tous les prix… Tout dépend du degré d'exigence de l'utilisateur. Pour avoir un son de qualité, il est préférable de se tourner vers des fabricants dédiés à l'audio plutôt que vers des marques généralistes car leurs produits ne sont pas forcément plus chers.

**MAP : Où placer les enceintes ? Quel rôle jouent-elles dans la pièce ?**
F.K : Sur un système 5.1, les deux frontales se placent comme en stéréo de part et d'autre de l'écran à une distance égale tandis que l'enceinte centrale se positionne sous l'écran. Les deux voies arrières s'installent à hauteur de ses oreilles derrière l'auditeur et non pas sur ses côtés. Le caisson de basse n'est pas directif, il se place à sa convenance, généralement à proximité d'une enceinte frontale. Sur un système 7.1, on ajoute deux enceintes latérales, que l'on place donc sur les côtés à mi-distance environ du spectateur et des frontales. La configuration 7.1 convient pour des salles dédiées de plus de 30 m$^2$. En deçà, elles ne sont pas vraiment nécessaires.

maisonapart.com, propos recueillis par Céline Chahi, 20 mars 2008.

## Document 6

### Carte d'abonnement Le Pass Gaumont-Pathé

Les cinémas Gaumont et Pathé ont enclenché le pas aux cinémas UGC qui ont été les premiers a lancer, en mars 2000, une formule novatrice d'**abonnement au cinéma à volonté** à l'année avec la carte UGC Illimité. Depuis septembre 2000, la carte Le Pass Gaumont a fortement évolué : d'abord disponible uniquement à Paris, elle était également acceptée dans les salles Mk2. Mais en 2007, suite à un différend concernant l'exploitation du multiplexe Beaugrenelle à Paris, Mk2 s'est associé à la carte UGC Illimité.
La carte **Le Pass Intégral** est désormais disponible **dans tous les cinémas Gaumont et Pathé** du territoire national.
Depuis 2013, la carte Le Pass propose une **formule Duo** ainsi qu'une **formule Duo Enfant**. Le Pass Intégral est également accepté dans un important nombre de **cinémas indépendants (les cinémas partenaires)** à Paris et en région. Vous trouverez ci-dessous la **liste complète des salles** de cinéma dans lesquelles vous pourrez utiliser votre carte d'abonnement au cinéma à volonté Gaumont-Pathé.

Enfin, uniquement dans les cinémas Gaumont et Pathé, le spectateur qui va au cinéma avec un détenteur du Pass peut bénéficier du **tarif accompagnant Le Pass : 8 € pour tous les films, à toutes les séances** (le tarif accompagnant n'est pas valable dans les cinémas partenaires).
Mise à jour : août 2017.
**Les tarifs de la carte Le Pass Intégral :**
**Le Pass Intégral :** 23,50 € par mois.
**Le Pass Intégral DUO :** 39,50 € par mois.
Frais de dossier : 30 €
800 écrans en France

https://salles-cinema.com/carte-abonnement-gaumont-pathe

## Document 7

### Acteurs et actrices les mieux payés : les salaires du cinéma et des séries

**Qui sont les acteurs de séries qui ont gagné le plus d'argent en 2017 ? Et le montant des plus gros salaires du cinéma ? Pour connaître les réponses à ces questions, voici les classements des acteurs les mieux payés au monde.**
Les vedettes du cinéma ne sont pas les seuls à avoir un classement pour leurs salaires. Le magazine *Variety* a publié le classement des acteurs et actrices de séries US les mieux payés en 2017. Et les séries les plus rentables pour les comédiens sont souvent comiques comme *The Big Bang Theory et Modern Family*. Du côté des séries dramatiques, les acteurs de *Game of Throne* sont toujours bien payés, avec environ 500 000,00 dollars par épisode.
Le magazine *Forbes* a dévoilé le classement des acteurs en fonction de leurs revenus. Et sur la première marche du podium, cette année on ne retrouve plus Dwayne Johnson mais Mark Wahlberg qui fait une entrée fracassante dans le Top 10. Du côté des actrices, pour la première fois depuis deux ans, Jennifer Lawrence n'est pas sur la première marche du podium et chute à la troisième place. C'est Emma Stone qui l'a détrône après le succès cette année de la comédie musicale *La La Land*.
Découvrez qui sont les acteurs et actrices les mieux payés au monde dans les classements ci-dessous. Les stars de cinéma gagnent chaque année de sommes astronomiques. Mais combien gagnent-elles exactement ? Le top 100 des célébrités les mieux payées selon Forbes en 2017 nous donne une idée de leur pécule monumental. En France, c'est *Le Parisien* qui a dévoilé les salaires par film des acteurs et actrices dans l'Hexagone tandis que, pour les réalisateurs, c'est *Écran Total* qui s'en charge. Découvrez les salaires des acteurs et réalisateurs dès maintenant dans notre dossier spécial.

**Les acteurs américains les mieux payés**
Tous les ans, *Forbes* dévoile son classement des acteurs les mieux payés. Et le champion de cette année est Mark Wahlberg qui a touché plus de 68 millions de dollars grâce en grande partie au film *Transformers 5*. Si on retrouve globalement les mêmes visages qu'en 2016, trois petits nouveaux font leur entrée dans le Top 10. Trois acteurs de Bollywood qui sont à la huitième, neuvième et dixième place.

**Actrices les mieux payées au monde**
Pour cette nouvelle année, les compteurs sont remis à zéro. Le magazine *Forbes* s'est intéressé à nouveau aux actrices les mieux payés du monde. Si Jennifer Lawrence est

détrônée, Emma Stone fait une percée dans le classement. Absente du Top 10 en 2016, l'actrice grimpe directement à la première place après avoir empoché plus de 26 millions de dollars entre juin 2016 et juin 2017. Si d'autres actrices font leur entrée dans le Top 10, comme Emma Watson ou Cate Blanchett, d'autres en ont tout simplement disparu comme Scarlett Johansson pourtant troisième en 2016.

Linternaute.com, 24 août 2017.

## Document 8

### Intermittents du spectacle : une « précarité confortable » et un statut à défendre

**En réponse à l'appel à témoignages du Monde.fr, des intermittents racontent leur métier et leur régime, souvent critiqué.**

Artistes, techniciens, ouvriers… les intermittents du spectacle sont plus de 250 000 en France et bénéficient d'un statut à part, dû au caractère souvent fragmenté de leur activité. Dans la nuit du mercredi 27 au jeudi 28, les organisations syndicales de salariés et d'employeurs sont arrivés à un accord sur ce régime d'assurance-chômage spécifique. Régulièrement critiqué pour son coût, perçu comme trop généreux, ce régime recouvre des situations éparses.

*« Le ressentiment de la société à notre égard m'inquiète de plus en plus »*, écrit Nicolas T., un technicien de 36 ans qui a répondu à l'appel à témoignages lancé sur Le Monde.fr. Il ne comprend pas que les intermittents soient perçus comme *« une classe de rigolos paresseux et privilégiés »*. Il liste ainsi *« les contrats très courts, l'insécurité liée aux projets, les journées à rallonge ainsi que toutes les heures (non payées) que nous sommes prêts à faire pour donner un coup de main à gauche et à droite, quand le budget d'un film ou d'une pièce ne suffit pas »*.

*« Depuis vingt-sept ans, je vis dans l'incertitude de l'avenir »*, renchérit Marc D., artiste lyrique. Certes, *« pour rien au monde »* il n'exercerait une autre activité car *« c'est un métier de vocation »* mais qui implique aussi d'importantes concessions. *« Je n'ai pas de maison, pas de voiture et bien entendu, pas d'économies »*, confie-t-il, résumant : *« Allez demander un prêt à un banquier, quand personne n'est capable de dire si vous aurez un revenu dans dix-huit mois (...). A 54 ans, on peut rêver mieux. »*

**« La réalité brutale » de la « précarité »**

Julien M., un technicien de 52 ans, raconte avoir perdu son statut *« pour dix heures manquantes »* sur les 507 heures à déclarer pour l'ouverture des droits à l'indemnisation (sur dix mois jusqu'à présent, sur douze mois après l'accord de jeudi). *« Je me suis retrouvé sans revenus pendant six mois et suis devenu ripeur* [éboueur qui travaille à l'arrière d'un camion-poubelle] *»*, poursuit-il, soulignant la *« réalité brutale »* de la *« précarité »* des métiers du spectacle. Patrick, 57 ans, musicien, affirme *« rester environ quatre mois par an sans rien toucher »* – et encore *« les bonnes années ! »*, souligne-t-il, car il n'arrive pas toujours à atteindre le nombre d'heures nécessaires. *« J'ai un revenu inférieur au smic même avec des allocs. »*

Etre intermittent, *« c'est une précarité confortable »*, synthétise Greg, monteur audiovisuel de 40 ans : *« Si on a le statut, on peut être bien, voire très bien. Si on le perd, les choses peuvent s'enchaîner très vite. »*

Alors, paresseux les intermittents ? Ce serait plutôt tout le contraire selon Marc L., 35 ans, musicien et producteur de musique électronique. *« Si je fais le compte à l'année, je dirais que je travaille un minimum de 45 heures par semaine, mais seulement 12 heures sont effectivement payées »*, écrit-il, racontant les semaines en studio et les nombreux week-ends passés sur les routes, *« souvent deux jours de déplacement pour une ou deux heures de concert »*.

**« Ne touchez pas au système »**

Olry C., technicien lumière, rapporte les nombreux abus qu'il observe, évoque *« des salariés à plein temps dans des entreprises (y compris publiques) »* qui sont *« déclarés comme intermittents alors qu'il n'en est rien »*. Un graphiste strasbourgeois confirme, et cite l'exemple d'une société employant sous le régime de l'intermittence des gens *« qui bossent pour [elle] depuis quinze ans »*. *« Des milliers de CDD illégaux »*, s'emporte-t-il. Tout repose en fait sur la *« passion »* du métier. Sans elle, *« j'aurais déjà raccroché »*, écrit Sophia A., technicienne et marionnetiste de 37 ans, qui défend l'émulation culturelle caractérisant selon elle la France : *« La culture, c'est de la vitamine C, elle booste, énergise, enlève les tensions (...) »*. *« Partir surexcité en tournage à l'autre bout du monde et rentrer pour écrire le scénario d'un film qui ne verra peut-être pas le jour, c'est le plus beau métier du monde, non ? »*, s'amuse Antoine P., 32 ans, après avoir détaillé toutes les raisons de *« s'arracher les cheveux »* à cause du régime.

Beaucoup de nos lecteurs ayant envoyé leur témoignage adressent un plaidoyer en faveur de cette spécificité française. *« Si vous voulez maintenir le spectacle accessible à tous, ne touchez pas au système des intermittents »*, lance Fedora W., dramaturge, sous peine d'avoir *« des prix flamboyants pour les billets d'entrée »*. Ce régime *« est une des rares choses dont la France doit être fière, car il permet aux gens du spectacle de survivre entre deux engagements »*, ajoute-t-elle.

**« Être acteur implique d'accepter la précarité »**

*« Sans l'intermittence, je n'aurais jamais pu rester dans le monde de la musique, élever mes deux enfants et continuer à vivre dignement »*, commente Viviana A., musicienne. Pour elle, *« c'est un choix de société que d'avoir des artistes pouvant vivre de leur art »* et c'est *« un choix de liberté que de faire en sorte qu'ils puissent exercer leur métier au-delà du "star système" et du vedettariat des puissants »*.

Quelques intermittents ne voient pas d'un très bon œil le mouvement de ces derniers jours, qui s'est manifesté par l'occupation de théâtres, dont celui de l'Odéon et la Comédie-Française, à Paris. *« Etre acteur, vouloir le devenir, implique d'accepter la précarité. Que l'on soit technicien ou artiste-interprète, on ne peut réclamer des avantages particuliers au prétexte que notre métier est plus aléatoire que d'autres »*, souligne Laurent A., comédien, qui voit dans la contestation de *« l'immaturité »* et de la *« confusion »*.

Le mouvement *« pénalise nos premiers supports »*, estime pour sa part un comédien et chanteur de 31 ans demandant à rester anonyme : *« On se met les spectateurs à dos en faisant grève alors que nous devrions nous allier à eux pour garantir leur soutien face au cassage en règle du statut. »*

*Le Monde.fr*, 28 avril 2016.

## Document 9

Le **cinéma** est né de la rencontre d'innovations dans le domaine du support photographique et dans celui de la synthèse du mouvement utilisant la persistance rétinienne. Ces recherches sont effectuées dans un but purement scientifique : s'il était question de recomposition du mouvement, il n'était pas encore question de projection. Ainsi, en 1876, **Eadweard James Muybridge** met au point une expérience : il dispose 12 puis 24 appareils photo le long d'un hippodrome, déclenchés par le passage du cheval. Il obtint ainsi une décomposition du mouvement en plusieurs photographies et conçoit le ***zoopraxiscope***, lui permettant de recomposer le mouvement. Puis, en 1891, **Edison** crée le ***kinétographe***, première caméra de prise de vue. Les films tournés n'étaient pas projetés mais regardés à travers une visionneuse baptisé ***Kinétoscope***. La date de l'invention d'Edison ne peut pas être considérée comme date de naissance du cinéma car le Kinétoscope ne permet pas de projeter le film. Edison ne s'intéresse d'ailleurs pas à la projection, jugeant que cela tuerait rapidement l'intérêt du public pour l'invention.

**La naissance du cinéma**

Les **frères Lumière**, bien qu'ils n'aient pas directement créé le ***Cinématographe*** (invention de Léon Bouly en 1892), en déposent le brevet le 13 février 1895. Ils tournent quelques films en 1894 et en effectuent des projections privées en 1895. Cette même année, ils décident d'organiser une projection publique payante, le 28 décembre 1895, au **salon Indien du Grand Café**, à Paris.

C'est donc cette date qui est communément retenue en France comme étant la naissance du **cinéma** (projection payante publique d'images animées). Au programme de cette projection : ***l'Arroseur arrosé, le Repas de bébé, la Sortie de l'usine Lumière à Lyon***.

A la différence d'autres appareils de projection, le **cinématographe Lumière**, à la fois caméra, tireuse et visionneuse, supplantera les autres procédés de reproduction du mouvement utilisés jusqu'alors, comme le Kinétoscope d'Edison.

Les **frères Lumière** envoyèrent des opérateurs de par le monde afin de ramener des films courts, les premiers documentaires, en quelque sorte, mais aussi les débuts d'un certain cinéma amateur. Un opérateur, filmant sur un bateau, inventa le premier travelling.

Exploité de front en salles et dans des fêtes foraines, le **cinéma** devient vite un **art populaire**. **Charles Pathé** envoie des cameramen à travers le monde pour en ramener des scènes typiques sous forme de documentaires. Les premiers films traitent d'amour, d'épopées (premiers westerns), de burlesque. Précurseur en matière d'effets spéciaux, **Georges Méliès** réalise le ***Voyage dans la Lune*** avec des effets en trompe-l'œil. Il expérimente toutes sortes de techniques empruntées au monde des illusionnistes.

Si les **frères Lumière** furent déterminants dans l'invention de la machine qui rend possible l'éclosion du **cinéma**, c'est **Méliés** qui le premier, fait du cinéma, c'est-à-dire invente et crée autre chose qu'une simple vue d'une entrée en gare ou de personnes en mouvement.

**Le cinéma muet**

À sa naissance, le **cinéma** est muet, la barrière de la langue n'existe pas puisque l'image est universelle. Le cinéma va pourtant connaître dans cette période des évolutions majeures.

Ainsi, l'un des premiers à envisager le cinéma non plus comme un témoignage mais comme un **art** est **Georges Méliès**. Il utilise les trucs et astuces en usage dans le monde des illusionnistes et les adapte pour le **cinéma**. Si les **Frères Lumière** ont inventé le **cinématographe**, **Méliès** a mis au monde l'**art cinématographique**. Il signe ainsi en 1902 le premier film de Science-fiction, ***le Voyage dans la Lune***. Méliès réalise plus de

500 courts métrages, souvent peints à la main, entre 1896 et 1913. Outre **Méliès**, les autres grands noms du cinéma muet sont le burlesque **Max Linder** qui sera plus tard la source d'inspiration de **Charles Chaplin**, et **Louis Feuillade** réalisateur des premiers sérials de la **Gaumont** : ***Fantômas et les Vampires*** avec ***Musidora***.
On conserve aujourd'hui peu de films de cette période héroïque qui fut pourtant prolifique. La pellicule était souvent grattée et réutilisée, parfois plusieurs fois, effaçant à jamais nombre d'œuvres. **Méliès**, lui-même, agissait ainsi.

**Le cinéma parlant**

Le **problème du son** mobilise quelques esprits et on met en place à Paris plusieurs salles sonorisées dès 1912, le **Gaumont Palace** au premier chef. Les compagnies sont toutefois hostiles à cette évolution et parviennent les premières années à bloquer toute évolution en ce sens. L'enjeu linguistique était déterminant car la France, désormais grignotée par les productions américaines et danoises notamment, ne pouvait pas se permettre le luxe de se contenter du seul marché francophone.
L'arrivée du **cinéma parlant** est un tremblement de terre. En 1929, 20 salles sonorisées sont recensées en France ; elles passent à 1 000 en 1931 et 4 250 en 1937.
Une belle génération de **réalisateurs** et une foule d'**acteurs** talentueux venant le plus souvent du théâtre, permettent la production de plusieurs chefs-d'œuvre. Le public suit : 150 millions de spectateurs en 1929, 234 en 1931 puis 453 en 1938, la progression est belle. La période révèle les premières vedettes du cinéma parlant. Citons ici **Arletty**, **Fernandel**, **Jean Gabin**, **Raimu** et **Michel Simon** du côté des acteurs, **Sacha Guitry**, **Julien Duvivier**, **Jean Renoir** et **Marcel Pagnol** pour ne citer qu'eux, chez les réalisateurs.

www.musee-virtuel.com/histoire-cinema.htm

## Document 10

### Les transports font leur cinéma

Le dernier opus de *Mad Max* a été présenté au Festival de Cannes cette semaine. Il s'appelle *Mad Max : Fury Road.* Un film d'action réalisé « à l'ancienne » avec le moins possible d'effets spéciaux. Et donc de vrais véhicules, tous modifiés pour les besoins du film, on en compte 150 au total, dont certains avec des looks improbables et déments, à base de pick-ups, de gros trucks australiens et même des Cadillac. Un film qui reflète la passion du cinéma pour les transports qui remonte à la jeunesse du cinéma en 1895. Le premier film des frères Lumières s'appelle *Arrivée d'un train en gare de la Ciotat.* Les spectateurs fuient la salle, effrayés par cette machine grondante et fumante qui se précipite sur eux. Depuis, transports et cinéma sont indissociables. Mais si avions, motos, voitures et autres « Titanic » constituent parfois le lieu de l'intrigue, tous les longs métrages, dans l'envers du décor, nécessitent des moyens logistiques importants, qu'ils soient maritimes, terrestres ou aériens.

France-info, octobre 2016.

## Document 11

### George Clooney et Nespresso

L'acteur voulait rencontrer des réalisateurs connus, se frotter à des marques prestigieuses. Nespresso avait besoin de notoriété. Six ans après, leur union reste un succès.

*« Unique, sensuel, délicat, profond, mystérieux... »* George Clooney savoure ces qualificatifs comme il dégusterait un grand cru… avant de réaliser que ces mots, prononcés par une très jolie femme, s'adressent en réalité au café Nespresso qu'elle boit à petites gorgées. Ce que l'on appelle une claque.

Le spot télévisé remonte à 2006. Depuis, rien, ou presque, n'a changé. En France, Lowe a pris le relais de l'agence McCann Erickson Paris (Interpublic). Mais George Clooney continue d'incarner la marque Nespresso, l'un des fleurons du groupe Nestlé. Il encaisse avec sérénité les rebuffades féminines. Et elles sont nombreuses ! Depuis la quadragénaire hiératique qui lui tend les clefs de son auto en le prenant pour le voiturier à celle qui lui fait les yeux doux pour mieux lui chiper sa tasse… en passant par la chipie doucereuse, qui lance, l'air de rien : *« Vous êtes un peu plus petit que je ne pensais. »* Et de joindre le geste à la parole. Traumatisant.

Clooney, masochiste ? Pas vraiment. Payé, au bas mot, 5 à 6 millions de dollars au moment de la première campagne (et plus vraisemblablement entre 8 et 10 millions aujourd'hui), George Clooney intervient également dans le script et la réalisation du spot. Si, officiellement, cela ne constitue pas un « final cut », ça y ressemble.

Mais la marque ne s'en plaint pas. Depuis son recrutement, ce fils d'une ancienne reine de beauté et d'un présentateur de télévision aurait fait progresser les ventes de Nespresso de 30 %. Il est vrai qu'il ne se contente pas, comme beaucoup d'autres, de faire de la figuration. L'acteur s'est coulé dans son rôle de séducteur régulièrement mouché à un point tel qu'il en a fait un « personnage » de fiction, dans ce qui ressemble à chaque fois à de mini-BD. Clooney joue avec l'image de Clooney, la tourne en ridicule, lui ajoute une pointe d'autodérision… Mais après tout, rien n'est impossible à une star qui a démarré dans « Le Retour des tomates tueuses ». Ils sont nombreux, ceux qui ne s'en seraient jamais relevés.

Au début, pourtant, le pari n'est pas gagné. *« La marque voulait accélérer sa croissance à l'international,* raconte Georges Martin, directeur général de Lowe. *Elle était perçue comme élitiste, car les machines coûtaient encore cher, et elle avait un déficit de notoriété. »*

Un casting est organisé… Il va durer toute l'année 2005. S'y croisent de grands noms du cinéma et de la séduction comme Sean Connery, Pierce Brosnan, Sharon Stone, Monica Belluci… Les membres du Club Nespresso tranchent : ce sera George Clooney. *« C'était la personnalité qui collait le mieux avec la marque,* reprend Georges Martin. *Il était connu pour sa villa près du lac de Côme, un certain art de vivre, ses amis artistes, son engagement pour les grandes causes... »* De son côté, Clooney est partant. Il a envie d'être associé à de grandes marques et juge, en 2005, que cela lui permettra de rencontrer des réalisateurs connus. *« Mais il avait posé ses conditions : « Je veux bien faire de la pub, mais pour le fun, sans me prendre au sérieux »*, ajoute Laurent Duvivier, ex-responsable du budget chez McCann et directeur général adjoint de BBDO. *L'autodérision et le contrôle du script faisaient partie de sa demande. »*

**Subtil faire-valoir**

Bingo. La marque Nespresso y gagne en capital sympathie, en s'attirant l'empathie des hommes et des femmes, comme l'explique le psychanalyste Samuel Lepastier : *« Clooney représente le fantasme de tous les séducteurs et là, on le retrouve Gros-Jean comme devant, un peu ridicule. Il met en valeur les femmes - elles peuvent dire non, choisir - tout en rassurant les hommes qui, souvent, ont peur de ne pas assurer. Clooney est remis à sa place et, finalement, n'en fait pas un drame. »* Moralité de la pub ? *« Aucun homme n'est tout-puissant, même George Clooney. »*

Arroseur arrosé, l'acteur passe, de fait, au second plan derrière le café, comme un subtil faire-valoir. En 2009, envoyé de force au paradis par la chute d'un piano, il se fait même manipuler par Dieu, incarné par John Malkovich, qui le traite comme un vulgaire livreur. Au passage, l'acteur est intervenu pour demander pas mal de remaniements. Car Clooney a tenu parole : il va bien au-delà de son rôle d'égérie et investit réellement l'écriture du script.

Quitte à bousculer un peu les équipes. Au bout du premier jour de tournage à Los Angeles, il met ainsi en doute à haute voix la pertinence du slogan initial qu'il juge trop banal. Brainstorming improvisé à l'issue duquel sera trouvé « What else ? », décliné dans tous les pays. Une véritable trouvaille, selon la linguiste Jeanne Bordeau : *« C'est un slogan court, qui interpelle. « What else ? » : une manière de dire que ce café est incomparable. Que peut-on prendre d'autre ? »* Le contrat avec George Clooney s'interrompt, lui, en 2013. Mais précisément, alors, « Who else ? »

D'après Véronique Richebois, *Les Échos*, 6 août 2012.

## Document 12

### Walt Disney : du petit dessinateur au géant du cinéma

En quarante ans, Walt Disney a réussi à imposer sa créativité et son génie sur les écrans et dans l'imaginaire collectif, jusqu'à faire de son univers un élément clé de la culture populaire américaine.

Malgré les faillites, les échecs et les coups du sort, Walt Disney a bâti un empire commercial et culturel. Il a compris dès le départ que le divertissement familial était un marché en plein essor. En combinant ses activités, en les déclinant sous différentes formes, Disney a fondé son business model sur la créativité. Même après la mort du fondateur, la firme a prospéré en perpétuant et en cultivant les valeurs qui étaient les siennes : la qualité des produits, la force d'une communauté et l'optimisme.

Certes, l'homme a vu sa réputation entachée par son supposé antisémitisme, qui l'aurait conduit, avant-guerre, à quelque indulgence envers le régime nazi, puis par sa gestion brutale des grèves de 1941 dans les Studios Disney. Il n'en reste pas moins un patron de génie, capable de transformer des innovations en succès planétaires.

**Les débuts prometteurs d'un dessinateur ambitieux**

Walter Elias Disney naît en 1901 dans une famille de cinq enfants. Dès son plus jeune âge, il pratique le dessin en amateur. Adolescent, il donne libre cours à son espièglerie et à sa créativité en montant des spectacles et en dessinant pour le journal de son lycée. Il décide très tôt de devenir artiste. Il a la conviction que sa passion peut (et doit) le faire vivre.

Après la Première Guerre mondiale, il se fait embaucher comme dessinateur dans une société publicitaire de Kansas City. En parallèle, il lance une petite entreprise baptisée Laugh-O-Gram. La nuit, muni d'une caméra, il s'essaie au cinéma dans son garage et découvre les techniques de réalisation de dessins animés. Il travaille alors avec un certain Ub Iwerks (qui participera plus tard à la création de Mickey) et de jeunes passionnés souhaitant s'initier à cet art nouveau - ils ne sont pas payés, mais intéressés aux potentiels bénéfices… qui arrivent bientôt.

Pour obtenir des fonds, Walt Disney n'hésite pas à montrer des ébauches de projets aux investisseurs, à les raconter et à les faire vivre. C'est un commercial hors pair, mais qui démarche en vue de décrocher des contrats, sans se préoccuper de rentabilité. Bientôt, son principal client dépose le bilan : Disney est entraîné à sa suite dans la faillite. A 22 ans, le jeune homme quitte alors Kansas City pour rejoindre son frère à Hollywood et y ouvrir le premier Disney Brothers Studio.

**À Hollywood, il crée ses premiers films sonorisés**

Les deux frères obtiennent leurs premiers contrats avec une réalisation mêlant prises de vues réelles et dessin animé : Alice's Wonderland. Walt Disney cesse alors peu à peu de dessiner pour se concentrer sur les idées et la stratégie. En 1927, le son fait son apparition sur les écrans. A l'inverse de beaucoup de sceptiques, Disney pressent le bouleversement que cela va provoquer dans le 7e art et imagine tout de suite d'appliquer cette innovation au dessin animé. Il se lance ainsi dans la production d'un cartoon avec une bande-son synchronisée, Steamboat Willie. Le film fait un tabac auprès du public, qui découvre pour la première fois le personnage de Mickey.

Disney va rapidement utiliser la petite souris comme emblème du dessin animé en général et de sa société en particulier. Le personnage sera décliné en de nombreux produits dérivés (blocs-notes, poupées…), souvent conçus en dehors des studios, mais approuvés par le maître. Dès 1930, le Mickey Mouse Club compte un million de membres.

Autre innovation : en 1932, Disney adopte la couleur pour la première fois dans la série des Silly Symphonies. Quelques années plus tard, il prend une autre décision capitale pour l'avenir de l'entreprise : il se lance dans les longs-métrages. A l'origine de cette idée, un double constat : un, les films de huit minutes ne sont plus satisfaisants pour le public ; deux, ils ne rapportent pas assez d'argent. Blanche-Neige et les sept nains est ainsi le premier long-métrage des studios. Sorti en 1937, c'est un succès : il devient le film le plus rentable de l'année.

Le triomphe du film confirme l'orientation stratégique prise par Disney, les longs-métrages vont, dès lors, se multiplier. En 1940 sortent Pinocchio (qui coûtera deux fois plus cher à produire), puis Fantasia (qui apportera la reconnaissance artistique aux Studios). Ces projets vont exiger un investissement colossal en temps, en ressources, en innovation, en formation. Disney cherche à impliquer tous ses collaborateurs. Les réunions sont toutes organisées autour d'un ordre du jour, chacun étant prié d'apporter ses idées, en rapport avec le scénario préétabli. La créativité et la participation jouent un rôle central dans le processus de production. C'est au cours de cette période que s'est systématisé l'usage du story-board, qui permet de visualiser l'ensemble du projet en images…

**Il diversifie l'activité des studios tous azimuts**

Dans les années 1950, Disney délaisse l'animation pour la confier progressivement à neuf animateurs clés, baptisés les « Neuf Sages », qui vont fixer les premiers principes

du genre. Il concentre son énergie dans la réalisation d'un parc d'attractions, un concept novateur à l'époque. Le premier ouvre ses portes en 1955. Il s'agit pour Disney de créer un nouveau type de divertissement familial. *« Disneyland n'est pas uniquement conçu pour les enfants.* [] *Je veux que Disneyland devienne un lieu où les parents puissent emmener leurs enfants - ou bien s'y rendre seuls et néanmoins s'y amuser. »*
Le parc est en partie financé par une émission de télé, Le Monde merveilleux de Disney, présentée par le boss lui-même. Tant sur la forme que sur le contenu, l'idée est innovante et permet, une fois encore, d'implanter un peu plus l'univers de Disney dans les foyers. C'est aussi l'entrepreneur qui avait eu l'idée de créer une chaîne télévisée consacrée aux productions maison. Mais Disney Channel ne verra le jour qu'en 1997, soit trente et un ans après la disparition de l'homme qui lui a donné son nom.

**Pour bien vendre vos produits, inspirez-vous de Walt Disney**

**Proposer une véritable expérience.** Disney propose au public de vivre une aventure unique, que ce soit en s'amusant dans un parc d'attractions ou en regardant ses films. Visiteurs et spectateurs doivent connaître une expérience inédite. Cette promesse fonctionne aussi auprès de ses investisseurs, qui le suivent sur les projets les plus fous et les plus chers.

**Communiquer son enthousiasme.** Disney est passionné par ce qu'il fait. Il en a aussi une vision claire qu'il est capable de défendre auprès d'un très large public (ses équipes, les clients, les investisseurs, etc.) en payant, si nécessaire, de sa personne. Ses collaborateurs racontent qu'il pouvait ainsi passer du temps à expliquer ou raconter un film et même à en jouer les parties manquantes pour convaincre ses interlocuteurs.

**Créer une identité forte.** Les personnages de Disney sont tous identifiables, qu'il s'agisse de l'historique Mickey, de Pluto ou des personnages de long-métrage. Ils font partie d'un univers global et sont déclinables en de multiples produits dérivés.

www.capital.fr, *Capital-Management,* 13 janvier 2017.

## Document 13

## Le succès des biopics au cinéma

### Les biopics ou biographies filmées

**La vie et la passion de Jésus Christ (Georges Hatot, 1898)**

**Pasolini**
**(Abel Ferrara, 2014)**

Le film biographique ou biopic (contraction de *biographical motion picture*), centré sur la description biographique d'un personnage principal ayant réellement existé, relève plus souvent du drame épique, une personnalité vue en grand, que du drame psychologique, un être à la recherche de lui-même. Dans ce second cas, la frontière est parfois mince entre *Inside Llewyn Davis* (Joël Coen), portrait d'un musicien à l'écart de la gloire qui relève du portrait d'homme et *Eden* traitant du même sujet mais s'appuyant sur la biographie de Sven, le frère de la réalisatrice, et que nous classons donc comme biopic.

Les événements et l'environnement de son époque sont subordonnés au récit de la vie du personnage. C'est pourquoi l'écart avec la vie réelle du personnage est d'autant plus intéressant pour mettre en exergue la qualité créatrice du film. De la mise en scène épique de *La vie et la passion de Jésus Christ* (Georges Hatot, 1898) ou de *Alexandre Nevski* (S. M. Eisenstein, 1938) servant de propagande à Staline, on est passé à des films qui explorent le mental des personnages, *Pasolini* ou *Saint Laurent* en 2014.

cineclubdecaen.com

## Document 14

### Cannes 2019 : une Palme d'or ça change quoi ?

**David Grumbach de Bac films répond**

***David Grumbach, Président de Bac films - qui a remporté la Palme d'or avec The Square en 2017 - nous explique l'influence d'une Palme d'or sur la vie d'un film.***

Le 72e Festival de Cannes vient de débuter, dans 10 jours le jury présidé par Alejandro González Iñárritu remettra la plus belle récompense du cinéma : la Palme d'or. Mais que change ce prix sur les entrées d'un film ? A quel point le Festival de Cannes influence la vie d'un long-métrage ? Pour répondre à ces questions nous avons rencontré David Grumbach, Président de Bac Films, qui a notamment distribué le film de Ruben Östlund, The Square, la Palme d'or de 2017. […]

***The Square, que vous avez distribué, a remporté la Palme d'or en 2017. Concrètement, qu'est-ce que ça change dans la vie d'un film d'avoir un prix à Cannes, notamment cette récompense ?***

La Palme d'or est peut-être le prix le plus prestigieux pour un film d'auteur, avant même les Oscars et les César. En premier lieu c'est très gratifiant de voir le réalisateur avec qui on travaille, remporter ce trophée qui est la plus belle récompense quand on est metteur en scène. Parce qu'il faut rappeler que ce n'est pas le distributeur, ni le film qui gagne le

Palme d'or mais bien le réalisateur. C'est une joie indirecte mais qui est très belle et très forte.
C'est difficile de dire quelle est la part du public qui va voir le nouveau film d'un réalisateur ou qui va voir la Palme d'or. Ça augmente évidemment le nombre d'entrées en salles et ça donne surtout une notoriété au film qui va tout changer, en terme d'entrées en salles mais également de valeur auprès des télévisions, de DVD vendus et de téléchargements sur les plateformes de VOD. Grâce à la Palme d'or, le film devient, en quelques sortes un bijou, il fait partie du patrimoine. C'est un film qui restera. Donc une Palme ça change tout.
*The Square* fait partie des Palmes d'or difficiles, c'est un film exigeant. Le précédent film de Ruben Östlund que nous avions distribué, *Snow Therapy* avait fait presque 200 000 entrées en France, soit 2 fois plus que ce que le film avait fait en Suède. C'est d'ailleurs un des meilleurs résultats au box-office français pour un film en langue suédoise. On était donc déjà très content. Selon nos estimations, The Square allait atteindre plus au moins le même résultat, au final on a quasiment fait 400 000 entrées on a donc doublé. La Palme d'Or a donc joué un rôle important.

D'après Laëtitia Forhan, allocine.fr, 15 mai 2019.

## Document 15

**Affaire Weinstein : l'industrie du cinéma confrontée à ses pratiques**

Les accusations de viols et de harcèlement sexuel contre le producteur américain produisent une déflagration inédite dans le septième art.
De Fatty Arbuckle à Charlie Chaplin, de Woody Allen à Roman Polanski, l'usine à rêve hollywoodienne n'aime rien tant que voir chuter ceux qu'elle a portés au pinacle. L'opération lui permet à la fois d'expier ses turpitudes et d'enrichir sa mythologie d'une plus-value sulfureuse propre à faire fantasmer les spectateurs en puissance. Alors qu'Harvey Weinstein endosse le rôle du monstre depuis le 5 octobre et les révélations sur des cas de harcèlement sexuel et de viol, le scandale n'a jamais été si énorme.
Le nombre des accusatrices, la présence parmi elles de stars planétaires, la concentration dans le temps des révélations (permises par le travail au long cours du *New York Times* et du *New Yorker*) et le tsunami médiatique produisent depuis une semaine une déflagration d'une puissance inédite. Le producteur, licencié de sa société la Weinstein Company, est visé depuis jeudi 12 octobre par une enquête policière à New York, ainsi qu'au Royaume-Uni. *« Je vais me faire aider*, a t-il dit jeudi au site *TMZ. On fait tous des erreurs. J'espère avoir droit à une seconde chance.* [...] *Je suis un mec bien. »* Le producteur serait parti en cure de soins en Arizona.
Les témoignages de vedettes comme Kate Beckinsale, Rosanna Arquette, Gwyneth Paltrow, Angelina Jolie, Mira Sorvino ou encore Rose McGowan ont entraîné celui, sidérant, d'Asia Argento, actrice et réalisatrice italienne qu'on associe volontiers à l'idée d'un féminisme post-punk, et de comédiennes françaises comme Emma de Caunes, Judith Godrèche ou Léa Seydoux. Toutes désignent Harvey Weinstein comme un prédateur violent qui se sentait autorisé à asservir sexuellement les femmes au nom de son pouvoir énorme – faiseur de rois à Hollywood entre le début des années 1990 et le milieu des années 2000, Harvey Weinstein a plus de 300 nominations aux Oscars à son actif.

Par Jacques Mandelbaum et Isabelle Regnier, *Le Monde,* 13 octobre 2017.

## Document 16

### La nouvelle vague (1959-1965)

L'expression « La Nouvelle Vague » est communément utilisée pour décrire la nouvelle génération de cinéastes français qui a émergé à la **fin des années 50**. « La Nouvelle Vague » est *en fait* un véritable *raz-de-marée*. Ces **jeunes cinéastes anti-conformistes** vont *bousculer* les *règles* très établies du cinéma français et permettre ainsi à un nouveau cinéma d'émerger : **le cinéma d'auteur**.
Les *piliers* de cette nouvelle *tendance se nomment* **François Truffaut, Jean-Luc Godard, Claude Chabrol, Eric Rohmer, Jacques Rivette** et **Alain Resnais.** Ils ont en général une trentaine d'années, *sont accros* des salles *obscures* et pour la plupart ils sont *critiques* pour la *revue* « Les Cahiers du Cinéma » (créée en 1951). Ces jeunes cinéastes *en herbe* en *ont marre de* l'académisme cinématographique dans lequel s'est enfermée la France depuis de nombreuses années. **François Truffaut dénonce « une certaine tendance du cinéma français » dans Les Cahiers du Cinéma en 1954** dans lequel il *déplore* le **conformisme des anciens**, « le cinéma de papa » et la *surenchère* à l'esthétisme et aux beaux dialogues. Il *condamne* le *fossé* entre la réalité et sa représentation à l'écran.
Mais ces jeunes ne *se contentent* pas de critiquer, ils passent aux actes c'est-à-dire derrière la caméra. *Grâce aux* progrès techniques de l'époque (caméra légère et bon marché, *pellicule* sensible à la lumière du jour permettant *les tournages* hors studios, *son* synchrone de qualité), ils *accèdent* enfin à la réalisation. Les **budgets sont souvent modestes** (Claude Chabrol tourne « Le Beau Serge » grâce à un *héritage* familial) et *ces réalisateurs de fortune* n'ont *aucune* ou quasiment **aucune expérience** dans la *mise en scène* mais ils *se lancent* dans l'aventure…
Dès lors, *s'en est fini* des décors soignés, des tournages en studio, des beaux dialogues, des histoires irréelles, des têtes d'affiches. ***Place aux* inconnus, aux tournages dans la rue, aux histoires simples, parfois autobiographiques, et bien souvent à l'improvisation.** On filme la vie ! Le cinéma gagne en naturel et en simplicité.
Les jeunes cinéastes portent bien souvent les *casquettes* de scénaristes-dialoguistes-réalisateurs et leurs équipes sont minimales. Le résultat de ce travail *bouleverse* toutes les règles alors *en cours* à l'époque. Le *montage* est parfois très *approximatif* (« À Bout de souffle » de Jean-Luc Godard, 1960). Cependant, même si un objectif commun unit ces divers jeunes réalisateurs - *en finir avec* le conformisme des années précédentes et avoir une approche *novatrice* du cinéma - la comparaison s'arrête là. « Notre seul point commun est le goût des *billards électriques* » disait François Truffaut.
*Qu'importe*, le public *s'enthousiasme* pour ces films à l'aspect amateur, si différents des films d'alors et le succès est immédiat. Le nombre de premiers films double. De nouveaux *visages* apparaissent sur les écrans tels Jean-Paul Belmondo, Jeanne Moreau, Jean-Claude Brialy, Bernadette Lafond, Jean-Pierre Léaud.
Mais très vite, **dès 1961, le public *se lasse*** et la nouvelle vague *s'affaiblit*. Le mouvement survit jusqu'en 1965. Progressivement, *la plupart de* ces jeunes réalisateurs doivent changer à nouveau de *métier* ou retourner vers plus de classicisme.
Cependant, *même si* la révolte *s'essouffle*, rien ne sera plus comme avant. L'impact de cette révolution, cette *soif* de liberté et l'attrait des spectateurs pour ce genre de films auront été entendus. **Le mouvement a changé la conception du cinéma français** et influencera également *bon nombre de* pays notamment les pays de l'Est.
**Parallèlement, la vieille génération continue à produire des films de qualité**. Deux comédies *réunissant* les plus grands comiques du moment, Louis De Funès et Bourvil,

sont **d'*énormes* succès commerciaux** : **« Le Corniaud »** en 1964 et **« La Grande vadrouille »** en 1966. « La Grande vadrouille » est resté pendant plus de 40 ans le plus grand succès commercial français avant *d'être détrôné* par trois autres comédies : « Les Visiteurs » en 93, « Astérix et Obélix contre Jules César » en 1999 puis « Bienvenus ches les Chtis » en 2008.
Mais déjà le cinéma *s'apprête à traverser* une **nouvelle crise**. Son origine a pour nom **la télévision**.

www.cinemafrancais-fle.com

## Document 17

### Les cinémas indépendants s'organisent pour contrer les multiplexes

**L'association des cinémas indépendants parisiens lance ce mercredi une carte valable dans 24 cinémas partenaires. Cette initiative s'inscrit dans la stratégie des exploitants indépendants qui, partout en France, doivent lutter contre la domination des grands groupes.**
C'est une petite révolution dans l'histoire de l'exploitation parisienne. Les cinémas indépendants s'unissent face à la concurrence des mastodontes UGC ou Gaumont. L'association des cinémas indépendants parisiens (CIP) lance ce mercredi la « Ciné Carte », une carte prépayée qui donne accès à des tarifs préférentiels, valable dans 24 cinémas de proximité dans la capitale. Grâce à cette carte, les cinéphiles parisiens peuvent désormais avoir accès à près de 250 séances par jour diffusant plus de 100 films différents pour environ 50 % du prix habituel. Les cinéphiles peuvent l'acquérir dans toutes les salles partenaires, et la recharger au guichet ou sur un site dédié. La liste des salles participantes est en ligne sur cinecartecip.com.
Avec cette « Ciné carte », le CIP ambitionne d'offrir une expérience plus souple au spectateur. En effet, l'offre se différencie des abonnements mensuels proposés par Gaumont et UGC. Contrairement aux « cartes illimités », la carte est non nominative et fonctionne sur le modèle du prépayé : 30 € les 5 places disponibles sur 6 mois et 48 € les 9 places disponibles sur 9 mois. Soit respectivement un prix au ticket de 6 € et 5,30 €, une belle économie quand on sait que le prix moyen d'une séance à Paris s'élève à 10 € !
**Une offre « plus adaptée aux envies des spectateurs »**
Lorena, étudiante en cinéma et grande habituée des salles obscures se réjouit de cette alternative au concept d'illimité : « C'est vrai que c'est plus adapté aux envies des spectateurs, en général on consomme le cinéma d'auteur et d'art et d'essai de façon plus ponctuelle, on n'a pas envie de se « forcer » à y aller plusieurs fois dans le mois pour amortir un abonnement ». Une envie des spectateurs que les propriétaires de cinémas ressentaient selon la présidente du CIP et propriétaire du cinéma Grand Action, Isabelle Gibbal-Hardy. « Il y avait une demande réelle des spectateurs, qui voulaient pouvoir utiliser leurs cartes prépayées dans plusieurs cinémas indépendants différents. »
Isabelle Gibbal-Hardy est très optimiste. « Nous avons doublé les ventes de billets prépayés en seulement 15 jours ! C'est d'autant plus prometteur que la phase de test avait lieu dans seulement trois cinémas et en plein mois d'août. » Cette phase de test avait débuté le 10 août dans trois cinémas parisiens : le Brady, l'Accès et le Grand Action.

La prévision de ventes pour la première année de la carte CIP s'élève à 125 000 places soit 5 % des ventes actuelles de places des 24 cinémas partenaires.
Ce projet est aussi soutenu par l'association du cinéma indépendant pour sa diffusion (ACID) : « nous félicitons cette mise en commun des énergies de la part des exploitants indépendants », déclare Simon Lehingue, porte-parole de l'association. Selon lui, une telle initiative était vitale pour les indépendants. Surtout à Paris, où il rappelle que « 88 % des recettes sont désormais perçues par les trois plus gros exploitants : Gaumont, MK2 et UGC. De plus, avec les offres de cartes illimitées, les cinémas indépendants se sont trouvés obligés de devenir partenaires des grands groupes et sont devenus, de fait, des sortes de « sous-traitant ». Pour lui, « cette carte permet de renouer avec l'un des points forts des indépendants : le rapport avec le spectateur. »
Selon Simon Lehingue, « les systèmes d'abonnements et de cartes prépayées constituent déjà le coeur de la stratégie des salles indépendantes partout en France pour résister aux exploitants dominants. Pour continuer à exister, les salles indépendantes doivent se différencier des multiplexes, elles doivent développer leurs points forts : la diversité et la relation privilégiée avec les spectateurs ». C'est là l'une des missions de l'ACID : organiser des événements, des animations des rencontres avec les réalisateurs, « des expériences qu'on ne trouvera jamais chez les grands exploitants », conclut-il.

**Un système plus difficile à mettre en place en province**

Ailleurs en France, les différents réseaux de cinéma indépendants applaudissent l'initiative de la carte CIP. « Cela favorise l'attrait pour un certain type de cinéma, un certain type de salle et cela permet de fidéliser le spectateur, de le rendre plus mobile aussi », déclare Vanessa Tribes, la coordinatrice de l'association des cinémas de proximité de la Gironde (l'ACPG). Elle en sait quelque chose, puisque l'ACPG a mis en place il y a plusieurs années un dispositif similaire : le chèque cinéma. Vendus par carnet de 25 aux comités d'entreprise, ces chèques donnent accès à des séances dans les 25 cinémas partenaires pour un tarif unique de 5 €. Une opération couronnée de succès selon Vanessa Tribes. « Cela fluctue selon les années mais nous vendons entre 40 000 et 45 000 tickets par an ». L'ACPG réfléchirait d'ailleurs à l'extension de ce dispositif : « nous réfléchissons à mettre en place une vente au détail dans les billetteries des grandes surfaces, mais cela risque de prendre du temps à cause du démarchage » explique Vanessa Tribes.
De belles initiatives de la part des associations de cinémas indépendants, qui ne sont toutefois « pas généralisables à tout le territoire », nuance Fabienne Weidmann, coordinatrice de l'association Plein Champs, qui regroupe les cinémas indépendants auvergnats. « En effet, poursuit-elle, il y a certaines régions où les structures sont trop différentes, et où il est donc impossible d'harmoniser le prix du ticket. En Auvergne, par exemple, on ne peut pas demander la même somme pour une séance dans le centre-ville de Clermont-Ferrand et pour une projection dans la salle des fêtes d'une petite commune. »

Par Julie Ruiz, *Le Figaro.fr*, 23 août 2017.

# Corrigé

Le cinéma, qualifié de 7e art, fascine. Il représente le rêve et une industrie porteuse de créativité, de débouchés et d'emplois.

Le cinéma, né du zoopraxiscope, du kinétographe et du cinématographe, breveté par les frères Lumière, offre une forme d'expression en constante évolution. Des films muets de Méliès* à la Nouvelle Vague, en passant par le dernier lauréat de la Palme d'or de Cannes 2019, les réalisateurs diversifient les approches et les thèmes abordés. Tout peut être filmé : un train sortant de l'usine, des biopics ou des robots surpuissants. Mais le genre le plus rentable aujourd'*hui revient aux héritiers de la souris Mickey : les films d'animations, notamment les « *french touch* » comme les Minions.

Tous films confondus, la France compte plus de 210 millions d'entrées par an. Au premier trimestre 2019, les films français ont particulièrement séduit avec 46,9 % de parts de marché contre* 44,1 % pour les films américains. Il est vrai que les productions nationales sont en partie protégées de la concurrence hollywoodienne par des accords spécifiques au sein du GATT, ex-OMC. Pour rester compétitives face à l'arrivée des home cinémas, les multiplexes Gaumont ou UGC, notamment, proposent des cartes d'*abonnement tandis que les cinémas indépendants (parisiens, en particulier) vendent des cartes prépayées à tarif préférentiel.

Le cinéma représente donc un véritable marché qui implique « la grande famille du cinéma », des intermittents au statut plus ou moins précaire jusqu'aux acteurs payés jusqu'à 68 millions de dollars en 2017*. Le cinéma s'invite également dans la publicité, à l'image de Georges Clooney buvant un expresso, mais il souffre aussi d'annonces peu flatteuses comme celles révélées par l'affaire du producteur libidineux Harvey Weinstein.

En définitive, le cinéma représente bien plus que des films. Il correspond à un* univers créatif en mouvance, convoité par ses professionnels ou ses spectateurs, par amour de la toile ou à but lucratif.

320 mots

# Raisonnement logique et mathématiques

DURÉE 2 HEURES 30



COEFFICIENTS

ESDES 6

ESSCA et IÉSEG 8

# Planning de révisions

Ce chapitre aborde les notions incontournables de logique et de mathématiques que vous devez maîtriser en vue de l'épreuve de raisonnement logique et mathématiques du concours ACCÈS.

Commencez par revoir les notions que vous maîtrisez le moins et terminez par celles avec lesquelles vous êtes le plus à l'aise. Dans le tableau de révision suivant, classez ainsi les notions de 1 à 15.

Le temps que vous consacrerez à chaque notion dépend de la date de début de vos révisions, de votre emploi du temps et de vos motivations. Renseignez-le dans la colonne « durée » du tableau. Vous obtiendrez ainsi un planning de révisions.

| ORDRE | NOTIONS | PAGES | DURÉE |
|---|---|---|---|
| | Logique | 87 | |
| | Dénombrement | 92 | |
| | Probabilités | 95 | |
| | Calcul numérique | 101 | |
| | Pourcentages | 106 | |
| | Calcul littéral | 110 | |
| | Équations du premier degré | 114 | |
| | Fonctions | 117 | |
| | Polynômes | 120 | |
| | Étude de fonctions | 124 | |
| | Fonctions exponentielles | 129 | |
| | Fonction logarithme népérien | 134 | |
| | Intégrales | 138 | |
| | Suites | 141 | |
| | Géométrie | 143 | |

# Méthodologie et conseils

## 1. Présentation de l'épreuve

### A. Mode d'emploi

L'épreuve de raisonnement logique et mathématiques comprend 15 questions. Pour chacune d'elles, 4 propositions de réponse – ou items – sont présentées : A, B, C et D. Vous devez dire si chacune d'entre elles est vraie ou fausse.

Voici les instructions que les candidats peuvent lire en tête du sujet :

> **Lisez attentivement les instructions suivantes avant de vous mettre au travail.**
>
> Cette épreuve est composée de trois parties de 5 questions chacune :
> - Partie 1 : raisonnement logique
> - Partie 2 : raisonnement mathématique
> - Partie 3 : problème mathématique
>
> **Important :**
> **L'utilisation d'une calculatrice est strictement interdite pour cette épreuve.**
>
> Chaque question comporte quatre items, notés **A. B. C. D.**. Pour chaque item, vous devez signaler s'il est vrai en l'indiquant sur la grille de réponses en marquant la case sous la lettre V ; ou faux en l'indiquant sur la grille de réponses en marquant la case sous la lettre F.
>
> **Exemples :**
>
> 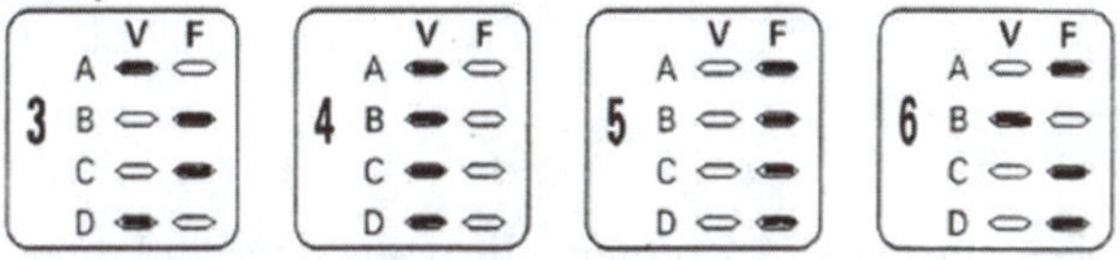
> 
>
> **Règle d'attribution des points :**
> Vous disposez d'un capital de points initial. Chaque erreur entraîne une pénalité (P) qui entame votre capital. Une absence de réponse entraîne une pénalité (p) qui entame aussi votre capital (p est inférieur à P). Enfin, un bonus est attribué si vous répondez correctement aux quatre items d'une même question.
>
> Vous vous servirez de la feuille jointe pour indiquer vos réponses en noircissant les cases situées à côté des lettres correspondantes.

## B. Les trois parties

L'épreuve se décompose en 3 parties :

### Raisonnement logique

La première partie de l'épreuve porte sur la **logique**. Il n'est pas nécessaire d'avoir des compétences mathématiques avancées pour la réussir. Il faut cependant maîtriser certaines notions de base comme les calculs de pourcentages, les formules du périmètre et de l'aire des figures usuelles (triangles, quadrilatères, cercle et disque), la traduction de données en écritures littérales, les multiples et les diviseurs, et la formule des cardinaux.

### Raisonnement mathématique

La deuxième partie de l'épreuve nécessite des connaissances **mathématiques** de niveau terminale avec spécialité mathématiques ou option mathématiques complémentaires. Pour répondre correctement aux questions, il est indispensable de savoir calculer des limites et dérivées, de maîtriser le calcul littéral, les systèmes linéaires de 2 ou 3 équations à 2 ou 3 inconnues, les fonctions logarithme népérien et exponentielle et le calcul intégral. La connaissance de la fonction polynôme du deuxième degré (de la forme $ax^2 + bx + c$) et de la méthode de détermination des asymptotes à une courbe constitue un avantage indéniable. Enfin, le calcul des probabilités, comprenant les variables aléatoires, est un thème incontournable.

### Problème mathématique

La troisième et dernière partie de l'épreuve prend la forme d'un **problème** « concret ». Les notions mathématiques qu'il faut mobiliser ne sont pas très pointues. La difficulté de cette partie réside plutôt dans la compréhension de l'énoncé et dans la traduction de ses contraintes en équations. La maîtrise de l'étude des variations et des limites des fonctions polynômes et inverse $\left(\frac{1}{x}\right)$ est indispensable pour aborder sereinement cette partie.

# 2. Comment se préparer ?

Il y a autant de profils que de candidats. Autrement dit, vous devez adapter les conseils qui suivent à vos connaissances mathématiques, à votre emploi du temps et à votre motivation.

## A. Les annales du concours

Recherchez sur Internet les annales du concours. Lisez-les attentivement en relevant les notions mathématiques qui les émaillent : pourcentage, probabilités, équations, point d'inflexion, équation de la tangente, etc. Vous vous constituerez ainsi un index des notions que vous devrez apprendre ou revoir.

## B. La tactique

Si vous n'êtes pas doué en mathématiques, concentrez vos efforts sur la première partie, le raisonnement logique. Les experts des Cluedo, MasterMind ou Sudoku sont incontestablement avantagés. Cependant, il vous faudra apprivoiser les subtilités des « si… alors », « si et seulement si », des « conditions nécessaires et non suffisantes », etc. Il n'y a rien de bien compliqué. Les allergiques au calcul numérique et littéral peuvent espérer obtenir une note strictement positive à l'épreuve en s'entraînant un minimum pour cette partie.

La seconde partie, portant sur le raisonnement mathématique, est celle qui demande les connaissances mathématiques les plus approfondies. Le minimum est ici la compréhension de la notion de fonction et du lien entre une fonction et sa représentation graphique (c'est-à-dire la courbe de la fonction). Apprenez à dériver les fonctions usuelles et sachez établir un tableau de variations en déterminant le signe d'une dérivée.

La troisième partie, le problème mathématique, ne devrait pas poser de difficultés aux titulaires de bac ES ou S. Les autres devront s'entraîner à faire et refaire les sujets d'annales en s'aidant des corrigés. Pour ceux chez qui la simple lecture de cette partie provoque des migraines ou des nausées, le mieux est de prendre un remède adapté avant de lire de manière approfondie les questions et leurs corrigés. Le déclic ne sera peut-être pas immédiat mais, à force de travail, il pourrait se déclencher au bout d'un certain temps.

# 3. Le jour J

■ **Ne cherchez pas à tout prix à répondre à toutes les questions.**
Tant mieux si vous y parvenez, bien sûr, mais ne vous faites pas d'illusion : répondre correctement à toutes les questions est quasiment impossible pour un candidat ordinaire.

■ **Privilégiez la qualité à la quantité.**
Mieux vaut répondre correctement à peu de questions que de répondre plus ou moins bien à toutes les questions. En effet, les mauvaises réponses sont pénalisées. À l'inverse, les questions dont les quatre items sont correctement complétés sont bonifiées. Les joueurs invétérés sont prévenus !

■ **Lisez la totalité de la question en transcrivant les renseignements qui y sont contenus dans votre style.**
Cela vous aidera à vous approprier la question. Ne négligez pas cette étape, elle est capitale !

### NOTE DU FORMATEUR

La réponse à certains items ne nécessite pas forcément des calculs compliqués. Il suffit parfois de remplacer la variable d'une fonction par une valeur. Même si vous n'avez pas compris la totalité de la question, vous pouvez quand même en résoudre une partie. Lancez-vous prudemment dans ce qui semble à votre portée.

■ **Gérez votre temps.**

Le sujet comporte 15 × 4 = 60 items et l'épreuve dure 2 heures 30 minutes. Pour traiter intégralement le sujet, il faudrait consacrer 2 minutes 30 secondes à chaque item. Ce qui relève de la mission impossible. Encore une fois, ne cherchez pas à tout faire mais à bien faire !

# 1. Logique

Les questions de raisonnement logique du concours ACCÈS renvoient à la fois à des questions de logique mathématique classique (OU, ET, lois de Morgan, etc.) et à des notions de mathématiques élémentaires (pourcentages, suites, cardinaux, etc.). Dans ce chapitre, nous ne traiterons que de la logique classique ; les notions mathématiques sont traitées dans les chapitres suivants.

## 1. Introduction à la logique

### A. Le langage courant et la logique

Dans le langage courant, il y a des expressions dont on comprend facilement le sens : « s'il pleut, je prends mon parapluie » ; « si tu as soif, il y a de l'eau fraîche dans le réfrigérateur » ; « si tu réussis ton concours, tu auras droit à une petite surprise ». Elles contiennent toutes les trois la locution « si… [alors] » qui a un sens très précis en logique : « s'il pleut, alors je prends mon parapluie », « si tu as soif, alors il y a de l'eau fraîche dans le réfrigérateur », « si tu réussis ton concours, alors tu auras droit à une petite surprise ». Par contraposition (voir ci-dessous), on obtient les phrases équivalentes suivantes : « si je ne prends pas mon parapluie, alors il ne pleut pas » ; « s'il n'y a pas d'eau fraîche dans le réfrigérateur, alors tu n'as pas soif ». Par contraposition, la dernière phrase fournit : « si tu n'as pas droit à une petite surprise, alors tu n'as pas réussi ton concours ».

Les phrases que vous aurez à interpréter dans les exercices de logique obéissent à des règles bien définies, parfois bien éloignées de l'usage courant, que nous verrons dans les sections suivantes.

### B. Les trois principes de la logique

Trois principes fondent la logique :

#### a. Le principe d'identité

Selon ce principe, « ce qui est, est ». Nous le citons pour la forme.

### b. Le principe du tiers exclu

Ce deuxième principe est plus intéressant du point de vue pratique. Selon ce principe, une phrase (on dit « proposition » en logique) est soit vraie (V) soit fausse (F). Il n'y a pas de troisième possibilité. Toute réponse autre que « vrai » ou « faux » est exclue. En d'autres termes, le « p'têt ben qu'oui, p'têt ben qu'non » n'a pas de sens en logique.

### c. Le principe de non-contradiction

Selon ce dernier principe, une proposition ne peut pas être à la fois vraie et fausse.

D'après ces principes, on dresse la **table de vérité** d'une proposition A qui résume ses deux états possibles : vrai ou faux :

| A |
|---|
| V |
| F |

# 2. Opérations logiques

On note A, B, C… des propositions. Par exemple, A = « Yves parcourt 6 km ».

## A. La négation

On note $\overline{A}$ (lire : « A barre ») la négation de A ou le contraire de A. On a la table de vérité ci-dessous :

| A | $\overline{A}$ |
|---|---|
| V | F |
| F | V |

**Exemple (concours 2016) :** Si A = « Arthur est coupable », alors $\overline{A}$ = « Arthur est non coupable ».

## B. « ou »

La conjonction de coordination « **ou** » a un sens précis en logique qui est sans ambiguïté. Voici la table de vérité de la proposition « A **ou** B » que l'on peut aussi écrire « A ∪ B » (lire : « A union B ») :

| A | B | A ou B |
|---|---|---|
| V | V | V |
| V | F | V |
| F | V | V |
| F | F | F |

En vertu des principes de la logique, on peut voir que tous les cas sont recensés. On constate que « A **ou** B » n'est fausse que dans une seule occasion : lorsque A et B sont toutes les deux fausses. Autrement dit, « A **ou** B » est vraie dans le cas où au moins l'une des deux propositions A et B est vraie.

**Exemple (concours 2015) :** « 652 salariés sont cadres ou de sexe féminin. » Pour déterminer la valeur de cette proposition, il faut compter les salariés en excluant du compte les hommes **et** les non-cadres.

## C. « et »

La conjonction de coordination « **et** » a le même sens que dans le langage courant. Voici la table de vérité de la proposition « A **et** B » que l'on peut aussi écrire « $A \cap B$ » (lire : « A inter B ») :

| A | B | A et B |
|---|---|---|
| V | V | V |
| V | F | F |
| F | V | F |
| F | F | F |

On constate que « A **et** B » n'est vraie que dans une seule occasion, lorsque A et B sont toutes les deux vraies, ce qui tombe sous le sens.

**Exemple (concours 2014) :** Pour connaître la valeur de vérité de la proposition « X et Y sont coupables », il faut savoir si X est coupable et si Y l'est également.

## D. Les lois de Morgan

Les lois de Morgan s'énoncent ainsi :

$$\overline{A \textbf{ et } B} = \overline{A} \textbf{ ou } \overline{B}$$

$$\overline{A \textbf{ ou } B} = \overline{A} \textbf{ et } \overline{B}$$

On peut ainsi dire que le contraire de « A **et** B » est vrai à la condition exclusive que le contraire de A soit vrai ou que le contraire de B soit vrai.

On peut évidemment généraliser à plus de deux propositions : $\overline{A \textbf{ ou } B \textbf{ ou } C} = \overline{A} \textbf{ et } \overline{B} \textbf{ et } \overline{C}$, etc.

**Exemple (concours 2015) :** « L'homme recherché est grand **et** blond. » Le contraire de cette proposition est « L'homme recherché est non grand **ou** non blond », c'est-à-dire « petit **ou** non blond ». Si l'on admet que la proposition est vraie, alors son contraire est faux. Par conséquent, si l'on trouve un homme qui est petit, alors il n'est certainement pas coupable (même s'il est blond) ; de même, si l'on trouve un homme brun (ou roux ou châtain, etc.), alors il n'est certainement pas coupable non plus (même s'il est grand).

# 3. Causes et conséquences

## A. Le « si ... alors »

« **Si ... alors** » a une signification bien précise en logique.

Dans la proposition « **si** A **alors** B » :

- A est la cause de B et B est la conséquence de A ;
- si A est vraie (ce qui est le cas en général) : B est vraie car A est vraie ;
- si A est vraie, alors B est nécessairement (c'est-à-dire obligatoirement) vraie ;
- sa traduction en logique est $A \Rightarrow B$ (lire : « A implique B »).

On peut aussi dire que :

- si A se réalise (donc si A est vraie), alors il est nécessaire que B se réalise (donc que B soit vraie) ;
- pour que A se réalise (donc pour que A soit vraie), il faut que B se réalise (donc que B soit vraie).

Notons la proposition synonyme de $A \Rightarrow B$ (appelée **contraposée**) : $\overline{B} \Rightarrow \overline{A}$.

**NOTES DU FORMATEUR**

- Si $A \Rightarrow B$, alors le **contraire** de B implique le **contraire** de A.
- Si $A \Rightarrow B$, on ne peut rien dire de la valeur de $B \Rightarrow A$. Autrement dit, en l'absence de tout renseignement supplémentaire, on ne peut pas dire si $B \Rightarrow A$ est vraie ou fausse.

**Exemple 1 (concours 2016) :** « Pour réussir, il faut travailler dur. » Si l'on note R = réussir et T = travailler dur, on traduit la phrase par $R \Rightarrow T$. Donc tous ceux qui réussissent travaillent dur.

On a aussi, par contraposition : $\overline{T} \Rightarrow \overline{R}$. C'est pourquoi : ceux qui ne travaillent pas dur ne réussissent pas.

**Exemple 2 :** On peut lire dans certaines cafétérias la pancarte : « Je ne suis pas un cochon car je lave ma tasse. » Si l'on note C = cochon et L = laver sa tasse, on a $L \Rightarrow \overline{C}$. Donc, par contraposition, $C \Rightarrow \overline{L}$, c'est-à-dire : « Je ne lave pas ma tasse car je suis un cochon. » Cependant, si l'on s'en tient à la logique de la pancarte, je peux ne pas laver ma tasse et en même temps ne pas être un cochon ! En effet, rien n'indique la valeur de $\overline{L} \Rightarrow C$. Et donc le fait de ne pas laver ma tasse ne fait pas **nécessairement** de moi un cochon. On mesure dans cet exemple l'écart qu'il y a entre le langage courant (qui voudrait ici assimiler les usagers qui ne lavent pas leur tasse à des cochons) et le langage de la logique mathématique.

## B. Les conditions nécessaires et suffisantes

Dans la proposition A ⇒ B :

- A est une condition suffisante à la réalisation de B ;
- pour que B se réalise (donc pour que B soit vraie), il suffit que A se réalise (donc que A soit vraie).

Dans le cas où les deux implications A ⇒ B et B ⇒ A sont simultanément vraies, on écrit : A ⇔ B (lire : « A est équivalente à B »). On dit alors, bien naturellement :

- A est réalisée si et seulement si B est réalisée ;
- pour que A soit réalisée, il faut et il suffit que B soit réalisée ;
- une condition nécessaire et suffisante pour que A soit réalisée est que B le soit.

**NOTE DU FORMATEUR**

Dans les formulations précédentes de A ⇔ B, on peut remplacer A par B et *vice versa*.

**Exemple :** Dans la cafétéria de l'exemple 2, ajoutons la pancarte : « Je suis un cochon car je ne lave pas ma tasse. » On a donc ajouté l'implication $\overline{L}$ ⇒ C, synonyme de $\overline{C}$ ⇒ L. Par conséquent, on a à la fois L ⇒ $\overline{C}$ et $\overline{C}$ ⇒ L, c'est-à-dire L ⇔ $\overline{C}$. C'est pourquoi « laver sa tasse » est équivalent à « ne pas être un cochon » et « être un cochon » équivaut à « ne pas laver sa tasse ».

# 2. Dénombrement

## 1. Opérations sur les ensembles

Étant donné trois ensembles A, B, C, on rappelle la signification de l'union (∪) et de l'intersection (∩), synonymes respectivement de « **ou** » et de « **et** ».

| | | | | |
|---|---|---|---|---|
| 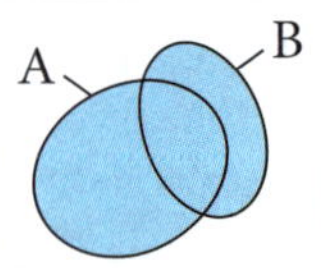 | 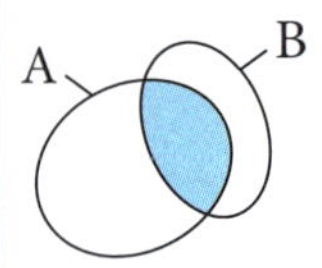 | 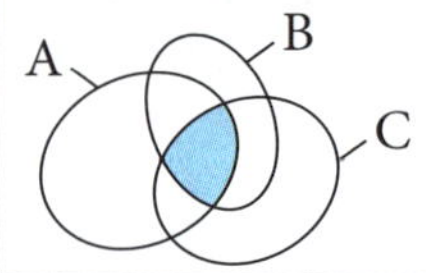 | 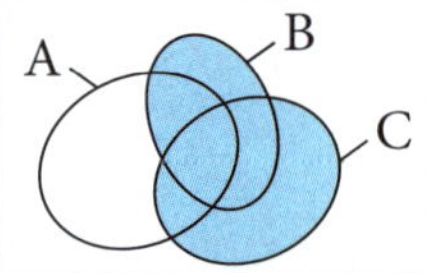 | 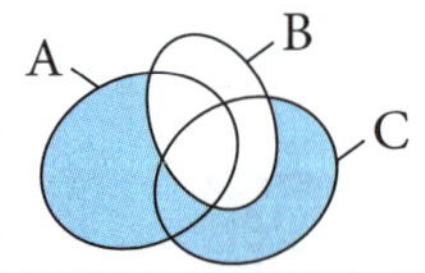 |
| $A \cup B$ | $A \cap B$ | $A \cap B \cap C$ | $B \cup C$ | $(A \cup C) - B$ |

**RAPPEL DU FORMATEUR**

$\overline{B}$ (lire : « B barre ») est le complémentaire de B, c'est-à-dire l'ensemble constitué de tous les éléments qui ne sont pas dans B.

## 2. Les formules des cardinaux

Le cardinal d'un ensemble E est le nombre d'éléments de cet ensemble. On le note card(E) ou #E.

**Exemple :** Dans une classe, il y a 108 étudiants : 60 garçons et 48 filles. 77 viennent en cours en transports en commun. Si l'on appelle G l'ensemble des garçons, F l'ensemble des filles et T ceux qui viennent en transports en commun, on a : #G = 60, #F = 48 et #T = 77.

Pour les ensembles A et B, on a :

$$\#(A \cup B) = \#A + \#B - \#(A \cap B)$$

**NOTES DU FORMATEUR**

- Cette formule se conçoit facilement. Si l'on calcule le nombre d'éléments de A (#A) plus le nombre d'éléments de B (#B), on compte deux fois les éléments qui sont à la fois dans A et dans B. C'est pourquoi on les retranche (en effectuant la soustraction $- \#(A \cap B)$) une fois.
- Si A et B sont disjoints (c'est-à-dire $A \cap B = \emptyset$), alors $\#(A \cup B) = \#A + \#B$.
- Si A est un sous-ensemble de E, on a aussi : $\#\overline{A} + \#A = \#E$.

Pour les ensembles A, B et C, on dispose de la formule suivante (dont on peut parfois se passer en utilisant judicieusement les données de l'énoncé) :

$$\#(A \cup B \cup C) = \#A + \#B + \#C - \#(A \cap B) - \#(B \cap C) - \#(C \cap A) + \#(A \cap B \cap C)$$

## Exercice — CONCOURS 2015

Nous possédons les informations suivantes concernant trois revues (notées L, M et N) lues par les 320 élèves de première année d'une grande école de management :

- 80 lisent la revue L, 100 la revue M et 30 la revue N ;
- il y a autant d'élèves à lire les trois revues qu'à lire la seule revue L ;
- ceux qui lisent seulement les revues L et N sont au nombre de 15 ;
- 80 élèves lisent exactement deux revues ;
- 60 lisent les revues L et M.

À partir de ces informations, on peut conclure que :

**A** Il y a exactement 200 élèves qui ne lisent aucune revue.

**B** Il y a exactement 5 élèves qui ne lisent que la revue L seule.

**C** Aucun élève ne lit la revue N seule.

**D** Il y a exactement 6 élèves qui lisent les 3 revues.

# Corrigé

Le schéma ci-dessous récapitule les données de l'énoncé. Les chiffres entre parenthèses désignent l'ordre dans lequel les données de l'énoncé sont utilisées.

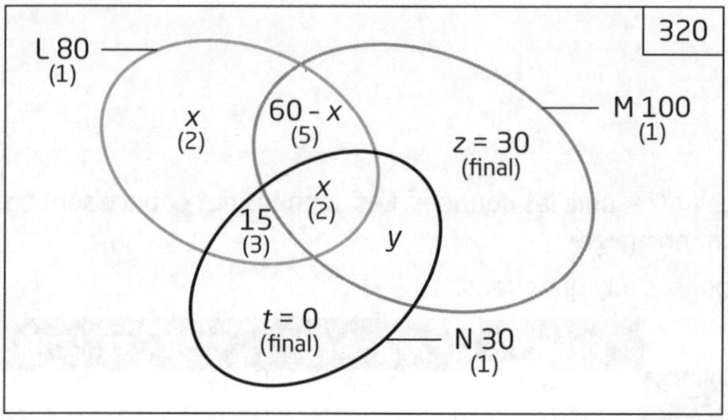


Par exemple il y a $x$ lecteurs des trois revues et $x$ lecteurs de L seule.

Il y a 60 lecteurs de L et M et c'est pourquoi on trouve $60 - x$ en cinquième information.

De plus, en additionnant le nombre de lecteurs de deux revues exactement, on trouve :

$60 - x + 15 + y = 80 \Rightarrow -x + y = 5$

En totalisant le nombre de lecteurs de L, on trouve :
$x + 60 - x + x + 15 = 80 \Rightarrow x = 5$
On en déduit : $y = 10$
En totalisant le nombre de lecteurs de M, on trouve :
$60 - x + x + y + z = 100$
On en déduit : $60 + y + z = 100 \Rightarrow 60 + 10 + z = 100 \Rightarrow z = 30$
En totalisant le nombre de lecteurs de N, on trouve :
$15 + x + y + t = 30$
On en déduit : $15 + 15 + t = 30 \Rightarrow t = 0$
Donc : **B est vraie (V), C est vraie (V) et D est fausse (F)** (il y a 5 élèves qui lisent les trois revues).
Par ailleurs, les lecteurs de revues sont au nombre de :
$x + 60 - x + x + 15 + y + z + t = 120$
Il y a donc 200 (320 - 120 = 200) élèves qui ne lisent aucune revue et c'est pourquoi **A est vraie (V)**.

## Exercice — CONCOURS 2016

Dans un magasin animalier spécialisé, on trouve 2 catégories de perroquets : des perroquets aux plumes blanches et des perroquets aux plumes jaunes. Certains ont le bec blanc, d'autres ont le bec noir. Au total, il y a 200 perroquets. 30 % ont des plumes blanches et 45 % ont le bec blanc. On sait que le nombre de perroquets aux plumes blanches et au bec blanc est un nombre positif et multiple de 19.

À partir de ces informations, on peut conclure que :

**A** Il y a 110 perroquets au bec noir.

**B** Il y a 140 perroquets aux plumes jaunes.

**C** Le nombre de perroquets aux plumes blanches et au bec blanc est égal à 38.

**D** Le nombre de perroquets aux plumes jaunes et au bec blanc est égal à 52 ou à 71.

# Corrigé

**VVFF** Le tableau suivant résume les données. Les données de l'énoncé sont en gras et les données qui en découlent sont en maigre.

On en déduit les réponses aux questions.

| | Plumes B | Plumes J | % | Nombre |
|---|---|---|---|---|
| Bec B | **19**<br>**ou**<br>**38**<br>**ou**<br>**57** | 71<br>ou<br>52<br>ou<br>33 | **45 %** | 90 |
| Bec N | | | 55 % | 110 |
| % | **30 %** | 70 % | 100 % | |
| Nombre | 60 | 140 | | **200** |

# 3. Probabilités

## 1. Probabilités sans arbre ni tableau

### A. Vocabulaire et bon sens

Le langage des probabilités doit être précis. Dans certains cas, le bon sens suffit à résoudre les problèmes.

#### Exercice

Voici une liste d'événements issus d'un modèle de chaîne de production d'où sortent des flacons de parfum :

| Événement | Synonyme | Contraire de l'événement |
|---|---|---|
| **Un** flacon est défectueux. | **Exactement un** flacon est défectueux. | Zéro, ou plus d'un flacon est défectueux. |
| **Au moins un** flacon est cassé. | **Un** flacon **au minimum** est cassé. | Aucun flacon n'est cassé. |
| **Moins de 2** flacons sont bouchés. | **Au plus 1** flacon est bouché.<br>Autre possibilité : au maximum 1 flacon est bouché. | Au moins (ou : au minimum) 2 flacons sont bouchés. |
| **Au plus 3** flacons sont roses | Le nombre de flacons roses est **soit 0**, **soit 1**, **soit 2**, **soit 3**.<br>Autre possibilité :<br>**au maximum** 3 flacons sont roses. | Au moins (ou au minimum) 4 flacons sont roses. |
| **Plus de 3** flacons sont en cristal. | **Au moins 4** flacons sont en cristal. | Au plus (ou au maximum) 3 flacons sont en cristal. |

On dispose d'un lot de 63 flacons, dont 10 sont à l'eau de rose, 33 au vétiver et le reste au jasmin. On choisit un flacon au hasard. Quelle est la probabilité d'obtenir un flacon au jasmin ?

#### Corrigé

La probabilité d'obtenir un flacon au jasmin est égale à $\frac{20}{63}$ car il y a 20 flacons au jasmin : 63 - (10 + 33) = 20. Autrement dit, on a 20 chances sur 63 d'obtenir un flacon au jasmin. Aucune formule élaborée ou raisonnement savant n'est nécessaire dans ce cas !

## B. Des formules

On considère des événements A, B… et on note P(A), P(B)… les probabilités des événements A, B…

On a les formules suivantes :

$$P(A \cup B) = P(A) + P(B) - P(A \cap B)$$
$$P(\overline{A}) = 1 - P(A)$$
$$P_B(A) = \frac{P(A \cap B)}{P(B)}$$
$$P(A \cap B) = P_A(B)P(A) = P_B(A)P(B)$$

**NOTES DU FORMATEUR**

- La première formule est à rapprocher de la formule des cardinaux.
- La troisième formule est la définition d'une probabilité conditionnelle. On calcule de cette manière la probabilité que A se produise sachant que B se produit. Ainsi, dans l'application de cette formule, on fait l'hypothèse que B se produit obligatoirement.

Dire que deux événements sont indépendants signifie que :

$$P(A \cap B) = P(A)P(B)$$

C'est cette égalité qui valide l'indépendance de deux événements, et non une intuition plus ou moins floue à propos d'une situation.

La formule des probabilités totales :

$$P(B) = P(B \cap A) + P(B \cap \overline{A}) = P_A(B)P(B) + P_{\overline{A}}(B)P(\overline{A})$$

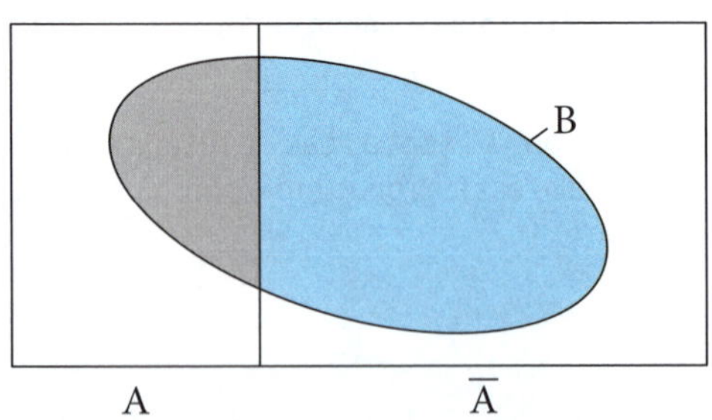


Pour retenir la formule, on remarque que A et $\overline{A}$ forment ce que l'on appelle une partition de l'ensemble des possibilités car il y a deux possibilités : soit A se produit, soit il ne se produit pas (auquel cas c'est son contraire $\overline{A}$ qui se produit). Donc on peut « partager » tout événement B en deux : soit il se produit avec A (auquel cas l'événement $B \cap A$ se produit : en gris) soit il se produit avec $\overline{A}$ (auquel cas l'événement $B \cap \overline{A}$ se produit : en bleu).

## Exercice — CONCOURS 2012

L'éclairage avant d'une voiture nécessite l'emploi de deux lampes différentes. On note A l'événement « la première lampe est défaillante » et B l'événement « la deuxième lampe est défaillante ». Des essais ont montré que $P(A) = 0,12$ ; $P(B) = 0,18$ et $P(A \cap B) = 0,07$.

**A** Les événements A et B sont indépendants.

**B** La probabilité de l'événement « au moins l'une des deux lampes est défaillante » est 0,23.

**C** La probabilité de l'événement « les deux lampes fonctionnent » est 0,77.

**D** La probabilité de l'événement « la première lampe fonctionne et la deuxième est défaillante » est 0,11.

## Corrigé

Comme $P(A \cap B) = 0,07$ et $P(A)P(B) = 0,12 \times 0,18$, $P(A \cap B) \neq P(A)P(B)$ et c'est pourquoi A et B ne sont pas indépendants. Donc **A est fausse (F)**.

L'événement « au moins une des deux lampes est défaillante » est $A \cup B$.

On en déduit : $P(A \cup B) = P(A) + P(B) - P(A \cap B) = 0,30 - 0,07 = 0,23$.

C'est pourquoi **B est vraie (V)**.

L'événement « les deux lampes fonctionnent » se lit aussi : « La première lampe n'est pas défaillante ET la deuxième lampe n'est pas défaillante », c'est-à-dire $\overline{A} \cap \overline{B}$.

D'après les lois de Morgan : $\overline{A} \cap \overline{B} = \overline{A \cup B}$.

Donc $P(\overline{A} \cap \overline{B}) = 1 - P(A \cup B) = 1 - 0,23 = 0,77$.

C'est pourquoi **C est vraie (V)**.

On cherche $P(\overline{A} \cap B)$.

Or $P(B) = P(B \cap A) + P(B \cap \overline{A}) \Rightarrow 0,18 = 0,07 + P(B \cap \overline{A}) \Rightarrow P(B \cap \overline{A}) = 0,11$.

C'est pourquoi **D est vraie (V)**.



# 2. Probabilités avec arbre ou tableau

## A. Avec arbre

Si l'on veut traduire un énoncé à l'aide d'un arbre, il est nécessaire que l'on puisse scinder en deux les possibilités à chaque étape. Si l'énoncé implique plus de deux choix, on adapte évidemment l'arbre à la situation.

En tout cas, on écrit sur les branches des probabilités conditionnelles. Notez que la condition (le « sachant que ») figure à la racine d'une branche (sauf les branches de départ) et que les branches de départ comportent des probabilités simples.

## NOTE DU FORMATEUR

La somme des probabilités des branches qui ont la même racine doit être égale à 1.

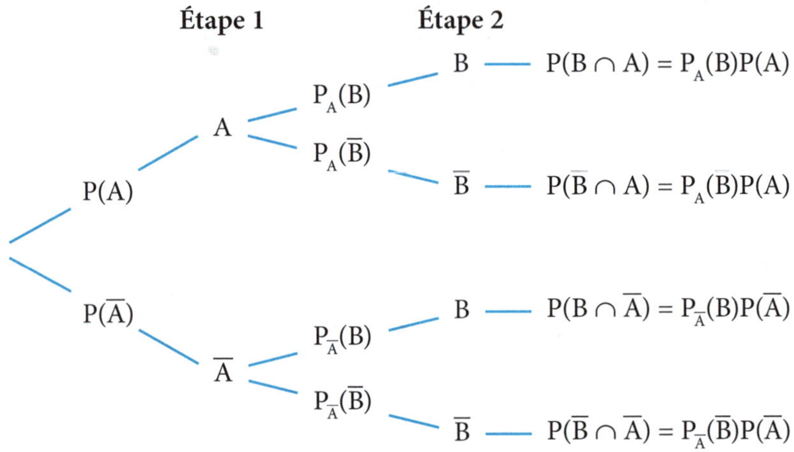


On voit que pour calculer la probabilité de l'événement figurant tout au bout d'un chemin (par exemple $P(B \cap A)$), on effectue le produit des probabilités situées sur les branches qui mènent à cette extrémité ($P_A(B) \times P(A)$ en l'occurrence).

## Exercice — CONCOURS 2011

Un sac contient $n$ boules parmi lesquelles 4 blanches, les autres étant rouges ($n \geq 6$). On tire successivement 2 boules du sac, sans remettre la première avant de tirer la seconde.

**A** La probabilité de l'événement « Les 2 boules tirées sont rouges » est de $\frac{n^2 - 9n + 20}{n(n-1)}$.

**B** La probabilité de l'événement « La première boule tirée est blanche, la deuxième est rouge » est de $\frac{4n - 16}{n^2}$.

**C** La probabilité de l'événement « Les 2 boules tirées sont de la même couleur » est de $\frac{n^2 - 9n + 32}{n(n+1)}$.

**D** La probabilité de l'événement « La première boule tirée est rouge, la deuxième est blanche » est identique à celle de l'événement « La première boule tirée est blanche, la deuxième est rouge ».

# Corrigé

L'arbre suivant résume la situation :

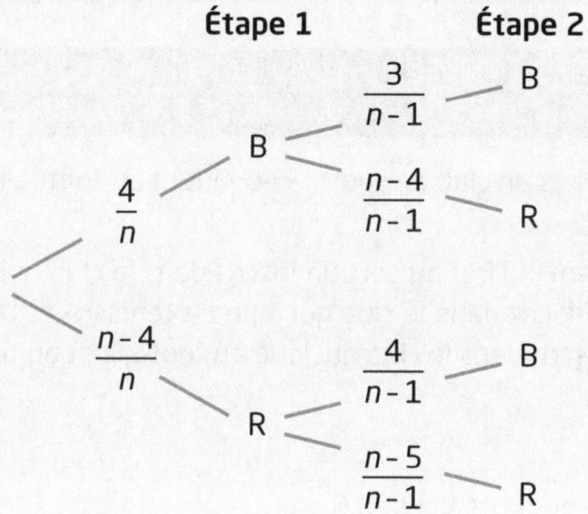


Par exemple, on a $\frac{n-4}{n-1}$ car la probabilité d'avoir une boule rouge à l'étape 2 sachant que l'on a une boule blanche à l'étape 1 se calcule compte tenu du fait que, avant le tirage 2, l'urne contient une boule de moins qu'au départ (tirage sans remise) donc $n-1$ et qu'il y a toujours 4 boules blanches.

On remarque également que la somme des branches de même racine est égale à 1. Ainsi :

$\frac{4}{n}+\frac{n-4}{n}=1$, $\frac{3}{n-1}+\frac{n-4}{n-1}=1$ et $\frac{4}{n-1}+\frac{n-5}{n-1}=1$

La probabilité de tirer deux boules rouges est donc égale à :

$\frac{n-5}{n-1}\times\frac{n-4}{n}=\frac{(n-5)(n-4)}{n(n-1)}=\frac{n^2-9n+20}{n(n-1)}$, donc **A est vraie (V)**.

La probabilité de tirer une boule blanche puis une boule rouge est donc égale à :

$\frac{4}{n}\times\frac{n-4}{n-1}=\frac{4(n-4)}{n(n-1)}$, donc **B est fausse (F)**.

La probabilité que les deux boules soient de la même couleur est égale à la probabilité d'avoir deux boules rouges ou deux boules blanches, c'est-à-dire :

$\frac{n^2-9n+20}{n(n-1)}+\frac{4}{n}\times\frac{3}{n-1}=\frac{n^2-9n+20+12}{n(n-1)}=\frac{n^2-9n+32}{n(n-1)}$, donc **C est fausse (F)**.

**D est vraie (V)** car les probabilités des deux événements sont égales à $\frac{4(n-4)}{n(n-1)}$.

## B. Avec tableau

On peut modéliser un énoncé de probabilité à l'aide d'un tableau. Celui qui est dressé ci-dessous concerne deux événements A et B.

| | A | $\overline{A}$ | Somme |
|---|---|---|---|
| B | $P(A \cap B)$ | $P(\overline{A} \cap B)$ | $P(B)$ |
| $\overline{B}$ | $P(A \cap \overline{B})$ | $P(\overline{A} \cap \overline{B})$ | $P(\overline{B})$ |
| Somme | $P(A)$ | $P(\overline{A})$ | 1 |

**NOTE DU FORMATEUR**

On généralise sans peine s'il y a plus de deux événements en jeu.

## Exercice — CONCOURS 2010

400 sportifs sont inscrits dans un club de sport : 240 jouent au football ; 120 jouent au tennis ; 80 ne font ni l'un ni l'autre.

On désigne par F l'événement « Tirer au sort un inscrit dans le club qui joue au football », T l'événement « Tirer au sort un inscrit dans le club qui joue au tennis » et l'événement $F \cap T$ veut dire « Tirer au sort un sportif inscrit dans le club qui joue au football et au tennis ».

On donne $P(F \cap T) = 0{,}10$.

On tire au hasard un inscrit.

A La probabilité qu'il joue au football est 0,6.

B La probabilité qu'il ne pratique ni le football ni le tennis est 0,20.

C La probabilité de tirer au sort un sportif qui joue au football ou au tennis est 0,10.

D On tire au hasard un joueur de tennis, la probabilité qu'il joue au football est 0,10.

# Corrigé

Dans le tableau suivant, on a désigné par T le nombre d'inscrits dans le club qui jouent au tennis et par F le nombre d'inscrits dans le club qui jouent au football. Les nombres en noir sont donnés dans l'énoncé et ceux qui sont en bleu sont obtenus par différence.

**NOTE DU FORMATEUR**

L'information $P(T \cap F) = 0{,}1$ est superflue (voir le tableau ci-dessous).

| | $T$ | $\overline{T}$ | Somme |
|---|---|---|---|
| $F$ | 40(3) | 200(4) | 240 |
| $\overline{F}$ | 80(2) | 80 | 160(1) |
| Somme | 120 | 280(5) | 400 |

Les nombres en noir sont ceux donnés par l'énoncé. Les nombres en bleu s'en déduisent, par exemple dans l'ordre 1, 2, 3, 4 et 5. On a ainsi : $P(F) = \frac{240}{400} = \frac{6}{10}$ donc **A est vraie (V).**

$P(\overline{F} \cap \overline{T}) = \frac{80}{400} = \frac{1}{5}$ donc **B est vraie (V).**

$P(T \cup F) = 1 - P(\overline{T \cup F}) = 1 - P(\overline{T} \cap \overline{F}) = 1 - 0{,}2 = 0{,}8$ donc **C est fausse (F).**

Pour la question D, on cherche $P_T(F) = \frac{P(T \cap F)}{P(T)} = \frac{40}{120} = \frac{1}{3}$.

Donc **D est fausse (F).**

# 4. Calcul numérique

## 1. Les concepts élémentaires

### A. Les ensembles de nombres

Les **entiers naturels** sont les nombres que vous connaissez depuis le CP : 0 ; 1 ; 2 ; 3 ; 4 ; etc.

Les **entiers relatifs** sont les entiers naturels auxquels on adjoint leurs opposés : … –4 ; –3 ; –2 ; –1 ; 0 ; +1 ; +2 ; +3 ; +4 ; etc.

Les **nombres décimaux** sont les nombres qui ont un nombre fini de décimales non nulles. Ils peuvent être positifs ou négatifs.

Lorsqu'on parle des **nombres réels**, on parle des nombres précédents et aussi de ceux qui ne sont pas décimaux, comme $\frac{5}{3}$ ou $\sqrt{2}$ ou e.

### B. Les multiples

Un **multiple** de 3 est un nombre qui figure comme résultat dans la table de 3. Récitons-la : 0, 3, 6, 9, 12, etc. De même, les multiples de 19 sont : 0, 19, 38, 57, 76, etc.

Par conséquent, tout multiple de 3 s'écrit sous la forme $3n$ (c'est-à-dire 3 fois $n$), où $n$ désigne un entier naturel quelconque. De même, tout multiple de 19 s'écrit sous la forme $19n$.

**NOTES DU FORMATEUR**

- 0 est un multiple de n'importe quel nombre (y compris de lui-même !).
- Les multiples de 2 s'appellent des nombres pairs. Tout nombre pair s'écrit donc sous la forme $2n$, où $n$ désigne un entier naturel quelconque.
- Un nombre impair est un nombre qui n'est pas pair. Par conséquent, tout nombre impair s'écrit sous la forme $2n + 1$ où $n$ désigne un entier naturel quelconque.

### C. Les carrés parfaits

Un **carré parfait** est un nombre entier qui est le produit d'un entier par lui-même. Il s'écrit sous la forme $n^2$ où $n$ est un entier naturel quelconque. Voici la liste des premiers carrés parfaits : 0, 1, 4, 9, 16, 25, 36, 49, 64, 81, 100, 121, 144, 169, 196, 225, 256, 289, 324, 361, 400, etc.

## D. Les racines carrées

Les deux règles d'or :

**1.** Seuls les nombres positifs ont une racine carrée.

**2.** Une racine carrée est un nombre positif.

**Exemples :** $\sqrt{0} = 0$ ; $\sqrt{1} = 1$ ; $\sqrt{4} = 2$ ; $\sqrt{9} = 3$ ; $\sqrt{16} = 4$ ; $\sqrt{25} = 5$ ; etc.

## E. Les exposants

Lorsqu'on parle d'**exposants**, le meilleur moyen de retenir les formules qui leur sont attachées est de revenir à chaque fois aux sources.

$$9^4 = \underbrace{9 \times 9 \times 9 \times 9}_{\textit{9 est écrit 4 fois}} \quad \text{et} \quad 9^3 = \underbrace{9 \times 9 \times 9}_{\textit{9 est écrit 3 fois}}$$

donc : $$9^4 \times 9^3 = \underbrace{9 \times 9 \times 9 \times 9}_{\textit{9 est écrit 4 fois}} \times \underbrace{9 \times 9 \times 9}_{\textit{9 est écrit 3 fois}} = \underbrace{9 \times 9 \times 9 \times 9 \times 9 \times 9 \times 9}_{\textit{9 est écrit 7 fois}} = 9^7$$

D'autre part, on démontre que $9^{-1} = \frac{1}{9}$ ; $9^{-2} = \frac{1}{9^2}$ ; $9^{-3} = \frac{1}{9^3}$ ; etc.

donc, par simplification : $$\frac{9^5}{9^7} = \frac{\overbrace{9 \times 9 \times 9 \times 9 \times 9}^{\textit{9 est écrit 5 fois}}}{\underbrace{9 \times 9 \times 9 \times 9 \times 9 \times 9 \times 9}_{\textit{9 est écrit 7 fois}}} = \frac{1}{9 \times 9} = \frac{1}{9^2} = 9^{-2} \ (= 9^{5-7})$$

On généralise facilement ces exemples pour en tirer les règles de calcul suivantes, valables pour tout réel $a$ non nul ainsi que tous entiers $n$ et $p$ :

$$a^n \times a^p = a^{n+p} \qquad (a^n)^p = a^{np}$$

$$\frac{a^n}{a^p} = a^{n-p} \qquad a^{-n} = \frac{1}{a^n}$$

### NOTES DU FORMATEUR

- On a bien sûr, pour tout entier naturel $n$ : $0^n = 0$ et $1^n = 1$.
- $a^0 = 1$ et $a^1 = a$ pour tout réel $a$.

## F. L'opposé

La notion d'**opposé** est liée à l'addition. L'opposé du nombre $a$ est le nombre $b$ qui réalise l'égalité $a + b = 0$. Ce nombre $b$ se note $-a$. Ainsi **l'opposé de $a$ est $-a$** et $\boldsymbol{a + (-a) = 0}$.

Sur un axe, deux nombres opposés sont symétriques par rapport à l'origine.

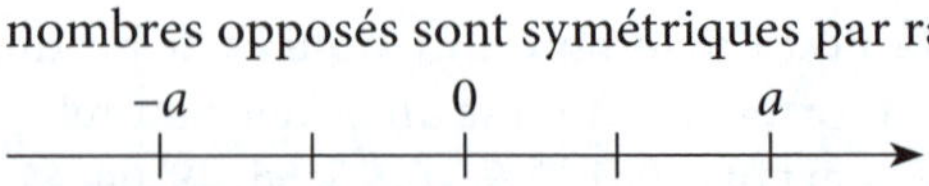


### NOTE DU FORMATEUR

0 est le seul nombre égal à son opposé.

On utilise aussi l'opposé dans la soustraction : $a - b = a + (-b)$ c'est-à-dire : « $a$ moins $b$ = $a$ plus l'opposé de $b$ ».

## G. L'inverse

La notion d'**inverse** est liée à la division. L'inverse d'un nombre non nul $a$ est le nombre $b$ qui réalise l'égalité $a \times b = 1$. Le nombre $b$ se note $\frac{1}{a}$. Ainsi, **l'inverse de $a$ est $\frac{1}{a}$ et $a \times \frac{1}{a} = 1$.**

**NOTE DU FORMATEUR**

0 est le seul nombre qui n'a pas d'inverse.
Il existe deux nombres, et deux seulement, qui sont égaux à leur inverse : 1 et -1.
Ainsi $\frac{1}{1} = 1$ et $\frac{1}{-1} = -1$.

On utilise aussi l'inverse dans la division : $a \div b = a \times \frac{1}{b} = \frac{a}{b}$.
L'inverse de $a$ se note aussi $a^{-1}$.

# 2. Les opérations

## A. L'addition de nombres positifs

Cette opération n'engendre pas de problème particulier, sauf peut-être pour les nombres décimaux qu'il faut bien aligner sur la virgule.

**RAPPEL DU FORMATEUR**

27 = 27,0

|   |   |   |   |   |
|---|---|---|---|---|
|   |   | 4, | 3 |   |
| + |   | 0, | 6 | 8 |
| + | 2 | 7 |   |   |
|   | 3 | 1, | 9 | 8 |

addition bien posée

|   |   |   |   |   |
|---|---|---|---|---|
|   | 1 | 5, | 0 | 7 |
| + |   |   | 3, | 8 |

addition mal posée

## B. L'addition de nombres relatifs

**RAPPEL DU FORMATEUR**

La valeur absolue d'un nombre relatif est lui-même s'il est positif et son opposé s'il est négatif. C'est pourquoi la valeur absolue de 13 est 13 et la valeur absolue de -13 est -(-13) c'est-à-dire 13. 13 et -13 ont la même valeur absolue.

**1.** Si les deux nombres sont de même signe, on additionne leurs valeurs absolues et on donne au résultat le signe des deux nombres.

**Exemple :** $(-2) + (-6) = -8$. En effet, $(-2)$ et $(-6)$ étant négatifs, le résultat est négatif. On obtient 8 en effectuant $2 + 6$.

**2.** Si les deux nombres sont de signes contraires, on soustrait leurs valeurs absolues (la plus grande **moins** la plus petite) et on donne au résultat le signe du nombre qui a la plus grande valeur absolue.

**Exemple :** $(+2) + (-7) = -5$. C'est $(-7)$ qui a la plus grande valeur absolue ; il donne son signe – au résultat. On obtient 5 en effectuant $7 - 2$.

## C. La soustraction

Quand on pose une soustraction de nombres décimaux, il faut prendre les mêmes précautions que pour les additions posées.

Par ailleurs, une soustraction se ramenant facilement à une addition $[(a - b = a + (-b)]$, il suffit de savoir calculer numériquement une addition pour calculer numériquement une soustraction.

## D. La multiplication

On a $35{,}1 \times 2{,}04 = 71{,}604$. Dans un premier temps, on ne tient pas compte de la virgule : $351 \times 204 = 71\,604$ (voir ci-dessous). Dans la multiplication de départ, on compte trois chiffres à droite de la virgule (1, 0 et 4) donc on décale la virgule du résultat (71 604,0) de trois rangs vers la gauche.

| | | | | | |
|---|---|---|---|---|---|
| | | | 3 | 5, | 1 |
| × | | | 2, | 0 | 4 |
| | | 1 | 4 | 0 | 4 |
| | 7 | 0 | 2 | 0 | • |
| | 7 | 1, | 6 | 0 | 4 |

## E. La multiplication par 0,1 ; 0,01... et par 10 ; 100...

**1.** Pour multiplier un nombre par 0,1 on déplace la virgule d'un rang vers la gauche.

Pour multiplier un nombre par 0,01 on déplace la virgule de deux rangs vers la gauche. Et ainsi de suite.

**Exemple :** $5{,}8 \times 0{,}01 = 0{,}058$

S'il n'y a pas de virgule, on en ajoute une, suivie de un ou plusieurs 0.

**Exemple :** $7 \times 0{,}01 = 7{,}0 \times 0{,}01$ ; donc $7 \times 0{,}01 = 0{,}070 = 0{,}07$

**2.** Pour multiplier un nombre par 10, on déplace la virgule d'un rang vers la droite.

Pour multiplier un nombre par 100, on déplace la virgule de deux rangs vers la droite. Et ainsi de suite.

S'il n'y a pas de virgule, on ajoute un ou plusieurs 0 à droite du nombre.

**Exemples :** $27 \times 10 = 270$ ; $48 \times 100 = 4\,800$ ; $54 \times 1\,000 = 54\,000$ ; etc.

## F. La division

On ne vous demandera pas d'effectuer des divisions compliquées car vous ne pouvez pas utiliser la calculatrice au concours. Cependant, il faut connaître quelques techniques élémentaires :

– diviser par 4, c'est prendre la moitié puis la moitié de cette moitié ($68 \div 4 = 34 \div 2 = 17$) ;

– diviser par 10 ; 100 ou 1 000, c'est multiplier par 0,1 ; 0,01 ou 0,001 ;

– diviser par 5, c'est multiplier par 2, puis diviser par 10 ($82 \div 5 = 82 \times 2 \div 10 = 164 \div 10 = 16{,}4$).

**NOTE DU FORMATEUR**

On ne le répétera jamais assez. La division par 0 est une opération impossible. Cependant, $\frac{0}{a} = 0$, pourvu que *a* soit différent de 0.

## G. La règle des signes

- Le produit et le quotient de deux nombres de même signe est un nombre positif.
- Le produit et le quotient de deux nombres de signes contraires est un nombre négatif.

# 3. Les priorités opératoires

Vous le savez depuis le collège, les exposants sont prioritaires sur les multiplications et divisions (qui ont le même niveau de priorité), elles-mêmes prioritaires sur les additions et soustractions (qui ont le même niveau de priorité). De plus, il faut d'abord exécuter les calculs entre parenthèses.

**Exemple :** $5 \times 2^3 - 10 + 24 \div (1 + 5)$.

Pour calculer $5 \times 2^3$, il faut d'abord effectuer $2^3$.

Pour calculer $-10 + 24 \div (1 + 5)$, il faut d'abord résoudre le calcul à l'intérieur de la parenthèse, puis effectuer la division, prioritaire sur l'addition.

Voici le calcul exact :

$5 \times 2^3 - 10 + 24 \div (1 + 5)$

$= 5 \times 8 - 10 + 24 \div 6$ *(exposant et parenthèses)*

$= 40 - 10 + 4$ *(multiplication et division, de même priorité)*

$= 30 + 4$ *(on effectue les calculs dans l'ordre)*

$= 34$

# 5. Pourcentages

Un pourcentage est une façon particulière d'écrire une fraction : au lieu d'écrire $\frac{a}{100}$ (« $a$ sur 100 » ou « $a$ centièmes »), on écrit : $a$ % ($a$ pour cent) ; $a$ est un nombre positif quelconque.

## 1. Généralités

### A. Calculer un pourcentage

Dans une assemblée de 400 personnes, il y a 96 gauchers. Quel est le pourcentage de gauchers dans l'assemblée ? Réponse : Un pourcentage étant une fraction, il y a $\frac{96}{400} = \frac{24}{100} = 24$ % de gauchers dans l'assemblée.

### B. Appliquer un pourcentage (ou un taux de pourcentage)

« Appliquer un taux de pourcentage » est synonyme de « calculer une fraction donnée d'une quantité ».

**Exemple :** 16 % de 95 valent $\frac{16}{100} \times 95 = \frac{16 \times 95}{100} = 15{,}2$.

## 2. Pièges, trucs et astuces

### A. Augmentation ou diminution d'une quantité

Commençons par un petit problème.

**Problème**

On dispose d'une somme S. On enlève 10 % de sa valeur ; on obtient une somme S'. On enlève à cette somme S' 20 % de sa valeur. On obtient une somme S''. Fin de la première étape.

Reprenons cette même somme S et effectuons les deux opérations suivantes. D'abord, on lui enlève 20 % de sa valeur, ce qui donne une somme T', et ensuite, on enlève à T' 10 % de sa valeur pour obtenir une somme T''.

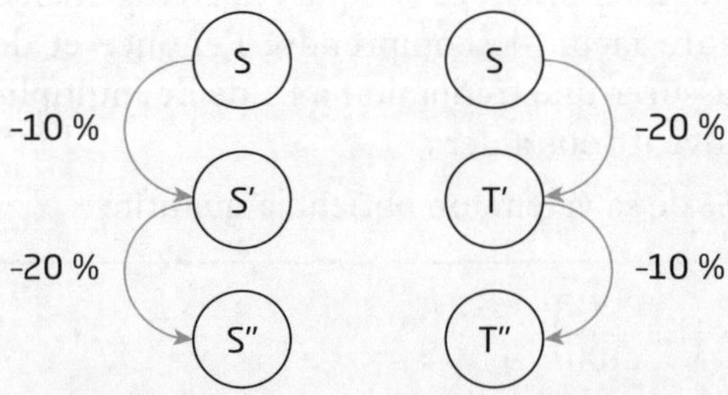


# Questions

❶ $S''$ ou $T''$ représentent-elles $S$ diminuée de 30 % ?

❷ A-t-on $S'' = T''$ ? (Avant de répondre, relisez bien les consignes.)

# Corrigé

❶ **Non**.

$S' = 90\,\% \times S = 0{,}9S$ car si l'on retire à S 10 % de sa valeur, il reste 90 % de S. De la même manière, si l'on retire à S' 20 % de sa valeur, il reste 80 % de S', c'est-à-dire $S'' = 0{,}8S'$. Comme $S' = 0{,}9S$ on a : $S'' = 0{,}8 \times 0{,}9S = 0{,}72S$.

En faisant un raisonnement analogue avec T' et T'', on a : $T'' = 0{,}9T' = 0{,}9 \times 0{,}8S = 0{,}72S$.

Donc S'' et T'' représentent toutes les deux 72 % de S, c'est-à-dire S diminuée de 28 %, et non de 30 %.

❷ **Oui**.

On a $S'' = T'' = 0{,}72S$.

## NOTES DU FORMATEUR

- Si, à la place des opérations -10 % et -20 %, on avait les étiquettes +10 % et +20 %, on aurait également $S'' = T''$.

En effet : $S' = S + 10\,\%S = 1S + 0{,}1S = (1 + 0{,}1)S = 1{,}1S$ et $S'' = 1S' + 0{,}2S' = 1{,}2S'$

Comme $S' = 1{,}1S$, on aurait $S'' = 1{,}2 \times 1{,}1S = 1{,}32S$

De même, $T'' = 1{,}1T' = 1{,}1 \times 1{,}2S = 1{,}32S$.

Ainsi S'' et T'' représenteraient S augmentée de 32 %.

- En panachant de la façon suivante :

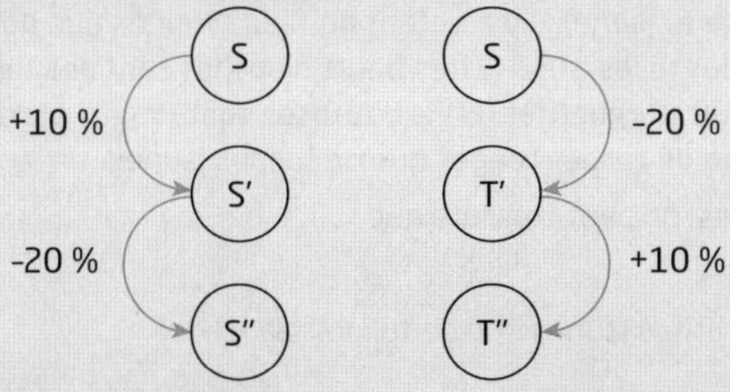


on aurait encore $S'' = T''$ ($= 0{,}88S$).

Dans les situations de réduction ou d'augmentation, et lorsque ces changements s'expriment en pourcentage, la meilleure façon de comprendre l'énoncé et de résoudre les questions afférentes est d'assurer une traduction à l'aide de multiplications. Voici quelques formules qui peuvent vous aider :

**1.** Si l'on augmente une quantité $q$ de $t$ % de sa valeur, on obtient la quantité :

$$q' = q \times \left(1 + \frac{t}{100}\right)$$

**2.** Si l'on diminue une quantité $q$ de $t$ % de sa valeur, on obtient la quantité :

$$q' = q \times \left(1 - \frac{t}{100}\right)$$

## B. Augmentation suivie de diminution et *vice versa*

Si l'on augmente une quantité $q$ de 10 %, on obtient la quantité $q' = 1{,}1q$.

Réduisons $q'$ de 10 % de sa valeur : on obtient la quantité $q'' = 0{,}9q' = 0{,}9 \times 1{,}1q = 0{,}99q$.

On voit donc que $q'' \neq q$.

Par conséquent la manipulation +10 % suivie de –10 % ne conduit pas à la quantité initiale.

## C. Sachez répondre presque sans calculs

Quand on prend 30 % d'une quantité, on multiplie cette quantité par 0,3. Par conséquent, le résultat est divisible par 3, du moins si la quantité est un nombre décimal ! Donc il est impossible que 30 % d'un nombre de salariés soit exactement égal à 8.

De même, il est impossible que 90 % d'un nombre de boîtes de conserve soit exactement égal à 501 car 501 n'est pas divisible par 9.

### Exercice — CONCOURS 2011

Un fleuriste a en stock 1 000 fleurs réparties en trois variétés (roses, tulipes et marguerites) et trois couleurs (blanc, rouge et jaune). Il y a autant de fleurs rouges que de fleurs jaunes. Un quart des fleurs blanches sont des roses et 30 % des fleurs blanches sont des tulipes. Il y a 180 marguerites blanches parmi les 500 marguerites. 20 % des roses sont rouges et sont au nombre de 60. On dénombre le même nombre de tulipes rouges que de tulipes jaunes.

À partir de ces informations, on peut conclure que :

**A** Il y a 400 fleurs rouges.

**B** Il y a autant de marguerites jaunes que de tulipes blanches.

**C** Il y a 300 roses.

**D** Le nombre de fleurs jaunes est inférieur au nombre de fleurs blanches.

# Corrigé

Le tableau suivant résume l'énoncé. Les expressions en noir sont repérées par leur numéro d'apparition. Les nombres en bleu sont le résultat de calculs. Les lettres majuscules sont les fleurs et les minuscules les couleurs.

| | R | T | M | |
|---|---|---|---|---|
| b | $0{,}25y$ (3) = 100 | $0{,}3y$ (4) = 120 | 180 (5) | $y$ = 400 |
| r | $0{,}2z$ = 60 (7) | $t$ (8) = 40 | 200 | $x$ (2) = 300 |
| j | | $t$ (8) = 40 | 120 | $x$ (2) = 300 |
| | $z$ = 300 | 200 | 500 (6) | 1 000 (1) |

De $0{,}2z = 60$, on déduit : $z = \dfrac{60}{0{,}2} = 300$. Donc **C est vraie (V)**.

$1\,000 - 500 - 300 = 200$, il y a donc 200 tulipes.

Comme $0{,}25y + 0{,}3y = 0{,}55y$, les roses blanches et les tulipes blanches représentent 55 % des fleurs blanches. Donc les 180 marguerites représentent 45 % du total des fleurs blanches.

Donc : $0{,}45y = 180 \Rightarrow y = \dfrac{180}{0{,}45} = \dfrac{20}{0{,}05} = \dfrac{2\,000}{5} = 400$. Donc **D est vraie (V)**.

$y + 2x = 1\,000 \Rightarrow 2x = 600 \Rightarrow x = 300$. Donc **A est fausse (F)**.

On trouve alors : $0{,}3y = 120$ et $0{,}25y = 100$. Par conséquent : $t = 40$ car $\dfrac{200 - 120}{2} = \dfrac{80}{2} = 40$.

Par soustraction, on obtient 200 marguerites rouges ($300 - 60 - 40 = 200$), conduisant à 120 marguerites jaunes ($500 - 180 - 200 = 120$). Donc **B est vraie (V)**.

Pour finir, vérifiez qu'il y a bien 140 roses jaunes.

| | R | T | M | |
|---|---|---|---|---|
| b | 100 | 120 | 180 | 200 |
| r | 60 | 40 | 200 | 300 |
| j | 140 | 40 | 120 | 300 |
| | 300 | 200 | 500 | 1 000 |

# 6. Calcul littéral

Dans ce chapitre, les lettres minuscules des calculs désignent des nombres réels.

## 1. Les fractions

**RAPPEL DU FORMATEUR**

La fraction $\frac{n}{d}$ a pour numérateur $n$ et pour dénominateur $d$.

Les fractions $\frac{8}{7}$, $\frac{11}{7}$ et $\frac{3}{7}$ peuvent se lire « huit septièmes, onze septièmes et trois septièmes ». Le 7 donne son nom à la fraction ; il la dénomme. C'est pourquoi on l'appelle le dénominateur.

### A. Les règles de calcul

Vous connaissez depuis votre plus tendre enfance les règles suivantes (en supposant que l'on n'effectue aucune division par 0) :

$$\frac{a}{d}+\frac{b}{d}=\frac{a+b}{d} \qquad \frac{a}{d}-\frac{b}{d}=\frac{a-b}{d} \qquad \frac{ka}{kb}=\frac{a}{b} \qquad (1)$$

$$\frac{a}{b}+\frac{c}{d}=\frac{ad+bc}{bd} \qquad \frac{a}{b}-\frac{c}{d}=\frac{ad-bc}{bd} \qquad -\frac{a}{b}=\frac{-a}{b}=\frac{a}{-b} \qquad (2)$$

$$\frac{a}{b}\times\frac{c}{d}=\frac{ac}{bd} \qquad a\times\frac{c}{d}=\frac{a}{1}\times\frac{c}{d}=\frac{ac}{d} \qquad \frac{a}{b}\div\frac{c}{d}=\frac{a}{b}\times\frac{d}{c}=\frac{ad}{bc} \qquad (3)$$

Vous connaissez aussi les pièges classiques :

$$\frac{a}{b}+\frac{c}{d}\neq\frac{a+c}{b+d} \qquad \frac{a+b}{a+c}\neq\frac{b}{c} \qquad \frac{1}{a+b}\neq\frac{1}{a}+\frac{1}{b} \qquad a\times\frac{b}{c}\neq\frac{ab}{ac}$$

### B. Commentaires

Les égalités (1) montrent que l'on peut effectuer la somme ou la différence de deux fractions à condition qu'elles aient le même dénominateur.

Elles montrent aussi que l'on peut multiplier le numérateur et le dénominateur d'une fraction par un **même** nombre sans en changer la valeur $\left(\frac{a}{b}=\frac{ka}{kb}\right)$ et que l'on peut aussi diviser le numérateur et le dénominateur d'une fraction par un **même** nombre sans en changer la valeur $\left(\frac{ka}{kb}=\frac{a}{b}\right)$.

**Exemple :** $\frac{1}{2}+\frac{5}{6}=\frac{3}{6}+\frac{5}{6}=\frac{8}{6}=\frac{4}{3}$

Les égalités (2) montrent aussi que l'opposé d'une fraction peut se calculer de deux façons : $\frac{\text{opposé du numérateur}}{\text{dénominateur}}$ ou $\frac{\text{numérateur}}{\text{opposé du dénominateur}}$.

Dans la notation $-\frac{a}{b}$, remarquez la place du signe « moins » qui se trouve au même niveau que la barre de fraction.

Les égalités (3) montrent que, pour multiplier deux fractions entre elles, il suffit de multiplier les numérateurs entre eux et les dénominateurs entre eux. Il est inutile de réduire les deux fractions au même dénominateur.

# 2. Les parenthèses et le signe « moins »

Lorsque l'on effectue des additions, on peut placer et déplacer des parenthèses comme on veut et déplacer les termes comme on veut :

$(a + b + c) + (d + e) + f = a + (b + c) + (d + e + f) = (d + a) + f + (b + c + e)$

Avec la soustraction, on ne peut pas déplacer les termes comme on veut :

$a - b - c \neq b - a - c$ et $a - (b - c) \neq (a - b) - c$

Pour ceux qui sont fâchés avec le signe « moins », il y a un moyen simple, mais un peu lourd, de ne pas se tromper : il suffit de transformer les soustractions en additions de l'opposé, et de transformer les expressions du type –(…) en expressions du type (–1) × (…). On tombe ainsi dans le monde enchanté de l'addition où tout, ou presque, est permis. Ainsi :

$a - b - c = a + (-b) + (-c) = (-b) + a + (-c) = -b + a - c$

$a - (b - c) = a + (-1) \times [b + (-c)] = a + (-1) \times b + (-1) \times (-c) = a + (-b) + c = a - b + c$



# 3. La distributivité

## A. L'énoncé et ses conséquences

La distributivité de la multiplication par rapport à l'addition est la propriété qui s'énonce ainsi :

$$k(a + b) = ka + kb = (a + b)k$$

On en déduit ce que l'on appelle parfois la double distributivité :

$$(a + b)(c + d) = ac + ad + bc + bd$$

On peut l'illustrer avec le schéma suivant :

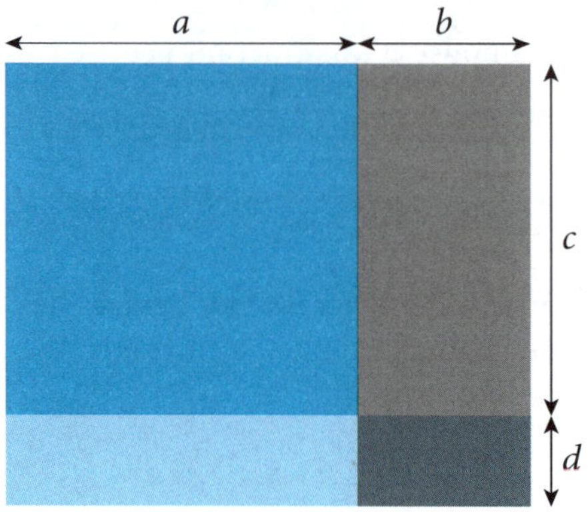


$(a + b)(c + d) = ac + ad + bc + bd$

L'aire du grand rectangle de dimensions $a + b$ et $c + d$ est en effet égale à la fois à $(a + b)(c + d)$ et à la somme des aires des quatre rectangles de couleur qui le composent.

Avec la soustraction, on en déduit :
$(a + b)(c - d) = ac - ad + bc - bd$ et $(a - b)(c - d) = ac - ad - bc + bd$

## B. Les identités remarquables

$$(a + b)^2 = a^2 + 2ab + b^2$$
$$(a - b)^2 = a^2 - 2ab + b^2$$
$$(a + b)(a - b) = a^2 - b^2$$

On retrouve ces égalités en utilisant la distributivité : $(a + b)^2 = (a + b)(a + b)$.

# 4. L'exploitation des quotients (ou rapports)

Le diagramme ci-contre résume l'exploitation que l'on peut faire de l'égalité $\frac{a}{b} = \frac{c}{d}$.

On peut aussi exploiter ces indications lorsque l'on a simplement $a = \frac{c}{d}$ ou $\frac{a}{b} = c$ car ces écritures sont équivalentes respectivement à $\frac{a}{1} = \frac{c}{d}$ et $\frac{a}{b} = \frac{c}{1}$.

## Égalité de rapports

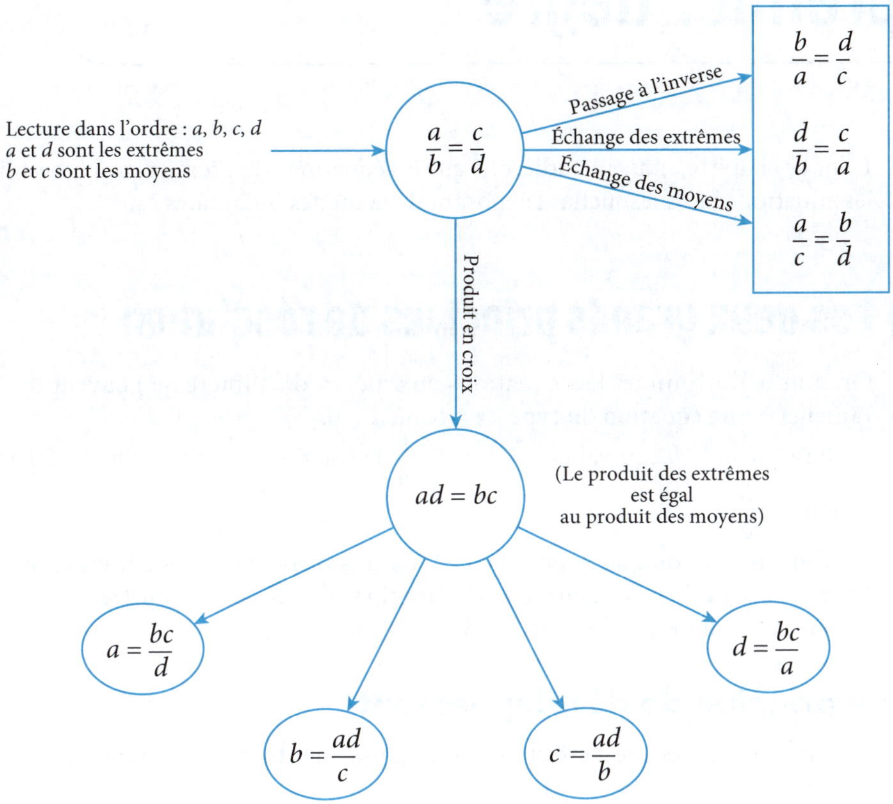

# 7. Équations du premier degré

Dans ce chapitre, nous n'étudierons que les équations du premier degré, c'est-à-dire les équations dans lesquelles l'exposant de la ou des inconnues est 1.

## 1. Les deux grands principes de résolution

On note $x$ l'inconnue. Les équations auxquelles on s'intéresse peuvent toutes se ramener à une équation du type $ax = b$, où $a \neq 0$.

Puisque $ax = b$ équivaut à $x = b \div a = \frac{b}{a}$, la solution de l'équation précédente est le nombre $\frac{b}{a}$.

Toute résolution doit donc concourir à transformer l'équation initiale en $ax = b$. Pour cela, on utilise les deux grands principes de résolution illustrés ci-dessous à travers la résolution de l'équation $6x - 1 = 3(x + 5)$.

### A. Le principe de développement

La première procédure à effectuer est de supprimer toutes les parenthèses.

$6x - 1 = 3(x + 5) \Leftrightarrow 6x - 1 = 3x + 15$

### B. Le principe d'équilibre

- Lorsque l'on additionne ou soustrait le même nombre aux deux membres d'une équation, on obtient une équation qui lui est équivalente.
- Lorsque l'on multiplie ou divise les deux membres d'une équation par le même nombre différent de 0, on obtient une équation qui lui est équivalente.

En un mot, on ne change pas l'équilibre de l'égalité en effectuant les mêmes opérations des deux côtés de cette égalité.

Ainsi : $6x - 1 = 3x + 15 \Leftrightarrow 6x - 1 + \mathbf{1} = 3x + 15 + \mathbf{1}$ (on a ajouté 1 aux deux membres de l'équation).

Après calcul, on trouve : $6x = 3x + 16$.

Puis : $6x = 3x + 16 \Leftrightarrow 6x - \mathbf{3x} = 3x - \mathbf{3x} + 16 \Leftrightarrow 3x = 16$.

Finalement : $x = \frac{16}{3}$

**ATTENTION**

Nous mettons en garde les fanatiques du « je transpose à droite », « je fais passer à gauche », « je fais passer à droite en changeant de signe »...

Les erreurs du type $5x = 2 \Rightarrow x = 2 - 5 = -3$ ou $3 = 7x \Rightarrow x = \frac{3}{-7}$ sont loin d'être rares.

### C. Cas spéciaux

**1.** Si des expressions figurent au dénominateur, on peut résoudre l'équation en utilisant un produit en croix.

**Exemple :** L'équation $\frac{3}{x+1} = -\frac{5}{x}$ est équivalente à $3x = -5(x + 1)$ et on la résout comme ci-dessus.

**2.** Pour résoudre l'équation $-\frac{2}{3}x = 7$ on utilise la même technique.

$-2x = 3 \times 7 \Leftrightarrow -2x = 21 \Leftrightarrow x = \frac{21}{-2} \Leftrightarrow x = -10{,}5$

## 2. Les systèmes d'équations

Pour résoudre un système de deux équations à deux inconnues $a$ et $b$, la technique la plus simple est d'écrire un autre système où l'inconnue $a$ (ou l'inconnue $b$) a les mêmes coefficients dans chaque équation.

RÉUSSIR LES ÉPREUVES ÉCRITES
Raisonnement logique et mathématiques

### Exercice — CONCOURS 2016

Résoudre le système d'équations suivant :

$$\begin{cases} a + b = 4 \\ 3a + 2b = 0 \end{cases}$$

## Corrigé

Les coefficients de $a$ sont 1 et 3 et ceux de $b$ sont 1 et 2.

En utilisant la technique énoncée précédemment, on obtient $\begin{cases} 3a + 3b = 12 & \text{(multiplication par 3)} \\ 3a + 2b = 0 \end{cases}$

ou $\begin{cases} 2a + 2b = 8 & \text{(multiplication par 2)} \\ 3a + 2b = 0 \end{cases}$

Choisissons le premier système.

En soustrayant la deuxième équation à la première on obtient :

$3a - 3a + 3b - 2b = 12 - 0 \Rightarrow b = \mathbf{12}$

Une fois que $b$ est trouvé, on utilise l'équation que l'on veut pour trouver $a$.

Par exemple : $a + b = 4 \Rightarrow a + 12 = 4 \Rightarrow a = 4 - 12 =$ **-8**.

Pour plus de sécurité on reporte ces deux valeurs dans le système de départ et on constate que les égalités sont vérifiées.

## 3. Équations produits

Nous traitons ici des équations comme $(2x + 1)(x - 4) = 0$, dont le membre de gauche comporte le produit de deux facteurs du premier degré.

Elles sont particulièrement simples à résoudre car si le résultat d'une multiplication est 0, c'est que l'un des facteurs de la multiplication est lui-même égal à 0.

Dans le cas précédent, la multiplication dont il est question comprend deux facteurs qui sont $2x + 1$ et $x - 4$. On a donc nécessairement $2x + 1 = 0$ donc $2x = -1$ et donc $x = -\frac{1}{2}$ ou bien $x - 4 = 0$ c'est-à-dire $x = 4$.

L'équation produit $(2x + 1)(x - 4) = 0$ a donc deux solutions qui sont $-\frac{1}{2}$ et 4.

# 8. Fonctions

## 1. Le b.a. ba

Une fonction numérique est un procédé de calcul qui transforme des nombres en d'autres nombres. On peut la symboliser par un boîtier avec une entrée et une sortie. On entre un nombre dans le boîtier, on attend que le processus de transformation opère, et on récupère un autre nombre à la sortie. Le boîtier, donc la fonction, est symbolisé par une flèche avec un petit talon. Voici le symbole d'une fonction : $\mapsto$

Une fois symbolisée, nommons la fonction. En général, les fonctions se nomment ***f***, ***g***, ***h***, etc. Vous remarquez qu'elles ne se nomment ni $f(x)$ ni $g(x)$ ni $h(x)$ mais bien $f$, $g$ et $h$ seules.

Une fois ces conventions posées, il reste à déterminer le fonctionnement de $f$, autrement dit, le procédé de calcul que la fonction utilise pour transformer les nombres. Il y a plusieurs façons de le décrire. En voici quelques-uns :

- soit $f$ la fonction qui transforme un nombre en son double, $g$ la fonction qui transforme un nombre en son carré et $h$ la fonction qui transforme $x$ en son opposé ;
- soit $f$ la fonction qui à tout réel $x$ associe son double, $g$ la fonction qui à tout réel $x$ associe son carré et $h$ la fonction qui à tout réel $x$ associe son opposé ;
- soit $f$ la fonction définie par $x \mapsto 2x$ (lire : $x$ flèche $2x$), $g$ la fonction définie par $x \mapsto x^2$ et $h$ la fonction définie par $x \mapsto -x$.

Les trois points précédents définissent les mêmes fonctions $f$, $g$ et $h$ avec des tournures différentes.

Le nombre obtenu à la sortie du boîtier s'appelle l'image du nombre d'entrée. Si $x$ est le nombre d'entrée, on nomme $\boldsymbol{f(x)}$ (lire : « $f$ de $x$ ») le nombre de sortie. On l'appelle l'**image de *x* par *f***.

Si l'on emploie ce vocabulaire et ces notations on obtient :

- $f$ est la fonction définie par $f(x) = 2x$ ;
- par la fonction $g$, tout réel $x$ a pour image $x^2$ donc $g(x) = x^2$ ;
- $-x$ est l'image de $x$ par $h$, donc $h(x) = -x$.

Un nombre qui a pour image $y$ par $f$ s'appelle (s'il existe) un **antécédent** de $y$. S'il existe, un antécédent (notons-le $x$) de $y$ vérifie l'égalité $f(x) = y$. Il faut préciser « s'il existe » car $-9$ n'a pas d'antécédent par $g$. En effet il n'existe aucun nombre $x$ tel que $g(x) = -9$ car, un carré étant toujours positif, il est impossible de trouver $x$ tel que $x^2 = -9$.

**NOTE DU FORMATEUR**

Le nombre d'entrée est appelé à varier ; on l'appelle une variable. C'est pourquoi on appelle aussi les fonctions *f*, *g*... des fonctions d'une variable.

## Exercice

Soient $f$ et $g$ deux fonctions telles que $f(x) = 2x$ et $g(x) = x^2$.

❶ Quelle est l'image de 3 par $f$ ?

❷ Combien le nombre 16 a-t-il d'antécédents par $g$ ?

## Corrigé

❶ $f(3) = 2 \times 3 = 6$. La réponse est **6**.

❷ $g(x) = 16 \Leftrightarrow x^2 = 16 \Leftrightarrow x^2 - 16 = 0 \Leftrightarrow (x-4)(x+4) = 0 \Leftrightarrow x = -4$ ou $x = 4$.

Le nombre 16 a donc deux antécédents par $g$, qui sont -4 et 4.

# 2. Lien entre courbe et fonction

La courbe représentant une fonction est un ensemble de points. Comme tout point, les points qui forment la courbe ont chacun deux coordonnées : une abscisse et une ordonnée $y$. On a en outre $y = f(x)$.

La courbe représentant $f$ a pour équation $y = f(x)$. On dit aussi que l'égalité $y = f(x)$ est l'équation de la courbe représentative de $f$. Le point le plus haut d'une courbe, s'il existe, s'appelle son maximum et son point le plus bas, s'il existe, son minimum.

**Exemple :** Sur la courbe ci-contre, on voit que le minimum de la fonction est $m$, son maximum $M$ et on voit aussi comment connaître la valeur de $f(x)$ quand on connaît la valeur de $x$. Il suffit de partir de $x$, sur l'axe horizontal, et de joindre la courbe. Le point obtenu a pour ordonnée $f(x)$. De plus, $m = f(a)$ est sous l'axe horizontal, $m$ est donc négatif. On voit de même que $M$ est positif et que $M = f(b)$.

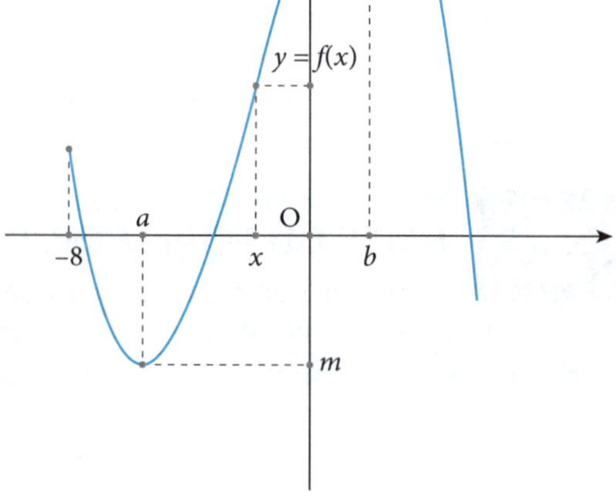

### NOTE DU FORMATEUR

La courbe représentative d'une fonction affine est une droite.

**Exemple (concours 2012) :** Si la courbe d'une fonction passe par le point A(–1 ; 1), cela signifie que le point A appartient à la courbe, que $y = 1$ et $x = -1$ et donc $1 = f(-1)$.

Si $f(x) = ax^2 + bx + c$, on obtient la relation $a \times (-1)^2 + b \times (-1) + c = 1$, équivalente à $a - b + c = 1$.

## Exercice — CONCOURS 2013

On donne deux courbes d'équations respectives $y = mx + 5$ et $y = ax^2 + bx + c$. Un point A d'intersection des deux courbes a pour abscisse $\frac{5}{2}$ et la seconde courbe a pour maximum le point B de coordonnées (2 ; 7). Qu'en est-il des propositions suivantes ?

**A** $4a + b = 0$ et $4a + 2b + c = \frac{5}{2}$

**B** $\frac{5}{2}m + 5 - \frac{25}{4}a - \frac{5}{2}b - c = 0$

# Corrigé

**A est fausse (F).** En effet, le point B appartient à la seconde courbe donc :
$7 = a \times 2^2 + 2b + c \Leftrightarrow 7 = 4a + 2b + c.$

**B est vraie (V).** En effet, A appartient à la première courbe donc $y_A = m \times \frac{5}{2} + 5$, et à la seconde courbe donc $y_A = a\left(\frac{5}{2}\right)^2 + b \times \frac{5}{2} + c.$

C'est pourquoi : $m \times \frac{5}{2} + 5 = a\left(\frac{5}{2}\right)^2 + b \times \frac{5}{2} + c \Leftrightarrow \frac{5}{2}m + 5 = a\left(\frac{25}{4}\right) + \frac{5}{2}b + c \Leftrightarrow \frac{5}{2}m + 5 - \frac{25}{4}a - \frac{5}{2}b - c = 0$

# 9. Polynômes

## 1. Polynômes du premier degré

Un polynôme du premier degré est de la forme $ax + b$ où $a$ et $b$ sont des constantes, c'est-à-dire des nombres qui ne changent pas quand on change les valeurs de $x$ (qui est la variable) $a$ étant différent de 0.

On sait que les courbes représentatives de ces polynômes sont des droites dont les équations sont de la forme $y = ax + b$. Leur allure dépend du signe de $a$ (on n'a pas représenté l'axe des ordonnées, qui n'importe pas ici) :

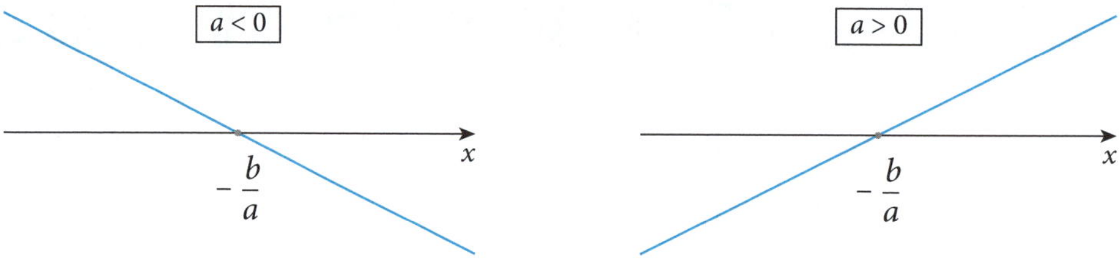


Dans le cas où $f(x) = -2x + 3$, alors $-\frac{b}{a} = -\frac{3}{-2} = \frac{3}{2} = 1{,}5$. Donc, si on choisit $x = -4{,}789$, alors $-2x + 3$ est certainement positif car $-4{,}789$ est placé à gauche de $-\frac{b}{a}$ sur l'axe horizontal et donc son ordonnée, qui est $f(-4{,}789)$, est au-dessus de l'axe horizontal, donc positive.

De même, si $f(x) = 2x + 5$, alors $f(-2{,}877)$ est négatif car ici $-\frac{b}{a} = -\frac{5}{2} = -2{,}5$ et $-2{,}877 < -2{,}5$. C'est pourquoi l'ordonnée de $-2{,}877$ est située en dessous de l'axe horizontal, donc négative.

**NOTE DU FORMATEUR**

Comment trouve-t-on $-\frac{b}{a}$ ? On peut voir que c'est l'abscisse du point d'intersection de la droite avec l'axe horizontal. *A priori*, on ne connaît pas cette abscisse mais on sait que l'ordonnée vaut 0 car tout point se trouvant sur l'axe horizontal a pour ordonnée 0. Puisqu'il se trouve aussi sur la droite on a :
$0 = ax + b \Leftrightarrow ax = -b \Leftrightarrow x = -\frac{b}{a}$ $(a \neq 0)$.

# 2. Polynômes du deuxième degré

## A. Généralités

Un polynôme du deuxième degré est de la forme $ax^2 + bx + c$, où $a$, $b$ et $c$ sont des constantes et $a \neq 0$. Sa courbe s'appelle une parabole.

L'allure d'une parabole dans un repère rectangulaire dépend du signe de $a$ (on n'a pas représenté les axes de coordonnées, qui n'importent pas ici) :

**Courbe convexe**

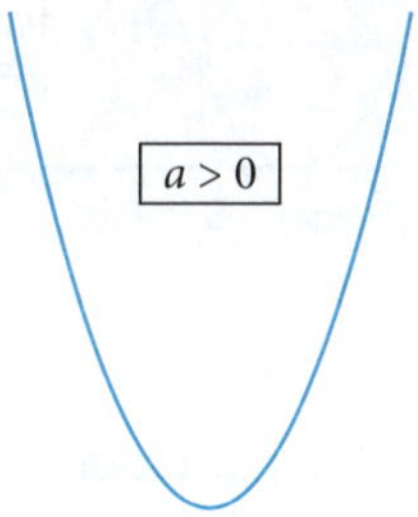


**Courbe concave**

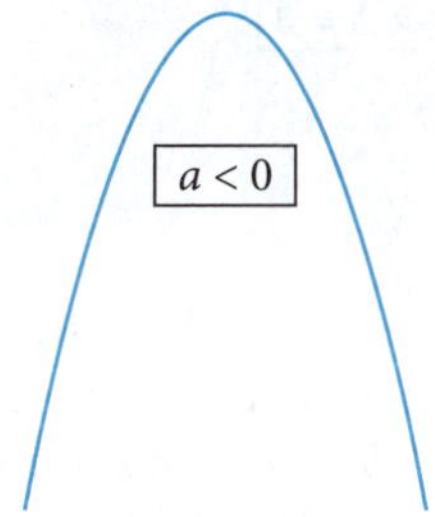


## B. Résultats élémentaires

Le nombre Δ (lire : « delta »), appelé **discriminant** du polynôme, se calcule ainsi :

$$\Delta = b^2 - 4ac$$

- Dans le cas où Δ est strictement négatif :
  - l'équation $ax^2 + bx + c = 0$ n'a pas de solution (ou racine) ;
  - $ax^2 + bx + c$ a un signe constant quelle que soit la valeur de $x$ : ce signe est négatif si $a < 0$ (la courbe est sous l'axe des abscisses) et positif si $a > 0$ (la courbe est au-dessus de l'axe des abscisses).

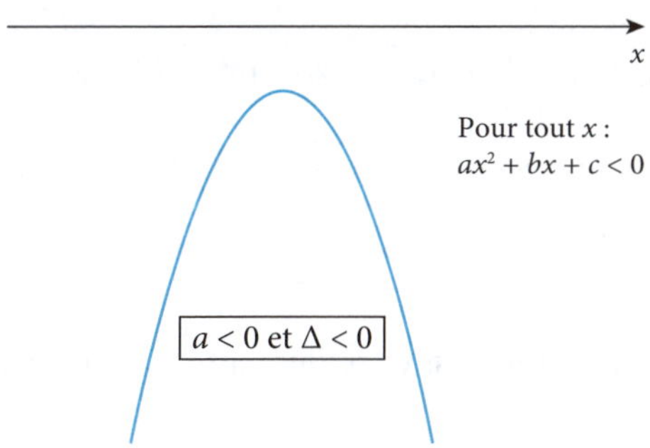


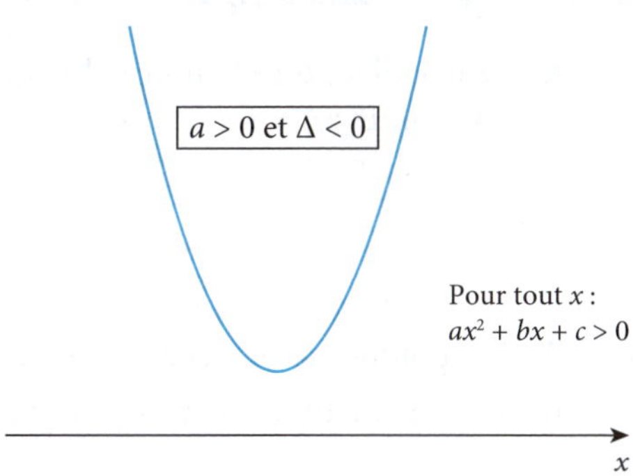

■ Dans le cas où $\Delta = 0$ :
- l'équation $ax^2 + bx + c = 0$ a une solution (ou racine) unique ;
- $ax^2 + bx + c$ a un signe constant quelle que soit la valeur de $x$ : ce signe est négatif si $a < 0$ (la courbe est sous l'axe des abscisses) et positif si $a > 0$ (la courbe est au-dessus de l'axe des abscisses)

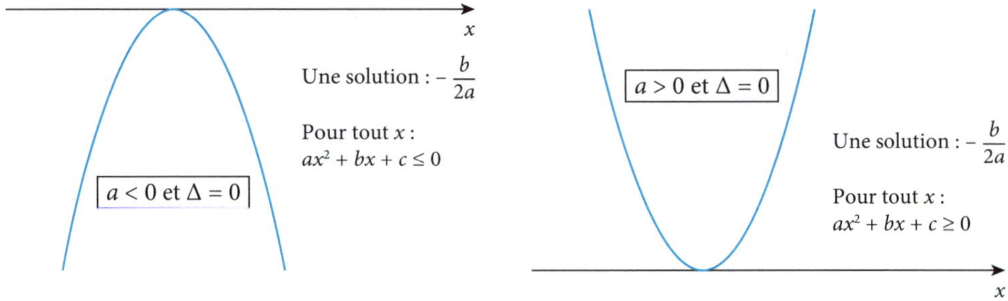


■ Dans le cas où $\Delta$ est strictement positif :
- l'équation $ax^2 + bx + c = 0$ a deux solutions ;
- $ax^2 + bx + c$ a un signe qui varie selon la place de $x$ par rapport aux racines. Ce signe est le même que celui de $a$ si $x$ est à l'extérieur des racines et c'est celui de $-a$ si $x$ est à l'intérieur des racines.

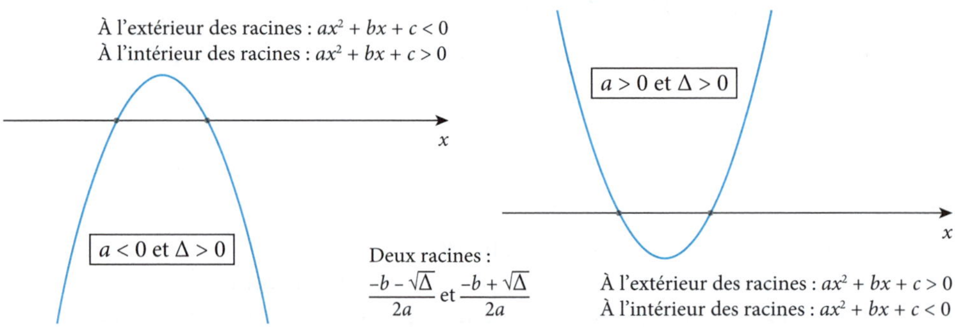


## C. Trucs et astuces

■ Le calcul de $\Delta$ se simplifie lorsque $b$ est pair. Posons $b = 2b'$ et $\Delta' = b'^2 - ac$.
On a alors : $\Delta = (2b')^2 - 4ac = 4(b'^2 - ac) = 4\Delta'$.

Tous les résultats précédents s'appliquent avec ces nouvelles expressions des racines :

$$-\frac{b'}{a} \text{ si } \Delta' = 0, \frac{-b' - \sqrt{\Delta'}}{a} \text{ et } \frac{-b' + \sqrt{\Delta'}}{a} \text{ si } \Delta' > 0$$

■ Un polynôme du second degré a un maximum si et seulement si $a < 0$. Pour trouver sa valeur, il suffit de remplacer $x$ par : $-\frac{b}{2a}$ ou $-\frac{b'}{a}$.

■ Un polynôme du second degré a un minimum si et seulement si $a > 0$. Pour trouver sa valeur, il suffit de remplacer $x$ par : $-\frac{b}{2a}$ ou $-\frac{b'}{a}$.

## ATTENTION

Lorsque la variable est comprise entre deux nombres, un polynôme du second degré a à la fois un maximum (point culminant) et un minimum obtenu lorsqu'on remplace la variable par $a_2$.

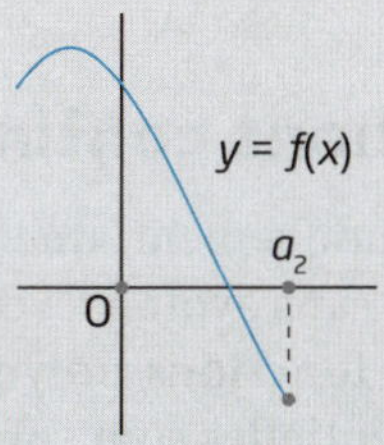


## Exercice — CONCOURS 2013

Considérons le polynôme $25\,000 + 60y - 0{,}025y^2$ (il est donné sous la forme $c + by + ay^2$ et la variable n'est plus $x$ mais $y$). Les propositions suivantes sont-elles vraies ou fausses ?

**A** Le maximum du polynôme est atteint pour $y = 1\,000$.

**B** Si $x = 5\,000 - 2y$ alors le polynôme est maximum pour $x = 2\,600$.

# Corrigé

Comme $a < 0$, le polynôme a un maximum qui est obtenu lorsqu'on remplace $y$ par $-\frac{b'}{a}$ c'est-à-dire :

$$-\frac{30}{-0{,}025} = \frac{30\,000}{25} = \frac{120\,000}{100} = 1\,200.$$

Donc **la proposition A est fausse (F)**.

**B est vraie (V)**. En effet, on a vu que le polynôme est maximum pour $y = 1\,200$ donc pour $x = 5\,000 - 2\,400 = 2\,600$.

# 10. Étude de fonctions

## 1. Fonctions continues et fonctions dérivables

### A. Fonctions continues

Schématiquement, une fonction continue est une fonction dont on peut tracer la courbe sans avoir à lever le crayon.

Les **fonctions polynômes**, la **fonction logarithme népérien** et les **fonctions exponentielles** sont continues.

La somme, le produit et le quotient de fonctions continues sont continus sur l'ensemble où ils sont définis. La composée de fonctions continues est continue sur l'ensemble où elle est définie.

**Exemple (concours 2015) :** $x \mapsto x(1 + x^2)^3$ est continue car c'est un polynôme.

### B. Fonctions dérivables

Une fonction dérivable sur un intervalle est une fonction dont on peut calculer la **dérivée** en tout point de cet intervalle.

Les **fonctions polynômes**, la **fonction logarithme népérien** et les **fonctions exponentielles** sont dérivables.

La somme, le produit et le quotient de fonctions dérivables sont dérivables sur l'ensemble où ils sont définis. La composée de fonctions dérivables est dérivable sur l'ensemble où elle est définie.

**Exemple (concours 2015) :** $x \mapsto x(1 + x^2)^3$ est dérivable sur $\mathbb{R}$ car c'est un polynôme.

**NOTE DU FORMATEUR**

Toute fonction dérivable sur un intervalle est continue sur cet intervalle. La réciproque est fausse.

## C. Formulaire

### a. Dérivées usuelles

| Fonction $f$ | Dérivée $f'$ | Exemples et remarques |
|---|---|---|
| $f(x) = k$ | $f'(x) = 0$ | $k$ est une constante $f(x) = 2 \Rightarrow f'(x) = 0$ |
| $f(x) = x^n$ | $f'(x) = nx^{n-1}$ | $f(x) = x = x^1 \Rightarrow f'(x) = 1x^{1-1} = x^0 = 1$<br>$f(x) = x^2 \Rightarrow f'(x) = 2x^{2-1} = 2x^1 = 2x$<br>$f(x) = x^3 \Rightarrow f'(x) = 3x^{3-1} = 3x^2$ |
| $f(x) = \frac{1}{x}$ | $f'(x) = -\frac{1}{x^2}$ | $x \neq 0$ |
| $f(x) = \sqrt{x}$ | $f'(x) = \frac{1}{2\sqrt{x}}$ | $x > 0$ |

### b. Dérivées de fonctions

On considère des fonctions notées $u$ et $v$. Elles dépendent de la variable $x$.

| Théorèmes | Traduction | Exemples |
|---|---|---|
| La dérivée de la somme $u + v$ est la somme des dérivées de $u$ et $v$. | $(u + v)' = u' + v'$ | $f(x) = x^4 + x$<br>$\Rightarrow f'(x) = 4x^3 + 1$ |
| Soit $k$ une constante, la dérivée de $k \times u$ est $k \times u'$. | $(k \times u)' = k \times u'$ | $f(x) = \frac{1}{3}x^3$<br>$\Rightarrow f'(x) = \frac{1}{3} \times 3x^2 = \frac{3}{3}x^2 = x^2$ |
| La dérivée du produit $uv$ est $u'v + uv'$ | $(uv)' = u'v + uv'$ | $f(x) = xe^x$<br>$\Rightarrow f'(x) = 1e^x + xe^x = (1 + x)e^x$ |
| La dérivée du quotient $\frac{u}{v}$ est $\frac{u'v - uv'}{v^2}$ | $\left(\frac{u}{v}\right)' = \frac{u'v - uv'}{v^2}$ | $f(x) = \frac{x^2}{x + 1}$<br>$\Rightarrow f'(x) = \frac{2x(x + 1) - x^2 \times 1}{(x + 1)^2} = \frac{x^2 + 2x}{(x + 1)^2}$ |
| La dérivée de $u^n$ est $nu'u^{n-1}$ | $(u^n)' = nu'u^{n-1}$ | $f(x) = (x^2 + 1)^4$<br>$\Rightarrow f'(x) = 4 \times 2x(x^2 + 1)^3 = 8x(x^2 + 1)^3$ |

Apprenez également les dérivées de fonctions formées avec des exponentielles ou des logarithmes (chapitres 11 et 12).

La dérivée seconde de $f$ est la dérivée de la dérivée de $f$ et se note $f''$.

# 2. Utilisation des dérivées

## A. Variation des fonctions

### Théorème

Soit $f$ une fonction dérivable sur un intervalle I :

– si, pour tout $x \in$ I, $f'(x) > 0$ alors $f$ est strictement croissante sur I ;
– si, pour tout $x \in$ I, $f'(x) < 0$ alors $f$ est strictement décroissante sur I ;
– si, pour tout $x \in$ I, $f'(x) = 0$ alors $f$ est constante sur I.

## B. Tangente

Une équation de la tangente à une courbe au point A d'abscisse $a$ est :

$$y = f'(a)(x - a) + f(a)$$

Le coefficient directeur (on dit aussi « la pente ») de la tangente au point A est donc $f'(a)$.

## C. Tangente d'inflexion

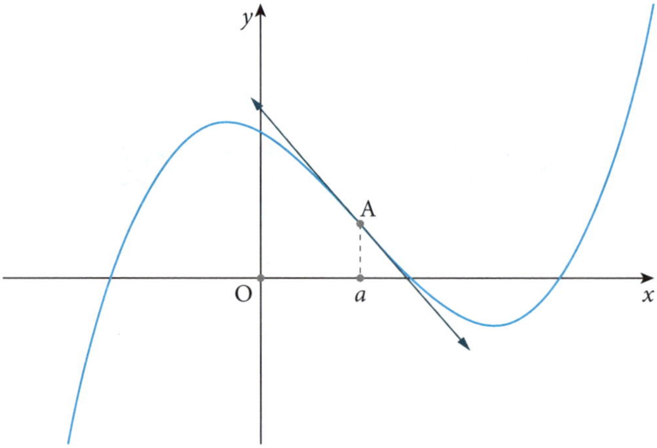


Une fonction **convexe** sur un intervalle I est une fonction dont la dérivée seconde est **positive** sur I. Sa courbe est **au-dessus** de ses tangentes sur l'intervalle I.

Une fonction **concave** sur un intervalle I est une fonction dont la dérivée seconde est **négative** sur I. Sa courbe est **en dessous** de ses tangentes sur l'intervalle I.

La courbe ci-dessus est concave sur l'intervalle $]-\infty\ ;\ a]$ et convexe sur l'intervalle $[a\ ;\ +\infty[$.

| $x$ | $-\infty$ | $a$ | $+\infty$ |
|---|---|---|---|
| $f''(x)$ | $-$ | 0 | $+$ |
| $f$ est… | concave sur $]-\infty\ ;\ a]$ | | convexe sur $[a\ ;\ +\infty[$ |

Il y a un point où la courbe, de concave devient convexe. C'est le **point d'inflexion**, noté A sur la figure.

L'abscisse du point d'inflexion d'une courbe est un nombre $a$ où la dérivée seconde s'annule en changeant de signe.

# 3. Résolution analytique des équations

## A. De quoi s'agit-il ?

On sait résoudre des équations mettant en jeu des polynômes de degré inférieur ou égal à 2. Pour les degrés supérieurs à 4 et pour les équations avec des fonctions logarithme ou exponentielle, la résolution **exacte** est **impossible** en général.

Il faut trouver une méthode qui permette :

- d'affirmer qu'une telle équation a des solutions ou non ;
- de trouver des encadrements de ces solutions.

## B. Le théorème des valeurs intermédiaires (TVI)

Le TVI répond au premier point.

### Théorème

Soit $f$ une fonction continue sur un intervalle $[a ; b]$.

Pour tout nombre $k$ compris entre $f(a)$ et $f(b)$, il existe un nombre $c$ tel que $f(c) = k$.

### Illustration

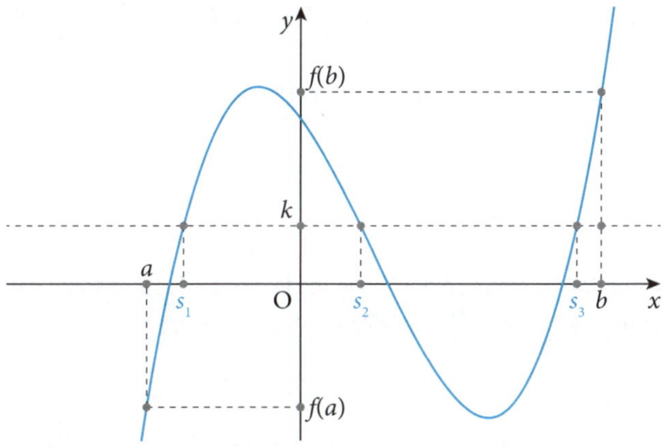


Sur la figure ci-dessus, on voit graphiquement que l'équation $f(x) = k$ a trois solutions : $s_1$, $s_2$, $s_3$.

## C. Unicité de la solution de $f(x) = 0$

### Théorème

Dans les conditions du TVI, et si **de plus** $f(a)$ et $f(b)$ sont de signes contraires, alors l'équation $f(x) = 0$ a au moins une solution dans $[a ; b]$ et cette solution est unique si $f$ est **strictement** monotone (c'est-à-dire strictement croissante ou strictement décroissante).

**Exemple (concours 2013) :** On considère la fonction définie sur $\mathbb{R}$ par $f(x) = 1 + xe^{-x}$.

Comme $f'(x) = (1 - x)e^{-x}$, on obtient le tableau ci-dessous.

| $x$ | $-\infty$ | | $-1$ | | $a$ | | $1$ | | $+\infty$ |
|---|---|---|---|---|---|---|---|---|---|
| $f'(x)$ | | | | + | | | 0 | − | |
| $f(x)$ | | ↗ | $1 - e$ | ↗ | 0 | ↗ | $1 + \frac{1}{e}$ | ↘ | |

On voit alors que l'équation $f(x) = 0$ a une solution unique notée $a$ sur l'intervalle $[-1 ; 1]$ car $f(-1)$ et $f(1)$ sont de signes contraires et $f$ est strictement croissante sur cet intervalle : $f(-1) = 1 - e < 0$ et $f(1) = 1 + \frac{1}{e} > 0$.

## Exercice — CONCOURS 2012

On considère la fonction définie sur l'intervalle $]0 ; +\infty[$ par $f(x) = -\frac{\ln x}{x} - \frac{1}{x}$ L'affirmation suivante est-elle vraie ou fausse ?

L'équation $f(x) = 0$ a une seule solution dans l'intervalle $]0 ; +\infty[$.

# Corrigé

**L'affirmation est vraie (V).** La solution est 1, comme le montre le tableau de variations ci-dessous, obtenu à partir de la dérivée $f'(x) = \frac{\ln x}{x^2}$ et le calcul des limites de $f(x)$ aux bornes de $]0 ; +\infty[$.

| $x$ | 0 | | $a$ | | 1 | | $+\infty$ |
|---|---|---|---|---|---|---|---|
| $f'(x)$ | ‖ | - | | | 0 | + | |
| $f(x)$ | ‖ $+\infty$ | ↘ | 0 | ↘ | -1 | ↗ | 0 |

On remarque que la solution $a = \frac{1}{e}$.

En effet, $f(x) = -\frac{\ln x + 1}{x}$ donc $f(x) = 0 \Leftrightarrow \ln x + 1 = 0 \Leftrightarrow \ln x = -1 \Leftrightarrow x = e^{-1} = \frac{1}{e}$.

# 11. Fonctions exponentielles

## 1. La fonction $x \longmapsto e^x$

### A. Définition

La fonction exponentielle est l'unique fonction définie sur $\mathbb{R}$ qui soit égale à sa dérivée et qui prend la valeur 1 en 0. On la note en général exp.
Donc : pour tout $x \in \mathbb{R}$ : $\exp'(x) = e^x$ et $\exp'(0) = 1$.

**NOTE DU FORMATEUR**

Si $u$ est une fonction dérivable, alors $(e^{u(x)})' = u'(x)\, e^{u(x)}$. On dit souvent que la dérivée de $e^u$ est $u'e^u$.
En particulier, si $f(x) = e^{-x}$, alors $f'(x) = -e^{-x}$ et si $g(x) = e^{2x}$, alors $g'(x) = 2e^{2x}$.

### B. Variations

Comme $e^x > 0$ pour tout réel $x$ :

| $x$ | $-\infty$ | $0$ | $1$ | $+\infty$ |
|---|---|---|---|---|
| $e^x$ | $0$ ↗ | $1$ ↗ | $e$ ↗ | $+\infty$ |

Donc :

- La fonction exponentielle est strictement croissante.
- $\lim_{x \to -\infty} e^x = 0$ Cela signifie que la courbe a une asymptote horizontale en $-\infty$ qui est l'axe des abscisses.
- $\lim_{x \to +\infty} e^x = +\infty$
- $e^x = e^y \Leftrightarrow x = y$ et $e^x \geq e^y \Leftrightarrow x \geq y$

**NOTE DU FORMATEUR**

La croissance de la fonction exponentielle est extrêmement rapide. Dans la langage courant, on utilise parfois l'expression de « croissance exponentielle » pour qualifier des croissances très rapides.

## C. Courbe

### a. Convexité

Pour tout $x$ : exp''($x$) = exp($x$). Donc exp''($x$) > 0. Cela prouve que la fonction exponentielle est convexe.

### b. Équations de tangentes

Au point d'abscisse 0 (point A sur la figure) :

$y = \exp'(0)(x - 0) + \exp(0) \Leftrightarrow y = 1x + 1 \Leftrightarrow y = x + 1$

Au point d'abscisse 1 (point B sur la figure) :

$y = \exp'(1)(x - 1) + \exp(1) \Leftrightarrow y = e(x - 1) + e \Leftrightarrow y = ex - e + e \Leftrightarrow y = ex$

**NOTE DU FORMATEUR**

L'équation de cette dernière est $y = ex$, à ne pas confondre avec $y = e^x$ qui est l'équation de la courbe.

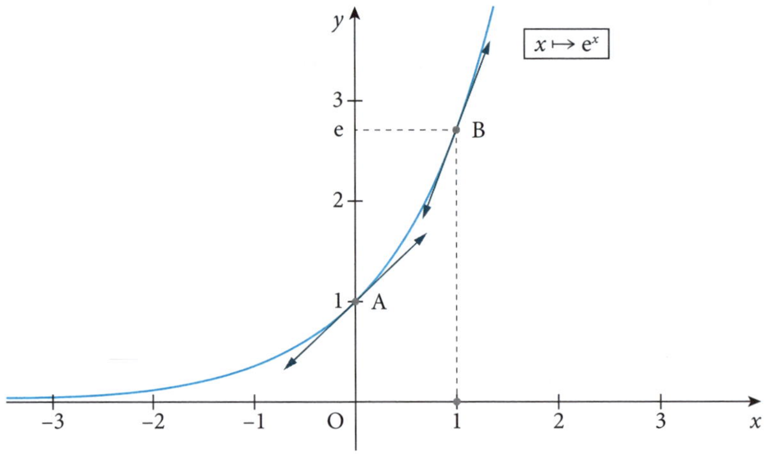


# 2. Propriétés et conséquences

## A. Propriétés algébriques

Soit $a$ et $b$ deux réels et $n$ un nombre entier :

$$e^{a+b} = e^a \times e^b$$

$$e^{-b} = \frac{1}{e^b}$$

$$e^{a-b} = \frac{e^a}{e^b}$$

$$e^{na} = (e^a)^n$$

## NOTES DU FORMATEUR

- $e^1 = e$ et $e \approx 2{,}718$
- On généralise $e^{na} = (e^a)^n$ au cas où $n$ est une fraction. En particulier $e^{\frac{1}{2}} = \sqrt{e}$.

# B. Équations et inéquations simples

Soit $a$ un nombre réel donné.

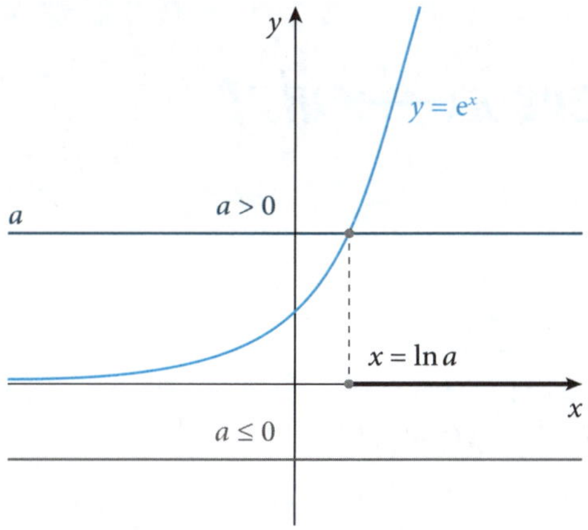


### a. L'équation d'inconnue $x$ : $e^x = a$

- n'a pas de solution si $a \leq 0$.
- a une solution unique si $a > 0$ ($x = \ln a$).

Sur la figure, on voit que la droite d'équation $y = a$ coupe la courbe de l'exponentielle en un seul point si et seulement si $a > 0$ et en aucun point si et seulement si $a \leq 0$.

### b. L'inéquation d'inconnue $x$ : $e^x \geq a$

- a pour solution l'ensemble $\mathbb{R}$ si $a \leq 0$ (c'est-à-dire que pour tout réel $x$ : $e^x > a$).
- a pour solutions les nombres de l'intervalle $[\ln a\ ; +\infty[$ si $a > 0$.

Sur la figure, on a marqué par un trait gras cet intervalle.

### c. L'inéquation d'inconnue $x$ : $e^x \leq a$

- n'a pas de solution si $a \leq 0$ (c'est-à-dire qu'on ne peut trouver aucun réel $x$ tel que $e^x \leq a$).
- a pour solution les nombres de l'intervalle $]-\infty\ ; \ln a]$ si $a > 0$.

## NOTES DU FORMATEUR

- Les intervalles sont ouverts si les inégalités sont strictes.
- $e^0 = 1$ donc $e^x = 1 \Leftrightarrow e^x = e^0 \Leftrightarrow x = 0$

## C. Équations et inéquations complexes

■ Lorsque l'exposant de l'exponentielle n'est pas l'inconnue $x$ mais une fonction de $x$ (par exemple $u(x) = 2x + 1$) on peut poser $X = u(x)$ et raisonner comme dans le paragraphe précédent.

■ Lorsque l'on a à traiter avec des quotients, on peut penser à la propriété $e^{-X} = \frac{1}{e^X}$ ou réduire au même dénominateur ou utiliser un produit en croix et enfin se ramener à des formes analogues à celles du paragraphe précédent.

# 3. Les fonctions $x \longmapsto u(x)^x$

## A. $x \longmapsto a^x$

On considère un nombre $a > 0$ et $a \neq 1$.

Pour tout $x \in \mathbb{R}$ : $a^x = e^{x \ln a}$

**NOTES DU FORMATEUR**

- Si $a = e$, alors il s'agit de la fonction exponentielle.
- Si $f(x) = a^x$, alors $f'(x) = (\ln a)a^x$. Donc $f'(x)$ N'EST PAS égale à $xa^{x-1}$ comme on pourrait le penser en se référant à la dérivée de $x^n$ qui est $nx^{n-1}$. En effet, dans cette dernière fonction, l'exposant est fixe alors que dans $a^x$ l'exposant est variable.

**Exercice** — **CONCOURS 2014**

Soit $f(x) = \frac{x^2}{2^x} = \frac{x^2}{e^{x\ln 2}}$. La proposition suivante est-elle vraie ou fausse ?

- $f'(x) = \frac{x(2 - x\ln 2)}{e^{x\ln 2}}$

## Corrigé

$f'(x) = \frac{2xe^{x\ln 2} - x^2 \ln 2\, e^{x\ln 2}}{(2^x)^2} = \frac{xe^{x\ln 2}(2 - x\ln 2)}{(e^{x\ln 2})^2} = \frac{x(2 - x\ln 2)}{e^{x\ln 2}}$

**La proposition est donc vraie (V).**

## B. $x \longmapsto u(x)^x$

On considère une fonction $u$ strictement positive et différente de 1.

Pour tout $x$ permettant de définir $u(x)$ : $f(x) = [u(x)]^x$ soit $f(x) = e^{x\ln[u(x)]}$

Le calcul de $f'(x)$ est assez complexe puisque l'on doit dériver l'exposant $x\ln(u(x))$. Cela donne $\ln(u(x)) + x\dfrac{u'(x)}{u(x)}$ et donc :

$$f'(x) = \left\{\ln[u(x)] + x\frac{u'(x)}{u(x)}\right\} e^{x\ln[u(x)]} = \left\{\ln[u(x)] + x\frac{u'(x)}{u(x)}\right\} u(x)^x$$

### Exercice — CONCOURS 2015

Si $f(x) = (1 + x)^x$ et $g(x) = \ln(x + 1) + \dfrac{x}{x+1}$ :

**A** $f'(x) = x(1 + x)^{x-1}$

**B** $f'(x) = g(x)f(x)$

## Corrigé

D'après la formule de la dérivée de $[u(x)]^x$, $f'(x) = \left[\ln(1 + x) + \dfrac{x}{x+1}\right](1 + x)^x$.

Donc **A est fausse (F)** et **B est vraie (V)**.

### Exercice — CONCOURS 2011

On considère les fonctions $f$ et $g$ définies pour tout $x$ réel par $f(x) = 4^x$ et $g(x) = (0{,}25)^x$ et l'on note $f'$ et $g'$ leurs dérivées respectives.

**A** Pour tout réel $x$ : $g(x) - f(-x) = 0$.

**B** Pour tout réel $x$ : $g'(x) - f'(-x) = 0$.

## Corrigé

**A est vraie (V).** En effet : $f(-x) = 4^{-x} = \dfrac{1}{4^x} = \left(\dfrac{1}{4}\right)^x = 0{,}25^x = g(x)$. Donc $g(x) - f(-x) = 0$.

**B est fausse (F).** En effet :

$$g'(x) = \ln(0{,}25)(0{,}25)^x = \ln\left(\frac{1}{4}\right)\left(\frac{1}{4}\right)^x = (-\ln 4)\frac{1}{4^x} = (-\ln 4)4^{-x} = (-\ln 4)f(-x)$$

$f'(x) = (\ln 4)4^x = (\ln 4)f(x) \Rightarrow f'(-x) = (\ln 4)f(-x)$.

Donc $g'(x) - f'(-x) = (-2\ln 4)f(-x)$.

# 12. Fonction logarithme népérien

## 1. Introduction

### A. Définition et conséquences

#### Définition

Pour tout réel strictement positif $y$, il existe un unique réel $x$ tel que $e^x = y$. Ce nombre $x$ s'appelle le logarithme népérien de $y$ et se note $\ln(y)$ ou $\ln y$.

Donc : $e^x = y \Leftrightarrow x = \ln y$

#### Conséquences immédiates

- L'ensemble de définition de ln est $]0\ ;+\infty[$, c'est-à-dire que la fonction logarithme népérien ne transforme que des nombres positifs.
- Grâce à la courbe de la fonction exponentielle, on peut constater que :
  - $0 < y \leq 1 \Rightarrow \ln y \leq 0$
  - $1 \leq y \Rightarrow \ln y \geq 0$

  Un logarithme n'est pas toujours positif !
- $\ln(1) = 0$ car $e^0 = 1$
- $\ln(e) = 1$ car $e^1 = e$
- Si $y > 0$ alors $e^{\ln y} = y$ et $\ln(e^x) = x$ pour tout $x \in \mathbb{R}$.
- Pour tous réels $a$ et $b$ strictement positifs, $\ln a = \ln b \Leftrightarrow a = b$ et $\ln a \geq \ln b \Leftrightarrow a \geq b$.

**NOTE DU FORMATEUR**

On dit que la fonction exponentielle et la fonction logarithme népérien sont des fonctions réciproques.

### B. Variations

- Pour tout $x > 0$ : $\ln'(x) = \frac{1}{x} > 0$.

**NOTE DU FORMATEUR**

Si $u$ est une fonction strictement positive et dérivable, alors $f(x) = \ln[u(x)] \Rightarrow f'(x) = \frac{u'(x)}{u(x)}$.

On dit souvent que la dérivée de $\ln u$ est $\frac{u'}{u}$.

- $\lim_{x \to 0^+} \ln(x) = -\infty$

  La droite d'équation $x = 0$ (c'est-à-dire l'axe des ordonnées) est donc une asymptote verticale à la courbe de la fonction.

- $\lim_{x \to +\infty} \ln(x) = +\infty$

| $x$ | 0 | 1 | e | $+\infty$ |
|---|---|---|---|---|
| $\ln(x)$ | ‖ $-\infty$ ↗ | 0 ↗ | 1 ↗ | $+\infty$ |

**NOTE DU FORMATEUR**

La croissance de la fonction ln est très lente.

## C. Courbe

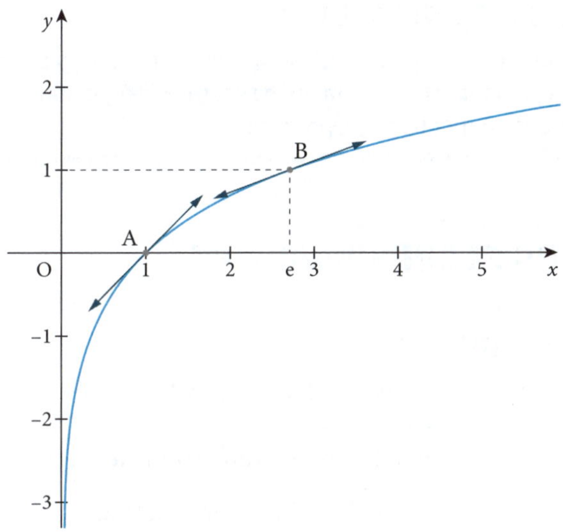


### a. Concavité

Pour tout $x > 0$, $\ln''(x) = -\frac{1}{x^2}$ car la dérivée de $\frac{1}{x}$ est $-\frac{1}{x^2}$. Donc $\ln''(x) < 0$. Cela prouve que la fonction ln est concave.

### b. Équations de tangentes

Au point d'abscisse 1 (point A sur la figure) :

$$y = \ln'(1)(x - 1) + \ln(1) \Leftrightarrow y = \frac{1}{1}(x - 1) + 0 \Leftrightarrow y = x - 1$$

Au point d'abscisse e (point B sur la figure) :

$$y = \ln'(e)(x - e) + \ln(e) \Leftrightarrow y = \frac{1}{e}(x - e) + 1 \Leftrightarrow y = \frac{1}{e}x - 1 + 1 \Leftrightarrow y = \frac{1}{e}x$$

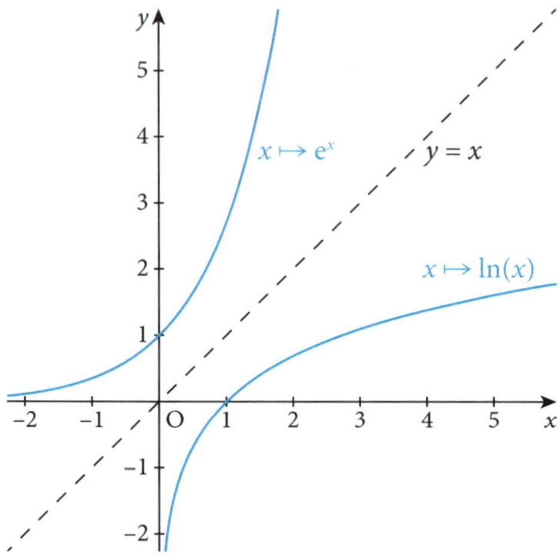


## NOTE DU FORMATEUR

Dans un repère orthonormé, les courbes des fonctions ln et exponentielle sont symétriques par rapport à la première bissectrice (d'équation $y = x$), comme d'ailleurs les courbes de fonctions réciproques.

# 2. Propriétés et conséquences

## A. Propriétés algébriques

Soit $a$ et $b$ deux nombres réels **strictement positifs**, et $n$ une fraction :

$$\ln(ab) = \ln(a) + \ln(b) \text{ (propriété 1)}$$

$$\ln\left(\frac{1}{b}\right) = -\ln(b) \text{ (propriété 2)}$$

$$\ln\left(\frac{a}{b}\right) = \ln(a) - \ln(b) \text{ (propriété 3)}$$

$$\ln(a^n) = n\ln(a) \text{ (propriété 4)}$$

## NOTES DU FORMATEUR

- Les propriétés 2, 3 et 4 se déduisent toutes de la propriété 1, appelée propriété fondamentale de la fonction logarithme népérien.
- Dans le cas où $n = \frac{1}{2}$, la propriété 4 s'applique encore et : $\ln(a^{1/2}) = \frac{1}{2}\ln(a)$ $\Rightarrow \ln(\sqrt{a}) = \frac{1}{2}\ln(a)$.
- On se gardera de confondre les expressions $\ln(x^2)$ et $[\ln(x)]^2$.

## B. Équations et inéquations simples

Soit $a$ un nombre réel :

- L'équation (d'inconnue $x$) $\ln x = a$ admet une solution unique qui est $e^a$.
  Donc : $\ln x = a \Leftrightarrow x = e^a$
- L'inéquation (d'inconnue $x$) $\ln x \leq a$ a pour solutions les nombres de l'intervalle $]0\,;\,e^a]$.
  Donc : $\ln x \leq a \Leftrightarrow 0 < x \leq e^a$
- L'inéquation (d'inconnue $x$) $\ln x \geq a$ a pour solutions les nombres de l'intervalle $[e^a\,;\,+\infty[$.
  Donc : $\ln x \geq a \Leftrightarrow x \geq e^a$

### NOTES DU FORMATEUR

- L'équation $\ln x = a$ admet toujours une solution, quelle que soit la valeur de a.

Cela n'est pas le cas pour l'équation $e^x = a$ qui n'a pas de solution si $a \leq 0$.

- Quelques équations et inéquations courantes, utiles à maîtriser :

$$\ln(x) = 0 \Leftrightarrow x = 1$$
$$0 \leq \ln(x) \Leftrightarrow 1 \leq x$$
$$\ln(x) \leq 0 \Leftrightarrow 0 < x \leq 1$$
$$\ln(x) = 1 \Leftrightarrow x = e$$
$$1 \leq \ln(x) \Leftrightarrow e \leq x$$
$$\ln(x) \leq 1 \Leftrightarrow 0 < x \leq e$$
$$\ln(x) = -1 \Leftrightarrow x = e^{-1} \Leftrightarrow x = \frac{1}{e}$$

## C. Équations et inéquations complexes

La résolution d'équations et d'inéquations du type $\ln[u(x)] = a$ et $\ln[u(x)] \leq a$ suppose que l'on ait $u(x) > 0$. On est alors amené à résoudre les équations et inéquations équivalentes suivantes : $u(x) = e^a$ et $u(x) \leq e^a$.

# 13. Intégrales

## 1. Intégrales et aires

### A. Intégrales

**Définition**

Soit $f$ une fonction continue sur un intervalle I, $a$ et $b$ deux points de I. L'intégrale de $f$ entre $a$ et $b$ se note $\int_a^b f(x)\,dx$ ou $\int_a^b f(t)\,dt$. On lit : « intégrale de $a$ à $b$ de $f(x)\,dx$ ».

Quelle que soit la primitive $F$ de $f$ choisie, on a (pour la notion de primitive, voir 2.) :

$$\int_a^b f(x)\,dx = F(b) - F(a) = [F(x)]_a^b$$

**NOTES DU FORMATEUR**

- On peut très bien avoir $a \geq b$.
- On a toujours $\int_a^a f(x)\,dx = 0$.

### B. Aires

**Définition**

Soit $f$ une fonction continue et **positive** sur un intervalle I et $a$ et $b$ ($\boldsymbol{a \leq b}$) deux points de I. L'aire du domaine compris entre la courbe $C_f$, l'axe des abscisses et les verticales $x = a$ et $x = b$ est égale à $\int_a^b f(x)\,dx$.

Sur la figure, l'intégrale est l'aire du domaine en bleu.

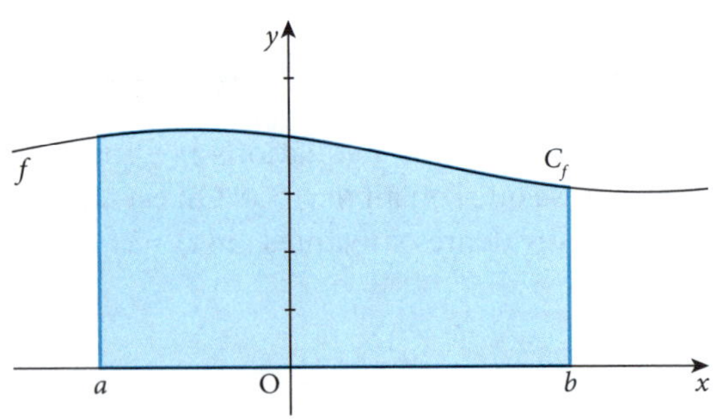


### C. Propriétés de l'intégrale

**a. Linéarité**

$$\int_a^b (f(x) + g(x))\,dx = \int_a^b f(x)\,dx + \int_a^b g(x)\,dx = [F(x)]_a^b + [G(x)]_a^b$$

$$\int_a^b \alpha f(x)\,dx = \alpha\int_a^b f(x)\,dx = \alpha[F(x)]_a^b$$

**Exemple :** $\int_0^1 (2e^x + 3x)\,dx = 2\int_0^1 e^x\,dx + 3\int_0^1 x\,dx = 2[e^x]_0^1 + 3\left[\frac{x^2}{2}\right]_0^1 = 2(e^1 - e^0) + 3\left(\frac{1}{2} - 0\right) =$ $2(e - 1) + \frac{3}{2} = 2e - 2 + \frac{3}{2} = 2e - \frac{1}{2}$

### b. Conservation de l'ordre

On suppose ici $a \leq b$.

Pour tout $x \in I$ :

$$f(x) \geq g(x) \Rightarrow \int_a^b f(x)\,dx \geq \int_a^b g(x)\,dx$$

En particulier : $h(x) \geq 0 \Rightarrow \int_a^b h(x)\,dx \geq 0$ et, si pour tout $\in [a\,;\,b]$ $m \leq f(x) \leq M$, alors $m(b-a) \leq \int_a^b f(x)\,dx \leq M(b-a)$.

### c. Échange des bornes

$$\int_a^b f(x)\,dx = -\int_b^a f(x)\,dx$$

En effet : $\int_b^a f(x)\,dx = F(a) - F(b)$

### d. Relation de Chasles

$$\int_a^b f(x)\,dx + \int_b^c f(x)\,dx = \int_a^c f(x)\,dx$$

En effet : $\int_a^c f(x)\,dx = F(c) - F(a) = F(c) - F(b) + F(b) - F(a) = \int_b^c f(x)\,dx + \int_a^b f(x)\,dx$

### e. Valeur moyenne d'une fonction entre *a* et *b*

Le nombre $\frac{1}{b-a}\int_a^b f(x)\,dx$ s'appelle la valeur moyenne de $f$ entre $a$ et $b$.

# 2. Primitives

## A. Généralités

### Définition

Soit $f$ une fonction continue sur un intervalle I. Dire que $F$ est une primitive de $f$ sur I signifie que $F$ est dérivable sur I et que, pour tout $x \in I$, $F'(x) = f(x)$.

**NOTES DU FORMATEUR**

- Une fonction continue sur I admet une infinité de primitives sur cet intervalle. Par exemple, $2x$ admet $x^2$ comme primitive, mais également $x^2 + k$, où $k$ est une constante, car la dérivée de $x^2 + k$ est aussi égale à $2x$.
- Si l'énoncé demande de vérifier qu'une fonction $F$ est une primitive de $f$ sur I, il faudra démontrer que pour tout $x \in I$, $F'(x) = f(x)$.

## B. Opérations sur les primitives

On considère des fonctions $f$ et $g$ continues sur un intervalle I et des nombres $\alpha$ et $\beta$.

### Théorème

Une primitive de $\alpha f + \beta g$ est $\alpha F + \beta G$.

> **NOTE DU FORMATEUR**
>
> Il ne faudrait pas en déduire qu'une primitive de $fg$ est $FG$.
> En effet, d'après la formule de dérivation d'un produit : $(FG)' = F'G + FG' = fG + Fg$.
> En général, on n'obtient pas $fg$. De la même manière, une primitive de $\frac{f}{g}$ n'est pas $\frac{F}{G}$.

## C. Tableau des primitives

Dans ce tableau, $k$, $a$ et $b$ sont des constantes et $u$ est une fonction de $x$. Par exemple : $u(x) = 3x^2 - 1$.

| $f(x)$ | $F(x)$ | Exemples et remarques |
|---|---|---|
| $k$ | $kx$ | $f(x) = 5 \Rightarrow F(x) = 5x$ |
| $kx$ | $k\frac{x^2}{2}$ | $f(x) = 3x \Rightarrow F(x) = 3\frac{x^2}{2}$ |
| $kx^2$ | $k\frac{x^3}{3}$ | $f(x) = -x^2 \Rightarrow F(x) = -\frac{x^3}{3}$ |
| $kx^n$ | $k\frac{x^{n+1}}{n+1}$ | $n \neq -1$ |
| $\frac{k}{x}$ | $k\ln(x)$ | $x > 0$ |
| $\frac{k}{ax+b}$ | $k \times \frac{1}{a}\ln(ax+b)$ | $a \neq 0$ et $ax + b > 0$ |
| $k\frac{u'(x)}{u(x)}$ | $k\ln[u(x)]$ | $u(x) > 0$ |
| $\frac{k}{x^2}$ | $-\frac{k}{x}$ | Sur $]0 ; +\infty[$ ou $]-\infty ; 0[$ |
| $e^x$ | $e^x$ | |
| $e^{kx}$ | $\frac{1}{k}e^{kx}$ | $f(x) = e^{2x} \Rightarrow F(x) = \frac{1}{2}e^{2x}$ |
| $u'(x)e^{u(x)}$ | $e^{u(x)}$ | |

> **NOTES DU FORMATEUR**
>
> - Il n'y a pas de forme générale des primitives de $\frac{1}{u}$. **Ce n'est pas** $\ln(u)$ car la dérivée de $\ln(u)$ n'est pas $\frac{1}{u}$ mais $\frac{u'}{u}$.
> - Il n'y a pas de forme générale des primitives de $e^u$. **Ce n'est pas** $e^u$ car la dérivée de $e^u$ est $u'e^u$.

# 14. Suites

## 1. Suites arithmétiques

### A. Situations vues

**Question** — CONCOURS 2015

Marie doit rembourser à Sophie une certaine somme S selon l'échéancier suivant :
- le premier mois, Marie règle 200 € ;
- chaque mois suivant, Marie réglera une somme de *a* € de plus que le mois précédent.

## Commentaires

Si on appelle $r_k$ le règlement du mois numéro *k*, alors $r_1 = 200$.
D'après l'énoncé : pour tout $k \geq 1$ : $r_{k+1} = r_k + a$. Il revient au même d'écrire $r_k = r_{k-1} + a$ à condition que l'on suppose $k \geq 2$ car dans cette formule on ne peut pas choisir $k = 1$ sinon on serait conduit à $r_1 = r_0 + a$ et $r_0$ n'existe pas.
Quoi qu'il en soit, la compréhension des suites arithmétiques est décisive pour résoudre correctement et complètement la question.

**NOTE DU FORMATEUR**

Dans cette question, il ne fallait pas confondre la suite et la raison, notée en général *r*.

### B. Les formules

On note $u_1$ le premier terme d'une suite arithmétique, de raison *r*. Alors :

$$u_{n+1} = u_n + r$$
$$u_n = u_1 + (n-1)r$$

On retient cette dernière formule ainsi :
$u_2 = u_1 + r$ ; $u_3 = u_2 + r = u_1 + r + r = u_1 + 2r$ ; $u_4 = u_3 + r = u_1 + 2r + r = u_1 + 3r$, etc.

Considérons une somme S de termes consécutifs d'une suite arithmétique de premier terme P et de dernier terme D.

On a la formule suivante :

$$S = \frac{P + D}{2} \times \text{nombre de termes dans S}$$

**Exemple 1 :** Si S = 11 + 12 + 13 + 14 + … + 1 000 alors P = 11 et D = 1 000. Il y a 990 termes dans la somme S car 1 000 – 11 + 1 = 990. Donc $S = \frac{11 + 1\,000}{2} \times 990$.

**Exemple 2 :** Si l'on veut calculer $S = u_1 + u_2 + \ldots + u_n$ alors :

$$S = \frac{u_1 + u_n}{2} \times n = \frac{u_1 + u_1 + (n-1)r}{2} \times n = \frac{2u_1 + (n-1)r}{2} \times n$$

**Exemple 3 :** En particulier : $1 + 2 + 3 + \ldots + n = \frac{1+n}{2} \times n$ ; c'est la somme des $n$ premiers entiers naturels non nuls.

# 2. Suites géométriques

## A. Situations vues

**Question** — **CONCOURS 2016**

On place une somme $S_0$ à intérêts composés pendant $n$ années à un taux annuel noté $i$. On appelle $S_n$ la somme acquise à la fin du placement. Alors $S_n = S_0(1 + i)^n$.

## B. Calculs

La suite $(S_n)$ est une suite géométrique de raison $1 + i$. En général si $(u_n)$ est une suite géométrique de raison $q$ et de premier terme $u_0$, alors $u_n = u_0 q^n$.

On est donc en présence d'une égalité où figurent quatre nombres : $u_n$, $u_0$, $q$ et $n$. On peut calculer l'un de ces nombres (en bleu) connaissant les valeurs des trois autres.

**Exemples :**

| $u_n$ | $u_0$ | $q$ | $n$ | Explications |
|---|---|---|---|---|
| $1\,000 \times 1{,}02^6$ | 1 000 | 1,02 | 6 | $u_6 = u_0 \times 1{,}02^6$ |
| 10 000 | $\frac{10\,000}{1{,}03^7}$ | 1,03 | 7 | $u_0 = \frac{u_n}{q^n} \Rightarrow u_0 = \frac{u_7}{q^7} = \frac{10\,000}{1{,}03^7}$ |
| 60 000 | 50 000 | $\left(\frac{6}{5}\right)^{1/5}$ | 5 | $q^n = \frac{u_n}{u_0} \Rightarrow q = \left(\frac{u_n}{u_0}\right)^{1/n} = \left(\frac{60\,000}{50\,000}\right)^{1/5} = \left(\frac{6}{5}\right)^{1/5}$ |
| 540 | 500 | 1,02 | $\frac{\ln\left(\frac{540}{500}\right)}{\ln(1{,}02)}$ | $q^n = \frac{u_n}{u_0} \Rightarrow \ln(q^n) = \ln\left(\frac{u_n}{u_0}\right) \Rightarrow n\ln(q) = \ln\left(\frac{u_n}{u_0}\right) \Rightarrow n = \frac{\ln\left(\frac{540}{500}\right)}{\ln(1{,}02)}$ |

# 15. Géométrie



## 1. Figures usuelles

### Parallélogramme

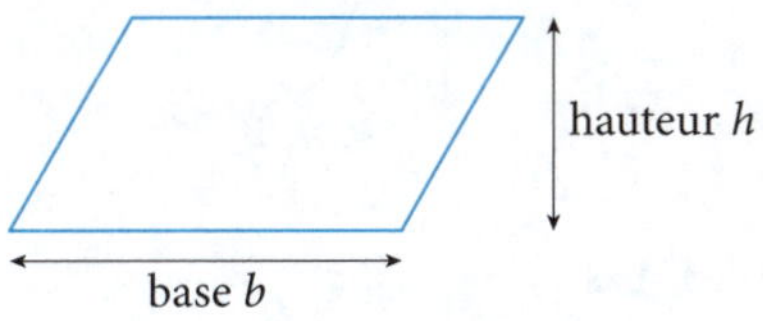


Aire = $b \times h$

### Rectangle

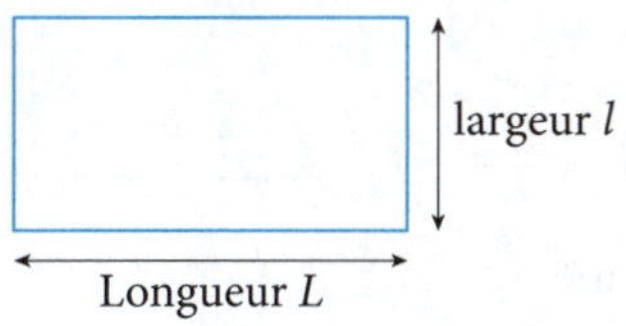


Aire = $L \times l$

### Cercle et disque

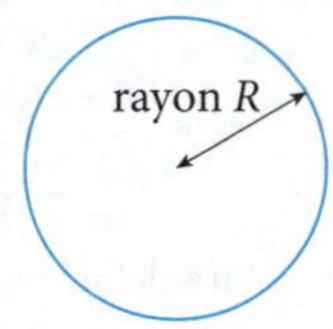


Périmètre = $2\pi R$

Aire = $\pi R^2$

### Trapèze

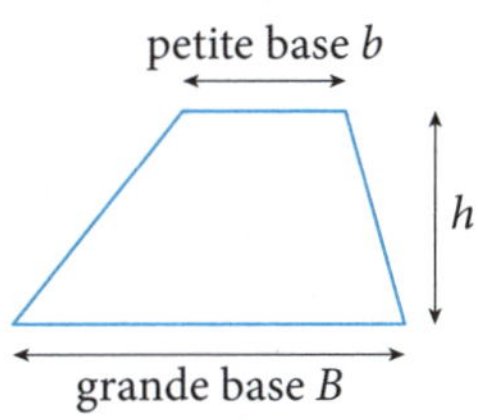


$$\text{Aire} = \frac{(B + b) \times h}{2}$$

### Cerf-volant

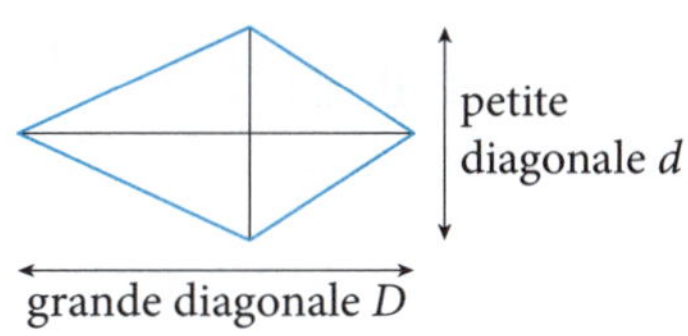


$$\text{Aire} = \frac{D \times d}{2}$$

### Triangle

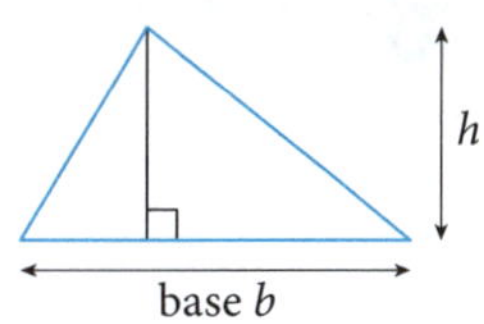


$$\text{Aire} = \frac{b \times h}{2}$$

## 2. Solides à couvercles

### Cube

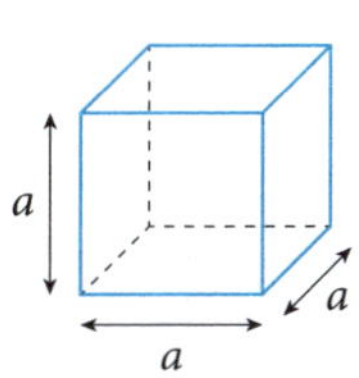


Volume = $a^3$

### Parallélépipède

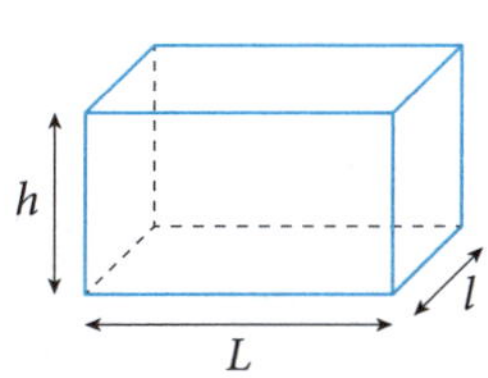


Volume = $L \times l \times h$

### Cylindre

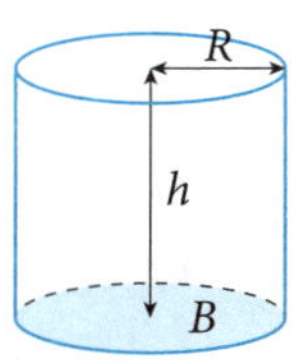


Aire de la base = $B = \pi R^2$

### Prisme droit

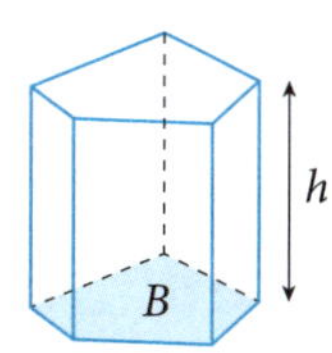


Volume = $B \times h$

## 3. Solides à sommet

### Cône

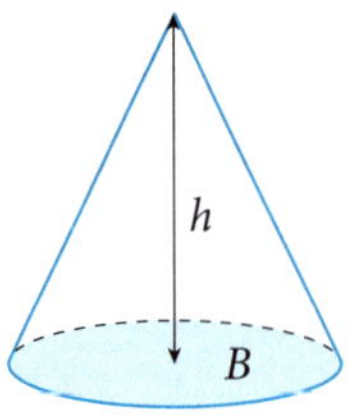


### Pyramide régulière

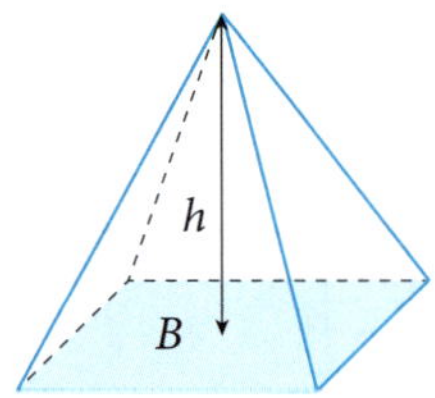


### Pyramide dont la hauteur est une arête

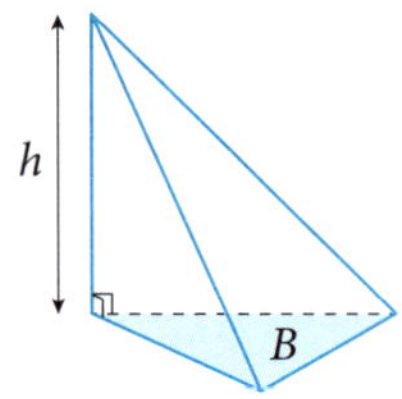


Aire de la base = $B = \pi R^2$

Aire de la base = $B$

$$\text{Volume} = \frac{B \times h}{3}$$

## 4. Autres

### Boule

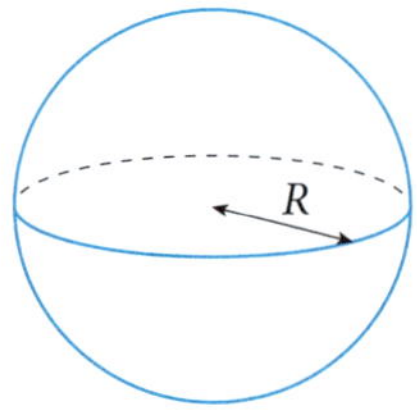


$$\text{Volume} = \frac{4}{3}\pi R^3$$

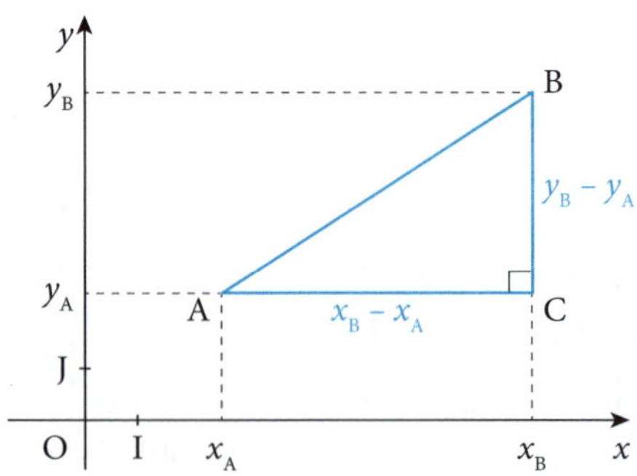


$$AB^2 = AC^2 + CB^2 = (x_B - x_A)^2 + (y_B - y_A)^2$$

# Sujets blancs corrigés

## SUJET 1 : Raisonnement logique et mathématiques

**DURÉE :** 2 HEURES 30

Cette épreuve est composée de trois parties de cinq questions chacune :

• Partie 1 : raisonnement logique

• Partie 2 : raisonnement mathématique

• Partie 3 : problème mathématique

L'utilisation de la calculatrice est interdite.

Il faut répondre à chacune des affirmations par V (vraie) ou F (fausse).

# Exercices n° 1 à 5 : Raisonnement logique

❶ À la caisse d'un supermarché, trois clientes attendent pour régler leur achat. Elles ont toutes les trois la même robe mais de couleur différente. Une dame porte un chapeau et une autre des lunettes. La dame blonde porte une robe rouge. La dame à lunettes est brune. La dame rousse est en deuxième position. La dame qui porte une robe verte n'est pas entre les deux autres. La dame qui porte un chapeau est en première position.

À partir de ces informations, on peut conclure :

A La dame brune est en première position.

B La dame au chapeau est blonde.

C La dame aux lunettes ne porte pas la robe verte.

D La dame brune porte des lunettes et une robe verte.

❷ Un grossiste en téléphonie mobile reçoit une nouvelle gamme de 200 smartphones soit de la marque Zébulon soit d'une autre marque, et de couleur rouge, ou noire ou blanche.

On sait que :

- 10 smartphones sont noirs et de marque Zébulon.

- Il y a 5 fois plus de smartphones blancs que de smartphones rouges et d'une autre marque que Zébulon.

- 2/3 des smartphones noirs ne sont pas de la marque Zébulon.

- 40 % des smartphones blancs sont de la marque Zébulon.

À partir de ces informations, on peut conclure :

A Son stock peut ne contenir aucun smartphone rouge de la marque Zébulon.

B S'il dispose de 9 smartphones blancs d'une autre marque que Zébulon, alors il possède 155 smartphones rouges.

C S'il dispose de 150 smartphones rouges, alors il met également en vente 20 smartphones blancs.

D Il vend plus de smartphones rouges que de blancs.

❸ Isa la fleuriste a vendu 44 bouquets de fleurs samedi dernier. Elle ne disposait alors que de roses, de marguerites et de tulipes et elle avait opté pour la confection d'un maximum de bouquets.

On possède les informations suivantes :

- elle a confectionné 4 fois plus de bouquets de tulipes seules que de bouquets mêlant tulipes et marguerites uniquement ;

- seuls 6 clients ont commandé un bouquet comprenant les trois espèces de fleurs ;

- en plus du feuillage, Isa place exactement 4 fleurs par espèce dans tous ses bouquets ;

- nous savons qu'elle disposait de 98 roses, de 64 tulipes et de 84 marguerites au début de sa journée ;

- le bouquet de tulipes et de roses exactement n'a eu aucun succès ;

- 23 bouquets ne comprennent aucune marguerite.

À partir de ces informations, on peut conclure :

A Isa a utilisé toutes ses fleurs pour confectionner ses bouquets.

B 10 clients ont commandé des bouquets exclusivement composés de marguerites.

C 9 bouquets faits au moins de roses et de marguerites ont été vendus.

D Isa a utilisé ses roses essentiellement pour des bouquets de roses uniquement.

❹ Roselyne, Monique et Christelle sont trois sœurs d'âge différent. Nous savons qu'elles ont 2 ans, 14 ans et 17 ans. Cependant, nous ne savons pas à qui doivent être attribués ces âges.

Parmi les propositions suivantes, une seule est exacte :

A Monique n'a pas 2 ans.

B Monique n'a pas 14 ans.

C Christelle n'a pas 2 ans.

D Roselyne a 2 ans.

❺ Arthur, Basile, Charly et Démosthène sont soupçonnés d'avoir commis un méfait. Nous avons, à leur sujet, les informations suivantes :

- si Arthur est innocent alors Démosthène est coupable ;

- si Arthur est coupable alors Charly l'est aussi ;

- si Démosthène est coupable alors Basile l'est aussi ;

- Basile est innocent.

À partir de ces informations, on peut conclure que :

A Arthur est coupable.

B Démosthène est non coupable.

C Arthur et Démosthène sont coupables.

D Charly est non coupable.

# Exercices n° 6 à 10 : Raisonnement mathématique

❻ Soit $(u_n)$ la suite numérique, définie sur $\mathbb{R}$, par $u_0 = 0$ et pour tout entier naturel $n$, par $u_{n+1} = \sqrt{u_n + 6}$.
À partir de ces informations, on peut conclure que :

A La suite numérique $(u_n)$ est croissante.

B $u_{2n+1} \leq 2$

C $u_{2n} \leq u_{2n+1}$

D $u_{2n} \leq u_{2n+2}$

❼ Les fonctions $f$ et $g$ sont définies pour tout réel $x$ par : $f(x) = x + 2 + \ln(x+1) - \ln x$ et $g(x) = \ln(1+x) - \ln x$.
À partir de ces informations, on peut conclure que :

A $\lim\limits_{x \to +\infty} g(x) = 0$.

B La droite d'équation $y = x + 2$ est asymptote à $C$, la courbe représentative de $f$, en $+\infty$.

C $G(x) = (x+1) \times \ln(x+1) - x \times \ln x$ est une primitive de $g$.

D L'aire $A$, délimitée par la courbe $C$, l'axe $Ox$ et les droites d'équation $x = 1$ et $x = 3$, vaut $6 + 6 \ln 2 - 3 \ln 3$.

❽ Soit l'hyperbole $H$ d'équation $y = \dfrac{2}{x}$ et les droites $D_m$ d'équation $y = m(x+1) - 2$.
À partir de ces informations, on peut conclure que :

A Le point E $(1\,;-2)$ est un point d'intersection des droites $D_m$.

B Le point C $(-1\,;-2)$ est un point d'intersection des droites $D_m$.

C Si $m = -2$, alors l'hyperbole $H$ et les droites $D_m$ se coupent en un unique point.

D Si $m \neq -2$, alors l'ensemble des points d'intersection de l'hyperbole $(H)$ et des droites $D_m$ est la droite d'équation $x = -1$.

❾ Soit $f$ la fonction définie par : $f(x) = (2x^3 - 4x^2)e^{-x}$.
À partir de ces informations, on peut conclure que :

A $\lim\limits_{x \to -\infty} f(x) = -\infty$

B $f'(x)$ peut s'écrire sous la forme : $2x\,(-x^2 + 5x - 4)e^{-x}$

C $\dfrac{-2}{e}$ est un extremum de $f$.

D $f$ admet trois tangentes horizontales.

❿ On dispose de deux urnes $U_1$ et $U_2$. $U_1$ contient $n$ boules blanches et 3 boules noires $(n > 0)$. $U_2$ contient 2 boules blanches et 1 boule noire. On tire au hasard une boule de $U_1$ et on la met dans $U_2$, puis on tire au hasard une boule de $U_2$ et on la met dans $U_1$ ; l'ensemble de ces opérations constitue une épreuve.

Soit A l'événement « après l'épreuve, les urnes se retrouvent chacune dans leur configuration de départ ».

Soit B l'événement « après l'épreuve l'urne $U_2$ contient une seule boule blanche ».

Un joueur mise 20 € et effectue une épreuve.

À l'issue de cette épreuve, on compte les boules blanches contenues dans l'urne $U_2$ :

- Si $U_2$ contient 1 seule boule blanche, le joueur reçoit $2n$ €.
- Si $U_2$ contient 2 boules blanches, le joueur reçoit $n$ €.
- Si $U_2$ contient 3 boules blanches, le joueur ne reçoit rien.

Soit $X_n$ la variable aléatoire qui prend pour valeurs les gains algébriques (gains moins mises) du joueur.

A $P(A)=\frac{3}{4}\left(\frac{n+2}{n+3}\right)$

B $P(B)=\frac{6}{4(n+2)}$

C L'espérance de $X_n$ est : $E(X_n)=\frac{3n^2-62n-230}{4n+12}$

D Le jeu est favorable au joueur (l'espérance est positive pour le joueur) pour $n \geq 20$.

# Exercices n° 11 à 15 : Problème mathématique

**NOTE DU JURY**

Certaines questions peuvent être traitées indépendamment. D'autres peuvent nécessiter les résultats obtenus dans les questions précédentes.

**Loi d'équilibre génétique lors de l'appariement au hasard**

**Loi de Hardy-Weinberg**

Certains gènes peuvent avoir deux états : A (allèle dominant) ou a (allèle récessif).

Les couples de gènes sur des paires de chromosomes n'ayant pas forcément les mêmes allèles, un individu donné peut avoir l'un des trois génotypes suivants : AA ou Aa ou aa.

Lors d'un appariement entre deux individus, l'enfant récupère un allèle de chacun de ses deux parents.

Exemples :

- Si un parent a le génotype AA et l'autre Aa, l'enfant sera de type AA ou Aa avec des probabilités égales à $\frac{1}{2}$.
- Si un parent a le génotype Aa et l'autre Aa, l'enfant sera de type AA ou Aa ou aa avec des probabilités égales à $\frac{1}{4}, \frac{1}{2}, \frac{1}{4}$ respectivement.

**11** Un homme a pour génotype AA. On considère que les chances d'avoir un enfant avec une femme de génotype AA, Aa ou aa sont égales.

À partir de ces informations, on peut conclure que :

A La probabilité de l'enfant à avoir le même génotype que son père est $\frac{2}{3}$.

B La probabilité de l'enfant à avoir le même génotype que son père est $\frac{1}{2}$.

C La probabilité de l'enfant à avoir le génotype Aa est $\frac{1}{2}$.

D La probabilité de l'enfant à avoir le génotype aa est 0.

⓬ On considère qu'il y autant de personnes à porter les génotypes AA, aa et Aa. Les couples se font indépendamment des génotypes. À partir de ces informations, on peut conclure que :

A Il est alors possible de former 9 couples différents, ces différences se basant sur l'appariement des génotypes.

B La probabilité de l'enfant à avoir le génotype AA est $\frac{1}{2}$.

C La probabilité de l'enfant à avoir le génotype aa est $\frac{1}{4}$.

D La probabilité de l'enfant à avoir le génotype Aa est $\frac{1}{2}$.

⓭ On note $p_n$, $q_n$ et $r_n$ les proportions des génotypes AA, Aa et aa de la génération $n$. Ces suites numériques ont respectivement pour premier terme $p_0$, $q_0$ et $r_0$. À partir de ces informations, on peut conclure que :

A $p_1 = (p_0 + q_0)^2$

B $p_1 = (p_0 + \frac{1}{2}q_0)^2$

C $q_1 = 2p_0r_0 + q_0 \times \left(p_0 + r_0 + \frac{1}{2}q_0\right)$

D $q_1 = p_0r_0 + q_0(\frac{1}{2}p_0 + \frac{1}{2}r_0 + q_0)$

⓮ On pose $\alpha = p_0 - r_0$.

À partir de ces informations, on peut conclure que :

A $p_1 = \frac{(\alpha+1)^2}{4}$

B $q_1 = \frac{(\alpha+1)^2}{4}$

C $p_1 - r_1 = \alpha$

D $p_1 + r_1 = \alpha$

⓯ La répartition des couples en fonction des génotypes n'est en réalité pas homogène. En effet, le génotype Aa apparaît plus souvent dans la population que ne le prédisent les lois des probabilités. Pour modéliser cette dérive génétique, on peut étudier sur $[0;+\infty[$ les fonctions $g$ et $h$ telles que :

$g(x) = e^x - x - 1$

$$h(x) = (2 - x)e^x - 1$$

Ces fonctions permettent de dénombrer les populations de génotype Aa (fonction g) et de génotype AA ou aa (fonction h), en fonction du temps noté $x$.

À partir de ces informations, on peut conclure que :

A $g(x) > 0$.

B $h$ est strictement croissante.

C $h$ admet un maximum en $x = 1$.

D $h$ admet un minimum en $x = 1$.

# Corrigé

# Exercices n° 1 à 5 : Raisonnement logique

## ❶ FVFV

Cinq caractères sont ici à distinguer : la couleur des cheveux, la couleur de la robe, le port d'un chapeau ou non, de lunettes ou non et la position à la caisse du supermarché. Nous pouvons alors écrire les relations suivantes :

| | | | | | | |
|---|---|---|---|---|---|---|
| Dame blonde | ⇒ | Robe rouge | ⇒ | Chapeau ou lunettes ou non ? | ⇒ | Position ? |
| Dame rousse | ⇒ | Couleur de la robe ? | ⇒ | Chapeau ou lunettes ou non ? | ⇒ | 2e position |
| Dame brune | ⇒ | Couleur de la robe ? | ⇒ | Lunettes | ⇒ | 1re ou 3e position ? |

Or, « la dame qui porte une robe verte n'est pas entre les deux autres ». Elle est donc en 1re ou 3e position. La dame brune porte donc cette robe verte. Ce qui nous donne :

| | | | | | | |
|---|---|---|---|---|---|---|
| Dame blonde | ⇒ | Robe rouge | ⇒ | Chapeau ou non ? | ⇒ | 1re ou 3e position ? |
| Dame rousse | ⇒ | Couleur de la robe ? | ⇒ | Chapeau ou non ? | ⇒ | 2e position |
| Dame brune | ⇒ | Robe verte | ⇒ | Lunettes | ⇒ | 1re ou 3e position ? |

Celle qui « porte un chapeau est en 1re position ». La dame rousse ne peut donc en porter, et c'est la dame blonde qui en porte un et qui est donc en première position.

D'où :

| | | | | | | |
|---|---|---|---|---|---|---|
| Dame blonde | ⇒ | Robe rouge | ⇒ | Chapeau | ⇒ | 1re position |
| Dame rousse | ⇒ | Couleur de la robe ? | ⇒ | Rien | ⇒ | 2e position |
| Dame brune | ⇒ | Robe verte | ⇒ | Lunettes | ⇒ | 3e position |

**A est donc fausse (F).**

**B est donc vraie (V).**

**C est donc fausse (F).**

**D est donc vraie (V).**

## ❷ FVVF

• Établissons un tableau afin de mieux visualiser les données de l'énoncé :

Posons : $R_q$ est le nombre de smartphones rouges de marque quelconque et $N$ le nombre de smartphones noirs.

Nous obtenons alors le tableau suivant, que nous allons ensuite compléter autant que possible.

| | Noir | Rouge | Blanc | Total |
|---|---|---|---|---|
| Marque Zébulon | 10 | | $0{,}40 \times 5 \times R_q$ | |
| Marque quelconque | $\frac{2}{3} \times N$ | $R_q$ | | |
| Total | $N$ | | $5 \times R_q$ | 200 |

La colonne concernant les smartphones noirs nous permet d'écrire la relation :

$10+\frac{2}{3}\times N=N \Leftrightarrow 30+2N=3N \Leftrightarrow\ 2N-3N=-30 \Leftrightarrow -N=-30 \Leftrightarrow \mathbf{N=30}$

De plus : $0{,}40\times 5\times R_q=2\times R_q$

Il y a alors $3\times R_q$ smartphones blancs de marque quelconque.

D'où,

| | Noir | Rouge | Blanc | Total |
|---|---|---|---|---|
| Marque Zébulon | 10 | | $2\times R_q$ | |
| Marque quelconque | 20 | $R_q$ | $3\times R_q$ | $20+4\times R_q$ |
| Total | 30 | | $5\times R_q$ | 200 |

Nous ne connaissons pas la valeur de $R_q$ et ne pouvons donc pas compléter notre tableau. Nous allons devoir tester les affirmations proposées.

• **Affirmation A : « Son stock peut ne contenir aucun smartphone rouge de marque Zébulon. »**

Si cela est vrai, alors nous obtenons :

| | Noir | Rouge | Blanc | Total |
|---|---|---|---|---|
| Marque Zébulon | 10 | **0** | $2\times R_q$ | $\mathbf{10+2\times R_q}$ |
| Marque quelconque | 20 | $R_q$ | $3\times R_q$ | $20+4\times R_q$ |
| Total | 30 | $R_q$ | $5\times R_q$ | 200 |

La colonne Total donne alors l'équation suivante :

$30+6\times R_q=200 \Leftrightarrow 6\times R_q=170 \Leftrightarrow 3\times R_q=85 \Leftrightarrow R_q=28{,}333\ldots$

Or, $R_q$ devrait être un nombre entier, puisqu'il correspond à un nombre de smartphones.

**A est fausse (F).**

• **Affirmation B : « S'il dispose de 9 smartphones blancs de marque quelconque, alors il possède 155 smartphones rouges. »**

Si cela est vrai, alors nous obtenons : $3\times R_q=9 \Leftrightarrow R_q=3$

$x$ correspond au nombre total de smartphones rouges. Recherchons cette valeur :

| | Noir | Rouge | Blanc | Total |
|---|---|---|---|---|
| Marque Zébulon | 10 | | **6** | |
| Marque quelconque | 20 | 3 | **9** | $20+4\times R_q$ |
| Total | 30 | **$x$ ?** | **15** | 200 |

La dernière ligne horizontale nous donne : $30+x+15=200 \Leftrightarrow x=200-45=155$

**B est vraie (V).**

• **Affirmation C : « S'il dispose de 150 smartphones rouges, alors il met également en vente 20 smartphones blancs. »**

Si cela est vrai, alors nous obtenons :

| | Noir | Rouge | Blanc | Total |
|---|---|---|---|---|
| Marque Zébulon | 10 | | $2\times R_q$ | |
| Marque quelconque | 20 | $R_q$ | $3\times R_q$ | $20+4\times R_q$ |
| Total | 30 | **150** | $5\times R_q$ | 200 |

La dernière ligne horizontale nous donne : $30+150+5\times R_q=200$

$\Leftrightarrow 5\times R_q=200-180$

$$\Leftrightarrow 5\times R_q=\mathbf{20}$$

Il y aurait donc bien 20 smartphones blancs en vente.

**C est vraie (V).**

• **Affirmation D : « Il vend plus de smartphones rouges que de blancs. »**

Posons : $R_z$ est le nombre de smartphones rouges de marque Zébulon.

Le tableau devient :

| | Noir | Rouge | Blanc | Total |
|---|---|---|---|---|
| Marque Zébulon | 10 | $R_z$ | $2\times R_q$ | $\mathbf{10+R_z+2\times R_q}$ |
| Marque quelconque | 20 | $R_q$ | $3\times R_q$ | $20+4\times R_q$ |
| Total | 30 | $R_z+R_q$ | $5\times R_q$ | 200 |

Si l'affirmation D est vraie, alors nous obtenons : $R_t+R_q>5\times R_q$

$\Leftrightarrow R_t>4\times R_q$

$\Leftrightarrow 10+R_z\ +2\times R_q>10+4\times R_q+2\times R_q$

$\Leftrightarrow 10+R_z\ +2\times R_q>10+6\times R_q$

$\Leftrightarrow (10+R_z\ +2\times R_q)+(20+4\times R_q)>(10+6\times R_q)+(20+4\times R_q)$

$\Leftrightarrow 30+R_z\ +6\times R_q>30+10\times R_q$

$\Leftrightarrow 200>30+10\times R_q$

$\Leftrightarrow 10\times R_q<170$

$$\Leftrightarrow \mathbf{R_q}<17$$

Aucune condition ou relation ne s'oppose à ce dernier résultat.

**D est vraie (V).**

### 3 FVVV

Nous savons qu'Isa « avait opté pour la confection d'un maximum de bouquets ». Or, elle prélève systématiquement « 4 fleurs de chaque espèce pour ses bouquets ». Ceux-ci peuvent donc être composés de 4 roses seulement, ou de 4 tulipes, ou de 4 marguerites, ou bien encore de 4 roses et de 4 tulipes, ou de 4 roses et de 4 marguerites, etc.

À partir de 84 marguerites, elle peut alors réaliser $84\div 4=\mathbf{21}$ bouquets, quels qu'ils soient.

À partir de 64 tulipes, elle peut alors réaliser $64\div 4=\mathbf{16}$ bouquets, quels qu'ils soient.

À partir de 98 roses, elle peut alors réaliser $98\div 4=\mathbf{24},\ldots$ bouquets, quels qu'ils soient.

La division euclidienne de 98 par 4 donne un résultat de 24 et un reste de 2. Il reste donc 2 roses.

**A est fausse (F).**

Pour déterminer l'exactitude des autres propositions, il nous faut réaliser un diagramme de cercles, représentant le nombre de bouquets.

Soit $\boldsymbol{x}$ le nombre de bouquets composés de tulipes et de marguerites.

Comme Isa « a confectionné 4 fois plus de bouquets de tulipes seules que de bouquets mêlant tulipes et marguerites uniquement », il y a alors $\boldsymbol{4x}$ bouquets composés uniquement de tulipes.

Soient **a**, **b** et **c** le nombre de bouquets composés respectivement de marguerites uniquement, de marguerites et de roses, et roses uniquement.

Le diagramme de cercles nous donne ainsi :

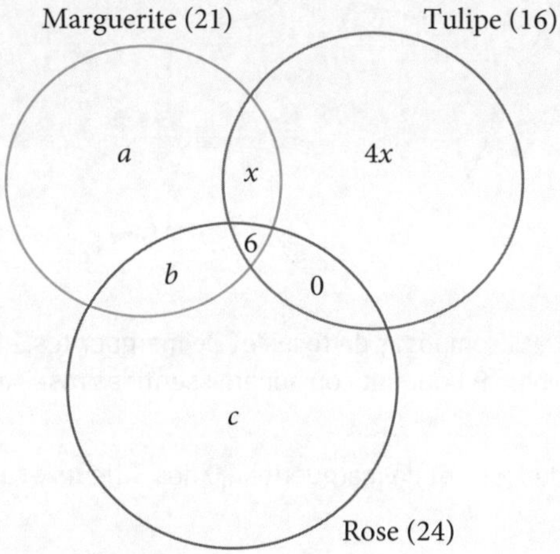


Les données concernant les tulipes nous permettent d'écrire :

$x+6+0+4x=16 \Leftrightarrow 5x=16-6 \Leftrightarrow 5x=10 \Leftrightarrow \boldsymbol{x=2}$

Notre diagramme de cercles devient alors :

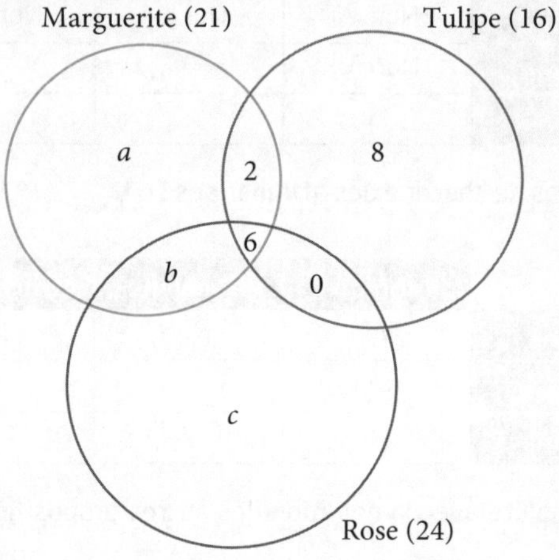


Nous savons également que « 23 bouquets ne comprennent aucune marguerite », ce qui nous donne :

$8+0+c=23 \Leftrightarrow \boldsymbol{c=15}$

Or, 24 bouquets sont composés de roses. Donc : $15+0+6+b=24 \Leftrightarrow \boldsymbol{b=3}$

Enfin, puisque 21 bouquets sont constitués de marguerites, nous en déduisons que :

$$3+6+2+a=21 \Leftrightarrow \boldsymbol{a}=\mathbf{10}$$

Nous obtenons finalement le diagramme de cercles ci-dessous :

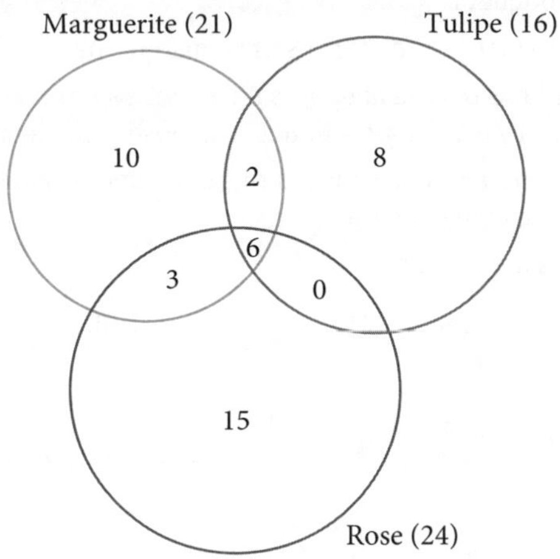


**B est vraie (V).**

De plus, nous avons 3 bouquets composés de roses et de marguerites, et 6 bouquets composés des trois fleurs. Cela nous donne bien 9 bouquets où apparaissent des roses et des marguerites.

**C est vraie (V).**

3 bouquets sont composés de roses et de marguerites, 6 des 3 fleurs et 15 de roses uniquement.

**D est vraie (V).**

**4 VFFF**

Résumons les affirmations par ce tableau :

| | Monique | Roselyne | Christelle |
|---|---|---|---|
| 2 ans | Non (A) | Oui (D) | Non (C) |
| 14 ans | Non (B) | | |
| 17 ans | | | |

À l'aide de tableaux, discutons de chacune des affirmations :

• Si l'affirmation A est vraie :

| | Monique | Roselyne | Christelle |
|---|---|---|---|
| 2 ans | Non | Non | Oui |
| 14 ans | Oui | / | / |
| 17 ans | / | / | / |

Il n'existe aucune incompatibilité avec la négation des autres propositions (si A est vraie, alors les autres sont fausses).

**A est probablement vraie (V).**

• Si l'affirmation B est vraie :

| | Monique | Roselyne | Christelle |
|---|---|---|---|
| 2 ans | Oui | Non | Oui |
| 14 ans | Non | / | / |
| 17 ans | / | / | / |

Or, il n'est pas possible que Monique et Christelle aient toutes les deux 2 ans.

**B est donc fausse (F).**

• Si l'affirmation C est vraie :

| | Monique | Roselyne | Christelle |
|---|---|---|---|
| 2 ans | Oui | Non | Non |
| 14 ans | Oui | / | / |
| 17 ans | / | / | / |

Or, il n'est pas possible que Monique ait 2 ans et 14 ans.

**C est fausse (F).**

• Si l'affirmation D est vraie :

| | Monique | Roselyne | Christelle |
|---|---|---|---|
| 2 ans | Oui | Oui | Oui |
| 14 ans | Oui | | |
| 17 ans | | | |

Or, il n'est pas possible que les trois sœurs aient toutes 2 ans.

**D est fausse (F).**

**5 VVFF**

L'énoncé nous permet d'écrire :

- Arthur innocent ⇒ Démosthène coupable ⇒ Basile coupable.
- Arthur coupable ⇒ Charly coupable.

Or, Basile est innocent.

Donc :

Basile innocent ⇒ Démosthène innocent ⇒ Arthur coupable ⇒ Charly coupable

**A est vraie (V).**

**B est vraie (V).**

**C est fausse (F).**

**D est fausse (F).**

# Exercices n° 6 à 10 : Raisonnement mathématique

**6 VFVV**

Nous savons que les termes de la suite $(u_n)$ sont positifs, puisque $u_0 = 0$ et $u_{n+1} = \sqrt{u_n + 6} \geq 0$.

Si la suite $(u_n)$ est croissante alors $u_{n+1} > u_n \Leftrightarrow u_{n+1} - u_n > 0$.

• Étudions le signe de $u_{n+1} - u_n$ :

$$u_{n+1} - u_n = \sqrt{u_n + 6} - u_n$$
$$= \frac{\left(\sqrt{u_n+6} - u_n\right)\times\left(\sqrt{u_n+6} + u_n\right)}{\sqrt{u_n+6} + u_n}$$
$$= \frac{u_n + 6 - u_n^2}{\sqrt{u_n+6} + u_n}$$

Le dénominateur est nécessairement positif (voir ci-dessus).

Le numérateur est un polynôme du second degré, dont nous allons maintenant étudier le signe. Pour cela, il nous faut tout d'abord résoudre l'équation suivante :

$$-u_n^2 + u_n + 6 = 0$$

• Calcul du discriminant : $\Delta = 1^2 - 4 \times (-1)^2 \times 6 = 25 > 0$

• Il existe donc deux racines : $\begin{cases} u_n' = \dfrac{-1-5}{-2} = \dfrac{-6}{-2} = 3 \\ u_n'' = \dfrac{-1+5}{-2} = \dfrac{4}{-2} = -2 < 0 \end{cases}$

• Le coefficient de $-u_n^2$ est négatif (- 1), donc le polynôme est positif entre - 2 et 3, et négatif sur les intervalles $[-\infty\,; -2]$ et $[3\,; +\infty]$.

Nous ne pouvons pas encore conclure le signe exact de $-u_n^2 + u_n + 6$.

En effet, si nous savons bien que la suite débute à $u_0 = 0$, nous ne savons en revanche pas si les termes dépasseront la valeur 3.

Supposons que cela ne soit pas le cas et vérifions cette hypothèse par une **démonstration par récurrence** :

• Initialisation : $u_0 = 0 < 3$

Pour $n = 0$, nous avons bien $u_n < 3$.

• Hérédité : Supposons que $u_n < 3$ pour un entier $n$ donné :

$$u_n < 3 \Leftrightarrow u_n + 6 < 3 + 6$$
$$\Leftrightarrow u_n + 6 < 9$$

$\Leftrightarrow \sqrt{u_n + 6} < \sqrt{9}$

$\Leftrightarrow \sqrt{u_n + 6} < 3$

$\Leftrightarrow u_{n+1} < 3$

• Conclusion : Les termes de la suite $(u_n)$ sont tous inférieurs à 3. La suite $(u_n)$ est dite majorée par 3.

Ainsi, nous pouvons en conclure que : $-u_n^2 + u_n + 6 > 0$ et donc que : $u_{n+1} - u_n > 0$.

La suite $(u_n)$ est croissante.

**A est vraie (V).**

Puisque la suite $(u_n)$ est croissante, nous pouvons en déduire immédiatement :

**C est vraie (V).**

**D est vraie (V).**

• Nous savons ainsi que la suite $(u_n)$ est **croissante et majorée**. Elle admet donc une limite finie $l$ (positive).

Déterminons cette limite $l$ :

$\lim\limits_{n\to+\infty} u_n = l$ et $\lim\limits_{n\to+\infty} u_{n+1} = l$

$\Leftrightarrow \lim\limits_{n\to+\infty} \sqrt{u_n+6} = l$

$\Leftrightarrow \sqrt{l+6} = l$

$\Leftrightarrow l+6 = l^2$ car $l > 0$

$\Leftrightarrow -l^2 + l + 6 = 0$

Nous avons déjà résolu ce polynôme. Les deux racines obtenues sont : $l' = -2$ et $l'' = 3$

Nous devons rejeter la 1re racine puisqu'elle négative.

Ainsi, $\boldsymbol{\lim\limits_{n\to+\infty} u_n = 3}$.

Les termes de la suite $(u_n)$ peuvent donc être supérieurs à 2.

**B est fausse (F).**

## 7 VVVF

• Détermination de la limite de la fonction $g(x)$ :

$$g(x) = \ln(1+x) - \ln x = \ln\left(\frac{1+x}{x}\right) = \ln\left(\frac{1}{x}+1\right)$$

Or, $\lim\limits_{x\to+\infty} \frac{1}{x} = 0$. Donc, $\lim\limits_{x\to+\infty} \left(\frac{1}{x}+1\right) = 1$.

Nous en déduisons que : $\lim\limits_{x\to+\infty} g(x) = \lim\limits_{x\to+\infty} \ln\left(\frac{1}{x}+1\right) = \ln 1 = 0$.

**A est vraie (V).**

Si la droite d'équation $y = x+2$ est asymptote à C, la courbe représentative de $f$, en $+\infty$, alors $\lim\limits_{x\to+\infty} (f(x)-(x+2)) = 0$.

Or, $f(x)-(x+2) = [x+2+\ln(x+1)-\ln x]-(x+2) = \ln(x+1)-\ln x = g(x)$.

Donc : $\lim\limits_{x\to+\infty} (f(x)-(x+2)) = \lim\limits_{x\to+\infty} g(x) = 0$.

**B est vraie (V).**

• Détermination de la dérivée de $G(x)$ :

$$G'(x) = (x+1)' \times \ln(x+1) + (x+1) \times [\ln(x+1)]' - \left(x' \times \ln x + x \times (\ln x)'\right)$$

$$\Leftrightarrow G'(x) = 1 \times \ln(x+1) + (x+1) \times \frac{1}{x+1} - \left(1 \times \ln x + x \times \frac{1}{x}\right)$$

$$\Leftrightarrow G'(x) = \ln(x+1) + \frac{x+1}{x+1} - \left(\ln x + \frac{x}{x}\right)$$

$$\Leftrightarrow G'(x) = \ln(x+1) + 1 - \ln x - 1$$

$$\Leftrightarrow \boldsymbol{G'(x) = \ln(x+1) - \ln x = g(x)}.$$

$G(x)$ est bien une primitive de $g(x)$.

**C est vraie.**

• Détermination de l'aire $A$ :

$$A = \int_1^3 f(x)dx = [F(x)]_1^3$$

Or, une primitive de $f(x)$ est $F(x) = x^2 + 2x + G(x)$.

Donc : $A=\int_1^3 f(x)dx=[x^2+2x+G(x)]_1^3$

$$\Leftrightarrow A=[x^2+2x+(x+1)\times\ln(x+1)-x\times\ln x]_1^3$$

$$\Leftrightarrow A=[3^2+2\times3+(3+1)\times\ln(3+1)-3\times\ln3]-[1^2+2\times1+(1+1)\times\ln(1+1)-1\times\ln1]$$

$$\Leftrightarrow A=[9+6+4\times\ln(4)-3\times\ln3]-[1+2+2\times\ln(2)-0]$$

$$\Leftrightarrow A=[15+4\times2\ln(2)-3\times\ln3]-[3+2\times\ln(2)]$$

$$\Leftrightarrow A=15+8\ln2-3\ln3-3-2\ln2$$

$$\Leftrightarrow \mathbf{A=12+6\ln2-3\ln3}$$

**D est fausse (F).**

## 8 FVVF

**A est fausse (F).**

En effet, si $x=1$, alors $y=\dfrac{2}{1}=2\neq\mathbf{-2}$. Le point E n'appartient donc pas à l'hyperbole (H). Il ne peut donc pas être un point d'intersection de (H) et des droites $D_m$.

• Vérifions maintenant si le point C appartient à (H) et aux droites $D_m$ :

Pour $x=-1$, nous obtenons : $y=\dfrac{2}{-1}=\mathbf{-2}$. Le point C appartient à (H).

Pour $x=-1$, nous obtenons : $y=m(-1+1)-2=-2$. Le point C appartient aux droites $D_m$.

C est donc un point d'intersection de (H) et des droites $D_m$.

**B est vraie (V).**

• Si $m=-2$ :

Les droites $D_m$ ont alors pour équation : $y=-2(x+1)-2=-2x-2-2=-2x-4$

Afin de déterminer le ou les points d'intersection, s'ils existent, des droites $D_m$ avec l'hyperbole (H), il nous faut résoudre l'équation suivante :

$$-2x-4=\frac{2}{x}\Leftrightarrow(-2x-4)\times x=\frac{2}{x}\times x$$

$$\Leftrightarrow -2x^2-4x=2\Leftrightarrow -2x^2-4x-2=0$$

Calculons le discriminant de cette équation du second degré :

$$\Delta=(-4)^2-4\times(-2)\times(-2)=16-16=0$$

Il existe alors une seule et unique solution, donc un seul et unique point d'intersection.

**C est vraie (V).** Il n'est pas utile de poursuivre le calcul (perte de temps).

Nous savons que si $x=-1$, alors nécessairement $y=-2$. La droite d'équation $x=-1$ ne peut donc pas représenter l'ensemble des points d'intersection, puisqu'il n'en existe qu'un seul !

**D est fausse (F).**

## 9 VVVV

• Calcul de la limite $\lim\limits_{x\to-\infty} f(x)$ : $\lim\limits_{x\to-\infty} e^{-x}=+\infty$

$\lim\limits_{x\to-\infty}(2x^3-4x^2)=\lim\limits_{x\to-\infty}2x^3\left(1-\dfrac{2}{x}\right)=-\infty$ car $\lim\limits_{x\to-\infty}2x^3=-\infty$ et $\lim\limits_{x\to-\infty}\left(1-\dfrac{2}{x}\right)=1$

Par produit, nous obtenons : $\lim\limits_{x\to-\infty} f(x)=-\infty$

**A est vraie (V).**

• Calcul de la dérivée de $f(x)$ :

$f'(x)=(6x^2-8x)e^{-x}+(2x^3-4x^2)\times(-e^{-x})$

$\Leftrightarrow f'(x)=(6x^2-8x)e^{-x}-(2x^3-4x^2)e^{-x}$

$\Leftrightarrow f'(x)=[(6x^2-8x)-(2x^3-4x^2)]e^{-x}$

$\Leftrightarrow f'(x)=[6x^2-8x-2x^3+4x^2]e^{-x}$

$\Leftrightarrow f'(x)=[-2x^3+10x^2-8x]e^{-x}$

$$\Leftrightarrow \boldsymbol{f'(x)=2x[-x^2+5x-4]e^{-x}}$$

**B est vraie (V).**

• Détermination d'un extremum de cette fonction : $f'(x)=0$

$\Rightarrow 2x[-x^2+5x-4]e^{-x}=0$

$\Leftrightarrow 2x=0$ ou $-x^2+5x-4=0$ (règle du produit nul ; à noter que : $e^{-x}>0$)

$\Leftrightarrow \boldsymbol{x=0}$

$\Delta=5^2-4\times(-1)\times(-4)=25-16=9>0$. Il existe donc deux solutions.

$$\Rightarrow \begin{cases} \boldsymbol{x_1}=\dfrac{-5-\sqrt{9}}{2\times(-1)}=\dfrac{-5-3}{-2}=\dfrac{-8}{-2}=\boldsymbol{4} \\ \boldsymbol{x_2}=\dfrac{-5+\sqrt{9}}{2\times(-1)}=\dfrac{-5+3}{-2}=\dfrac{-2}{-2}=\boldsymbol{1} \end{cases}$$

$$f(x)=(2x^3-4x^2)e^{-x}$$

Pour $x=0$, $f(0)=0\neq\dfrac{-2}{e}$

Pour $x=1$, $f(1)=(2-4)e^{-1}=-2e^{-1}=\dfrac{-2}{e}$

Pour $x=4$, $f(4)=(128-64)e^{-4}=64e^{-4}\neq\dfrac{-2}{e}$

Nous avons donc un extremum pour $x=1$.

**C est vraie (V).**

En revanche, ces trois extrema nous indique qu'il existe trois tangentes horizontales.

**D est vraie (V).**

## ⑩ VFFF

• **Proposition A.** Il existe deux situations différentes pour que les urnes retrouvent leur configuration initiale à l'issue de l'épreuve.

Si une boule noire est tirée de $U_1$ [3 boules noires parmi les $(n + 3)$boules], alors il faut qu'une boule noire soit tirée de $U_2$ (2 chances sur 4).

Si une boule blanche est tirée de $U_1$ [$n$ boules blanches parmi les $(n + 3)$ boules)], alors il faut qu'une boule blanche soit tirée de $U_2$ (3 chances sur 4).

Ce qui nous donne : $P(A)=\dfrac{3}{3+n}\times\dfrac{2}{4}+\dfrac{n}{3+n}\times\dfrac{3}{4}$

$$\Leftrightarrow P(A)=\frac{6+3n}{4(3+n)}$$

$$\Leftrightarrow \boldsymbol{P(A)=\frac{3(2+n)}{4(3+n)}}$$

**A est vraie (V).**

• **Proposition B.** Pour que la seconde urne ne contienne plus qu'une seule boule blanche, il est indispensable d'avoir tiré une boule noire de $U_1$, puis de tirer une boule blanche de $U_2$.

D'où : $P(B)=\frac{3}{3+n}\times\frac{2}{4}\Leftrightarrow \boldsymbol{P(B)=\frac{6}{4(3+n)}}$

**B est fausse (F).**

• **Proposition C.** La loi de probabilité de $X$ est :

| $X$ | $2n-20$ | $n-20$ | $-20$ |
|---|---|---|---|
| $P(X)$ | $\frac{6}{4(3+n)}$ | $\frac{6+3n}{4(3+n)}$ | $1-\frac{6}{4(3+n)}-\frac{6+3n}{4(3+n)}$ |

L'espérance est donc :

$$E(X)=(2n-20)\times\frac{6}{4(3+n)}+(n-20)\times\frac{6+3n}{4(3+n)}-20\times\left(1-\frac{6}{4(3+n)}-\frac{6+3n}{4(3+n)}\right)$$

$$\Leftrightarrow E(X)=\frac{12n}{4(3+n)}-\frac{20\times6}{4(3+n)}+\frac{n(6+3n)}{4(3+n)}-\frac{20\times(6+3n)}{4(3+n)}-20+\frac{20\times6}{4(3+n)}+\frac{20\times(6+3n)}{4(3+n)}$$

$$\Leftrightarrow E(X)=\frac{12n}{4(3+n)}+\frac{n(6+3n)}{4(3+n)}-20$$

$$\Leftrightarrow E(X)=\frac{12n}{4(3+n)}+\frac{6n+3n^2}{4(3+n)}-\frac{20\times4(3+n)}{4(3+n)}$$

$$\Leftrightarrow E(X)=\frac{12n+6n+3n^2-240-80n}{4(3+n)}$$

$$\Leftrightarrow \boldsymbol{E(X)=\frac{3n^2-62n-240}{4n+12}}$$

**C est fausse (F).**

• **Proposition D.** Le jeu est favorable pour le joueur si l'espérance est positive.

Pour $n = 20$, nous avons : $E(X)=\frac{3\times20^2-62\times20-240}{4\times20+12}$

$$\Leftrightarrow E(X)=\frac{3\times400-1\,240-240}{92}$$

$$\Leftrightarrow E(X)=\frac{1\,200-1\,240-240}{92}$$

$$\Leftrightarrow \boldsymbol{E(X)=-\frac{280}{92}<0}$$

**D est fausse.**

# Exercices n° 11 à 15 : Problème mathématique

## ⓫ FVVV

• Posons : $p(AA)$ est la probabilité de l'enfant à avoir le même génotype que son père (AA).

$p(Aa)$ est la probabilité de l'enfant à avoir le génotype Aa.

$p(aa)$ est la probabilité de l'enfant à avoir le génotype aa.

« Un homme a pour génotype AA. On considère que les chances d'avoir un enfant avec une femme de génotype AA, Aa ou aa sont égales. » Cet homme a donc une chance sur trois d'avoir un enfant soit avec une femme de génotype AA, soit avec une femme de génotype Aa, soit avec une femme de génotype aa.

• Détermination de $p(AA)$ :

Avec une femme de génotype AA, l'enfant aura 100 % de chance d'être du même génotype que son père (AA).

Avec une femme de génotype Aa, l'enfant pourra obtenir le génotype AA ou Aa, donc une chance sur deux d'être du même génotype que son père (AA).

Avec une femme de génotype aa, l'enfant obtiendra forcément le génotype Aa, donc aucune chance d'être du même génotype que son père (AA).

Cela nous donne comme probabilité $p(AA)$ : $p(AA) = \frac{1}{3} \times 1 + \frac{1}{3} \times \frac{1}{2} + \frac{1}{3} \times 0$

$$\Leftrightarrow p(AA) = \frac{1}{3} + \frac{1}{6} + 0$$

$$\Leftrightarrow p(AA) = \frac{2}{6} + \frac{1}{6}$$

$$\Leftrightarrow p(AA) = \frac{3}{6}$$

$$\Leftrightarrow \boldsymbol{p(AA) = \frac{1}{2}}$$

**A est fausse (F).**

**B est vraie (V).**

• Détermination de $p(Aa)$ :

Avec une femme de génotype AA, l'enfant n'aura aucune chance d'avoir le génotype Aa ; le seul génotype possible étant AA.

Avec une femme de génotype Aa, l'enfant pourra obtenir le génotype AA ou Aa, donc une chance sur deux d'avoir le génotype Aa.

Avec une femme de génotype aa, l'enfant obtiendra forcément le génotype Aa, donc 100 % de chance d'avoir le génotype Aa.

Cela nous donne comme probabilité $p(Aa)$ : $p(Aa) = \frac{1}{3} \times 0 + \frac{1}{3} \times \frac{1}{2} + \frac{1}{3} \times 1$

$$\Leftrightarrow p(Aa) = 0 + \frac{1}{6} + \frac{1}{3}$$

$$\Leftrightarrow p(Aa) = \frac{1}{6} + \frac{2}{6}$$

$$\Leftrightarrow p(Aa) = \frac{3}{6}$$

$$\Leftrightarrow \boldsymbol{p(Aa) = \frac{1}{2}}$$

**C est vraie (V).**

• Détermination de $p$(aa) :

Avec une femme de génotype AA, l'enfant n'aura aucune chance d'avoir le génotype aa ; le seul génotype possible étant AA.

Avec une femme de génotype Aa, l'enfant n'aura aucune chance d'avoir le génotype aa ; les seuls génotypes possibles étant AA ou Aa.

Avec une femme de génotype aa, l'enfant n'aura aucune chance d'avoir le génotype *aa* ; le seul génotype possible étant Aa.

Cela nous donne comme probabilité $p$(aa) : $p(\text{aa}) = 0$

**D est vraie (V).**

• Remarque : puisque $p(\text{AA}) + p(\text{Aa}) + p(\text{aa}) = 1$, nous aurions pu conclure plus rapidement que $p(aa) = 0$.

En effet, $p(\text{AA}) + p(\text{Aa}) + p(\text{aa}) = 1 \Leftrightarrow \frac{1}{2} + \frac{1}{2} + p(\text{aa}) = 1$

$$\Leftrightarrow 1 + p(\text{aa}) = 1 \Leftrightarrow p(\text{aa}) = 0$$

⓬ **FFFF**

« Les couples se font indépendamment des génotypes. » Et « [...] il y autant de personnes à porter les génotypes AA, aa et Aa. ». Nous ne ferons donc aucune différence entre un couple homme (AA)-femme (aa) et un couple homme(aa)-femme(aa), par exemple.

Dénombrons les couples possibles :

AA-AA ; AA-Aa ; AA-aa ; Aa-Aa ; Aa-aa ; aa-aa

Il est donc possible de former 6 couples différents.

**A est fausse (F).**

• Détermination de $P$(AA) :

L'enfant issu d'un coupe AA-AA aura nécessairement le génotype AA. Et il existe 1 chance sur 6 que l'enfant étudié soit issu d'un tel couple, puisqu'il existe 6 couples possibles en se fondant uniquement sur l'appariement des génotypes.

Un enfant issu du couple AA-Aa pourra être du génotype AA ou Aa (deux possibilités).

Un enfant issu du couple AA-aa sera du génotype Aa (une seule possibilité).

Un enfant issu du couple Aa-Aa pourra être du génotype AA (1 chance sur 4) ou aa (1 chance sur 4) ou encore Aa (2 chances sur 4). En effet, le génotype Aa peut être généré par le A du père et le a de la mère ou bien par le a du père et le A de ma mère.

Un enfant issu du couple Aa-aa pourra être du génotype Aa ou aa (2 possibilités).

Un enfant issu du couple aa-aa sera du génotype aa (une seule possibilité).

D'où, $P(\text{AA}) = \frac{1}{6} \times 1 + \frac{1}{6} \times \frac{1}{2} + \frac{1}{6} \times 0 + \frac{1}{6} \times \frac{1}{4} + \frac{1}{6} \times 0 + \frac{1}{6} \times 0$

$$\Leftrightarrow P(\text{AA}) = \frac{1}{6} + \frac{1}{12} + \frac{1}{24}$$

$$\Leftrightarrow P(\text{AA}) = \frac{4}{24} + \frac{2}{24} + \frac{1}{24}$$

$$\Leftrightarrow \boldsymbol{P(AA) = \frac{5}{24}}$$

**B est fausse (F).**

• Détermination de $P$(aa) :

$$P(\text{aa})=\frac{1}{6}\times0+\frac{1}{6}\times0+\frac{1}{6}\times0+\frac{1}{6}\times\frac{1}{4}+\frac{1}{6}\times\frac{1}{2}+\frac{1}{6}\times1$$

$$\Leftrightarrow P(\text{aa})=\frac{1}{24}+\frac{1}{12}+\frac{1}{6}$$

$$\Leftrightarrow P(\text{aa})=\frac{1}{24}+\frac{2}{24}+\frac{4}{24}$$

$$\Leftrightarrow \boldsymbol{p(aa)=\frac{5}{24}}$$

**C est fausse (F).**

• Détermination de $P$(Aa) :

$$P(\text{Aa})=\frac{1}{6}\times0+\frac{1}{6}\times\frac{1}{2}+\frac{1}{6}\times1+\frac{1}{6}\times\frac{2}{4}+\frac{1}{6}\times\frac{1}{2}+\frac{1}{6}\times0$$

$$\Leftrightarrow P(\text{Aa})=\frac{1}{12}+\frac{1}{6}+\frac{1}{12}+\frac{1}{12}$$

$$\Leftrightarrow P(\text{Aa})=\frac{1}{12}+\frac{2}{12}+\frac{1}{12}+\frac{1}{12}$$

$$\Leftrightarrow \boldsymbol{P(Aa)=\frac{5}{12}}$$

**D est fausse (F).**

**⓭ FVVF**

Le génotype AA ne peut provenir que des couples AA-AA, AA-Aa, Aa-AA et Aa-Aa.

Les proportions peuvent être assimilées à des probabilités.

• La probabilité qu'un couple AA-AA se forme est donc $p_0\times p_0=p_0{}^2$.

Or, la probabilité que l'enfant issu de ce couple soit de génotype *AA* est égale à 1 (100 %).

• La probabilité qu'un couple AA-Aa se forme est $p_0\times q_0$.

Or, la probabilité que l'enfant issu de ce couple soit de génotype *AA* est égale à ½.

• La probabilité qu'un couple Aa-AA se forme est $q_0\times p_0$.

Or, la probabilité que l'enfant issu de ce couple soit de génotype *AA* est égale à ½.

• La probabilité qu'un couple Aa-Aa se forme est $q_0\times q_0=q_0{}^2$.

Or, la probabilité que l'enfant issu de ce couple soit de génotype *AA* est égale à ¼.

Proportion $p_1$ : $p_1=p_0{}^2\times1+p_0\times q_0\times\frac{1}{2}+q_0\times p_0\times\frac{1}{2}+q_0{}^2\times\frac{1}{4}$

$$\Leftrightarrow p_1=p_0{}^2\times1+2\times\frac{1}{2}p_0\times q_0+\left(\frac{1}{2}q_0\right)^2$$

$$\Leftrightarrow \boldsymbol{p_1=\left(p_0+\frac{1}{2}q_0\right)^2}$$

**A est fausse (F).**

**B est vraie (V).**

Le génotype Aa ne peut provenir que des couples AA-Aa, Aa-AA, AA-aa, aa-AA, Aa-aa, aa-Aa et Aa-Aa.

Les proportions peuvent être assimilées à des probabilités.

• La probabilité qu'un couple AA-Aa se forme est $p_0\times q_0$.

Or, la probabilité que l'enfant issu de ce couple soit de génotype Aa est égale à ½.

• La probabilité qu'un couple Aa-AA se forme est $q_0\times p_0=p_0\times q_0$.

Or, la probabilité que l'enfant issu de ce couple soit de génotype Aa est égale à ½.

• La probabilité qu'un couple AA-aa se forme est $p_0 \times r_0$.
Or, la probabilité que l'enfant issu de ce couple soit de génotype Aa est de 100 %.
• La probabilité qu'un couple aa-AA se forme est: $r_0 \times p_0 = p_0 \times r_0$
Or, la probabilité que l'enfant issu de ce couple soit de génotype Aa est de 100 %.
• La probabilité qu'un couple Aa-aa se forme est : $q_0 \times r_0$
Or, la probabilité que l'enfant issu de ce couple soit de génotype Aa est égale à ½.
• La probabilité qu'un couple aa-Aa se forme est : $r_0 \times q_0 = q_0 \times r_0$
Or, la probabilité que l'enfant issu de ce couple soit de génotype Aa est égale à ½.
• La probabilité qu'un couple Aa-Aa se forme est : $q_0 \times q_0 = q_0^2$.
Or, la probabilité que l'enfant issu de ce couple soit de génotype Aa est égale à ½.
Proportion $q_1$ :

$$q_1 = \left(p_0 \times q_0 \times \frac{1}{2}\right) \times 2 + (p_0 \times r_0 \times 1) \times 2 + \left(q_0 \times r_0 \times \frac{1}{2}\right) \times 2 + q_0^2 \times \frac{1}{2}$$

$$\Leftrightarrow p_1 = p_0 q_0 + 2p_0 r_0 + q_0 r_0 + \frac{1}{2} q_0^2$$

$$\Leftrightarrow \boldsymbol{p_1 = 2p_0 r_0 + q_0 \times \left(p_0 + r_0 + \frac{1}{2} q_0\right)}$$

**C est vraie (F).**
**D est fausse (F).**

**14 VFVF**

$\alpha = p_0 - r_0$. Par ailleurs, $\boldsymbol{p_0 + q_0 + r_0 = 1}$ (la totalité des proportions représentent 100 % de la population).

Donc : $\alpha + 1 = p_0 - r_0 + 1 \Leftrightarrow \alpha + 1 = p_0 - r_0 + (p_0 + q_0 + r_0)$

$$\Leftrightarrow \alpha + 1 = 2p_0 + q_0$$

$$\Leftrightarrow (\alpha + 1)^2 = (2p_0 + q_0)^2$$

$$\Leftrightarrow (\alpha + 1)^2 = \left[2\left(p_0 + \frac{1}{2} q_0\right)\right]^2$$

$$\Leftrightarrow (\alpha + 1)^2 = 4\left(p_0 + \frac{1}{2} q_0\right)^2$$

$$\Leftrightarrow (\alpha + 1)^2 = 4p_1$$

$$\Leftrightarrow \boldsymbol{p_1 = \frac{(\alpha + 1)^2}{4}}$$

**A est vraie (V).**
Par ailleurs, $p_1 \neq q_1$, donc **B est fausse (F).**
• Détermination de $r_1$ :
Il existe quatre couples possibles pour qu'un enfant issu de l'un de ses couples possède un génotype aa : Aa-Aa, Aa-aa, aa-Aa et aa-aa.
Les probabilités respectives liées à ces couples sont : ¼, ½, ½ et 1.
Ce qui nous donne : $r_1 = q_0 \times q_0 \times \frac{1}{4} + q_0 \times r_0 \times \frac{1}{2} + r_0 \times q_0 \times \frac{1}{2} + r_0 \times r_0 \times 1$

$$\Leftrightarrow \boldsymbol{r_1 = \frac{1}{4} q_0^2 + q_0 \times r_0 + r_0^2}$$

• Calcul de $p_1 - r_1$ :

Donc : $p_1 - r_1 = \left(p_0 + \frac{1}{2}q_0\right)^2 - \left(\frac{1}{4}{q_0}^2 + q_0 \times r_0 + {r_0}^2\right)$

$$\Leftrightarrow p_1 - r_1 = {p_0}^2 + 2 \times p_0 \times \frac{1}{2}q_0 + \frac{1}{4}{q_0}^2 - \frac{1}{4}{q_0}^2 - q_0 \times r_0 - {r_0}^2$$

$$\Leftrightarrow p_1 - r_1 = {p_0}^2 + p_0 \times q_0 - q_0 \times r_0 - {r_0}^2$$

$$\Leftrightarrow p_1 - r_1 = {p_0}^2 - {r_0}^2 + q_0 \times (p_0 - r_0)$$

$$\Leftrightarrow p_1 - r_1 = (p_0 - r_0)(p_0 + r_0) + q_0 \times (p_0 - r_0)$$

$$\Leftrightarrow p_1 - r_1 = (p_0 - r_0)(p_0 + r_0 + q_0)$$

$$\Leftrightarrow p_1 - r_1 = (p_0 - r_0) \times 1$$

$$\Leftrightarrow \boldsymbol{p_1 - r_1 = \alpha}$$

**C est vraie (V).**

**D est fausse (F).**

**⑮ FFVF**

• Étude du signe de la fonction $g(x)$ :

Calcul de la dérivée : $g'(x) = e^x - 1$

Or, la fonction exponentielle est croissante. Donc, sur $[0\,;+\infty[$ : $e^x \geq e^0 \Leftrightarrow e^x \geq 1$

$$\Leftrightarrow e^x - 1 \geq 0$$

$$\Leftrightarrow \boldsymbol{g'(x) \geq 0}$$

La fonction $g(x)$ est donc croissante sur $[0\,;+\infty[$. Nous en déduisons : $g(x) \geq g(0)$

$$\Leftrightarrow g(x) \geq e^0 - 0 - 1$$

$$\Leftrightarrow g(x) \geq 1 - 1$$

$$\Leftrightarrow \boldsymbol{g(x) \geq 0}$$

**A est fausse (F)** : il existe une différence significative entre les symboles $\geq$ et $>$.

• Étude des variations de la fonction $h(x)$ :

Calcul de la dérivée : $h'(x) = -1 \times e^x + (2 - x) \times e^x + 0$

$$\Leftrightarrow h'(x) = e^x \times (1 - x)$$

Étude du signe de $h'(x)$ : $e^x > 0$ et $1 - x > 0 \Leftrightarrow x < 1$

La dérivée $h'(x)$ est donc positive sur $[0\,;1]$ et négative sur $[1\,;+\infty[$.

La fonction $h(x)$ est alors croissante sur $[0\,;1]$ et décroissante sur $[1\,;+\infty[$.

**B est fausse (F).**

• De l'étude précédente, nous pouvons en déduire un maximum en $x = 1$.

**C est vraie (V).**

**D est fausse (F).**

# SUJET 2 : Raisonnement logique et mathématiques

**DURÉE :** 2 HEURES 30

**NOTE DE L'ÉDITEUR**

Ce sujet, proposé en 2017, a été remanié par l'auteur pour correspondre au nouveau format du concours.

Cette épreuve est composée de trois parties de 5 questions chacune :

- Partie 1 : raisonnement logique
- Partie 2 : raisonnement mathématique
- Partie 3 : problème mathématique

L'utilisation de la calculatrice est interdite.

## Exercices 1 à 5 : Raisonnement logique

❶ Un grand-père collectionne les véhicules à pédales. Il possède des vélos (2 roues, 1 place et un guidon), des tricycles (3 roues, 1 place et un guidon) et des voitures (4 roues, 2 places et un volant). Ses 11 petits-enfants peuvent s'installer tous en même temps dans les véhicules et occupent toutes les places. On sait que :

• le nombre de roues est égal à 4 fois le nombre de guidons moins le nombre de places dans une voiture ;

• il y a un tricycle de moins que l'ensemble des autres véhicules.

À partir de ces informations, on peut conclure que :

A Il possède 3 vélos.

B Les véhicules biplaces sont exactement 2 fois moins nombreux que les véhicules monoplaces.

C Le nombre de roues est impair.

D Il devra acheter un vélo pour avoir autant de vélos que de tricycles.

❷ Trois amies organisent une grande fête d'anniversaire. Pour ce faire, elles préparent chacune une boisson à la grenadine, mélange de sirop et d'eau. Albane apporte 4 litres, Bérénice 6 litres et Claire 2 litres. Elles ont utilisé au total 60 cl de sirop pour ces préparations.

On mélange la boisson de Claire avec la moitié de celle d'Albane. Ce nouveau mélange contient 20 cl de sirop. On mélange le reste de la boisson d'Albane avec la moitié de celle de Bérénice. Le pourcentage de sirop dans cette nouvelle boisson est le même que celui dans la boisson originale de Claire.

À partir de ces informations, on peut conclure que :

**A** Claire a utilisé 15 cl de sirop.

**B** Albane a utilisé plus de sirop que Bérénice.

**C** Un invité se sert 20 cl de la boisson de Bérénice. Il a donc 1 cl de sirop dans son verre.

**D** Un invité se sert dans un verre 10 cl de chacune des 3 boissons servies. Il a donc dans son verre 2 cl de sirop.

❸ Lors d'un congrès, 3 intervenants : Pierre, Pascal et Paul doivent présenter successivement leur dossier personnel. Suite à une erreur administrative, chacun d'entre eux est en possession du dossier d'un de ses deux concurrents et porte le badge de l'autre.

On sait que l'intervenant qui porte le badge de Pierre détient le dossier de Pascal.

À partir de ces informations, on peut conclure que :

**A** Pierre a le dossier de Pascal.

**B** Pascal porte le badge de Pierre.

**C** Paul porte le badge de Pascal.

**D** Pierre porte le badge de Paul.

❹ Une compétition nautique entre 2 bateaux est organisée sur le parcours suivant :

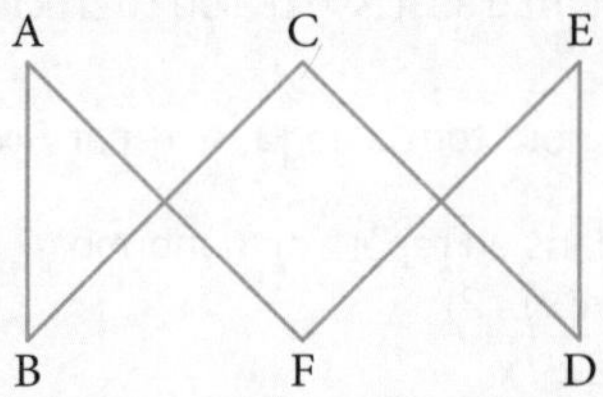


ABDE forme un rectangle. La distance AB est de 3 milles nautiques (1 mille nautique = 1 852 mètres). La distance AE est de 8 milles nautiques. C'est le milieu du segment AE. F est le milieu du segment BD. Les bateaux partent en même temps et doivent parcourir le trajet ABCDEFA.

- Le bateau 1 vogue à une vitesse constante de 20 nœuds (1 nœud = 1 mille nautique par heure).
- Le bateau 2 avance à des vitesses différentes en fonction des endroits du parcours :

▪ 15 nœuds sur les parties AB et DE ;

▪ 20 nœuds sur les parties BC et EF ;

▪ 25 nœuds sur les parties CD et FA.

À partir de ces informations, on peut conclure que :

**A** La distance totale parcourue est de 30 milles nautiques.

**B** Le bateau 1 mettra 1 h 18 minutes pour boucler le parcours.

**C** Le bateau 1 arrivera après le bateau 2.

**D** Le bateau 1 doublera 2 fois le bateau 2.

❺ Une urne contient 2 boules : une verte et une rouge. On tire au hasard $n$ fois ($n \geq 2$) une boule de cette urne en la remettant après avoir noté sa couleur. On note $A_n$ et $B_n$ les événements :

- $A_n$ : « Au cours de $n$ tirages, on obtient des boules des 2 couleurs ».
- $B_n$ : « Au cours de $n$ tirages, on obtient au plus une boule verte ».

À partir de ces informations, on peut conclure que :

A $P(A_2) = \frac{1}{2}$.

B $P(\overline{A_n}) = \frac{1}{2^{n-1}}$.

C $P(B_2) = \frac{1}{2}$.

D La probabilité d'avoir $A_3$ et $B_3$ est égale à 3/8.

# Exercices 6 à 10 : Raisonnement mathématique

**6** On considère la fonction $f$ définie pour tout $x$ de $\mathbb{R}$ par $f(x) = 1 + x - xe^{-x^2+1}$.

On note $C_f$ sa courbe représentative dans un repère orthonormé $(O, I, J)$ du plan.

A Le point $J$ appartient à $C_f$.

B Le réel 1 admet trois antécédents par la fonction $f$.

C Pour tout $x$ de $\mathbb{R}$, $f'(x) = 1 + 2xe^{-x^2+1}$.

D La tangente $T_0$ à la courbe $C_f$ au point d'abscisse 0 a un coefficient directeur positif.

**7** On considère la fonction $f$ définie pour tout $x$ de $]0\,;+\infty[$ par $f(x) = \frac{5\ln(x)}{\sqrt{x}}$.

On note $C_f$ sa courbe représentative dans un repère orthonormé $(O, I, J)$ du plan.

A Pour tout $x$ de $]0\,;+\infty[$, $f'(x) = \frac{5(\ln(x)-2)}{2x\sqrt{x}}$.

B L'équation $f(x) = -5$ est équivalente à l'équation $x = \frac{1}{(e^x)^{\frac{1}{2}}}$.

C La tangente $T$ à la courbe $C_f$ au point $I$ a pour équation $y = 5x - 5$.

D $f$ admet un maximum sur $]0\,;+\infty[$ qui vaut $\frac{10}{e}$.

**8** On considère la fonction $f$ définie pour tout $x$ de $\mathbb{R}$ par $f(x) = (x+1)^2e^{-x}$.

On considère la fonction $g$ définie pour tout $x$ de $\mathbb{R}$ par $g(x) = e^{-x}$.

On note $C_f$ et $C_g$ leurs courbes représentatives respectives dans un repère orthonormé $(O, I, J)$ du plan.

A La fonction $f$ est croissante sur $[0\,;+\infty[$.

B $C_f$ et $C_g$ admettent comme unique point d'intersection le point $J$.

C La tangente à $C_f$ en $J$ et la tangente à $C_g$ en $f$ sont perpendiculaires.

D L'ensemble solution de l'inéquation $1 > g(x)$ est $]-\infty\,;0[$.

**9** Avant l'examen du baccalauréat en fin d'année, les élèves de terminale d'un lycée passent deux examens blancs. 60 % des élèves réussissent le premier examen blanc. La probabilité de rater le second examen blanc est de 0,3 si le premier a été raté et de 0,2 si le premier a été réussi.

A La probabilité qu'un lycéen réussisse les deux examens blancs est strictement supérieure à 0,5.

B La probabilité qu'un lycéen réussisse le second examen blanc est strictement supérieure à 0,5.

C Si un lycéen réussit le second examen blanc, la probabilité qu'il ait réussi le premier examen blanc est strictement supérieure à 0,5.

D Si un lycéen rate le second examen blanc, la probabilité qu'il ait également raté le premier examen blanc est strictement supérieure à 0,5.

⑩ Soit la fonction $f_n$ définie pour tout $x$ de $\mathbb{R}$ par $f_n(x) = x^n e^{-x^2}$, avec $n \geq 2$.

On note $C_n$ la courbe représentative de la fonction $f_n$ dans un repère orthonormé $(O, I, J)$ du plan.

On note $S_n$ le point de $C_n$ qui a pour abscisse $\sqrt{\frac{n}{2}}$.

A Pour tout x de $\mathbb{R}$, $f_n'(x) = -2nx^n e^{-x^2}$.

B Le maximum de la fonction $f_n$ sur $\mathbb{R}$ est $\sqrt{\frac{n}{2}}$.

C Pour tout $n \geq 2$, $S_2 \in C_n$.

D Pour tout $n \geq 2$, l'axe des abscisses est la tangente à $C_n$ à l'origine du repère.

# Exercices 11 à 15 : Problème mathématique

**NOTE DU JURY**

Certaines questions peuvent être traitées indépendamment. D'autres nécessitent les résultats obtenus dans les questions précédentes.

Une société de vente par correspondance gère un réseau commercial et logistique composé de trois centres de commandes ($C_1$, $C_2$, $C_3$), de deux centres de préparation de commandes ($P_1$, $P_2$), et de deux centres de distribution D1, D2. Pour répondre à la demande de fin d'année, la direction générale désire évaluer la capacité mensuelle du réseau, c'est-à-dire le nombre maximum de commandes pouvant être prises, préparées et livrées en un mois. Le réseau (voir schéma) possède les caractéristiques suivantes exprimées en milliers de commandes par mois :

• les capacités maximales de prise de commandes des centres $C_1$, $C_2$ et $C_3$ sont respectivement de 30, 30 et 10. Toutes les commandes arrivées aux centres $C_1$, $C_2$ et $C_3$ doivent être traitées ;

• les capacités maximales de préparation des centres $P_1$ et $P_2$ sont respectivement de 10 et 60. Toutes les commandes arrivées aux centres $P_1$ et $P_2$ doivent être préparées ;

• les capacités de distribution pour les centres $D_1$ et $D_2$ sont respectivement de 30 et 50. Toutes les commandes arrivées aux centres $D_1$ et $D_2$ doivent être distribuées ;

• chaque centre de prise de commandes ($C_1$, $C_2$, $C_3$) peut alimenter les deux centres de préparation ($P_1$ et $P_2$) mais les capacités des liaisons informatiques limitent à un maximum de 20 000 commandes par mois le flux entre un centre de commande ($C_1$, $C_2$, $C_3$) et un centre de préparation de commandes ($P_1$ ou $P_2$) ;

• le centre $P_1$ alimente uniquement le centre $D_1$ et le centre $P_2$ alimente uniquement le centre $D_2$ ;

• le centre $D_2$ a la possibilité de transférer une partie de son activité sur le centre $D_1$ ; ce transfert ne peut pas dépasser 20 000 commandes par mois et ne réduit pas la capacité maximale de distribution du centre $D_2$.

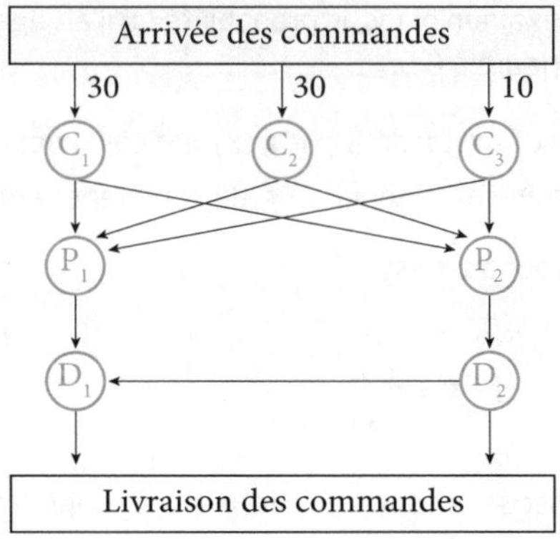


⓫ Durant le mois dernier, on a relevé les informations suivantes : les centres de commandes $C_1$ et $C_2$ ont reçu chacun 20 000 commandes et le centre et $C_3$ a reçu seulement 10 000 commandes ; le centre $P_1$ avait reçu 10 000 commandes de $C^1$ et aucune commande de $C_2$ ; le centre $P_2$ avait reçu 10 000 commandes de $C_3$. Le centre $D_2$ n'a transféré aucune partie de son activité sur le centre $D_1$.

À partir des informations précédentes, on peut conclure qu'au mois dernier :

**A** Le centre $P_1$ a reçu 10 000 commandes de $C_3$.

**B** Le centre $P_2$ a reçu entre autres 10 000 commandes de $C_3$ et 20 000 commandes de $C_2$.

**C** Les centres distribution $D_1$ et $D_2$ ont distribué au total 50 000 commandes.

**D** Si $D_2$ avait transféré 10 000 commandes de son activité sur le centre $D_1$, alors les centres de distribution $D_1$ et $D_2$ auraient distribué au total 50 000 commandes.

⓬ L'historique a permis de constater que parmi toutes les commandes arrivant à la société, il y en a 50 % qui arrivent à $C_1$ et seulement 30 % qui arrivent au centre $C_2$ (donc 20 % arrivent à $C_3$). On a aussi constaté que 70 % des commandes transmises aléatoirement par l'un des centres de commandes ($C_1$, $C_2$ ou $C_3$) sont préparées au centre $P_1$ (donc 30 % y sont préparées au centre $P_2$).

Sur la base des informations précédentes, on peut conclure :

**A** La probabilité qu'une commande soit reçue par le centre $C_1$ et préparée dans le centre $P_1$ est égale à 0,35.

**B** Il y a 1 chance sur 2 pour qu'une commande soit préparée dans le centre $P_1$ et reçue par l'un des centres $C_1$ ou $C_3$.

**C** La probabilité qu'une commande soit préparée dans le centre $P_2$ est égale à 0,35.

**D** Quand une commande a été préparée dans le centre $P_2$, la probabilité qu'elle ait été reçue par le centre $C_3$ est égale à 0,20.

⓭ Le siège de la société se trouve dans la ville V. Les centres $C_1$, $C_2$, $C_3$, $P_1$ et $P_2$ se situent dans des villes différentes dont la configuration géographique est la suivante (voir figure). Toutes les distances s'expriment en km. $C_1$, $C_2$, $C_3$, $P_1$ se trouvent à la même distance de $P_2$. $C_1$, $C_2$, $P_2$ et la ville V sont alignés. La ville V se situe à une distance *x* de $P_1$ et à une distance de 5 km de $C_1$.

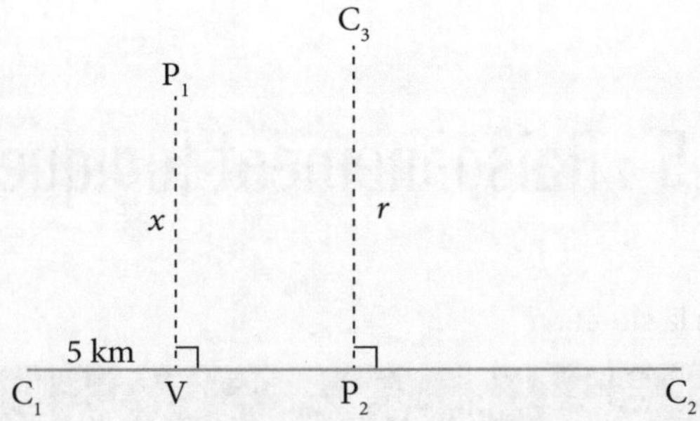


À partir des informations précédentes, on peut conclure que :

**A** $x^2 - 10r + 25 = 0$.

**B** Pour aller de $P_1$ à $C_3$, il faut parcourir au moins la distance $\sqrt{2r^2 + x^2 - 2xr + 10r + 25}$.

**C** La distance minimale entre $P_1$ et $C_2$ est égale à $\sqrt{4r^2 + x^2 - 25}$.

**D** Pour aller de la ville V à $C_2$ en passant par $C_3$ on parcourt au moins la distance $r\sqrt{2} + \sqrt{2r^2 - 10r + 25}$.

⓮ Dans les conditions de capacités maximales des différents centres, l'historique des commandes a montré que la situation mensuelle qui permet de distribuer le plus de commandes (c'est-à-dire celle qui maximise les capacités mensuelles de distribution pour les centres $D_1$ et $D_2$) est la suivante : les centres de commandes $C_1$, $C_2$ et $C_3$ devant traiter respectivement 30 000, 20 000 et 10 000 commandes ; le centre $P_2$ devant préparer 20 000 commandes de $C_1$, 20 000 commandes de $C_2$ et 10 000 commandes de $C_3$. On appelle situation optimale la situation permettant de distribuer le plus grand nombre de commandes.

À partir des informations précédentes, on peut conclure que dans la situation optimale :

**A** Le centre $P_1$ ne reçoit aucune commande ni de $C_2$ ni de $C_3$.

**B** Le centre $D_2$ n'a pas l'obligation de transférer une partie de son activité sur le centre $D_1$.

**C** Pour pouvoir distribuer plus de commandes, il suffit d'augmenter la capacité de liaison informatique reliant le centre $C_1$ au centre $P_1$.

**D** Pour pouvoir distribuer plus de commandes, il suffit d'augmenter la capacité de liaison informatique reliant le centre $C_2$ au centre $P_2$.

⓯ Les capacités de préparation des centres $P_1$ et $P_2$ ne sont plus limitées comme indiqué initialement. On note respectivement $x$ et $y$ les capacités journalières de préparation pour $P_1$ et $P_2$. Dans chaque centre de préparation $P_1$ et $P_2$, il y a 3 équipes de personnes qui y travaillent : une équipe du matin, une équipe de l'après-midi, et une équipe de nuit. On sait que chaque commande préparée par le centre $P_1$ nécessite 2 heures de travail le matin, 2 heures l'après-midi et 4 heures de travail la nuit. Chaque commande préparée par le centre $P_2$ nécessite 2 heures de travail le matin, 3 heures l'après-midi et 1 heure de travail la nuit. La direction limite le travail journalier global à un maximum de 6 000 heures le matin, 8 000 heures l'après-midi et 6 000 heures la nuit. L'objectif est de préparer le maximum de commandes.

À partir des informations précédentes, on peut en conclure que :

**A** $2x + 3y \leq 8\,000$

**B** Avec les conditions de travail fixées par la direction, le centre $P_1$ ne peut pas préparer plus de 1 500 commandes en 24 heures.

**C** Avec les conditions de travail fixées par la direction, les centres $P_1$ et $P_2$ peuvent préparer respectivement 1 500 et 1 000 commandes en 24 heures.

**D** La capacité optimale de préparation journalière totale des 2 centres $P_1$ et $P_2$ est égale à 3 000 commandes.

# Corrigé

# Exercices 1 à 5 : Raisonnement logique

**1 VFFV**

Le tableau suivant résume la situation.

| Nombre de ... | Roues | Places | Guidon | Volant | Nombre de véhicules |
|---|---|---|---|---|---|
| Vélos | 2 | 1 | 1 | 0 | $a=3$ |
| Tricycles | 3 | 1 | 1 | 0 | $b=4$ |
| Voitures | 4 | 2 | 0 | 1 | $c=2$ |

On a le système $\begin{cases} a+b+2c=11 & (1) \\ 2a+b-4c=2 & (2) \\ a-b+c=1 & (3) \end{cases}$

(1) Les 11 petits-enfants peuvent s'installer tous en même temps dans les véhicules et occupent toutes les places.

Nombre total de places : $a+b+2c$.

Nombre de petits-enfants : 11.

(2) Nombre de roues au total : $2a+3b+4c$.

Nombre de guidons : $a+b$.

Donc $2a+3b+4c=4(a+b)-2 \Leftrightarrow 2a+3b+4c=4a+4b-2 \Leftrightarrow a+b-4c=2$.

(3) Ensemble des véhicules non tricycles : $a+c$.

Donc $b=a+c-1 \Leftrightarrow a-b+c=1$.

En effectuant $(1)+(3)$, on obtient $2a+3c=12$.

En effectuant $(2)+(3)$, on obtient $3a-3c=3$.

Résolvons donc $\begin{cases} 2a+3c=12 \\ 3a-3c=3 \end{cases}$.

Par addition : $5a=15 \Rightarrow a=3$.

En remplaçant $a$ par 3 : $6+3c=12 \Rightarrow 3c=6 \Rightarrow c=2$.

En remplaçant dans (3) : $3-b+2=1 \Rightarrow b=4$.

Donc **A et D sont vraies (V)**.

Nombre de véhicules monoplaces : 7 donc **B est fausse (F)**.

Nombre de roues : $6+12+8=26$ donc **C est fausse (F)**.

**2 FFVF**

On désigne par des lettres majuscules les quantités d'eau utilisées par Albane, Bérénice et Claire et exprimées en litres, et par des lettres minuscules les quantités de sirop. La boisson d'Albane (respectivement Bérénice et Claire) contient une quantité de liquide égale à $A+a$, celle de Bérénice égale à $B+b$ et celle de Claire égale à $C+c$.

On a le système $\begin{cases} a+b+c=0{,}6 \ (1) \\ 0{,}5a+c=0{,}2 \ (2). \\ a+b-5c=0 \ (3) \end{cases}$

(1) Quantité totale de sirop : $a+b+c$.

(2) La boisson de Claire mélangée à la moitié de celle d'Albane contient une quantité de sirop égale à $c+\frac{1}{2}a$ donc $c+0{,}5a=0{,}2$.

(3) Le reste de la boisson d'Albane contient une quantité de sirop égale à $\frac{1}{2}a$. On la mélange à $\frac{1}{2}b$ et on obtient une quantité de sirop égale à $\frac{1}{2}a+\frac{1}{2}b=0{,}5(a+b)$. La quantité de liquide de cette boisson est $2+3=5$ litres. Le pourcentage de sirop est donc $\frac{0{,}5(a+b)}{5}=0{,}1(a+b)$. Le pourcentage de sirop dans la boisson initiale de Claire est $\frac{c}{2}=0{,}5c$ donc $0{,}1(a+b)=0{,}5c \Leftrightarrow 0{,}1a+0{,}1b-0{,}5c=0$, soit $a+b-5c=0$ après multiplication par 10.

En effectuant (1) – (3) on trouve $6c=0{,}6 \Rightarrow \mathbf{c=0{,}1}$.

(2) fournit $0{,}5a=0{,}2-0{,}1 \Rightarrow a=\frac{0{,}1}{0{,}5} \Rightarrow \mathbf{a=0{,}2}$.

Alors, par (1), on a $b=0{,}6-0{,}1-0{,}2 \Rightarrow \mathbf{b=0{,}3}$.

C'est pourquoi **A et B sont fausses (F)**.

**C est vraie (V)**. La boisson de Bérénice contient une proportion de sirop égale à $\frac{0{,}3}{6}=5\ \%$. Si on prend 20 cl de cette boisson on a $5\ \% \times 20$ cl $=1$ cl de sirop.

**D est fausse (F)**. Les proportions de sirop des boissons de A et C sont respectivement $\frac{0{,}2}{4}=5\ \%$ et $\frac{0{,}1}{2}=5\ \%$. Les trois boissons contiennent donc 5 % de sirop chacune. Si on se sert 10 cl de chacune des boissons, on obtient 30 cl d'une boisson contenant 5 % de sirop. C'est pourquoi on aura 1,5 cl de sirop.

### ❸ FFFF

Le tableau ci-dessous résume la situation. Les numéros indiquent l'ordre de placement des prénoms.

| | Pierre | Pascal | Paul |
|---|---|---|---|
| Le dossier détenu est celui de… | Paul | Pierre (4) | Pascal (2) |
| Le badge porté est celui de… … | Pascal | Paul (3) | Pierre (1) |

En effet, Pascal ou Paul porte le badge de Pierre. Ce n'est pas Pascal car il ne peut détenir son dossier. C'est donc Paul qui porte le badge de Pierre et détient le dossier de Pascal. Pascal ne peut alors porter que le badge de Paul et donc le dossier de Pierre. Dès lors le reste du tableau se remplit immédiatement.

### ❹ FVFF

Comme BF = 4, le théorème de Pythagore appliqué dans le triangle rectangle ABF montre que $AF^2=AE^2+BF^2=3^3+4^2=25 \Rightarrow AF=5$. De même BC = CD = EF = 5.

Le tableau suivant résume la situation :

| Tronçons | AB | BC | CD | DE | EF | FA |
|---|---|---|---|---|---|---|
| Distances (miles) | 3 | 5 | 5 | 3 | 5 | 5 |
| Vitesses 1 (nœuds) | 20 | 20 | 20 | 20 | 20 | 20 |
| Temps cumulés 1 (minutes) | 9 | 24 | 39 | 48 | 63 | 78 |
| Vitesses 2 (nœuds) | 15 | 20 | 25 | 15 | 20 | 25 |
| Temps cumulés 2 (minutes) | 12 | 27 | 39 | 51 | 66 | 78 |

Pour obtenir les temps de parcours, on utilise la formule $d = vt \Rightarrow t = \frac{d}{v}$. On convertit ensuite en minutes. Ainsi pour le tronçon AB, le temps de parcours en heures est $\frac{3}{20}$ donc $\frac{3}{20}\times 60$ minutes, c'est-à-dire 9 minutes pour le bateau 1 et $\frac{3}{15}\times 60 = 12$ minutes pour le bateau 2.

Le temps de parcours pour le tronçon BC est $\frac{5}{20}\times 60 = 15$ minutes pour le bateau 1 et le bateau 2.

Les temps cumulés du parcours AB + BC sont donc respectivement $9+15=24$ et $15+15=30$.

On complète de la même façon les autres temps cumulés.

A **est fausse (F)**. La distance totale est de 26 miles.

B **est vraie (V)** car $78' = 60' + 18' = 1$ h 18.

C **est fausse (F)**. Les bateaux 1 et 2 arrivent ex aequo en 1 h 18.

D **est fausse (F)**. Les temps cumulés du bateau 1 sont toujours inférieurs ou égaux à ceux du bateau 2. Donc, les vitesses étant constantes, le bateau 2 n'aura jamais été dépassé.

**5 VVFV**

On note par exemple *VRR* le tirage de trois boules comportant dans l'ordre : une boule verte, une boule rouge, une boule rouge.

A **est vraie (V)** car $P(A_2) = P(VR) + P(RV) = \frac{1}{2}\times\frac{1}{2} + \frac{1}{2}\times\frac{1}{2} = \frac{1}{4} + \frac{1}{4} = \frac{1}{2}$.

B **est vraie (V)** car l'événement $\overline{A_n}$ signifie que les tirages sont unicolores, c'est-à-dire contiennent soit uniquement des boules vertes soit uniquement des boules rouges. Donc :

$$P(\overline{A_n}) = P\left(\underbrace{VV\ldots V}_{n \text{ fois } V}\right) + P\left(\underbrace{RR\ldots R}_{n \text{ fois } R}\right) = \frac{1}{2}\times\frac{1}{2}\times\ldots\times\frac{1}{2} + \frac{1}{2}\times\frac{1}{2}\times\ldots\times\frac{1}{2} = \frac{1}{2^n} + \frac{1}{2^n} = 2\times\frac{1}{2^n} = \frac{1}{2^{n-1}}.$$

C **est fausse (F)** car $\overline{B_2}$ signifie qu'on a obtenu deux boules vertes en deux tirages. Donc :

$$P(\overline{B_2}) = P(VV) = \frac{1}{4} \Rightarrow P(B_2) = 1 - \frac{1}{4} = \frac{3}{4}.$$

D **est vraie (V)** car $A_3 \cap B_3$ est l'événement « on a obtenu une boule verte et deux boules rouges au cours de trois tirages ». Donc :

$$P(A_3 \cap B_3) = P(VRR) + P(RVR) + P(RRV) = \frac{1}{2}\times\frac{1}{2}\times\frac{1}{2} + \frac{1}{2}\times\frac{1}{2}\times\frac{1}{2} + \frac{1}{2}\times\frac{1}{2}\times\frac{1}{2} = 3\times\frac{1}{8} = \frac{3}{8}.$$

# Exercices 6 à 10 : Raisonnement mathématique

**6 VVFF**

A **est vraie (V).** $f(0) = 1$ donc le point $J(0\,;1)$ appartient à $C_f$.

B **est vraie (V).** Les antécédents de 1 sont les nombres $x$ tels que $f(x) = 1$. Cette équation équivaut à :

$1 + x - xe^{-x^2+1} = 1$ c'est-à-dire $x\left(1 - e^{-x^2+1}\right) = 0 \Leftrightarrow x = 0$ ou $1 - e^{-x^2+1} = 0$

$\Leftrightarrow x = 0$ ou $e^{-x^2+1} = 1$.

Or $e^{-x^2+1} = 1 \Leftrightarrow -x^2 + 1 = 0 \Leftrightarrow x^2 = 1 \Leftrightarrow x = -1$ ou $x = 1$.

Les antécédents de 1 sont donc $-1$, 0 et 1.

C **est fausse (F).** En utilisant les formules $(uv)' = u'v + uv'$ et $(e^u)' = u'e^u$ on trouve :

$f'(x) = 0 + 1 - \left(1\times e^{-x^2+1} + x(-2x)e^{-x^2+1}\right) = 1 - e^{-x^2+1} + 2x^2e^{-x^2+1}$

D **est fausse (F).** Le coefficient directeur de la tangente $T_0$ est $f'(0)$. Or $f'(0) = 1 - e \Rightarrow f'(0) < 0$.

**7 FFVV**

**A est fausse (F).** En utilisant la formule $\left(\frac{u}{v}\right)'=\frac{u'v-uv'}{v^2}$ :

$$f'(x)=5\frac{\left(\frac{1}{x}\sqrt{x}-\ln(x)\frac{1}{2\sqrt{x}}\right)}{\left(\sqrt{x}\right)^2}=5\frac{\frac{1}{\sqrt{x}}-\frac{1}{2\sqrt{x}}\ln(x)}{x}=5\,\frac{\frac{1}{\sqrt{x}}\left(1-\frac{1}{2}\ln(x)\right)}{x}=5\frac{\left(1-\frac{1}{2}\ln(x)\right)}{x\sqrt{x}}.$$

**B est fausse (F).** $f(x)=-5\Leftrightarrow\frac{\ln(x)}{\sqrt{x}}=-1\Leftrightarrow\ln(x)=-\sqrt{x}=-x^{\frac{1}{2}}\Leftrightarrow x=\mathrm{e}^{-x^{\frac{1}{2}}}\Leftrightarrow x=\frac{1}{\mathrm{e}^{x^{\frac{1}{2}}}}=\frac{1}{\mathrm{e}^{\sqrt{x}}}.$

**C est vraie (V).** Le point $I$ a pour abscisse 1. L'équation de $T$ est donc $y=f'(1)(x-1)+f(1)$.

$f'(1)=5$ et $f(1)=0$. Donc $y=5(x-1)=5x-5$.

**D est vraie (V).** On a en effet le tableau de variations ci-dessous.

$f'(x)=0\Leftrightarrow 1-\frac{1}{2}\ln(x)=0\Leftrightarrow\ln(x)=2\Leftrightarrow x=\mathrm{e}^2$ $f(\mathrm{e}^2)=\frac{5\ln(\mathrm{e}^2)}{\sqrt{\mathrm{e}^2}}=\frac{10}{\mathrm{e}}.$

| $x$ | 0 | | $\mathrm{e}^2$ | | $+\infty$ |
|---|---|---|---|---|---|
| $f'(x)$ | ‖ | + | 0 | − | |
| $f(x)$ | ‖ | ↗ | $\frac{10}{\mathrm{e}}$ | ↘ | |

**8 FFVF**

En utilisant la formule $(u^n)'=nu'u^{n-1}$ et $(\mathrm{e}^{ax+b})'=a\,\mathrm{e}^{ax+b}$ :

$f'(x)=2(x+1)\mathrm{e}^{-x}+(x+1)^2(-1)\mathrm{e}^{-x}=(2x+2-x^2-2x-1)\mathrm{e}^{-x}=(1-x^2)\mathrm{e}^{-x}$

$g'(x)=-\mathrm{e}^{-x}$

**A est fausse (F).** En effet, pour tout $x\in[1\,;+\infty[$, $f'(x)\leq 0$ donc $f$ est décroissante sur cet intervalle et n'est donc pas croissante sur $[0\,;+\infty[$.

**B est fausse (F).** Les abscisses $x$ des éventuels points d'interaction de $C_f$ et $C_g$ sont les solutions éventuelles de l'équation $f(x)=g(x)$, c'est-à-dire :

$(x+1)^2\mathrm{e}^{-x}=\mathrm{e}^{-x}\Leftrightarrow(x+1)^2=1\Leftrightarrow x^2+2x+1=1\Leftrightarrow x(x+2)=0$

Cette équation a deux solutions qui sont 0 et $-2$ donc $C_f$ et $C_g$ ont deux points en commun.

**C est vraie (V).** Le point $J$ ayant pour abscisse 0, les coefficients directeurs des tangentes à $C_f$ et $C_g$ en $J$ sont respectivement $f'(0)$ et $g'(0)$ c'est-à-dire 1 et $-1$. Ces tangentes sont donc perpendiculaires car le produit de leurs pentes est égal à $-1$.

**D est fausse (F).** $1>g(x)\Leftrightarrow 1>\mathrm{e}^{-x}\Leftrightarrow 0>-x\Leftrightarrow 0<x\Leftrightarrow x\in]0\,,+\infty[$.

## ❾ FVVF

L'arbre ci-dessous résume l'énoncé sachant que $S$ signifie « succès » et $E$ signifie « échec ».

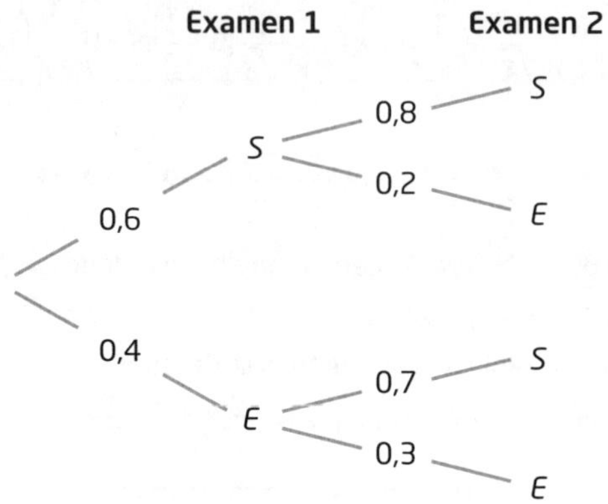


On place en premier 0,6 puis 0,3 puis 0,2. Les quatre autres probabilités s'en déduisent sachant que la somme des branches qui ont la même racine est égale à 1.

On note par exemple $ES$ l'événement « l'élève a raté le premier examen et réussi le second ». De même on note par exemple $S_1$ l'événement « l'élève a réussi le premier examen ».

**A est fausse (F).** En effet $P(SS)=0{,}6\times0{,}8=0{,}48$.

**B est vraie (V).** La probabilité cherchée est en effet égale à $P(SS)+P(ES)=0{,}48+0{,}7\times0{,}4=0{,}76$.

**C est vraie (V).** On cherche $P_{S_2}(S_1)=\dfrac{P(S_1\cap S_2)}{P(S_2)}=\dfrac{0{,}48}{0{,}76}=\dfrac{48}{76}=\dfrac{12}{19}$

**D est fausse (F).** On cherche $P_{E_2}(E_1)=\dfrac{P(E_1\cap E_2)}{P(E_2)}=\dfrac{0{,}6\times0{,}2}{0{,}6\times0{,}2+0{,}4\times0{,}3}=\dfrac{0{,}12}{0{,}24}=\dfrac{1}{2}$

## ❿ FFVV

### NOTE DU FORMATEUR

Nous supposons que $n$ est un entier. Sinon, si $n=\dfrac{5}{2}$ par exemple, on ne peut calculer $x^{\frac{5}{2}}=x^2\sqrt{x}$ pour $x<0$ et $f$ ne serait pas définie sur $\mathbb{R}$.

Sachant que les dérivées respectives de $x^n$ et $e^u$ sont $nx^{n-1}$ et $u'e^u$ on trouve :

$f_n'(x)=nx^{n-1}e^{-x^2}+x^n(-2x)e^{-x^2}=x^{n-1}e^{-x^2}(n-2x^2)$.

**A est donc fausse (F).**

**B est fausse (F).** Si $f_n$ a un extremum en $x$ alors $f_n'(x)=0$ c'est-à-dire :

$x=0$ ou

$n-2x^2=0\Leftrightarrow x^2=\dfrac{n}{2}\Leftrightarrow x=-\sqrt{\dfrac{n}{2}}$ ou $x=\sqrt{\dfrac{n}{2}}$.

Or $f_n(0)=0$, $f_n\left(-\sqrt{\dfrac{n}{2}}\right)=\left(-\sqrt{\dfrac{n}{2}}\right)^n e^{-\frac{n}{2}}$ et $f_n\left(\sqrt{\dfrac{n}{2}}\right)=\left(\sqrt{\dfrac{n}{2}}\right)^n e^{-\frac{n}{2}}$. Tous ces nombres étant différents de $\sqrt{\dfrac{n}{2}}$, le maximum de $f_n$ n'est donc pas $\sqrt{\dfrac{n}{2}}$.

**C est vraie (V).** $S_2$ ayant pour abscisse $\sqrt{\frac{2}{2}} = 1$, son ordonnée est égale à $f_2(1) = e^{-1}$. De plus, pour tout $n \geq 2$ : $f_n(1) = e^{-1}$ donc $S_2 \in C_n$ pour tout $n \geq 2$.

**D est vraie (V).** Pour tout $n \geq 2$ $f_n(0) = 0$ donc chaque courbe $C_n$ passe par l'origine du repère, qui a pour abscisse 0. Le coefficient directeur de la tangente en ce point est $f_n'(0)$ c'est-à-dire 0. La tangente est donc horizontale et passe par l'origine. C'est pourquoi c'est l'axe des abscisses.

# Exercices 11 à 15 : Problème mathématique

### ⓫ FVVV

Le tableau suivant résume la situation. Les nombres en noir sont les données de l'exercice (par exemple $P_1$ reçoit 0 commande de $C_2$) et les nombres en bleu s'en déduisent (par exemple 20 est le nombre des commandes de $C_2$ qui doivent être traitées sachant que $P_1$ n'en traite aucune). Les exposants indiquent l'ordre dans lequel on les a placés : le premier est 10, le deuxième est 20 et le troisième est 0. Les autres nombres s'obtiennent par somme.

| | | $P_1$ | $P_2$ | Total des commandes traitées par $P_1$ et $P_2$ |
|---|---|---|---|---|
| Commandes reçues de : | $C_1$ | 10 | $10^1$ | 20 |
| | $C_2$ | 0 | $20^2$ | 20 |
| | $C_3$ | $0^3$ | 10 | 10 |
| Total des commandes reçues | | 10 | 40 | 50 |

**A est fausse (F)** car $P_1$ n'a reçu aucune commande de $C_3$.

**B est vraie (V).**

**C est vraie (V)** car il y a 50 000 commandes en tout.

**D est vraie (V)** car il y a 50 000 commandes en tout.

### ⓬ VFFV

L'arbre ci-contre résume la situation.

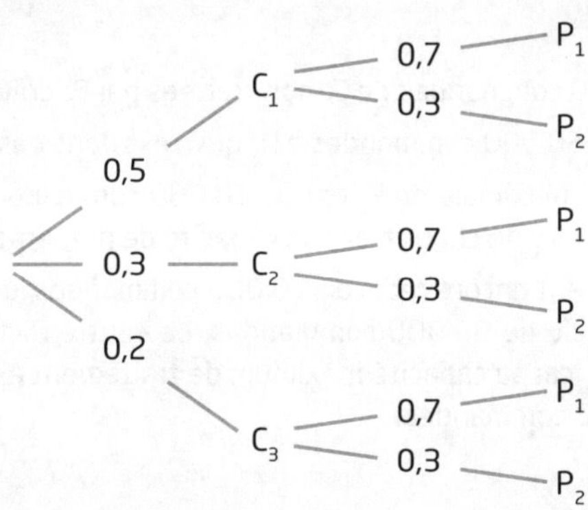

**A est vrai (V)** car $P(C_1 \cap P_1) = 0{,}5 \times 0{,}7 = 0{,}35$.

**B est fausse (F)** car $P(C_1 \cap P_1) + P(C_3 \cap P_1) = 0{,}35 + 0{,}2 \times 0{,}7 = 0{,}35 + 0{,}14 = 0{,}49$.

**C est fausse (F)** car $P(P_2) = 0{,}3$.

**D est vraie (V)**. On cherche $P_{P_2}(C_3) = \dfrac{P(C_3 \cap P_2)}{P(P_2)} = \dfrac{0{,}2 \times 0{,}3}{0{,}3} = 0{,}2$.

**⑬ VFFV**

On se réfère à la figure ci-dessous.

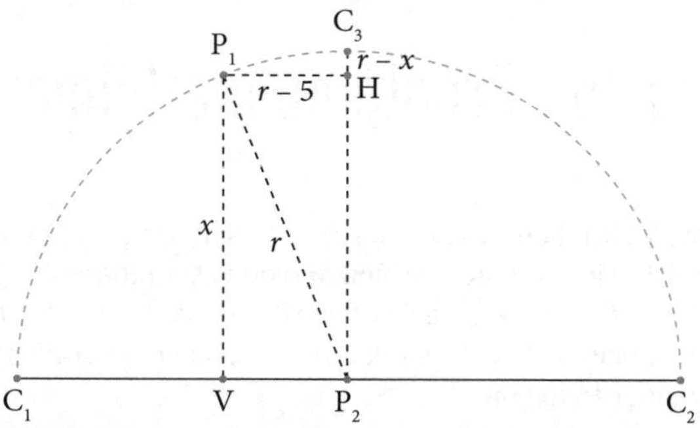


**A est vraie (V).** Dans le triangle rectangle $P_1VP_2$ le théorème de Pythagore fournit $P_1P_2^2 = VP_1^2 + VP_2^2$ c'est-à-dire $r^2 = x^2 + (r-5)^2 \Leftrightarrow r^2 = x^2 + r^2 - 10r + 25 \Leftrightarrow x^2 - 10r + 25 = 0$.

**B est fausse (F).** Dans le triangle rectangle $P_1HC_3$ : $P_1C_3^2 = P_1H^2 + HC_3^2$. Donc :

$P_1C_3^2 = (r-5)^2 + (r-x)^2 = r^2 - 10r + 25 + r^2 - 2rx + x^2 = 2r^2 + x^2 - 2rx - 10r + 25$.

Et ainsi : $P_1C_3 = \sqrt{2r^2 + x^2 - 2rx - 10r + 25}$.

C'est la distance minimum (car c'est la ligne droite) qu'il faut parcourir pour aller de $P_1$ à $C_3$.

**C est fausse (F).** Dans le triangle rectangle $VP_1C_2$ : $P_1C_2^2 = VP_1^2 + VC_2^2$. Donc :

$P_1C_2^2 = x^2 + (2r-5)^2 = x^2 + 4r^2 - 20r + 25 \Rightarrow P_1C_2 = \sqrt{4r^2 + x^2 - 20r + 25}$.

C'est la distance minimum (car c'est la ligne droite) qu'il faut parcourir pour aller de $P_1$ à $C_2$.

**D est vraie (V).** La distance minimum est $VC_3 + C_3C_2$.

Or, dans le triangle rectangle $VC_3P_2$ :

$VC_3^2 = P_2V^2 + P_2C_3^2 = (r-5)^2 + r^2 = 2r^2 - 10r + 25 \Rightarrow VC_3 = \sqrt{2r^2 - 10r + 25}$.

Dans le triangle rectangle $C_3P_2C_2$ : $C_3C_2^2 = P_2C_2^2 + P_2C_3^2 = 2r^2 \Rightarrow C_3C_2 = \sqrt{2r^2} = r\sqrt{2}$.

**⑭ VVFV**

**A est vraie (V)** car les 10 000 commandes de $C_1$ non traitées par $P_2$ doivent l'être.

**B est vraie (V)** car $P_2$ envoie 50 000 commandes à $D_2$ qui n'est donc pas saturé.

**C est fausse (F).** La capacité maximale de $P_1$ est de 10 000 commandes. Augmenter la capacité de liaison informatique entre $C_1$ et $P_1$ ne change pas sa capacité de préparation.

**D est vraie (V).** En effet $C_2$ peut encore recevoir 10 000 commandes, qui seront transférées à $P_2$ qui atteindra sa capacité maximale de 60 000 commandes. Le centre $D_2$ transférera ces 10 000 commandes supplémentaires à $D_1$ car sa capacité maximum de traitement est de 50 000 commandes. On pourra donc distribuer 70 000 commandes.

**⑮ VVFV**

Le tableau ci-contre récapitule les contraintes horaires pour chaque période (Matin, Après-midi, Nuit).

| | Matin | Après-midi | Nuit |
|---|---|---|---|
| $P_1$ | 2 | 2 | 4 |
| $P_2$ | 2 | 3 | 1 |

On comprend que $x$ et $y$ désignent le nombre de commandes quotidiennes préparées respectivement dans $P_1$ et $P_2$. Compte tenu des contraintes horaires, on a :

$$\begin{cases} 2x+2y \le 6\,000 \\ 2x+3y \le 8\,000 \\ 4x+y \le 6\,000 \end{cases}$$

**A est vraie (V)** (équation n° 2).

**B est vraie (V).** L'équation n° 3 montre que si $x = 1\,500$ alors $4x+y = 6\,000$ ; le maximum de commandes préparées par $P_1$ est atteint (et dans ce cas $y = 0$).

**C est fausse (F).** Dans la troisième inéquation, on aurait $4x+y = 4 \times 1\ 500 + 1\,000 = 7\,000$.

**D est vraie (V).** En effet si $x+y = 3\,000$ alors $x = 3\,000 - y$.

En reportant cette valeur dans le système initial, on trouve :

$$\begin{cases} 2(3\,000-y)+2y \le 6\,000 \\ 2(3\,000-y)+3y \le 8\,000 \\ 4(3\,000-y)+y \le 6\,000 \end{cases} \Leftrightarrow \begin{cases} 6\,000 \le 6\,000 \\ 6\,000+y \le 8\,000 \\ 12\,000-3y \le 6\,000 \end{cases} \Leftrightarrow \begin{cases} y \le 2\,000 \\ 6\,000 \le 3y \end{cases} \Leftrightarrow \begin{cases} y \le 2\,000 \\ 2\,000 \le y \end{cases}$$

Par conséquent $y = 2\,000$. Alors $x = 1\,000$. En remplaçant $x$ par 1 000 et $y$ par 2 000 on obtient

$$\begin{cases} 2x+2y = 6\,000 \\ 2x+3y = 8\,000 \\ 4x+y = 6\,000 \end{cases}$$ qui montre que les capacités maximales sont atteintes.

# SUJET 3 : Raisonnement logique et mathématiques

**DURÉE :** 2 HEURES 30

**NOTE DE L'ÉDITEUR**

Ce sujet, proposé en 2016, a été remanié par l'auteur pour correspondre au nouveau format du concours.

## Exercices 1 à 5 : Raisonnement logique

❶ $x$ collègues se rendent ensemble au restaurant. Chacun verse 20 €. Étant en groupe, ils bénéficient d'une réduction de 20 % sur l'addition. Lorsque la facture arrive, ils se rendent compte qu'il manque $y$ €.

Chacun ajoute 3 € à la somme de départ. Ils paient et le serveur rend $z$ € au groupe.

À partir de ces informations, on peut conclure que :

A $23x + z = 20x + y$

B Le groupe est composé de $\frac{y - z}{3}$ personnes.

C Le prix par personne est de $23 - \frac{z}{x}$ €.

D Le prix par personne sans la réduction octroyée était de $25 + \frac{y}{0,8x}$ €.

❷ 3 collègues se rendent à leur entreprise. Noémie, Xavier et Yves utilisent 3 moyens de transport différents (bus, vélo ou à pied). Ils parcourent 3 distances différentes (2, 4 et 6 km). Xavier, qui parcourt plus de 4 km, ne se rend pas à pied à l'entreprise. La personne qui est à 2 km de l'entreprise et qui s'y rend à vélo n'est pas Yves.

À partir de ces informations, on peut conclure que :

A Yves parcourt 6 km.

B Celui qui roule à vélo parcourt plus de kilomètres que celui qui se rend à pied à l'entreprise.

C Noémie n'utilise pas le bus pour se rendre à l'entreprise.

D Celui qui vient en bus parcourt le plus de kilomètres.

❸ Si l'on considère vraie l'hypothèse « Pour réussir, il faut travailler dur », on peut conclure que :

A Tous ceux qui réussissent travaillent dur.

B Ceux qui ne réussissent pas ne travaillent pas dur.

C Les gens qui travaillent dur réussissent toujours.

D Ceux qui ne travaillent pas dur ne peuvent pas réussir.

❹ Dans un pays, une étude sur la fécondité a été réalisée en interviewant 1 000 femmes. En voici les résultats :

- 20 % de ces femmes n'ont pas d'enfant.
- 25 % de ces femmes ont 1 enfant.
- 25 % de ces femmes ont 2 enfants.
- 15 % de ces femmes ont 3 enfants.
- 10 % de ces femmes ont 4 enfants.
- 5 % de ces femmes ont plus de 4 enfants.

À partir de ces informations, on peut conclure que :

**A** Parmi les femmes ayant un ou plusieurs enfants, 50 % d'entre elles ont moins de 3 enfants.

**B** Ces 1 000 femmes ont donné naissance à plus de 1 800 enfants.

**C** Si l'on choisit au hasard une de ces 1 000 femmes, la probabilité qu'elle ait au moins 3 enfants est de 30 %.

**D** 55 % des enfants de ces femmes ont au moins un frère ou une sœur.

❺ Arthur, Basile, Charly et Démosthène sont soupçonnés d'avoir commis un méfait. Nous avons, à leur sujet, les informations suivantes :

- Si Arthur est innocent alors Démosthène est coupable.
- Si Arthur est coupable alors Charly l'est aussi.
- Si Démosthène est coupable alors Basile l'est aussi.
- Basile est innocent.

À partir de ces informations, on peut conclure que :

**A** Arthur est coupable.

**B** Démosthène est non coupable.

**C** Arthur et Démosthène sont coupables.

**D** Charly est non coupable.



# Exercices 6 à 10 : Raisonnement mathématique

❻ Soit $f$ la fonction définie pour tout $x$ de $]0\,;+\infty[$ par $f(x) = \ln^2(x) + \ln(x)$.

Soit $C_f$ la courbe représentative de la fonction $f$ dans un repère orthogonal (O, I, J).

La courbe $C_f$ coupe l'axe des abscisses en deux points : A d'abscisse 1 et B d'abscisse $x_B$.

**A** Le minimum de la fonction $f$ est $-\frac{1}{4}$

**B** $x_B > 1$

**C** La tangente $T$ à $C_f$ au point B est parallèle à la droite d'équation $y = e - ex$.

**D** La fonction $F$ définie pour tout $x$ de $]0\,;+\infty[$ par $F(x) = x[\ln^2(x)] - x\ln(x) - x$ est une primitive de $f$ sur $]0\,;+\infty[$.

❼ Soit $f$ la fonction définie pour tout $x$ de $\mathbb{R}$ par $f(x) = ax^3 + bx^2 + cx + d$ avec $a$, $b$, $c$ et $d$ quatre réels. Soit $C_f$ La courbe représentative de la fonction $f$ qui admet aux points A(1 ; 2) et B(0 ; -3) deux tangentes parallèles à la droite d'équation $y = x$.

**A** Pour tout $x$ de $\mathbb{R}$, $f(x) = -8x^3 + 12x^2 + x - 3$.

**B** Sur ]-∞ ; 0], la fonction $f$ a pour maximum $\frac{1}{2} + \frac{\sqrt{42}}{12}$.

**C** La fonction $f$ est croissante sur [0 ; 1].

**D** L'équation $f(x) = 0$ admet exactement deux solutions sur $\mathbb{R}$.

**8** Soit $f$ la fonction définie pour tout $x$ de D par $f(x) = \frac{x-1}{x}\ln(x)$.

Soit $C_f$ la courbe représentative de la fonction $f$ dans un repère du plan.

Soit $g$ la fonction définie pour tout $x$ de D par $g(x) = x - 1 + \ln(x)$.

**A** $g$ est positive sur [1 ; +∞[.

**B** $g$ est convexe sur D.

**C** Pour tout $x$ de D, $f'(x) = \frac{g(x)}{x^2}$.

**D** $C_f$ est située au-dessus de Γ, la courbe d'équation $y = \ln(x)$, sur l'intervalle ]0 ; +∞[.

**9** Soit $f$ la fonction définie pour tout $x$ de $\mathbb{R}$ par $f(x) = e^x - e^{-x} + 2$.

Soit $C_f$ la courbe représentative de la fonction $f$ dans un repère orthogonal (O, I, J).

Soit $\Omega(0 ; 2)$ et Q le point de $C_f$ d'abscisse $\ln(2)$.

**A** La tangente à $C_f$ au point Q a pour coefficient directeur $\frac{7}{2}$.

**B** $C_f$ coupe l'axe des abscisses en deux points.

**C** $C_f$ admet Ω comme unique point d'inflexion.

**D** $\int_0^1 f(x)\,dx = \frac{e^2 - 1}{e}$.

**10** On dispose de deux urnes $U_1$ et $U_2$. $U_1$ contient $n$ boules blanches et 3 boules noires ($n > 0$). $U_2$ contient 2 boules blanches et 1 boule noire. On tire au hasard une boule de $U_1$ et on la met dans $U_2$, puis on tire au hasard une boule de $U_2$ et on la met dans $U_1$ ; l'ensemble de ces opérations constitue une épreuve.

Soit A l'événement « Après l'épreuve, les urnes se retrouvent chacune dans leur configuration de départ ».

Soit B l'événement « Après l'épreuve, l'urne $U_2$ contient une seule boule blanche ».

Un joueur mise 20 € et effectue une épreuve.

À l'issue de cette épreuve, on compte les boules blanches contenues dans l'urne $U_2$ :

- Si $U_2$ contient 1 seule boule blanche, le joueur reçoit $2n$ €.
- Si $U_2$ contient 2 boules blanches, le joueur reçoit $n$ €.
- Si $U_2$ contient 3 boules blanches, le joueur ne reçoit rien.

Soit $X_n$ la variable aléatoire qui prend pour valeurs les gains algébriques (gains-mises) du joueur.

**A** $P(A) = \frac{3}{4}\left(\frac{n+2}{n+3}\right)$.

**B** $P(B) = \frac{6}{4(n+2)}$.

**C** L'espérance de $X_n$ est $E(X_n) = \frac{3n^2 - 62n - 230}{4n + 12}$.

**D** Le jeu est favorable au joueur (l'espérance est positive pour le joueur) pour $n \geq 20$.

# Exercices 11 à 15 : Problème mathématique

**NOTE DU JURY**

Certaines questions peuvent être traitées indépendamment. D'autres peuvent nécessiter les résultats obtenus dans les questions précédentes.

Une entreprise s'interroge sur les coûts de gestion liés à certains de ses produits et sur la possibilité de promouvoir et d'élargir cette gamme de produits. Pour cela, elle vous demande de réaliser différentes études.

⓫ Cette entreprise achète régulièrement un article à 10 € l'unité. Elle en utilise 10 par jour, 250 jours par an. Cette entreprise recherche la quantité (notée $Q$) par commande qui lui permette de minimiser le coût de son stock sur une année (250 jours). Ce dernier (noté $C_T(Q)$) est égal à la somme de trois composantes :

- le coût d'achat des marchandises ;
- le coût des commandes ;
- le coût de stockage des marchandises qui est égal à 0,20 $Q$.

Le nombre de commandes dans l'année est noté $N$ et le coût de chaque commande est égal à 20 €.

À partir des informations précédentes, on peut en conclure que :

**A** $N = \dfrac{2\,500}{Q}$

**B** $C_T(Q) = 25\,000 + \dfrac{50\,000}{Q} + 0{,}2\,Q.$

**C** $C_T$ est minimal si $Q = 600$ unités.

**D** Le coût minimal du stock est égal à 25 200 €.

⓬ Cette entreprise souhaite étudier le coût de fabrication de l'un de ses produits (noté P). Le coût de la matière première pour fabriquer ce produit, par jour de production, est égal à $C_m(x)$ où $x$ désigne les quantités produites. On sait que $C_m(x)$ s'écrit sous la forme $ax^2 + bx$ (où $a$ et $b$ désignent 2 réels). On dispose des données suivantes :

| $x$ | $C_m(x)$ en euros |
|---|---|
| 1 | 3 |
| 2 | 8 |

Le directeur de l'entreprise constate qu'il paie chaque jour indépendamment du niveau de sa production 1 000 € de frais fixes. Par contre, chaque fois qu'il fabrique une unité de produit P, il récupère des déchets qu'il peut revendre 10 €. On appelle $C(x)$ le coût total en euros.

À partir des informations précédentes, on peut en conclure que :

**A** $a = 1$ et $b = 2$

**B** $C(x) = x^2 - 10x + 1\,000$

**C** Si $x = 2$, $C(x) = 988$ €.

**D** La valeur de $x$ qui donne un coût total égal à 1 048 € est supérieure à 10.

⓭ L'entreprise souhaite développer sa gamme de produits. Dans l'un de ses ateliers, elle peut fabriquer 2 produits nouveaux $P_1$ et $P_2$ sur une machine qui est utilisée 100 heures par mois. Les 2 types de produits ne peuvent être fabriqués simultanément. 50 unités de $P_1$ ou 25 unités de $P_2$ peuvent être réalisés à l'heure. En raison de prix dégressifs consentis aux clients, le prix de chaque article décroît avec la quantité vendue. Ainsi, le prix de vente unitaire du produit $P_1$ est égal à $(200 - 0{,}02x)$ € lorsque l'on en vend $x$ unités par mois et le prix de vente unitaire du produit $P_2$ est égal à $(100 - 0{,}01y)$ € lorsque l'on en vend $y$ unités par mois.

Tous les produits fabriqués sont vendus. Le chiffre d'affaires est égal au prix de vente unitaire multiplié par les quantités vendues.

À partir des informations précédentes, on peut en conclure que :

A Si l'on vend 1 000 unités de $P_1$, le chiffre d'affaires mensuel relatif à ce produit est égal à 180 000 €.

B $\frac{x}{50} + \frac{y}{25} = 100$

C Le chiffre d'affaires mensuel pour les 2 produits est égal à : $500\,000 + 300y - 0{,}09y^2$.

D Si $x = 3\,000$ unités, le chiffre d'affaires mensuel pour les 2 produits est égal à 500 000 €.

⓮ L'essor commercial de cette entreprise est actuellement freiné par sa capacité de production. L'achat d'une nouvelle chaîne (pour fabriquer le produit $P_3$) est programmé. Son prix d'achat est égal à 500 000 €.

La demande est telle que l'on doit produire 30 000 unités de produit $P_3$ par an.

On dispose des éléments suivants :

- le prix de vente unitaire du produit $P_3$ est égal à 60 € ;
- le coût des matières premières et des pièces utilisées pour une unité produite est égal à 15 € ;
- le coût de distribution est de 9 € par unité produite ;
- le produit $P_3$ est fabriqué dans 2 ateliers : l'atelier U pour l'usinage et l'atelier F pour la finition.

On nous communique les renseignements suivants concernant les coûts de production pour chaque atelier et pour une unité de $P_3$ :

| Atelier | Nombre d'heures | Coût de l'heure en euros |
|---|---|---|
| U | 3 | 4 |
| F | 2 | 6 |

La marge sur coût variable est la différence entre le prix et le coût total (coûts des matières premières, de production et de distribution).

À partir des informations précédentes, on peut en conclure que :

A Le coût de production total d'une unité de $P_3$ est égal à 24 €.

B Si l'entreprise abandonne la fabrication du produit $P_2$, les quantités annuelles vendues de produit $P_1$ sont égales à un cinquième de la demande annuelle pour le produit $P_3$.

C La marge sur coût variable annuelle totale du produit $P_3$ est égale à 360 000 €.

D Si l'entreprise réussissait à diminuer de 25 % le coût de l'heure dans l'atelier U, la marge sur coût variable annuelle totale de $P_3$ augmenterait de 90 000 €.

⓯ L'année suivante, l'entreprise souhaite placer ses capitaux disponibles à un taux d'intérêt annuel (noté $i$) sur $n$ années. Si on appelle $S_0$ la somme placée à l'origine, la somme acquise à la fin du placement est notée $S_n$ et vérifie : $S_n = S_0 \times (1 + i)^n$. Le montant des intérêts de ce placement est alors égal à $S_n - S_0$.

À partir des informations précédentes, on peut en conclure que :

**A** Si l'entreprise place la marge sur coût variable annuelle totale du produit $P_3$ (calculée à la question ⓮) pendant 2 ans à un taux d'intérêt de 2 %, le montant des intérêts sera égal à 14 544 €.

Pour la suite de l'exercice, on suppose que l'entreprise n'achète pas la chaîne pour fabriquer le produit $P_3$ mais place le montant correspondant au prix d'achat de cette chaîne.

**B** Si l'entreprise récupère 600 000 €, 5 ans plus tard, alors $i = \left(\frac{6}{5}\right)^{1/5} - 1$.

**C** Si elle place le montant à un taux d'intérêt de 2 % et si $S_n$ = 541 216 € alors $n = \frac{\ln(541\,216) - \ln(500\,000)}{\ln(1{,}02)}$

**D** Si elle place le montant à un taux d'intérêt de 2 % les trois premières années puis à 4 % les 3 années suivantes alors $S_n = 500\,000 \times (1{,}03)^6$

# Corrigé

# Exercices 1 à 5 : Raisonnement logique

❶ **FFVV**

*Tous les montants sont exprimés en euros (€).*

Somme totale versée par les $x$ collègues : $20x$

Somme totale à payer : $20x + y$ (il manque $y$ €)

Somme totale versée après ajout de 3 € chacun : $(20 + 3)x = 23x$

Addition à payer (après réduction) : $23x - z$ (le serveur rend $z$ €).

$20x + y = 23x - z$, donc **A est fausse (F)**.

$20x + y = 23x - z \Rightarrow y + z = 3x \Rightarrow x = \frac{y+z}{3}$, donc **B est fausse (F)**.

Prix à payer par personne : $\frac{23x - z}{x} = \frac{23x}{x} - \frac{z}{x} = 23 - \frac{z}{x}$, donc **C est vraie (V)**.

**NOTE DU FORMATEUR**

Le prix à payer par personne est aussi égal à $\frac{20x + y}{x} = 20 + \frac{y}{x}$.

Si $A$ est la somme totale avant réduction, $20x + y$ représente 80 % de $A$.

Ainsi : $20x + y = 0{,}8A \Rightarrow A = \frac{20x + y}{0{,}8}$

Le prix par personne sans la réduction est donc :

$$\frac{A}{x} = \frac{\frac{20x + y}{0{,}8}}{x} = \frac{20x + y}{0{,}8} \times \frac{1}{x} = \frac{20x + y}{0{,}8x} = \frac{20x}{0{,}8x} + \frac{y}{0{,}8x} = \frac{20}{0{,}8} + \frac{y}{0{,}8x} = \frac{200}{8} + \frac{y}{0{,}8x} = 25 + \frac{y}{0{,}8x}$$

Donc **D est vraie (V)**.

❷ **FFVV**

Dans les tableaux ci-dessous, la deuxième ligne désigne les kilomètres parcourus par les trois collègues et la troisième désigne le moyen de transport qu'ils utilisent.

La résolution se fait en deux parties.

**Premier tableau :** Données directes de l'énoncé. Xavier (X) parcourt plus de 4 km, c'est-à-dire 6 km ; il ne se rend pas à pied à son entreprise (~~P~~) ; etc. Les impossibilités sont notées et barrées.

**Second tableau :** On raisonne étape par étape et par élimination. Ni Xavier ni Yves ont plus de 2 km à parcourir, il ne reste donc que Noémie pour cette distance ; elle utilise donc le vélo (V) ; etc.

| N | X | Y |
|---|---|---|
| | 6 | ~~2~~ |
| | ~~P~~ | ~~V~~ |

→

| N | X | Y |
|---|---|---|
| 2 | 6 | 4 (~~2~~ ET ~~6~~) |
| V (2 km ET V) | B | P |

❸ **VFFV**

On peut résumer l'assertion par l'implication « Réussir ⇒ travail dur » ou la phrase « Pour réussir, il est nécessaire de travailler dur », ou encore, par contraposition, « si on ne travaille pas dur, on ne réussit pas ».

Selon l'énoncé, la condition « travailler dur » est une condition nécessaire mais *a priori* non suffisante pour réussir, et c'est pourquoi on peut travailler dur et ne pas réussir.

**❹ FVVV**

| Nombre d'enfants | 0 | 1 | 2 | 3 | 4 | 5 et + |
|---|---|---|---|---|---|---|
| Nombre de femmes | 200 | 250 | 250 | 150 | 100 | 50 |
| Nombre d'enfants | 0 | 250 | 500 | 450 | 400 | 250 ou + |

80 % (100 % - 20 %) des femmes ont un ou plusieurs enfants. Il y en a donc 800 (80 % × 1 000 = 800).

50 % de ces 800 femmes représentent 400 femmes. Or, parmi ces 800 femmes, il y en a 500 [(25 % + 25 %) × 1 000 = 500] qui ont moins de 3 enfants, c'est-à-dire 1 ou 2. C'est pourquoi **A est fausse (F)**.

On voit que ces 1 000 femmes ont eu au moins 1 850 enfants et c'est pourquoi **B est vraie (V)**.

La probabilité pour qu'une femme choisie au hasard parmi ces 1 000 ait au moins 3 enfants est $\frac{150 + 100 + 50}{1\,000}$, donc 30 %. Par conséquent **C est vraie (V)**.

Il y a 55 % (100 % - 20 % - 25 %) qui ont au moins deux enfants. Donc **D est vraie (V)**.

**❺ VVFF**

Le premier tableau ci-dessous récapitule l'énoncé sans tenir compte de l'innocence de Basile. Pour simplifier, on dira que C = coupable et $\overline{C}$ = non coupable = innocent = I.

Le second tableau se lit en prenant la contraposée de la ligne 4 du tableau 1 (Démosthène C ⇒ Basile C) équivaut à (Basile I ⇒ Démosthène I) : c'est l'étape (1). Comme Démosthène est innocent, la contraposée de la première ligne du tableau 1 (Arthur I ⇒ Démosthène C) fournit la première ligne du tableau 2 (Démosthène I ⇒ Arthur C)...

| A | B | C | D |
|---|---|---|---|
| I ⇒ | | | C |
| C ⇒ | | C | |
| | C | | ⇐ C |

→

| A | B | C | D | |
|---|---|---|---|---|
| C | | | ⇐ I | (2) |
| | | | | |
| | I ⇒ | | I | (1) |

On a finalement le tableau suivant, qui conduit aux réponses voulues.

| A | B | C | D |
|---|---|---|---|
| C | I | C | I |

# Exercices 6 à 10 : Raisonnement mathématique

**❻ VFVF**

La dérivée de $u^2$ est $2u'u$. Par ailleurs, $\ln^2(u) = [\ln(u)]^2$ et la dérivée de $\ln(x)$ est $\frac{1}{x}$.

Donc $f'(x) = 2\frac{1}{x}\ln(x) + \frac{1}{x} = \frac{1}{x}[2\ln(x) + 1]$.

$f'(x) = 0 \Leftrightarrow 2\ln(x) + 1 = 0 \Leftrightarrow \ln(x) = -\frac{1}{2} \Leftrightarrow x = e^{-1/2} = \frac{1}{e^{1/2}} = \frac{1}{\sqrt{e}}$

On en déduit le tableau de variation suivant :

| $x$ | $0$ | | $\frac{1}{\sqrt{e}}$ | | $+\infty$ |
|---|---|---|---|---|---|
| $f'(x)$ | ‖ | $-$ | $0$ | $+$ | |
| $f(x)$ | | ↘ | $-\frac{1}{4}$ | ↗ | |

On a: $f\left(\frac{1}{\sqrt{e}}\right) = [\ln(e^{-1/2})]^2 + \ln(e^{-1/2}) = \left(-\frac{1}{2}\right)^2 + \left(-\frac{1}{2}\right) = \frac{1}{4} - \frac{1}{2} = -\frac{1}{4}$.

On en conclut que **A est vraie (V)**.

$f(x) = 0 \Leftrightarrow \ln(x)[\ln(x) + 1] = 0 \Leftrightarrow \ln(x) = 0$ ou $\ln(x) = -1 \Leftrightarrow x = 1$ ou $x = e^{-1} = \frac{1}{e}$

On a donc : $x_B = \frac{1}{e} \approx 0{,}36$ ce qui prouve que B est fausse (F).

$f'\left(\frac{1}{e}\right) = \frac{1}{\frac{1}{e}}\left[2\ln\left(\frac{1}{e}\right) + 1\right] = e(-2 + 1) = -e$

La pente de la tangente au point B est donc $-e$. Elle est par conséquent parallèle à la droite d'équation $y = -ex + e$ qui a la même pente. Donc **C est vraie (V)**.

Pour tout $x \in ]0\,;+\infty[$ :

$F'(x) = 1[\ln^2(x)] + x \times 2\frac{1}{x}\ln(x) - \left[1\ln(x) + x\frac{1}{x}\right] - 1 = \ln^2(x) + 2\ln(x) - [\ln(x) + 1] - 1$

$= \ln^2(x) + 2\ln(x) - \ln(x) - 1 - 1 = \ln^2(x) + \ln(x) - 2$

Donc **D est fausse (F)**.

**7 VFVF**

La courbe passe par le point A(1 ; 2) donc $f(1) = 2$. De même $f(0) = -3$ puisqu'elle passe par B.

On a donc : (1) $\begin{cases} f(1) = a + b + c + d = 2 \\ f(0) = d = -3 \end{cases}$

La pente de la tangente en A est $f'(1)$ et la pente de la tangente en B est $f'(0)$. La pente de la droite d'équation $y = x$ est 1. Les deux tangentes étant parallèles à cette droite, leurs pentes sont égales à 1.

Or $f'(x) = 3ax^2 + 2bx + c$, donc (2) $\begin{cases} f'(1) = 3a + 2b + c = 1 \\ f'(0) = c = 1 \end{cases}$

Des systèmes (1) et (2), on tire : $\begin{cases} a + b + 1 - 3 = 2 \\ 3a + 2b + 1 = 1 \end{cases} \Leftrightarrow \begin{cases} a + b = 4 \\ 3a + 2b = 0 \end{cases} \Leftrightarrow \begin{cases} 2a + 2b = 8 \\ 3a + 2b = 0 \end{cases}$

Par soustraction : $a = -8$ et en remplaçant $a$ par $-8$ : $-8 + b = 4 \Rightarrow b = 12$

**A est donc vraie (V)**.

$\lim_{x \to -\infty} f(x) = \lim_{x \to -\infty} -8x^3 = +\infty$

Sur $]-\infty\,; 0]$, n'a donc pas de maximum et c'est pourquoi **B est fausse (F)**.

$f'(x) = -24x^2 + 24x + 1$

Calculons le discriminant réduit $\Delta' = 12^2 - (-24) \times 1 = 144 + 24 = 168$.

$f'(x)$ a donc deux racines, l'une négative $x_1$, et l'autre positive $x_2$ :

$$x_2 = \frac{-24 - \sqrt{168}}{-24} = \frac{24 + \sqrt{168}}{24} = 1 + \frac{\sqrt{168}}{24} \Rightarrow x_2 > 1.$$

On en déduit le signe de $f'(x)$, qui est du signe de $-(-24)$ entre les racines.

| $x$ | $x_1$ | | $0$ | | $1$ | | $x_2$ |
|---|---|---|---|---|---|---|---|
| $f'(x)$ | $0$ | $+$ | | $+$ | | $+$ | $0$ |

Donc $f$ est croissante sur $[0\,;1]$, ce qui prouve que **C est vraie (V)**.

Le tableau de variation de $f$ est le suivant, sachant que :

$\lim_{x\to+\infty} f(x) = \lim_{x\to+\infty} -8x^3 = -\infty$

| $x$ | $-\infty$ | | $x_1$ | | $0$ | | $1$ | | $x_2$ | | $+\infty$ |
|---|---|---|---|---|---|---|---|---|---|---|---|
| $f'(x)$ | | $-$ | $0$ | $+$ | | $+$ | | $+$ | $0$ | $-$ | |
| $f(x)$ | $+\infty$ | ↘ | $m < 0$ | ↗ | $-3$ | ↗ | $2$ | ↗ | $M > 0$ | ↘ | $-\infty$ |

On en déduit que l'équation $f(x) = 0$ a trois solutions : une est inférieure à $x_1$, une autre est comprise entre 0 et 1 et la dernière est supérieure à $x_2$. Il en résulte que **D est fausse (F)**.

**8 VFVF**

## NOTE DU FORMATEUR

L'énoncé ne précise pas ce qu'est D.

On peut raisonnablement supposer que $D = ]0\,;+\infty[$, ensemble de définition de la fonction logarithme.

Pour tout $x \in [1\,;+\infty[$ : $x - 1 \geq 0$ et $\ln(x) \geq 0 \Rightarrow g(x) \geq 0$ par addition. Donc **A est vraie (V)**.

Pour savoir si une fonction est convexe, il suffit de calculer sa dérivée seconde.

$$g'(x) = 1 + \frac{1}{x} \Rightarrow g''(x) = -\frac{1}{x^2} \Rightarrow g''(x) < 0.$$

Donc $g$ est concave sur D et c'est pourquoi **B est fausse (F)**.

Pour tout $x \in D$ : $f'(x) = \frac{1x - (x-1)1}{x^2}\ln(x) + \frac{x-1}{x}\frac{1}{x} = \frac{1}{x^2}\ln(x) + \frac{(x-1)}{x^2} = \frac{\ln(x) + x - 1}{x^2} = \frac{g(x)}{x^2}$.

Donc **C est vraie (V)**.

Pour tout $x \in ]0\,;+\infty[$ : $f(x) - \ln(x) = \left(\frac{x-1}{x} - 1\right)\ln(x) = \left(\frac{x-1-x}{x}\right)\ln(x) = -\frac{1}{x}\ln(x)$.

Sur $]1\,;+\infty[$ : $-\frac{1}{x}\ln(x) < 0$. Donc $C_f$ est sous $\Gamma$ sur cet intervalle. C'est pourquoi **D est fausse (F)**.

**9 FFVF**

$f'(x) = e^x - (-e^{-x}) = e^x + e^{-x}$.

Donc $f'[\ln(2)] = e^{\ln(2)} + e^{-\ln(2)} = 2 + e^{\ln(1/2)} = 2 + \frac{1}{2} = \frac{5}{2}$.

C'est pourquoi le coefficient de la tangente en Q est égal à $\frac{5}{2}$ et par conséquent **A est fausse (F)**.

$f(x) = 0 \Leftrightarrow e^x - e^{-x} + 2 = 0 \Leftrightarrow e^{-x}(e^{2x} - 1 + 2e^x) = 0 \Leftrightarrow e^{2x} + 2e^x - 1 = 0 \Leftrightarrow (e^x)^2 + 2e^x - 1 = 0$.

Si on pose $X = e^x$ : $f(x) = 0 \Leftrightarrow X^2 + 2X - 1 = 0$.

Le discriminant de cette équation étant égal à $2^2 - 4 \times 1 \times (-1) = 8$, l'équation admet deux solutions : $X_1 = \frac{-2 + \sqrt{8}}{2}$ et $X_2 = \frac{-2 - \sqrt{8}}{2}$.

Or il n'existe aucune valeur de $x$ telle que $e^x = \frac{-2 - \sqrt{8}}{2}$ car $X_2 < 0$. $C_f$ ne coupe donc l'axe des abscisses qu'en un seul point. C'est pourquoi **B est fausse (F)**.

> **NOTE DU FORMATEUR**
>
> $C_f$ coupe l'axe des abscisses au point d'abscisse $x_2$ tel que $e^{x_2} = \frac{-2 + \sqrt{8}}{2}$.

$f''(x) = e^x - e^{-x}$

$f''(x) = 0 \Leftrightarrow e^{-x}(e^{2x} - 1) = 0 \Leftrightarrow e^{2x} = 1 \Leftrightarrow x = 0$

$f''(x)$ s'annule donc en 0 en changeant de signe. $C_f$ a donc un unique point d'inflexion et son abscisse est 0. Comme $f(0) = e^0 - e^0 + 2 = 2$, ce point d'inflexion unique est $\Omega$. C'est pourquoi **C est vraie (V)**.

$$\int_0^1 f(x)\,dx = \int_0^1 e^x dx - \int_0^1 e^{-x} dx + \int_0^1 2\,dx = [e^x]_0^1 - [-e^{-x}]_0^1 + 2[x]_0^1 = e^1 - e^0 - (-e^{-1} + e^0) + 2(1 - 0)$$

$$= e - 1 + e^{-1} - 1 + 2 = e + \frac{1}{e} = \frac{e^2 + 1}{e}$$

C'est pourquoi **D est fausse (F)**.

**10 VFFF**

L'arbre suivant résume les données de l'énoncé.

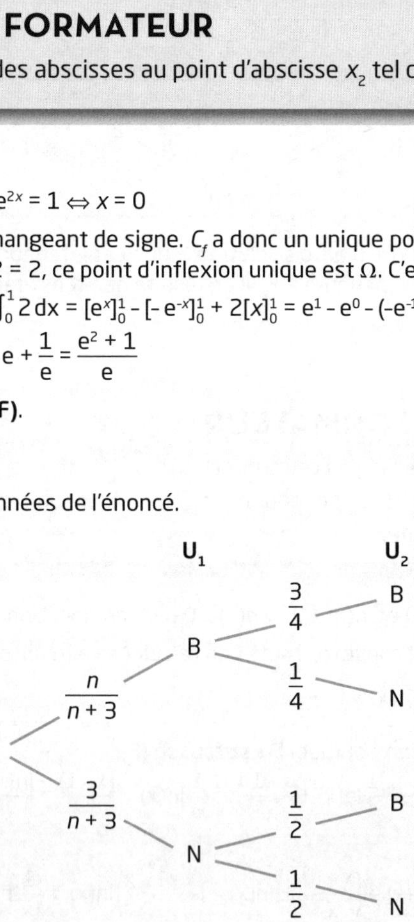


Dire que l'événement A est réalisé signifie que l'on a tiré deux boules blanches ou deux boules noires.

C'est pourquoi $P(A) = \frac{3}{4} \times \frac{n}{n+3} + \frac{1}{2} \times \frac{3}{n+3} = \frac{3n}{4(n+3)} + \frac{6}{4(n+3)} = \frac{3n+6}{4(n+3)} = \frac{3(n+2)}{4(n+3)}$ donc **A est vraie (V)**.

L'événement B est réalisé si et seulement si on a tiré d'abord une boule noire et ensuite une boule blanche. Donc : $\frac{3}{n+3} \times \frac{1}{2} = \frac{3}{2(n+3)}$. C'est pourquoi **B est fausse (F)**.

Le tableau suivant résume la loi de $X_n$. Les contenus des deux premières cases ont été calculés précédemment. La troisième s'obtient ainsi : $1 - \frac{3}{2(n+3)} = \frac{3(n+2)}{4(n+3)}$.

| $x$ | $2n - 20$ | $n - 20$ | $- 20$ |
|---|---|---|---|
| $P(X_n = x)$ | $\frac{3}{2(n+3)}$ | $\frac{3(n+2)}{4(n+3)}$ | $\frac{n}{4(n+3)}$ |

$$E(X_n) = (2n-20)\frac{3}{2(n+3)} + (n-20)\frac{3(n+2)}{4(n+3)} - 20\frac{n}{4(n+3)}$$

$$= 2n\frac{6}{4(n+3)} + n\frac{3(n+2)}{4(n+3)} - 20\left(\frac{3}{2(n+3)} + \frac{3(n+2)}{4(n+3)} + \frac{n}{4(n+3)}\right)$$

$$= \frac{12n + 3n^2 + 2n}{4(n+3)} - 20 \times 1 \text{ (car la somme des probabilités vaut 1)}$$

$$= \frac{14n + 3n^2 - 80(n+3)}{4n+12} = \frac{3n^2 - 66n - 240}{4n+12}$$

C'est pourquoi **C est fausse (F)**.

Si $n = 20$ : $3 \times 20^2 - 66 \times 20 - 240 = 1\,200 - 1\,320 - 240 < 0$ donc $E(X_{20}) < 0$.

Par conséquent **D est fausse (F)**.

# Exercices 11 à 15 : Problème mathématique

**⑪ VVFV**

D'après l'énoncé : $C_T(Q) = 250 \times 10 \times 10 + 20N + 0{,}2Q = 25\,000 + 20N + 0{,}2Q$ et $NQ = 2\,500$.

On en déduit $N = \frac{2\,500}{Q}$ donc **A est vraie (V)**.

Ainsi $C_T(Q) = 25\,000 + \frac{50\,000}{Q} + 0{,}2Q$. C'est pourquoi **B est vraie (V)**.

$C'_T(Q) = \frac{-50\,000}{Q^2} + 0{,}2 = \frac{0{,}2Q^2 - 50\,000}{Q^2} = \frac{0{,}2(Q^2 - 250\,000)}{Q^2}$. C'est pourquoi **B est vraie (V)**.

On trouve alors le tableau de variation suivant, sachant que $\sqrt{250\,000} = 500$ :

| $Q$ | 0 | | 500 | | $+\infty$ |
|---|---|---|---|---|---|
| $C'_T(Q)$ | ‖ | − | 0 | + | |
| $C_T(Q)$ | | ↘ | $m$ | ↗ | |

On voit donc que $C_T$ est minimal si $Q = 500$. Par conséquent, **C est fausse (F)**.

$C_T(500) = 25\,000 + \dfrac{50\,000}{500} + 0{,}2 \times 500 = 25\,000 + 100 + 100 = 25\,200$

Donc **D est vraie (V)**.

**⓬ VFVV**

$C_m(1) = 3 \Rightarrow a + b = 3$

$C_m(2) = 8 \Rightarrow 4a + 2b = 8 \Rightarrow 2a + b = 4$

Par soustraction, on obtient $a = 1$ puis, en remplaçant $a$ par 1, on trouve $b = 2$. Par conséquent **A est vraie (V)**.

$C(x) = 1\,000 + x^2 + 2x - 10x = x^2 - 8x + 1\,000$ donc **B est fausse (F)**.

$C(2) = 2^2 - 8 \times 2 + 1\,000 = 4 - 16 + 1\,000 = 988$ donc **C est vraie (V)**.

La fonction $C$ est convexe et atteint son minimum en $\dfrac{-8}{2} = 4$. Elle est donc croissante sur $[4\,;+\infty[$.

$C(10) = 10^2 - 8 \times 10 + 1\,000 = 100 - 80 + 1\,000 = 1\,020$

Donc, si $x \geq 10$, alors $C(x) \geq 1\,020$. C'est pourquoi **D est vraie (V)**.

**⓭ VVFF**

Chiffre d'affaires mensuel relatif au produit $P_1$ : $C_1(x) = (200 - 0{,}02x)x$.

$C_1(1\,000) = (200 - 20) \times 1\,000 = 180\,000$ donc **A est vraie (V)**.

En une heure, on fabrique 50 unités de $P_1$ donc on en fabrique une unité en $\dfrac{1}{50}$ d'heure et $x$ unités en $\dfrac{x}{50}$ heures. De même, on fabrique $y$ unités de $P_2$ en $\dfrac{y}{25}$ heures.

On a donc $\dfrac{x}{50} + \dfrac{y}{25} = 100$, ce qui prouve que **B est vraie (V)**.

Chiffre d'affaires mensuel pour les deux produits :

$C(x) = C_1(x) + C_2(y) = (200 - 0{,}02x)x + (100 - 0{,}01y)y$

Or $x/50 + y/25 = 100 \Rightarrow x + 2y = 5\,000$ (multiplication par 50) $\Rightarrow x = 5\,000 - 2y$

Donc : $C(y) = (200 - 0{,}02(5\,000 - 2y))(5\,000 - 2y) + 100y - 0{,}01y^2$
$= (200 - 100 + 0{,}04y)(5\,000 - 2y) + 100y - 0{,}01y^2$
$= (100 + 0{,}04y)(5\,000 - 2y) + 100y - 0{,}01y^2$
$= 500\,000 - 200y + 200y - 0{,}08y^2 + 100y - 0{,}01y^2$
$= 500\,000 + 100y - 0{,}09y^2$

C'est pourquoi **C est fausse (F)**.

$x = 3\,000 \Rightarrow y = \dfrac{5\,000 - 3\,000}{2} = 1\,000 \Rightarrow C(y) = 500\,000 + 100\,000 - 0{,}09 \times 1\,000\,000$

$\Rightarrow C(y) = 600\,000 - 90\,000 = 510\,000$

Donc **D est fausse (F)**.

**⓮ VFVV**

Coût de production total d'une unité de produit $P_3$ : $3 \times 4 + 2 \times 6 = 24$ €. C'est pourquoi **A est vraie (V)**.

Si la fabrication de $P_2$ est abandonnée, alors l'entreprise fabrique 5 000 produits $P_1$ : 50 à l'heure pendant 100 heures. Ces 5 000 produits représentent un sixième de 30 000 unités de produit $P_3$ et non un cinquième. C'est pourquoi **B est fausse (F)**.

Coût total pour une unité de $P_3$ : $15 + 9 + 24 = 48$ €.

Marge sur coût variable par unité de produit : $60 - 48 = 12$ €.

Marge totale sur coût variable : 12 × 30 000 = 360 000 €, donc **C est vraie (V)**.

Après diminution de 25 %, le coût horaire dans l'atelier U est de 3 €, donc le coût de production unitaire de $P_3$ est de 3 × 3 + 2 × 6 = 21 €.

Marge totale sur coût variable : (60 - 15 - 9 - 21) × 30 000 = 15 × 30 000 = 450 000 €.

450 000 - 360 000 = 90 000 € donc **D est vraie (V)**.

### ⓯ VVVF

Intérêts produits par le placement de 360 000 € pendant 2 ans au taux de 2 % :

$360\,000 \times 1{,}02^2 - 360\,000 = 360\,000 \times (1{,}02^2 - 1) = 360\,000 \times (1{,}0404 - 1)$

$= 360\,000 \times 0{,}0404 = 14\,544$ €

Donc **A est vraie (V)**.

L'entreprise place les 500 000 € qu'elle ne dépense pas pour la chaîne et récupère 600 000 € au bout de 5 ans, alors :

$$500\,000 \times (1+i)^5 = 600\,000 \Rightarrow (1+i)^5 = \frac{600\,000}{500\,000} = \frac{6}{5} \Rightarrow 1 + i = \left(\frac{6}{5}\right)^{1/5} \Rightarrow i = \left(\frac{6}{5}\right)^{1/5} - 1$$

C'est pourquoi **B est vraie (V)**.

$$S_n = 541\,216 \Rightarrow 500\,000 \times 1{,}02^n = 541\,216 \Rightarrow 1{,}02^n = \frac{541\,216}{500\,000}$$

$$\Rightarrow \ln(1{,}02)^n = \ln\left(\frac{541\,216}{500\,000}\right) \Rightarrow n\ln(1{,}02) = \ln(541\,216) - \ln(500\,000)$$

$\Rightarrow n = \dfrac{\ln(541\,216) - \ln(500\,000)}{\ln(1{,}02)}$. Par conséquent **C est vraie (V)**.

Capital disponible au bout de 3 ans à 2 % : $500\,000 \times 1{,}02^3$.

Ce nouveau capital est placé à 4 % les trois années suivantes ; le capital disponible à l'issue de ces trois nouvelles années est de : $500\,000 \times 1{,}02^3 \times 1{,}04^3$.

Comme $1{,}02^3 \times 1{,}04^3 \neq 1{,}03^6$ car $1{,}03^6 = 1{,}03^3 \times 1{,}03^3$, on en déduit que **D est fausse (F)** même si les résultats sont très proches.

# SUJET 4 : Raisonnement logique et mathématiques

**DURÉE :** 2 HEURES

**NOTE DE L'ÉDITEUR**

Ce sujet, proposé en 2015, a été remanié par l'auteur pour correspondre au nouveau format du concours.

## Exercices 1 à 5 : Raisonnement logique

❶ Sur les 800 salariés d'une entreprise :
- 300 sont des hommes ;
- 352 sont des cadres ;
- 424 sont mariés ;
- 188 sont des cadres de sexe masculin ;
- 166 sont des hommes mariés ;
- 208 sont des cadres mariés ;
- 144 sont des cadres mariés et de sexe masculin.

À partir de ces informations, on peut conclure que :

A Il y a 100 cadres de sexe féminin et mariées.

B 336 femmes ne sont pas cadres.

C 652 salariés sont cadres ou de sexe masculin.

D Le nombre de femmes célibataires non cadres est égal à 142.

❷ Dans une entreprise, chaque homme a 2 fois plus de collègues de sexe féminin que de collègues de sexe masculin (un collègue étant une personne travaillant au sein de la même entreprise). 30 % des salariés de cette entreprise ont suivi une formation de secourisme. Un tiers des femmes et 8 hommes au total ont participé à cette formation.

À partir de ces informations, on peut conclure que :

A Chaque femme de cette entreprise a 2 fois moins de collègues masculins que de collègues féminins.

B 30 % des hommes ont suivi la formation secourisme.

C Le nombre de salariés de sexe masculin est égal à 33.

D Moins de 30 personnes ont suivi la formation secourisme.

❸ Marie doit à Sophie un capital égal à $S$ € Pour lui faciliter le remboursement, Sophie propose à Marie l'échéancier suivant :
- Le premier mois : Marie réglera 200 €.
- Chaque mois suivant : Marie réglera une somme de $a$ € de plus que le mois précédent.

On notera $n$ le mois correspondant au dernier remboursement et $r_i$ le règlement du mois numéro $i$ ($i$ variant de 1 à $n$).

À partir de ces informations, on peut conclure que :

**A** $r_n = r_1 + n \times a$

**B** Si $S = 10\,320$ et $n = 24$, alors $a = 10$.

**C** Si $n = 12$ et $a = 20$, alors $S = 3\,720$.

**D** $S = \left[200 + (n-1) \times \frac{a}{2}\right] \times n$

**4** Des témoins affirment avoir vu l'homme recherché par des enquêteurs policiers.

Leurs descriptions ne concordent pas, mais on sait que l'un d'entre eux s'est trompé sur toute la ligne, et que les autres ne se sont trompés que sur un seul point.

- Charly : « Il était grand, portait une chemise rouge et un short. »
- Danièle : « Il était blond, portait un T-shirt blanc et des jeans. »
- Elie : « Il était petit, brun et portait un T-shirt blanc. »
- Fabienne : « Il était petit, blond et portait des jeans. »

À partir de ces informations, on peut conclure que :

**A** Charly s'est trompé 3 fois.

**B** L'homme recherché est grand et blond.

**C** L'homme recherché porte une chemise rouge.

**D** Elie s'est trompé 3 fois.

**5** Cinq coureurs, Aristide, Barnabé, Caligula, Dodu et Eustache, ont organisé une course.

Pour connaître leur ordre d'arrivée nous devons nous contenter des informations que les protagonistes veulent bien nous fournir.

Nous savons que chacun d'eux donne deux renseignements, l'un vrai et l'autre faux :

- « Dodu était deuxième, moi quatrième », lance Aristide.
- « Dodu a fini premier, je n'ai été que deuxième », se plaint Caligula.
- « Je suis arrivé brillant second et Dodu troisième », affirme Eustache.
- « Ne les crois pas, j'ai fini dernier et Barnabé a gagné », rectifie Dodu.

À partir de ces informations, on peut conclure que :

**A** Dodu est deuxième.

**B** Aristide est premier.

**C** Barnabé est troisième.

**D** Eustache est cinquième.

# Exercices 6 à 10 : Raisonnement mathématique

**6** Soit $f(x) = \frac{4x^3 + 6x^2 + 4x + 1}{(x+1)^4}$ une fonction définie sur $I = ]-1\,;+\infty[$.

**A** $f'(x) = -\frac{4x^2}{(x+1)^5}$

**B** $f$ admet un point critique en $x = 0$, et c'est un maximum local.

C $f$ admet un point d'inflexion en $x = \frac{3}{2}$

D $f$ est convexe pour tout $x \in \left]-1 \,;\, \frac{3}{2}\right[$

7 Soit $f(x) = x(1 + x^2)^3$ une fonction définie sur $\mathbb{R}$.

A $f$ est dérivable et continue sur $\mathbb{R}$.

B $f'(x) = (1 + x^2)^2(1 + 7x^2)$

C Les fonctions $F$ définies sur $\mathbb{R}$ par $F(x) = \frac{1}{8}(1 + x^2)^4 + C$ avec $C \in \mathbb{R}$ sont les primitives de $f$ sur $\mathbb{R}$.

D $\int_0^1 f(x)\,dx = \frac{31}{8}$.

8 Une entreprise fabrique des clés USB avec un maximum de 10 000 par mois. Le coût de fabrication $C$ (en milliers d'euros) de $x$ milliers de clés produites s'exprime par :

$C(x) = 0{,}05x^3 - 1{,}05x^2 + 8x + 4$

A La fonction de coût $C(x)$ est croissante sur [0 ; 10 000].

B La fonction possède un point d'inflexion en $x = 7$, car elle change de concavité en ce point.

C Après le point d'inflexion, la fonction est convexe, la croissance du coût de fabrication $C$ s'accélère.

D Avant le point d'inflexion, la fonction est concave, la croissance du coût ralentit.
Ainsi, à partir de 7 000 clés produites, la croissance du coût de fabrication s'accélère.

9 Soit $f(x) = \ln x$.

A Au point d'abscisse e, l'équation de la tangente est $y = e^{-1}x$.

B Pour tout $x > 0$, la courbe $C_f$ représentative de $f$ est située au-dessous de chacune de ses tangentes.

C La fonction $\ln x$ est la réciproque de la fonction exponentielle. Leurs courbes sont symétriques par rapport à la droite d'équation $y = x$.

D $f''(x) = \frac{1}{x^2}$.

10 Soit $g(x) = \ln(x + 1) + \frac{x}{x + 1}$ et $f(x) = (1 + x)^x$.

A $f'(x) = x(1 + x)^{x-1}$

B $D_f = ]-1 \,;\, +\infty[$

C $f'(x) = g(x)f(x)$

D $f'$ est strictement croissante sur $]-1 \,;\, +\infty[$.

# Exercices 11 à 15 : Problème mathématique

**NOTE DU JURY**

Certaines questions peuvent être traitées indépendamment.
D'autres nécessitent les résultats obtenus dans les questions précédentes.

Un commercial d'une société de services a un client dans chacune des 4 villes suivantes : L, M, N et O. Notre commercial habite et travaille dans la ville K, lieu du siège social de l'entreprise. Il rend régulièrement visite à ses différents clients.

On positionne sur une carte ces 5 villes. Pour ce faire, nous connaissons les coordonnées de 4 villes dans un repère orthonormé $(O, \vec{i}, \vec{j})$. Dans ce repère, l'unité correspond à 100 km.

| Villes | Coordonnées | Commentaires |
|---|---|---|
| K | (1 ; 5) | Ville de l'Ouest |
| L | (6 ; 5) | Ville de l'Est |
| M | (4 ; 8) | Ville du Nord |
| N | (2 ; 2) | Ville du Sud |

La ville O est située à 500 km de la ville K et à 600 km de la ville M. La ville O est située au sud de M. Pour les questions ⓫ et ⓬, toutes les distances seront calculées à vol d'oiseau (distance la plus courte entre deux points).

⓫ À partir des informations précédentes, on peut en conclure que :

**A** La distance entre les villes K et L est de 500 km.

**B** La distance entre les villes K et M est inférieure à 400 km.

**C** La distance entre les villes L et M est supérieure à 350 km.

**D** Si le commercial effectuait, à vol d'oiseau, le parcours KMLK, il effectuerait plus de 1 250 km.

⓬ À partir des informations précédentes, on peut en conclure que :

**A** L'aire du triangle KLM est égale à 75 000 km².

**B** L'aire du quadrilatère KMLN est inférieure à 140 000 km².

**C** La ville O a pour coordonnées sur le plan : (5 ; 2).

**D** Si les coordonnées de la ville O sont $(x ; y)$ alors $y = \frac{43}{6} - x$.

⓭ Pour visiter ses différents clients, notre commercial utilise une voiture de la société.

Les distances qu'il parcourt en voiture sont bien entendues supérieures à celles calculées à vol d'oiseau. Voici les distances réelles par la route ainsi que les vitesses moyennes réalisées sur ces tronçons :

| Tronçons | Distances réelles | Moyennes réalisées |
|---|---|---|
| KM | 450 km | 90 km/h |
| LM | 400 km | 80 km/h |
| KL | 550 km | 110 km/h |
| KN | 375 km | 125 km/h |
| LN | 525 km | 75 km/h |
| NO | 325 km | 65 km/h |

Aucune autre route ne peut être fréquentée par notre commercial.

Pour son prochain voyage, à partir de la ville K, il doit visiter ses 4 clients et doit donc se rendre dans les villes L, M, N et O. Il rentrera ensuite dans la ville K. Les 4 clients peuvent être visités dans n'importe quel ordre.

À partir des informations précédentes, on peut conclure :

A La distance minimale qu'il devra parcourir en voiture est de 2 500 km.

B Le temps total de conduite sera supérieur à 24 h.

C La vitesse moyenne calculée sur l'ensemble du parcours sera de 80 km/h.

D Compte tenu de la fin des travaux sur le tronçon LN, il pourra y rouler plus vite. Pour atteindre un temps total de conduite de 28 h, il devra augmenter sa vitesse moyenne sur le tronçon LN de 40 %.

⓮ Notre commercial doit maintenant effectuer un autre voyage pour visiter ses clients des villes L et M. Le départ et le retour sont toujours de la ville K. Ces 2 villes L et M sont accessibles également par le train. Les distances KL, KM et LM sont identiques que le train ou la voiture soient utilisés. L'employeur de notre commercial souhaite donc effectuer une comparaison de coûts.

La voiture consomme 6 litres d'essence aux 100 km. Le prix de l'essence est de 1 € le litre.

Chaque billet de train coûte 10 € (pris en charge) plus 0,05 € par kilomètre parcouru. Un nouveau billet doit être acheté à chaque fois qu'un nouveau train est pris.

À partir des informations précédentes, on peut en conclure que :

A Pour ce voyage, le train coûterait plus de 90 €.

B Le voyage effectué en train coûterait plus cher que celui effectué en voiture.

C Le train coûtera plus cher tant que le prix par kilomètre parcouru sera supérieur à 0,03 €.

D Si, pour le train, la prise en charge valait $u$, le prix par kilomètre parcouru $v$ et pour la voiture, le nombre de litres d'essence consommés aux 100 km valait $w$, le train serait au même coût que la voiture si $w = \frac{3u}{14} + 100v$.

⓯ Une étude plus poussée a permis de mieux calculer la consommation réelle de la voiture. La consommation en litre aux 100 km est linéairement dépendante de la vitesse. La consommation en litre aux 100 km sur un tronçon se calcule à partir de la fonction suivante :

$f(x) = \frac{x}{20} + 1$, où $x$ est la vitesse moyenne réalisée sur le tronçon.

Notre commercial doit à nouveau effectuer un voyage pour visiter ses clients des villes L et M. Le départ et le retour sont toujours de la ville K. Le prix de l'essence est toujours de 1 € le litre.

À partir des informations précédentes, on peut en conclure que :

A Sur le tronçon KM, il consommera plus de 25 litres d'essence.

B La consommation totale pour l'ensemble du voyage sera supérieure à 80 litres.

C S'il roulait à une vitesse moyenne de 130 km/h sur le tronçon KL, il consommerait 6 litres de carburant supplémentaires.

D Sachant que le commercial est payé 5 € de l'heure de conduite, son employeur, qui paie également le carburant, aurait financièrement intérêt à ce que le commercial continue à rouler à 110 km/h sur le tronçon KL et non à 130 km/h.

# Corrigé

# Exercices 1 à 5 : Raisonnement logique

## ❶ FVFV

Dans ce qui suit, H désigne l'ensemble des hommes, C celui des cadres et M celui des salariés mariés. Pour remplir le diagramme ci-dessous, on commence par 300, 352, 424 et 144.

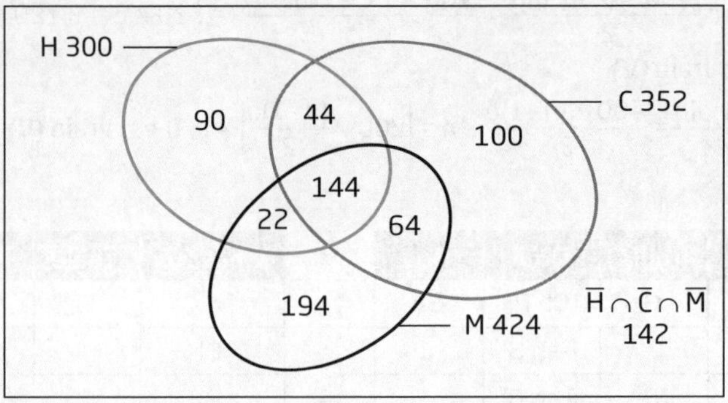


Puis on place :

- 44 [188 - 144] : c'est le nombre de cadres hommes non mariés ;
- 22 [166 - 144 = 22] : c'est le nombre d'hommes mariés non cadres ;
- 64 [208 - 144 = 64] : c'est le nombre de femmes cadres mariées ;
- 100 [352 - (44 + 144 + 64)] : c'est le nombre de femmes cadres non mariées ;
- 90 [300 - (44 + 144 + 22)] : c'est le nombre d'hommes non cadres et non mariés ;
- 194 [424 - (22 + 144 + 64)] : c'est le nombre de femmes mariées non cadres ;
- 142 [800 - total de tous les nombres dans le diagramme = 800 - 658] : c'est le nombre de femmes non cadres et non mariées ; donc **D est vraie (V)**.

Donc **A est fausse (F)** : la bonne réponse est 64.

Nombre de femmes non cadres : 142 + 194 = 336 donc **B est vraie (V)**.

$\#(H \cup C) = \#H + \#C - \#(H \cap C) = 300 + 352 - 188 = 464$ donc **C est fausse (F)**.

## ❷ FFFF

Soit $h$ le nombre d'hommes et $f$ le nombre de femmes. Chaque homme a $f$ collègues femmes et $h - 1$ collègues hommes. Donc : $f = 2(h - 1) \Rightarrow 2h - f = 2$.

30 % des salariés ont suivi une formation de secourisme : cela représente $0{,}3(h + f)$.

Donc : $0{,}3h + 0{,}3f = \frac{1}{3}f + 8 \Leftrightarrow 0{,}9h + 0{,}9f = f + 24 \Leftrightarrow 9h + 9f = 10f + 240 \Leftrightarrow 9h - f = 240$

Résolvons le système $\begin{cases} 2h - f = 2 \\ 9h - f = 240. \end{cases}$

Par soustraction : $7h = 238 \Rightarrow h = \frac{238}{7} = 34$ et $f = 2h - 2 \Rightarrow f = 66$.

Il y a donc 34 hommes et 66 femmes dans l'entreprise, soit 100 personnes. Par conséquent **C est fausse (F)** ; **B est fausse (F)** aussi car 30 % de 34 n'est pas égal à 8.

Chaque femme ayant 34 collègues masculins et 65 collègues féminins, **A est fausse (F)**.

30 personnes ont participé à la formation, donc **D est fausse (F)**.

**❸ FFVV**

La suite $r_n$ est une suite arithmétique de premier terme $r_1 = 200$ et de raison $a$ car $r_n = r_{n-1} + a$ pour tout $n \geq 2$.

Donc : $r_n = r_1 + (n-1)a$. **A est donc fausse (F).**

La somme des remboursements est égale au capital dû, donc :

$$S = r_1 + r_2 + ... + r_n = \frac{(r_1 + r_n)n}{2} = \frac{[200 + 200 + (n-1)a]n}{2} = \frac{[400 + (n-1)a]n}{2}$$

Si $n = 24$ et $a = 10$, alors $\frac{(r_1 + r_n)n}{2} = \frac{(400 + 23 \times 10) \times 24}{2} = 630 \times 12 = 7\,560$, donc **B est fausse (F).**

$n = 12$ et $a = 20$ donc $\frac{[400 + (n-1)a]n}{2} = \frac{(400 + 11 \times 20) \times 12}{2} = 620 \times 6 = 3\,720$

C'est pourquoi **C est vraie (V).**

Comme $\frac{[400 + (n-1)a]n}{2} = \frac{400 + (n-1)a}{2} \times n = \left[200 + \frac{(n-1)a}{2}\right] \times n$, **D est vraie (V).**

**❹ FVVV**

| | Cheveux | Taille | Haut | Bas | | Cheveux | Taille | Haut | Bas |
|---|---|---|---|---|---|---|---|---|---|
| C | | G | Ch R | Sh | → | | G | Ch R | J |
| D | Bl | | T-sh Bl | J | → | Bl | | Ch R | J |
| E | Br | P | T-sh Bl | | → | Bl | G | Ch R | |
| F | Bl | P | | J | → | Bl | G | | J |

Le tableau montre les déclarations des témoins et ce que l'on peut en déduire en faisant l'hypothèse qu'Elie s'est trompé trois fois. On a marqué en bleu les réponses inversées, conformes à la réalité.

L'ensemble est cohérent, ce qui implique les réponses données.

Si l'on suppose que c'est un autre témoin qui s'est trompé sur toute la ligne, on aboutit à des contradictions.

**❺ FFFV**

Le tableau récapitule les affirmations de chacun.

| Place de \ Déclarations de | A | B | C | D | E |
|---|---|---|---|---|---|
| A | 4 | | | | |
| B | | | | 1 | |
| C | | | 2 | | |
| D | 2 | | 1 | 5 | 3 |
| E | | | | | 2 |

Si D est n° 2, alors C dit faux à son propos, donc juste pour lui-même. Par conséquent, il arriverait n° 2. C'est impossible donc **A est fausse (F).**

Si A est n° 1, alors C est n° 2 (affirmations de C), et A est n° 4, ce qui est contradictoire. C'est pourquoi **B est fausse (F).**

Si, B est n° 3, alors E est n° 2 (affirmations de E), donc D est n° 1 (affirmations de C) or D = 5 (affirmations de D), ce qui est impossible. Par conséquent **C est fausse (F).**

Si E = 5 alors B = 1 (affirmations de D), C = 2 (affirmations de C), A = 4 (affirmations de A), D = 3 (affirmations de E). On a donc donc : A = 4 ; B = 1 ; C = 2 ; D = 3 ; E = 5. C'est pourquoi **D est vraie (V).**

# Exercices 6 à 10 : Raisonnement mathématique

## ❻ VVVF

On utilise ici la dérivée de $u^n$ qui est $nu'u^{n-1}$.

$$\forall x \in I, f'(x) = \frac{(12x^2 + 12x + 4)(x+1)^4 - (4x^3 + 6x^2 + 4x + 1)4(x+1)^3}{[(x+1)^4]^2}$$

$$= \frac{(x+1)^3[(12x^2 + 12x + 4)(x+1) - (16x^3 + 24x^2 + 16x + 4)]}{(x+1)^8}$$

$$= \frac{12x^3 + 12x^2 + 4x + 12x^2 + 12x + 4 - 16x^3 - 24x^2 - 16x - 4}{(x+1)^5}$$

$$= \frac{-4x^3}{(x+1)^5}$$

Donc **A est vraie (V)**.

**B** La fonction $f$ est croissante sur $]-1 ; 0]$ et décroissante sur $]0 ; +\infty[$ car sa dérivée est successivement positive puis négative. C'est pourquoi **B est vraie (V)**.

**C** $\forall x \in I, f''(x) = -4\frac{3x^2(x+1)^5 - x^3 5(x+1)^4}{[(x+1)^5]^2} = -4\frac{x^2(x+1)^4[3(x+1) - 5x]}{(x+1)^{10}}$

$$= -4x^2\frac{3x + 3 - 5x}{(x+1)^6} = -\frac{4x^2(3-2x)}{(x+1)^6} = \frac{4x^2(2x-3)}{(x+1)^6}$$

Comme $f''(x)$ s'annule en changeant de signe en $x = \frac{3}{2}$, **C est vraie (V)**.

**D** $f''(x)$ est négative sur $\left]-1 ; \frac{3}{2}\right[$ donc $f$ est concave sur cet intervalle. C'est pourquoi **D est fausse (F)**.

## ❼ VVVF

**A est vraie (V)** car $f$ est un produit de fonctions polynômes, qui sont dérivables sur $\mathbb{R}$.

**B** $f'(x) = 1 \times (1 + x^2)^3 + x2x \times 3(1 + x^2)^2 = (1 + x^2)^2(1 + x^2 + 6x^2) = (1 + x^2)^2(1 + 7x^2)$ donc **B est vraie (V)**.

**C** On utilise le fait qu'une primitive de $u'u^n$ est $\frac{u^{n+1}}{n+1}$ à condition que l'on ait $n \neq -1$.

$$\forall x \in I, f(x) = \frac{1}{2}2x(1 + x^2)^3 \Rightarrow F(x) = \frac{1}{2}\frac{(1 + x^2)^4}{4} + C$$

On en déduit que **C est vraie (V)**.

**D est fausse (F)** car : $\int_0^1 f(x)\,dx = F(1) - F(0) = \frac{1}{8}2^4 - \frac{1}{8} = \frac{16}{8} - \frac{1}{8} = \frac{15}{8}$

## ❽ VVVV

**A** Pour tout $x \in [0 ; 10\,000]$, $C'(x) = 0{,}15x^2 - 2{,}1x + 8$.

Son discriminant est négatif car $(-2{,}1)^2 - 4 \times 0{,}15 \times 8 = 4{,}41 - 4{,}8$. C'est pourquoi $C'(x) > 0$.

Donc la fonction $C$ est croissante. C'est pourquoi **A est vraie (V)**.

**B** $C''(x) = 0{,}3x - 2{,}1$. $C''(x) = 0 \Leftrightarrow x = \frac{2{,}1}{0{,}3} = 7$. $C''(x)$ s'annule et change de signe pour $x = 7$. Elle change de concavité en ce point et donc **B est vraie (V)**.

**C** Si $x \geq 7$, $C''(x) \geq 0$. C'est pourquoi $C$ est convexe si $x \geq 7$ et donc la croissance de $C$ s'accélère sur $]7 ; +\infty[$. Par conséquent **C est vraie (V)**.

**D est vraie (V)** car $C''(x) \leq 0$ si $0 \leq x \leq 7$, donc à partir de 7 000 unités produites, la croissance du coût s'accélère.

**9 VVVF**

A Une équation de la tangente à la courbe représentant $f$ au point d'abscisse e est :

$$y = \ln'(e)(x - e) + \ln(e) \Leftrightarrow y = \frac{1}{e}(x - e) + 1 \Leftrightarrow y = \frac{1}{e}x$$

C'est pourquoi A **est vraie (V).**

B La courbe de $f$ étant concave, B **est vraie (V).**

C **est vraie (V)** ; c'est un résultat de cours. Encore faut-il que le repère soit orthonormé, ce que nous supposons.

$f''(x) = -\frac{1}{x^2}$ donc D **est fausse (F).**

**10 FVVV**

On utilise la formule $(e^u)' = u'e^u$

A Pour tout $x$ convenablement choisi, $f(x) = e^{x\ln(1+x)}$ donc A **est fausse (F).** Voir la correction de C.

B **est vraie (V)** en raison de la redéfinition précédente de $f$.

C Pour tout $x \in D_f$, $f'(x) = \left[1\ln(1 + x) + x \times \frac{1}{1 + x}\right]e^{x\ln(1+x)} = g(x)f(x)$ donc C **est vraie (V).**

D Pour tout $x > -1$, $f''(x) = g'(x)f(x) + g(x)f'(x) = \left[\frac{1}{x+1} + \frac{x + 1 - x}{(x+1)^2}\right]f(x) + [g(x)]^2 f(x)$

$= \left\{\frac{1}{x+1} + \frac{1}{(x+1)^2} + [g(x)]^2\right\}f(x)$

Les deux facteurs de ce produit étant strictement positifs, $f''(x)$ est strictement positif, donc $f'$ est strictement croissante sur $]-1 ; +\infty[$. C'est pourquoi D **est vraie (V).**

# Exercices 11 à 15 : Problème mathématique

**11 VFVV**

Pour les questions, on peut utiliser la formule de la distance entre deux points $A(x_A ; y_A)$ et $B(x_B ; y_B)$ : $AB^2 = (x_B - x_A)^2 + (y_B - y_A)^2$

A KL = 6 - 1 = 5 donc A **est vraie (V).**

B $KM^2 = (4 - 1)^2 + (8 - 5)^2 = 3^2 + 3^2 = 18 \Rightarrow KM = \sqrt{18}$. Or $\sqrt{18} > \sqrt{16} \Rightarrow \sqrt{18} > 4$. Donc B **est fausse (F).**

C $LM^2 = (8 - 5)^2 + (4 - 6)^2 = 3^2 + (-2)^2 = 13$.

Comme $3{,}5^2 = 12{,}25$ : $\sqrt{13} > \sqrt{12{,}25} \Rightarrow \sqrt{13} > 3{,}5$. Donc LM > 3,5. C'est pourquoi C **est vraie (V).**

D $KM + ML + LK = \sqrt{18} + \sqrt{13} + 5 \Rightarrow KM + ML + LK > 4 + 3{,}5 + 5 = 12{,}5$. Par conséquent D **est vraie (V).**

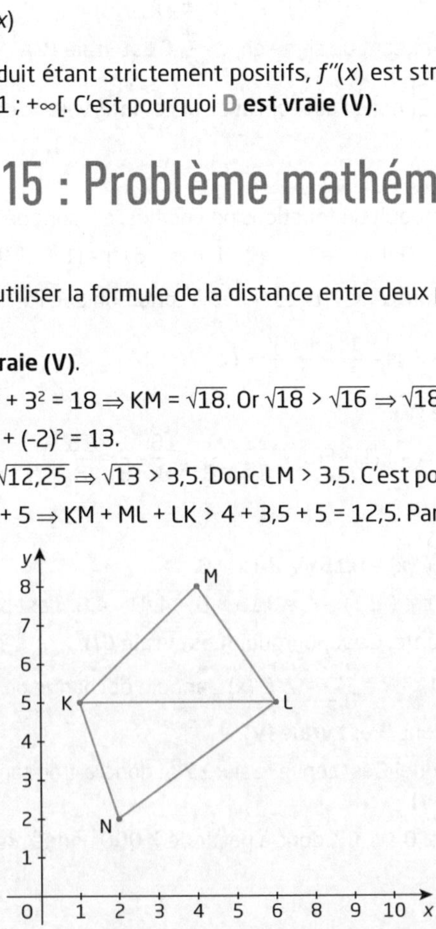

**⑫ VFFV**

**A** L'aire du triangle KLM vaut $\frac{1}{2} \times 5 \times 3 = 7{,}5$ unités d'aire.

Or une unité d'aire est égale à $100 \times 100 = 10\,000$ donc l'aire cherchée est égale à 75 000 km². C'est pourquoi **A est vraie (V)**.

Puisqu'ils ont une base en commun et la même hauteur (3), les triangles KLM et KLN ayant la même aire, l'aire du quadrilatère KMLN est égale à 2 × 75 000 c'est-à-dire 150 000 km² et donc **B est fausse (F)**.

Si la ville O a pour coordonnées (5 ; 2), alors :

$OK^2 = (1-5)^2 + (5-2)^2 = 16 + 9 = 25 \Rightarrow OK = \sqrt{25} = 5$ donc la distance OK est égale à 500 km.

$OM^2 = (4-5)^2 + (8-2)^2 = 1 + 36 = 37$ donc la distance OM n'est pas égale à 600 km.

C'est pourquoi **C est fausse (F)**.

En outre : $OK^2 = (1-x)^2 + (5-y)^2 = 1 - 2x + x^2 + 25 - 10y + y^2$

Et : $OM^2 = (4-x)^2 + (8-y)^2 = 16 - 8x + x^2 + 64 - 16y + y^2$

De $OK^2 = 25$ et $OM^2 = 36$, on tire le système :

$$\begin{cases} x^2 + y^2 - 2x - 10y = -1 \\ x^2 + y^2 - 8x - 16y = -44 \end{cases}$$

Par soustraction (première équation – deuxième équation) : $6x + 6y = 43 \Leftrightarrow x + y = \frac{43}{6} \Leftrightarrow y = \frac{43}{6} - x$,

donc **D est vraie (V)**.

**⑬ FVVV**

Nous supposerons dans cette question que le commercial s'efforce de minimiser la distance parcourue. Cela n'est pas précisé dans l'énoncé.

La distance minimale (en km) à parcourir est KN + NO + ON + NL + LM + MK = 2 400, donc **A est fausse (F)**.

Temps de parcours de KN : 3 heures (375 ÷ 125 = 3). On calcule de même les temps de parcours sur les autres tronçons. Le temps total (en heures) est de $3 + 2 \times 5 + 7 + 5 + 5 = 30$. C'est pourquoi **B est vraie (V)**.

La vitesse moyenne (en km/h) est égale à $\frac{2\,400}{30} = 80$, ce qui fait que **C est vraie (V)**.

Sur le tronçon LN, il doit gagner 2 heures. Il en met 7 actuellement ; il doit donc mettre 5 heures pour le parcourir. Sa vitesse moyenne y sera donc de 105 km/h $\left(\frac{525}{5} = 105\right)$ et $75 + 40\,\% \times 75 = 75 + 30 = 105$.

C'est pourquoi **D est vraie (V)**.

**⑭ VVFV**

Prix en € :

| | | K → L | L → M | M → K | Total A/R |
|---|---|---|---|---|---|
| Coût | Train | $10 + 0{,}05 \times 550$ | $10 + 0{,}05 \times 400$ | $10 + 0{,}05 \times 450$ | 100 |
| | Voiture | $\frac{550}{110} \times 6 = 30$ | $\frac{400}{80} \times 6 = 30$ | $\frac{450}{90} \times 6 = 30$ | 90 |

On en déduit que **A et B sont vraies (V)**.

À 0,03 € le kilomètre, le trajet en train reviendrait, en €, à :
$(10 + 0{,}03 \times 550 + 10 + 0{,}03 \times 40 + 10 + 0{,}03 \times 450) = 72$.

À 0,04 € le kilomètre, le trajet en train reviendrait à 86 €.

Donc **C est fausse (F)**.

**D** Sachant que le commercial devra parcourir 1 400 km (550 + 400 + 450 = 1 400), on a :

$u + 550v + u + 400v + u + 450v = 14w$

$\Leftrightarrow 3u + 1\,400v = 14w$

$\Leftrightarrow w = \frac{3}{14}u + 100v$

Par conséquent, **D est vraie (V)**.

### ⑮ FVFV

**A** Sur le tronçon KM, la consommation en litre aux 100 km vaut $f(90)$ c'est-à-dire $\frac{90}{20} + 1 = 5{,}5$.

La consommation en litres vaut $4{,}5 \times 5{,}5 = 24{,}75$ donc **A est fausse (F)**.

**B** Sur le tronçon LK, la consommation en litre aux 100 km vaut $f(110)$ c'est-à-dire $\frac{110}{20} + 1 = 6{,}5$.

Donc **B est vraie (V)**.

Sur le tronçon ML, la consommation en litre aux 100 km vaut $f(80)$ c'est-à-dire $\frac{80}{20} + 1 = 5$. La consommation totale en litre vaut donc : $4{,}5 \times 5{,}5 + 6{,}5 \times 5{,}5 + 5 \times 4 = 80{,}5$.

**C** S'il roulait à 130 km/h sur le tronçon KL, sa consommation en litres aux 100 km vaudrait $f(130) = \frac{130}{20} + 1 = 7{,}5$ et il consommerait 41,25 litres sur ce tronçon car $5{,}5 \times 7{,}5 = 41{,}25$. Or, il en consommait 35,75 auparavant ($35{,}75 = 6{,}5 \times 5{,}5$) donc **C est fausse (F)**.

**D** Sur le tronçon KL :

| Vitesse | Temps | Essence (litres) | Paye | Total coût |
|---|---|---|---|---|
| 110 km/h | 5 | 35,75 | 25 | 60,75 |
| 130 km/h | $\frac{550}{130} = \frac{55}{13}$ | 41,25 | $\frac{275}{13}$ | $41{,}25 + \frac{275}{13}$ |

Or $\frac{275}{13} > \frac{260}{13} \approx 20$. Donc le coût total de la 2^e^ ligne est supérieur à 61 €.

C'est pourquoi **D est fausse (F)**.

# Ouverture culturelle

DURÉE
45 MINUTES



COEFFICIENTS
ESDES 6
ESSCA et IÉSEG 3

## 1. Présentation de l'épreuve

L'épreuve d'ouverture culturelle consiste à répondre à 65 questions à choix multiples en 45 minutes.

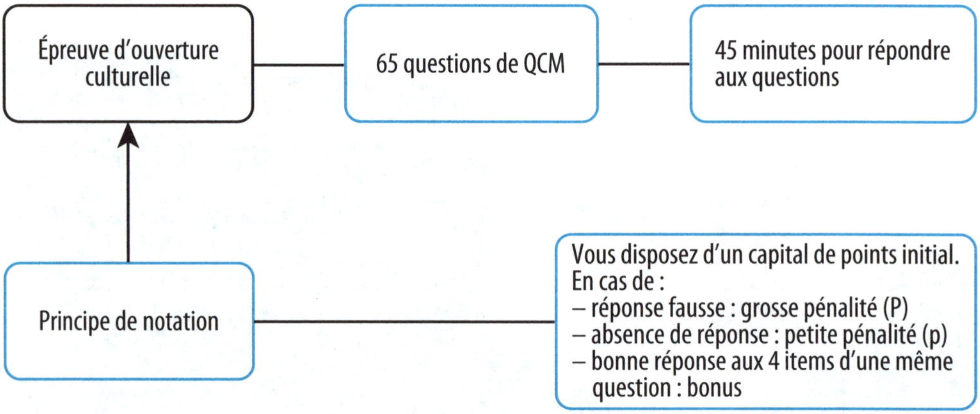


Vous pouvez télécharger gratuitement les annales des sujets passées sur Internet pour avoir un aperçu précis de l'épreuve.

## 2. Une épreuve discriminante

Le QCM d'ouverture culturelle est une épreuve rapidement **discriminante**. Se détachent les candidats qui « ont » de la culture générale et les autres. Or, il n'est pas aisé de devenir cultivé simplement en le souhaitant à quelques mois d'un concours. C'est un travail de longue haleine, commencé depuis votre plus tendre enfance. Si vos parents vous ont souvent amené aux musées, vous ont invité à lire ou vous ont permis de voyager, vous avez de la chance. Pierre Bourdieu dirait qu'ils contribuent à une reproduction sociale forte entre les générations. Néanmoins, la mobilité sociale existe pour tous.

Ne vous reposez donc pas sur vos acquis, ou ne vous résignez pas si vous êtes moins confiant !

## 3. Conseils pour réussir l'épreuve

Les 65 questions du QCM peuvent concerner tous les domaines, de manière relativement aléatoire, il est donc très difficile d'anticiper les questions et de réviser spécifiquement en ce sens.

Le but est d'être le moins mauvais, à défaut d'être le meilleur : **ne répondez que si vous êtes sûr de votre réponse** car les réponses fausses entraînent des pénalités plus fortes que l'absence de réponse ! **Ne soyez pas troublé par les questions**, dites-vous bien qu'il en est autant pour les autres candidats, dans l'ensemble !

Les 65 questions sont classées selon des thèmes récurrents d'une année sur l'autre.

**Thèmes des questions du QCM d'ouverture culturelle**

- Histoire, géographie, mythes et religions
- Idées, sciences et techniques
- Politique, économie et société
- Arts, loisirs, médias

Si cette épreuve évalue votre culture générale, il n'est pas inutile de revoir certaines de vos connaissances et d'en apprendre de nouvelles en vue du concours.

Tout d'abord, il est essentiel de parcourir tous les jours un quotidien national ou son site web . Lisez bien entendu les pages sur l'actualité politique, mais ne négligez pas pour autant les pages culturelles, qui vous donneront de précieuses indications sur les tendances du moment. Si vous ne vous sentez pas à l'aise sur un sujet d'actualité, n'hésitez pas à faire des recherches et à rédiger une fiche récapitulative que vous pourrez relire à l'approche du concours. Veillez à suivre les principales polémiques et assurez-vous de pouvoir identifier les acteurs et leurs positions.

Révisez ensuite les auteurs et les œuvres classiques de la littérature française, les mythes fondateurs et l'histoire de France. Il faut que vous puissiez situer les principaux rois et dire ce qu'ils ont accompli d'important pendant leur règne. Vous devez également pouvoir retracer l'évolution des relations de la France avec le reste du monde (découvertes, colonisation, guerres, alliances, etc.).

Enfin, faites des fiches sur chaque pays, avec des informations variées sur la langue parlée, le système politique, les personnages clés, la capitale, la population, les minorités ethniques, le poids économique, l'industrie et les faits récents d'actualité.

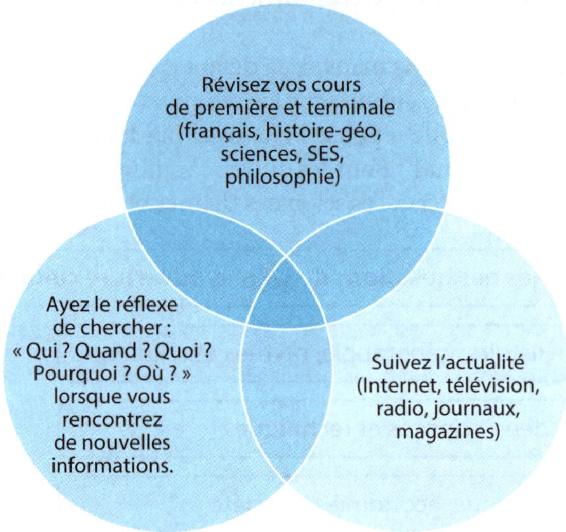

# Entraînement

## QCM 1 : Ouverture culturelle

**DURÉE :** 30 MINUTES



### Histoire et géographie

**1 Aux États-Unis, dans les années 1950, le maccarthysme fut :**

**A** une campagne virulente contre les communistes.
**B** un parti politique dirigé par McCarthy proche des démocrates.
**C** connu sous le nom de « chasse aux sorcières ».
**D** un élément du contexte de la guerre froide entre États-Unis et URSS.

**2 Le Code civil français :**

**A** a été rédigé par Léon Gambetta.
**B** dicte la séparation des Églises et de l'État.
**C** a été rédigé en 1910.
**D** est le fondement du droit civil français.

**3 Adolf Hitler :**

**A** prend le pouvoir en Allemagne en 1929.
**B** en 1938, annexe l'Autriche : on appelle cela l'*Anschluss*.
**C** viole le traité de Versailles et réarme l'Allemagne à partir de 1933.
**D** est fait prisonnier par les Américains en juin 1945.

**4 Quand commence la guerre d'Algérie :**

**A** l'année de la signature des accords de Genève.
**B** en 1954.
**C** l'année de la mort de Pierre Mendès France.
**D** l'année de l'accès à l'indépendance de la Tunisie et du Maroc.

**5 Parmi ces pays, lesquels faisaient partie de l'Empire français en 1931 :**

**A** le Tchad.
**B** le Niger.
**C** l'Égypte.
**D** le Gabon.

**6 Quels fleuves sont européens :**

**A** l'Amou-Daria.
**B** le Danube.
**C** la Tamise.
**D** le Mississippi.

**7 La Syrie :**

A a une frontière avec la Libye.
B son président Bachar el-Assad est catholique.
C la Russie de Poutine est alliée du dirigeant de la Syrie dans le conflit.
D le conflit syrien a démarré en 2011 dans le contexte du Printemps arabe.

**8 Le secteur économique de l'agriculture :**

A le principal syndicat agricole français est la FNSEA.
B le nombre d'exploitations agricoles en France a baissé de moitié en 20 ans.
C le nombre d'exploitations agricoles en France est d'environ 500 000 aujourd'hui.
D le ministre de l'Agriculture Julien Denormandie est également en charge de la pêche.

**9 Natalité et fécondité :**

A le taux de natalité est égal au nombre de naissances par an pour 1 000 habitants.
B le taux de natalité est exprimé en pourcentage.
C le taux de fécondité de la France est de 2,01.
D le taux de fécondité est plus élevé en Italie qu'en France.

# Mythologie

**10 La vision de la mort dans l'Égypte antique :**

A le mort est entouré dans sa tombe de nourriture, boissons et objets de la vie quotidienne.
B le dieu Osiris se charge du jugement des morts.
C le pharaon est toujours enterré dans la ville d'Alexandrie.
D les Égyptiens incinéraient leurs morts et jetaient les cendres dans le Nil.

**11 Au sujet du dieu Zeus dans la mythologie grecque :**

A le titan Prométhée a volé à Zeus l'usage du feu.
B Zeus est le roi des dieux et le dieu de la foudre.
C le père de Zeus est Poséidon.
D Zeus s'est métamorphosé en aigle pour séduire Héra.

**12 Quels sont les travaux d'Héraclès (ou Hercule) :**

A les oiseaux du lac Stymphale.
B les bœufs de Corinthe.
C le lion de Némée.
D le cheval de Délos.

# Sciences

**13 À propos du système solaire :**

A Nicolas Copernic est celui qui a démontré le premier l'héliocentrisme.
B il y a cinq planètes dans le système solaire.
C Jupiter est la plus grosse planète du système solaire.
D la Lune et le Soleil sont les deux étoiles du système solaire.

⓮ **La gravitation :**

- **A** est une force responsable de la chute de tout objet sur le sol.
- **B** est responsable du mouvement des planètes autour du Soleil.
- **C** au pôle Nord, il n'y a plus de gravitation.
- **D** Johannes Kepler est le scientifique qui a formulé les lois sur la gravitation.

⓯ **Énergies renouvelables :**

- **A** la première source d'énergie renouvelable en France est le bois.
- **B** le bois et l'eau sont les deux seules sources d'énergie renouvelable.
- **C** le parc solaire photovoltaïque français se situe, en termes de puissance, au sixième rang mondial.
- **D** les voitures électriques les plus performantes ont une autonomie de 300 km.

⓰ **Composition chimique :**

- **A** le diamant est composé de carbone pur.
- **B** l'eau est principalement composée d'hydrogène et de carbone.
- **C** le gaz carbonique est constitué d'hydrogène et de carbone.
- **D** le sel est composé de sodium et de chlore.

⓱ **Le virus Zika :**

- **A** donne la maladie du paludisme.
- **B** s'est récemment propagé en Amérique du Sud et en Amérique centrale.
- **C** est transmis à l'homme par le moustique tigre.
- **D** provoque un risque de malformation congénitale sur le fœtus.

# Arts, sports et culture

⓲ **Léonard de Vinci :**

- **A** est un peintre espagnol.
- **B** a vécu la fin sa vie auprès du roi François Ier.
- **C** a peint le tableau La Vierge aux rochers.
- **D** a inventé une machine pour voler.

⓳ **La pyramide du Louvre à Paris :**

- **A** a été mise en chantier par le président Pompidou.
- **B** abrite le musée du même nom.
- **C** est de la même dimension que la pyramide de Khéops.
- **D** a été conçue par l'architecte Ieoh Ming Pei.

⓴ **Les instances et leur signe :**

- **A** le CSA signifie Cabinet soumis à l'audiovisuel.
- **B** la CEE signifie Communauté économique européenne.
- **C** HEC est l'École des hautes études commerciales.
- **D** l'INSEE est l'Institut normal des sciences économiques et étrangères.

㉑ **L'écrivain Jean-Paul Sartre :**

- **A** a écrit *L'Écume des jours*.
- **B** était marié avec la chanteuse Édith Piaf.
- **C** était un écrivain engagé en politique.
- **D** a refusé le prix Nobel de littérature en 1964.

**㉒ Jean Moulin :**

**A** a été un des piliers de la Résistance en France durant la Seconde Guerre mondiale.
**B** est mort sous la torture de la Gestapo.
**C** était avant la Seconde Guerre mondiale un général de l'armée française.
**D** ses cendres ont été transférées au Panthéon.

**㉓ Le rugby :**

**A** la France participe au tournoi des Six Nations.
**B** une équipe est constituée de onze joueurs.
**C** une mêlée se compose d'un joueur de chaque équipe.
**D** est un sport joué également par des équipes féminines.

**㉔ Le tennis :**

**A** fut inventé en Chine.
**B** est le sport qui a le plus de licenciés en France.
**C** se joue à une ou deux mains.
**D** la couleur réglementaire de la balle est le jaune.

**㉕ Cinéma :**

**A** le film qui a fait le plus d'entrées en France au box-office est Titanic.
**B** Star Wars : Le Réveil de la Force a fait le plus grand nombre d'entrées lors d'une première semaine de sortie.
**C** le cinéma est aussi appelé cinquième art.
**D** les Oscars, les Césars et la Palme d'or sont trois récompenses attribuées aux œuvres cinématographiques.

**Rappel du barème de l'exercice :**
- 2 points par bonne réponse.
- 0 point pas de réponse.
- −1 point par réponse fausse.
- 1 point bonus si les 4 réponses de la question sont bonnes.

72/100 = 14,4

| | | | | | | |
|---|---|---|---|---|---|---|
| ❶ 0<br>-4 points | ❷ 3<br>5 points | ❸ 4<br>9 points | ❹ 2<br>2 points | ❺ 4<br>9 points | ❻ 4<br>9 points | ❼ 2<br>2 points |
| ❽ 3<br>5 points | ❾ 4<br>9 points | ❿ 3<br>5 points | ⓫ 2<br>2 points | ⓬ 2<br>2 points | ⓭ 3<br>5 points | ⓮ 2<br>2 points |
| ⓯ 3<br>5 points | ⓰ 2<br>2 points | ⓱ 3<br>5 points | ⓲ 3<br>5 points | ⓳ 3<br>5 points | ⓴ 3<br>5 points | ㉑ 3<br>5 points |
| ㉒ 3<br>5 points | ㉓ 4<br>9 points | ㉔ 4<br>9 points | ㉕ 3<br>5 points | TOTAL : 122 | | |

# Corrigé

## Histoire et géographie

❶ **VFVV**

**B** Joseph McCarthy était un homme politique américain, d'abord proche du Parti démocrate, puis affilié au Parti républicain.

❷ **FFFV**

**A** Le Code civil français a été rédigé par Napoléon Bonaparte.

**B** La loi de séparation des Églises et de l'État date de 1905.

**C** Le Code civil a été rédigé en 1804.

❸ **FVVF**

**A** Adolf Hitler prend le pouvoir en Allemagne en 1933.

**D** Il s'est probablement suicidé en juin 1945.

❹ **VVFF**

**C** La guerre d'Algérie commence en 1954 alors que Pierre Mendès France décède en 1982.

**D** La Tunisie et le Maroc obtiennent leur indépendance en 1956.

❺ **VVFV**

**C** L'Égypte est devenue indépendante en 1922.

❻ **FVVF**

**A** L'Amou-Daria est un fleuve d'Asie centrale.

**D** Le Mississippi est un fleuve des États-Unis.

❼ **FFVV**

**A** La Syrie a une frontière avec la Turquie, l'Iraq, la Jordanie, Israël et le Liban.

**B** Bachar el-Assad est alaouite, doctrine proche du chiisme.

❽ **VVVV**

❾ **VFVF**

**B** Le taux de natalité est exprimé en pour mille.

**D** Le taux de fécondité est plus faible en Italie qu'en France.

## Mythologie

❿ **VVFF**

**C** Dans l'Égypte antique, les pharaons étaient enterrés dans la vallée des rois à Thèbes.

**D** Les Égyptiens momifiaient leurs morts.

⓫ **VVFF**

**C** Le père de Zeus est Chronos.

**D** Zeus s'est métamorphosé en coucou pour séduire Héra.

**⑫ VFVF**

**B** et **D** Les douze travaux d'Héraclès sont : 1. Tuer le lion de Némée et rapporter sa dépouille. 2. Tuer l'hydre de Lerne. 3. Capturer la biche de Cérynie. 4. Capturer le sanglier d'Érymanthe. 5. Nettoyer les écuries d'Augias. 6. Tuer les oiseaux du lac Stymphale. 7. Dompter le taureau crétois de Minos. 8. Capturer les juments de Diomède. 9. Dérober la ceinture d'Hippolyte. 10. Capturer les bœufs de Géryon. 11. Dérober les pommes d'or du jardin des Hespérides. 12. Capturer Cerbère.

# Sciences

**⑬ VFVF**

**B** Le système solaire compte huit planètes.

**D** Seul le Soleil est une étoile. La Lune est un satellite de la Terre.

**⑭ VVFF**

**C** La Terre n'est pas parfaitement sphérique. Elle est légèrement aplatie au niveau des pôles. La gravité y est donc un peu plus importante qu'à l'équateur.

**D** Isaac Newton a formulé les lois sur la gravitation en 1687.

**⑮ VFVV**

**B** Le bois, l'eau, le vent, le soleil et les déchets sont quelques-unes des énergies renouvelables.

**⑯ VFFV**

**B** L'eau est principalement composée d'hydrogène et d'oxygène.

**C** Le gaz carbonique est constitué d'oxygène et de carbone.

**⑰ FVVV**

**A** Le virus Zika peut entraîner des complications neurologiques et des malformations congénitales.

# Arts, sports et culture

**⑱ FVVV**

**A** Léonard de Vinci est un peintre italien.

**⑲ FVFV**

**A** La pyramide du Louvre à Paris a été mise en chantier par le président François Mitterrand.

**C** Elle est beaucoup plus petite que la pyramide de Khéops.

**⑳ FVVF**

**A** Le CSA est le Conseil supérieur de l'audiovisuel.

**D** L'INSEE est l'Institut national des statistiques et études économiques.

**㉑ FFVV**

**A** *L'Écume des jours* est un livre de Boris Vian.

**B** Jean-Paul Sartre était lié à Simone de Beauvoir.

**㉒ VVFV**

**C** Jean Moulin était préfet avant la Seconde Guerre mondiale.

**㉓ VFFV**

**B** Une équipe de rugby est constituée de quinze joueurs.

**C** Une mêlée se compose de plusieurs joueurs de chaque équipe.

**㉔ FFVV**

**A** Le tennis dérive du jeu de paume, inventé en France au XIIIe siècle.

**B** Le football est le sport qui a le plus de licenciés en France.

**㉕ VVFV**

**C** Le cinéma est aussi appelé le septième art.

# Indications de niveau

Si vous obtenez au moins 100 points, vous êtes dans la course !

Et si vous dépassez les 140 points, vous êtes parmi les meilleurs !

Autrement, ne vous découragez surtout pas, mais soyez plus curieux d'apprendre.

# QCM 2 : Ouverture culturelle

**DURÉE :** 20 MINUTES

## Histoire

**1 Après la Seconde Guerre mondiale, le nouvel ordre économique mondial est fondé sur :**

A les accords de Bretton Woods.
B le traité de Rome.
C les accords du GATT.
D la conférence de Yalta.

**2 La guerre civile en Russie à partir de 1917 oppose :**

A les tsaristes.
B les bolcheviques.
C les paysans.
D les libéraux.

**3 Les formes classiques de régime en sciences politiques sont :**

A la dictature.
B le totalitarisme.
C la démocratie.
D l'autoritarisme.

**4 Les caractéristiques communes entre les trois régimes totalitaires sont :**

A le parti unique.
B l'unicité du peuple.
C la recherche d'un homme nouveau.
D le chef charismatique.

**5 Les forces politiques majoritaires au début de la IIIe République en France étaient :**

A le parti socialiste.
B les monarchistes.
C les républicains radicaux.
D les républicains libéraux.

**6 Les discours les plus célèbres de Charles de Gaulle sont :**

A l'appel du 18 juin 1940.
B le discours de Bayeux.
C le discours de Yalta.
D le discours d'Alger.

**7 Lesquels des grands mouvements de résistance ont composé le Conseil national de la Résistance :**

A le Front national.
B les Francs-Tireurs.
C Libération-Nord.
D le Rassemblement de la Résistance du Sud.

**8 En 1946, le tripartisme regroupe :**

A les gaullistes.
B le MRP.
C la SFIO.
D le PCF.

**9 Parmi les colonies françaises, lesquelles ont répondu « oui » à l'intégration dans la Communauté en 1958 :**

A le Maroc.
B le Tchad.
C la Guinée.
D le Congo.

# Mythologie

**10 Qui sont les frères du dieu grec Zeus ?**

A Apollon.
B Hadès.
C Poséidon.
D Hermès.

**11 Au sujet du personnage mythologique Icare :**

A il tua le Minotaure.
B il retrouva son chemin grâce au fil d'Ariane.
C il fit des ailes avec des plumes et survola le labyrinthe.
D son père s'appelait Dédale.

**12 Parmi ces personnages, lesquels sont des dieux ou déesses romains :**

A Bacchus.
B Jupiter.
C Mars.
D Junon.

# Sciences

**13 Les grottes de Lascaux :**

A renferment des peintures rupestres.
B sont situées en Bourgogne.
C les touristes visitent un site reconstitué à l'identique.
D ont été découvertes par le paléontologue Yves Coppens.

**14 La tectonique :**

A est une danse des années 2000.
B est due à l'érosion des sols.
C est un phénomène qui analyse le mouvement des plaques.
D explique la forme des continents actuels.

**15 Le cerveau humain :**

**A** a deux hémisphères identiques.
**B** est composé de milliards de neurones.
**C** a besoin de glucose pour fonctionner.
**D** est composé de l'hypophyse.

**16 Le diabète est :**

**A** une maladie liée à la glycémie et à l'insuline.
**B** une maladie en fort développement dans les pays riches.
**C** une maladie qui n'affecte que les femmes.
**D** une maladie qui interdit toute consommation de sucres.

**17 Le virus Ebola :**

**A** a tué plus de dix mille personnes en 2015.
**B** s'est propagé en Asie.
**C** est transmis à l'homme par le moustique.
**D** est aussi appelé fièvre hémorragique.

# Arts, sports et culture

**18 Van Gogh est un peintre :**

**A** du courant surréaliste.
**B** ami de Gauguin.
**C** s'est coupé l'oreille.
**D** a peint le tableau *L'Église d'Auvers-sur-Oise*.

**19 Guggenheim :**

**A** est une richissime collectionneuse d'art prénommée Peggy.
**B** a donné son nom à plusieurs musées.
**C** a donné son nom au musée juif de Berlin.
**D** est une ville d'Alsace.

**20 Le sculpteur Rodin :**

**A** se prénommait Augustin.
**B** a réalisé *Les Bourgeois de Calais*.
**C** a vécu au XVII^e siècle.
**D** a réalisé *Le Penseur*.

**21 Le nouveau musée du Louvre a ouvert des annexes à :**

**A** Metz.
**B** Abu Dhabi.
**C** Lens.
**D** Doha.

**22 Les Jeux olympiques d'été 2020 :**

**A** ont eu lieu à Londres.
**B** ont été suivis des Jeux paralympiques.
**C** ont été organisés par le Comité international olympique.
**D** ont compris quinze disciplines.

**23 Le marathon :**

**A** est une course de 43,7 km.
**B** est un sport olympique.
**C** correspond approximativement à la distance entre les villes de Marathon et Athènes.
**D** le marathon de New York a lieu tous les ans en avril.

**24 Le prix Goncourt :**

**A** est un prix littéraire remis par l'Académie française.
**B** existe aussi sous la version prix Goncourt des lycéens.
**C** existe aussi sous la version prix Goncourt de la BD.
**D** le lauréat 2019 est Boris Vian.

**25 François Mitterrand :**

**A** est né à Jarnac en Charente.
**B** a été président de la République française durant deux mandats.
**C** chacun de ses mandats présidentiels a duré cinq ans.
**D** était membre du Parti socialiste.

**Rappel du barème de l'exercice :**

- 2 points par bonne réponse.
- 0 point pas de réponse.
- −1 point par réponse fausse.
- 1 point bonus si les 4 réponses de la question sont bonnes.

| | | | | | | |
|---|---|---|---|---|---|---|
| 1 4 / 9 points | 2 4 / 9 points | 3 4 / 9 points | 4 4 / 9 points | 5 1 / -1 points | 6 3 / 6 points | 7 3 / 6 points |
| 8 4 / 9 points | 9 3 / 6 points | 10 3 / 6 points | 11 2 / 2 points | 12 2 / 2 points | 13 2 / 2 points | 14 3 / 6 points |
| 15 3 / 6 points | 16 3 / 6 points | 17 4 / 9 points | 18 3 / 6 points | 19 1 / -1 points | 20 2 / 2 points | 21 4 / 9 points |
| 22 4 / 9 points | 23 3 / 6 points | 24 1 / -1 points | 25 3 / 6 points | TOTAL : 140 | | |

# Corrigé

## Histoire

❶ **VFVF**

**B** Le traité sur le fonctionnement de l'Union européenne, appelé également traité de Rome, date de 1957. Il est l'un des actes fondateurs de la Communauté économique européenne (CEE).

**D** La conférence de Yalta, en 1945, a préparé la fin de la Seconde Guerre mondiale et posé les bases du nouvel ordre politique et diplomatique mondial.

❷ **VVVF**

**D** La guerre civile en Russie oppose à partir de 1914 les tsaristes, les bolcheviques et les paysans.

❸ **FVVV**

**A** Les principaux systèmes politiques en sciences politiques sont la démocratie, l'autoritarisme et le totalitarisme.

❹ **VVVV**

❺ **FVFV**

**A** et **C** Les forces politiques majoritaires au début de la IIIe République en France étaient les monarchistes et les républicains libéraux.

❻ **VVFV**

**C** Yalta est une ville de Crimée dans laquelle s'est tenue du 4 au 11 février 1945 une conférence réunissant les principaux responsables de l'Union soviétique, du Royaume-Uni et des États-Unis. Charles de Gaulle n'était pas présent.

❼ **VVVF**

**D** Le Rassemblement de la Résistance du Sud n'existe pas. En revanche, Libération-Sud est un grand mouvement de résistance qui a rejoint le Conseil national de la Résistance.

❽ **FVVV**

**A** En 1946, le tripartisme regroupe le MRP, la SFIO et le PCF.

❾ **VVFV**

**C** La Guinée répond « non » et devient indépendante.

## Mythologie

❿ **FVVF**

**A** et **D** Apollon et Hermès sont des fils de Zeus.

⓫ **FFVV**

**A** et **B** C'est Persée qui tua le Minotaure et retrouva son chemin grâce au fil d'Ariane.

⓬ **VVVV**

# Sciences

⑬ **VFVF**

**B** Les grottes de Lascaux sont situées en Dordogne dans la région Nouvelle-Aquitaine.

**D** ont été découvertes par Marcel Ravidat.

⑭ **FFVV**

**A** La tecktonik est une danse des années 2000.

⑮ **FVVV**

**A** Les hémisphères du cerveau sont quasi symétriques mais pas identiques.

⑯ **VVFF**

**C** Le diabète affecte davantage les hommes que les femmes.

**D** La consommation de sucres en quantités moyenne et grande est déconseillée chez les diabétiques mais pas interdite.

⑰ **VFFV**

**B** Le virus Ebola s'est propagé en Afrique.

**C** Il est transmis à l'homme par les animaux sauvages.

# Arts, sports et culture

⑱ **FVVV**

**A** Vincent van Gogh est un peintre du courant naturaliste.

⑲ **VVFF**

**C** Le Musée juif de Berlin ne porte pas d'autre nom.

⑳ **FVFV**

**A** Le sculpteur Rodin se prénommait Auguste.

**C** Il a vécu au XIX^e^ siècle (1840-1917).

㉑ **FVVF**

**A** Le Musée juif de Berlin ne porte pas d'autre nom.

㉒ **FVVF**

**A** Les Jeux olympiques d'été 2020 ont eu lieu à Tokyo.

**D** Ils comprendront trente-huit disciplines.

㉓ **FVVF**

**A** Le marathon est une course de 42,2 km.

**D** Le marathon de New York a lieu tous les ans fin octobre ou début novembre.

㉔ **FVFF**

**A** Le prix Goncourt est un prix littéraire remis par l'Académie Goncourt.

**D** Le lauréat 2019 est Jean-Paul Dubois.

㉕ **VVFV**

**C** Chacun des mandats présidentiels de François Mitterrand a duré sept ans.

# Indications de niveau

Si vous obtenez au moins 100 points, vous êtes dans la course !

Et si vous dépassez les 140 points, vous êtes parmi les meilleurs !

Autrement, ne vous découragez surtout pas, mais soyez plus curieux d'apprendre.

## SUJET 1 : Ouverture culturelle

**DURÉE :** 45 MINUTES

# Histoire, géographie, mythes et religions

❶ **Les Poilus :**

A désignent les combattants de la Grande Guerre.
B ont été appelés ainsi car les casques des généraux étaient ornés d'une crinière.
C ont souffert de l'utilisation d'armes chimiques.
D portaient des uniformes vert-de-gris.

❷ **La capitale :**

A du Brésil est São Paulo.
B de la Finlande est Oslo.
C de l'Australie est Sydney.
D de la Croatie est Zagreb.

❸ **Mai-68 s'est caractérisé par :**

A un soulèvement étudiant.
B un mouvement revendicatif des travailleurs.
C la dissolution de l'Assemblée nationale.
D un conflit générationnel.

❹ **La Corée du Sud :**

A a été un protectorat japonais.
B a acquis son indépendance dans les années 1970.
C a pour capitale Pyongyang.
D est le pays d'origine de la firme Samsung.

❺ **Familles souveraines :**

A La reine Margot était l'épouse d'Henri IV.
B Napoléon III était le fils de Napoléon Bonaparte.
C Marie-Antoinette était l'épouse de Louis XIV.
D Louis XIII était le fils d'Anne d'Autriche.

**6 Le bouddhisme :**

A a pour fondateur Siddhartha Gautama.
B est originaire du Tibet.
C tire son nom de « *bodhi* » signifiant « paix ».
D conçoit le karma comme la somme des actes d'un individu.

**7 Les régions :**

A ont été créées en 1970.
B sont dirigées par un préfet élu.
C financent une partie des services de transport de leur territoire.
D remplacent les départements.

**8 Marches célèbres :**

A La Marche de Washington a été organisée par le Ku Klux Klan.
B La Longue Marche a porté Xi Jin Ping au pouvoir.
C La Marche du sel s'est déroulée sous l'Ancien Régime.
D La Marche sur Rome a marqué l'arrivée de Mussolini au pouvoir.

**9 Géographie :**

A Une mégalopole est une ville qui dépasse 20 millions d'habitants.
B Le permafrost est présent au Sahara.
C Une moraine est un type de plaine.
D Un havre est une aire de repos.

**10 Couples de la mythologie grecque :**

A Phèdre et Hippolyte.
B Andromaque et Achille.
C Bérénice et Brutus.
D Aphrodite et Héphaïstos.

**11 La Russie :**

A est organisée selon un modèle politique fédéral.
B a fait l'objet d'un embargo alimentaire en 2014.
C appartient à l'OMC.
D partage une frontière avec le Pakistan.

**12 Créations de la période napoléonienne :**

A Ligne télégraphique.
B Billets émis par la Banque de France.
C Code civil.
D Lycées.

**13 John Fitzgerald Kennedy :**

A a été le plus jeune président élu des États-Unis
B a exercé entre 1971 et 1973.
C a milité contre la ségrégation raciale.
D a été assassiné à Washington.

**⓮ Ces États n'ont pas d'accès à la mer :**

A Bolivie.
B Macédoine.
C Équateur.
D Afghanistan.

**⓯ Attributs de la Passion du Christ :**

A La couronne de laurier.
B Le vase de Marie-Madeleine.
C L'eucharistie.
D Le Graal.

**⓰ Révolutions :**

A du jasmin en Libye.
B des roses au Portugal.
C des parapluies en Bretagne.
D de velours en Hongrie.

# Idées, sciences et techniques

**⓱ Philosophes des Lumières :**

A Rousseau a défendu l'idée d'un contrat en tant que remède au mal social.
B Diderot et d'Alembert ont conçu la première encyclopédie française.
C Montesquieu a défendu l'idée de séparation des trois pouvoirs.
D Descartes était un contemporain de Rousseau.

**⓲ Le *Titanic II* :**

A est la copie du navire original *Titanic*.
B mesure plus de 250 mètres de long.
C est un projet porté par Richard Branson.
D sera exploité par la compagnie anglaise Blue Star Line.

**⓳ Locutions latines courantes :**

A *Mutatis mutandis* signifie « ce qui doit arriver arrivera ».
B *In illo tempore* signifie « le temps qui passe et donc il faut jouir ».
C *Hic et hunc* signifie « être partout ».
D *Alea jacta est* signifie « le sort en est jeté ».

**⓴ Robot :**

A Le terme vient du tchèque *robota* qui signifie « corvée ».
B La firme Honda en a inventé un capable de sauter à cloche-pied.
C Isaac Asimov en a fait le thème de plusieurs de ses ouvrages.
D Nao est un robot humanoïde français.

**21 La modernité :**

A est un concept esthétique et politique.
B a été incarnée, en littérature, par la poésie de Baudelaire.
C signifie le « progrès de la technique ».
D a été portée, en architecture, par Le Corbusier.

**22 Karl Marx :**

A a dirigé le Parti communiste français.
B a étudié les mécanismes de l'économie capitaliste.
C a collaboré avec Hegel.
D a prôné l'appropriation collective des moyens de production.

**23 Le losange :**

A est un carré quand il a un angle droit.
B a des diagonales perpendiculaires.
C est un parallélogramme particulier.
D a des diagonales de même longueur.

**24 Grands principes de l'économie libérale :**

A La croyance en la capacité du marché à s'autoréguler.
B Assurer le plein-emploi.
C La privatisation des entreprises publiques.
D Un niveau haut de fiscalité.

**25 Nuages :**

A Cumulonimbus.
B Cirrus.
C Altus.
D Stratus.

**26 Les *FabLabs* :**

A désignent des ateliers de fabrication.
B sont nés d'une initiative prise par le Munich Institute of Technology.
C peuvent faire cohabiter une imprimante 3D et une machine à coudre.
D se veulent ouverts au public pour favoriser la création collective.

**27 Économie :**

A Le consumérisme est renforcé par l'obsolescence programmée.
B La déflation n'est pas une baisse de production.
C FMI signifie Financement monétaire international.
D Le revenu universel est expérimenté en Finlande depuis 2017.

**28 Compositions chimiques :**

A L'acide acétylsalicylique est connu sous le nom d'aspirine.
B Le diamant est composé de quartz.
C Le chlorure de sodium n'est rien d'autre que de l'argile.
D L'air est composé d'une plus grande proportion d'azote que d'oxygène.

**29 La radioactivité :**

A a été découverte par Georges Charpak.
B peut être fabriquée par un accélérateur de particules.
C est absente dans la nature.
D se mesure en becquerels.

**30 L'embryon :**

A se développe dans le liquide prostatique.
B est présent dans le règne animal.
C est synonyme de fœtus.
D ne contient pas de cellule souche.

**31 Le classicisme :**

A naît à la fin du XVIII^e siècle.
B correspond à l'âge d'or du roman.
C a pour éminent représentant Paul Claudel.
D s'inspire du modèle antique gréco-romain.

**32 Le *Cloud* :**

A permet la délocalisation de l'infrastructure informatique.
B favorise le partage de données à distance.
C ne peut pas être privé.
D stocke toutes les données aux États-Unis.

# Politique, économie et société

**33 Monnaies du monde :**

A Le yen au Japon.
B Le réal au Brésil.
C La livre sterling en Irlande du Nord.
D L'euro en Suisse.

**34 Les FARC :**

A sont un mouvement de guérilla du Venezuela.
B ont été fondées par Manuel Marulanda.
C n'ont recruté aucune femme dans leurs rangs.
D ont conclu un accord de paix avec le gouvernement colombien en 2012.

**35 Vocabulaire soviétique :**

A Les *apparatchiks* sont les cadres supérieurs d'un parti.
B La *nomenklatura* désigne une loi sur l'immigration.
C La *Perestroïka* a été portée par Mikhaïl Gorbatchev.
D Les *kolkhozes* sont des coopératives agricoles.

**36 Chez l'homme, l'artère :**

A qui distribue le sang oxygéné s'appelle l'aorte.
B part des poumons vers le cœur.
C est une grosse veine.
D défaillante peut causer une maladie nommée artérioplastie.

**37 Le machiavélisme :**

A a été inspiré par le tyran italien Machiaso.
B est l'art de gouverner efficacement sans précaution morale.
C a été théorisé dans le traité politique *Le Roi*.
D est synonyme de manichéisme.

**38 Arabie Saoudite :**

A Le nouveau prince héritier se nomme Al Walid ben Talal.
B Une vaste opération « anticorruption » a conduit à l'arrestation d'hommes d'affaires saoudiens.
C Le Premier ministre libyen a été contraint de démissionner depuis Riyad.
D Elle est alliée de l'Iran pour assurer le leadership régional.

**39 Actes définis comme crimes de guerre par la Cour pénale internationale** :

A Emploi d'armes toxiques.
B Torture.
C Pillage des zones occupées.
D Prise d'otages civils.

**40 Santé :**

A Le diabète se caractérise par un taux de sucre trop bas dans le sang.
B La mucoviscidose est une maladie génétique.
C L'expression « maladies endémiques » désigne des maladies en voie de disparition.
D Les nosocomiales sont une affection des voies nasales.

**41 Les *subprimes* sont :**

A des crédits accordés à des emprunteurs à risque.
B des prêts développés aux États-Unis puis diffusés à l'international.
C des crédits immobiliers.
D des prêts hypothécaires à taux ajustables.

**42 Le RSA :**

A signifie « revenu solidaire d'ajustement »
B est réservé aux personnes sans emploi.
C est calculé en fonction de la composition du foyer.
D est recalculé tous les six mois pour suivre le coût de la vie.

**43 Préhistoire :**

A Les dinosaures ont disparu il y a environ 15 millions d'années.
B Le feu a été découvert par l'homme de Cro-Magnon.
C L'âge de pierre correspond à la période néolithique.
D Les australopithèques étaient les premiers singes bipèdes.

**44 François Pinault :**

A a été propriétaire du Stade rennais.
B a créé la fondation Louis-Vuitton.
C est un collectionneur d'art contemporain.
D a été propriétaire de Gucci.

**45 La Catalogne :**

A a Madrid pour capitale.
B a pour langues officielles le catalan et le galicien.
C a été proclamée indépendante par Carlos Puigdemont.
D se compose d'environ 7,5 millions d'habitants.

**46 Prix Nobel de la paix :**

A Albert Einstein.
B Mikhail Gorbatchev.
C Barack Obama.
D Mahatma Gandhi.

**47 Records du monde animal :**

A Le guépard peut courir à plus de 100 km/h.
B Un chien a été placé à bord d'un satellite soviétique en 1957.
C Le yack peut supporter de vivre à 6 000 m d'altitude.
D La gestation de l'éléphant dure près de deux ans.

**48 Éléments constitutifs d'un État selon le droit international :**

A Un gouvernement.
B Une ethnie.
C Une armée.
D Une démocratie.

# Arts, loisirs et médias

**49 Bande dessinée :**

A Le vrai prénom du héros de *XIII* est Jones.
B *Les Passagers du vent* est un ouvrage de Moebius.
C Le terme anglo-saxon *comics* désigne la bande dessinée.
D Le héros de *One-Punch Man* appartient à l'univers Marvel.

**50 L'affaire des *Paradise papers* :**

A dénonce un vaste système d'optimisation fiscale.
B a éclaboussé des hommes forts de la Maison-Blanche.
C a pour origine la fuite massive de documents issus d'un cabinet international d'avocats.
D a pu être révélée à la suite d'analyses d'environ 300 documents par des journalistes indépendants.

**51 Films et mafia :**

A *Le Parrain.*

B *The French Connection.*

C *Gomorra.*

D *Polisse.*

**52 Vocabulaire de l'architecture :**

A Un vasistas est une toiture en dents de scie.

B Un judas est la cour intérieure d'un immeuble.

C Un vestibule est un espace situé sous la charpente.

D Un péristyle est une construction à colonnes.

**53 Le tennis de table :**

A a été créé en 1980.

B est pratiqué par des pongistes.

C se joue en 11 points.

D n'est pas un sport olympique.

**54 Les romans suivants prennent pour cadre la Seconde Guerre mondiale :**

A *Un long dimanche de fiançailles*, de Sébastien Japrisot.

B *Toute la lumière que nous ne pouvons voir*, d'Antony Doerr.

C *Les bienveillantes*, de Jonathan Littell.

D *Au revoir là-haut*, de Pierre Lemaitre.

**55 Mode :**

A Yves Saint Laurent a démocratisé le style masculin-féminin.

B La coupe de cheveux à la garçonne était à la mode dans les années 1920.

C John Galliano a été le directeur artistique de la maison Chanel.

D La première minijupe est apparue en boutique en 1982.

**56 Tableaux de peintres célèbres :**

A *Le Radeau de Lapérouse*, de Théodore Géricault.

B *La Fraternité guidant le peuple*, d'Eugène Delacroix.

C *Le Cri*, d'Otto Dix.

D *Le Sacre de Napoléon*, de David.

**57 Documentaristes :**

A Raymond Depardon.

B Serge Moati.

C Claude Chabrol.

D Yann Arthus-Bertrand.

**58 Arts culinaires :**

A En cuisine moléculaire, on peut utiliser de l'azote liquide.

B Une société de pneumatiques a créé un guide culinaire à son nom.

C Le sushi est une spécialité chinoise.

D Le financier est un cake salé.

**59** **Ils ont fait partie des Rolling Stones :**

**A** Ringo Starr.
**B** David Bowie.
**C** Mick Jagger.
**D** Jesse Hughes.

**60** **Figures de style :**

**A** La litote dit le moins pour signifier le plus.
**B** L'analepse est un retour aux événements antérieurs.
**C** L'emphase renforce une image ou une idée.
**D** L'oxymore fait coexister deux termes de sens contraires.

**61** **Romantiques :**

**A** Alfred de Vigny.
**B** Auguste Rodin.
**C** Gustave Caillebotte.
**D** Hector Berlioz.

**62** **Vocabulaire du cinéma :**

**A** Un court-métrage est un film de moins de vingt minutes.
**B** Le story-board est une version rédigée du projet du film.
**C** Une nuit américaine est une scène de nuit filmée en plein jour.
**D** Le clap est une sonnerie qui indique la fin du tournage d'une scène.

**63** **Caricaturistes :**

**A** Daumier.
**B** Cabu.
**C** Siné.
**D** Luz.

**64** **Disciplines sportives des jeux Olympiques d'hiver :**

**A** Patinage artistique.
**B** Bobsleigh.
**C** Luge.
**D** Biathlon.

**65** **Autobiographies :**

**A** *Les Mots et les choses.*
**B** *Si c'est un homme.*
**C** *Le Champ de personne.*
**D** *La Petite Fadette.*

# Corrigé

# Histoire, géographie, mythes et religions

**1 VFVF**

B Du fait des conditions de vie dans les tranchées, les soldats laissaient pousser leur barbe et leur moustache.

D Les Italiens portaient un uniforme couleur vert-de-gris. Celui des Français était gris-bleu.

**2 FFFV**

A La capitale du Brésil est Brasilia.

B La capitale de la Finlande est Helsinki.

C La capitale de l'Australie est Canberra.

**3 VVVF**

D Au contraire, les étudiants et les adultes manifestaient ensemble.

**4 VFFV**

B L'indépendance de la Corée du Sud a été proclamée le 15 août 1948.

C La capitale de la Corée du Sud est Séoul. Pyongyang est celle de Corée du Nord.

**5 VFFF**

B Il était son neveu.

C L'épouse de Louis XIV est Marie-Thérèse d'Autriche. Marie-Antoinette est l'épouse de Louis XVI.

D Louis XIII est le mari d'Anne d'Autriche.

**6 VFFV**

B Il est né au Népal et a vécu en Inde. L'actuel chef spirituel, le Dalaï-Lama, vit en exil au Népal.

C « *Bodhi* » signifie « éveil spirituel ».

**7 FFVF**

A Les régions ont été créées en 1964.

B Le préfet qui dirige la région est nommé par le président de la République.

D Les départements coexistent avec les régions.

**8 FFFV**

A La Marche sur Washington pour l'emploi et la liberté a été organisée par Martin Luther King en 1963.

B La Longue Marche a porté Mao Tsé-Toung au pouvoir en 1935.

C La Marche du sel s'est déroulée en 1930, menée par Gandhi pour l'indépendance de l'Inde.

**9 FFFF**

A Une mégapole (et non mégalopole) est une ville de plus de 10 millions d'habitants. Une mégalopole est une très grande agglomération urbaine formée de plusieurs grandes villes proches.

B Le permafrost est un sol gelé tout au long de l'année (régions très froides).

C La moraine est un amas de débris transporté par un glacier.

D Un havre est un port bien abrité ou, au sens figuré, un refuge sûr et tranquille.

**⑩ VFFV**

**B** Andromaque est la femme d'Hector.

**C** Bérénice a eu, entre autres amoureux, Titus.

**⑪ FVVV**

**A** La Russie se nomme Fédération mais son modèle d'organisation n'est pas fédéral.

**⑫ FVVV**

**A** En 1794, création de la première ligne télégraphique en France.

**⑬ VFVF**

**B** Il a exercé entre 1961 et 1963.

**D** JFK est mort assassiné à Dallas, au Texas, le 22 novembre 1963.

**⑭ VVFV**

**C** L'Équateur est situé sur la côte Pacifique de l'Amérique du Sud.

**⑮ FVVF**

**A** La couronne d'épines, pastiche de la couronne de laurier de l'empereur, est un attribut de la Passion.

**D** Le Graal est un objet mythique de la légende arthurienne, parfois assimilé au saint Calice, qui a recueilli le sang du Christ.

**⑯ FFFF**

**A** La révolution de jasmin est tunisienne.

**B** En 1974, la révolution des œillets renverse la dictature de Salazar au Portugal.

**C** La révolution des parapluies est une contestation contre le régime chinois, à Hong Kong en 2014, pour garder le statut spécifique de la ville.

**D** La révolution de velours, en Tchécoslovaquie, avait pour objectif de faire tomber en douceur le régime du Parti communiste (déc.1989).



# Idées, sciences et techniques

**⑰ VVVF**

**D** Un siècle d'écart environ : Descartes (1596-1650) ; Rousseau (1712-1778).

**⑱ VVFV**

**C** Ce projet est porté par un milliardaire australien nommé Clive Palmer.

**⑲ FFFV**

**A** « Une fois effectué les changements nécessaires » (littéralement « En changeant ce qui doit être changé »).

**B** « En ce temps-là ».

**C** « Ici même et sur le champ, sans délai ».

**⑳ VVVV**

**21 VVFV**

C La modernité s'exprime dans tous les domaines et pas seulement dans la technique (art, poésie, littérature...).

**22 FVFV**

A Marx est allemand, théoricien et n'a jamais formellement dirigé un parti.

C Lorsque Hegel meurt, Marx a treize ans...

**23 VVVF**

D Seul le carré (losange particulier) a des diagonales de même longueur.

**24 VVVF**

D Le contraire !

**25 VVVV**

**26 VFVV**

B C'est une initiative du Massachusetts Institute of Technology (MIT).

**27 VVFV**

C Le Fonds monétaire international (FMI) a pour rôle de garantir la stabilité monétaire mondiale et de promouvoir les échanges.

**28 VFFV**

B Le diamant est du carbone pur.

C Le chlorure de sodium est le sel.

**29 FVFV**

A La radioactivité a été découverte par Henri Becquerel en 1896.

C La radioactivité est présente dans la nature (ex. : le carbone 14).

**30 FVFF**

A Il s'agit du liquide amniotique (le liquide prostatique est celui produit par la prostate de l'homme).

C L'embryon correspond au premier stade de développement (jusqu'à 8 semaines), on l'appelle ensuite « fœtus ».

D L'embryon contient des cellules pluripotentes, dites cellules souches.

**31 FFFV**

A Le classicisme naît au XVIIe siècle.

B Ce qu'il est convenu d'appeler l'âge d'or du roman est le XIXe siècle.

C Paul Claudel est un écrivain du XXe siècle.

**32 VVFF**

## Politique, économie et société

**33 VVVF**

D le franc suisse est la monnaie de la Suisse.

**34 FVFF**

A Les FARC sont un mouvement colombien.
C Les femmes représentaient 40 % de leur effectif.
D L'accord de paix date de 2016.

**35 VFVV**

B. La *nomenklatura* est l'ensemble des privilégiés du système.

**36 VFFF**

B L'aorte part du ventricule gauche du cœur.
C Une veine n'est pas une artère !
D L'artérioplastie désigne la reconstruction d'une artère ; ce n'est pas une maladie.

**37 FVFF**

A Le machiavélisme est une attitude préconisée par Machiavel pour gouverner.
C Le livre de Machiavel s'appelle *Le Prince*.
D Pas du tout. Le manichéisme désigne la dualité du monde entre le bien et le mal.

**38 FVFF**

A Le prince héritier est Mohamed Salmane Al Saoud.
C C'est le Premier ministre libanais et non libyen.
D Au contraire, elle est un farouche adversaire (sunnite) de l'Iran (chiite).

**39 VVVV**

**40 FVFF**

A Elle est caractérisée par un taux de sucre trop haut.
C Ce sont des maladies qui perdurent.
D Ce sont des maladies contractées dans les hôpitaux.

**41 VVVV**

**42 FFVF**

A RSA : revenu de solidarité active.
B Non, il est octroyé sous conditions de ressources.
D Il est revalorisé annuellement.

**43 FFVV**

A Non, il y a environ 70 millions d'années.
B Le feu a été découvert bien avant Cro-Magnon (-40 000), il y a environ 700 000 ans.

**44 VFVV**

B C'est Bernard Arnault et non François Pinault.

**45 FFVV**

A Barcelone est la capitale de la Catalogne (espagnole).

B Le catalan, l'espagnol (castillan) et l'occitan (aranais) sont les langues officielles de la Catalogne (espagnole).

C L'indépendance a bien été proclamée, puis suspendue, par Puigdemont.

**46 FVVF**

**47 VVFV**

C L'habitat du yack se situe entre 3 000 m et 5 400 m.

**48 VFFF**

B Un État peut être multiethnique.

D De nombreux États reconnus ne sont pas des démocraties.

# Arts, loisirs et médias

**49 FFVF**

A Le nom de XIII est Jason Fly.

B L'auteur des *Passagers du vent* est François Bourgeon.

D L'auteur de *One-Punch Man* est ONE.

**50 VFVF**

B Non, aucun homme politique américain n'a été mis en cause.

D Environ 13 millions de documents analysés...

**51 VFVF**

B Film sur la pègre marseillaise.

D Film sur la brigade de protection des mineurs à Paris.

**52 FFFV**

A Vasistas : ouverture dans une porte ou une fenêtre.

B Judas : petite ouverture pour voir sans être vu.

C Vestibule : hall d'entrée.

**53 FVVF**

A Ce sport est né en Angleterre à la fin du XIX^e^ siècle.

D C'est un sport olympique depuis 1980.

**54 FVVF**

A Première Guerre mondiale.

D Première Guerre mondiale.

**55 VVFF**

C Galliano a été directeur artistique chez Dior.

D Première minijupe en boutique : 1962.

**56 FFFV**

**A** C'est Le Radeau de la Méduse.

**B** *La Liberté guidant le peuple...*

**C** *Le Cri* est d'Edvard Munch.

**57 VVFV**

**C** Chabrol est un cinéaste de films non documentaires.

**58 VVFF**

**C** Le sushi est une spécialité japonaise.

**D** le financier est un gâteau sucré à la pâte d'amande.

**59 FFVF**

**A** Il appartenait aux Beatles.

**D** Il joue au sein du groupe de rock Eagles of Death Metal.

**60 VVVV**

**61 VFFV**

**B** Rodin est un sculpteur de la fin du XIXe siècle.

**C** Caillebotte est un peintre impressionniste de la fin du XIXe siècle.

**62 FVVV**

**A** Court-métrage : moins d'une heure.

**63 VVVV**

**64 VVVV**

**65 FVVF**

**A** C'est un essai de Michel Foucault.

**D** C'est un roman de George Sand.

# SUJET 2 : Ouverture culturelle

**DURÉE :** 45 MINUTES

## Histoire, géographie, mythes et religions

**1 Surnoms des grandes figures de l'Histoire :**

A Joseph Staline, le petit père des peuples.

B Mao Zedong, le Grand Minotier.

C la reine Élisabeth II, la Dame de fer.

D Jeanne d'Arc, la jouvencelle d'Orléans.

**2 La mer :**

A Rouge est bordée par l'Érythrée.

B de Chine fait l'objet de tensions entre la Chine et le Vietnam.

C d'Aral est un lac d'eau salée asséché.

D Baltique est alimentée par le Danube.

**3 François Ier :**

A était l'ami de Charles Quint.

B a conquis une partie de l'Italie.

C a contribué à l'essor de la Renaissance.

D a créé le dépôt légal.

**4 Enfers dans la mythologie grecque :**

A Achéron en est le gardien.

B Hadès est le dieu grec des enfers.

C Cerbère est un chat à deux cornes qui garde la porte des Enfers.

D le Tartare est une prison des Enfers, le lieu d'expiation des fautes.

**5 La guerre des Six Jours en 1967 :**

A n'a pas eu lieu en Jordanie.

B a été déclenchée par la Syrie.

C a permis à Israël d'annexer la partie arabe de Jérusalem.

D a anéanti l'aviation égyptienne.

**6 Disciplines de la géographie :**

A l'hydrologie.

B la météorologie.

C la cartomancie.

D la géologie.

**7 Déclarations d'indépendance :**

A les États-Unis en 1876.

B l'Algérie en 1942.

C la Bosnie-Herzégovine en 1992.

D Cuba en 1982.

**8 Fêtes religieuses :**

A l'Aïd-el-Kébir célèbre la soumission d'Abraham à Dieu.

B Hanouka est une fête hindouiste.

C la Semaine sainte annonce Noël.

D le bouddhisme ne comporte pas de période de jeûne.

**9 États qui ont une frontière commune avec le Brésil :**

A le Mexique.

B l'Argentine.

C la Colombie.

D la Guyane.

**10 L'URSS :**

A signifie Union républicaine des sociétés soviétiques.

B a été dissoute en 1981.

C incluait la Géorgie.

D aspirait à une société égalitaire.

**11 Territoire français :**

A les régions sont au nombre de dix.

B en 2018, l'indépendance de la Nouvelle-Calédonie a été définitivement refusée par référendum.

C les régions ont fait l'objet d'une réforme en 2015.

D le chef-lieu de la région Corse est Ajaccio.

**12 Présidents américains dans l'Histoire :**

A John Kennedy et le Watergate.

B Franklin Roosevelt et le New Deal.

C Harry Truman et l'usage de la bombe atomique.

D Richard Nixon et le krach boursier de Wall Street.

**13 Îles Canaries :**

A Tenerife.

B Fuerteventura.

C Madère.

D les Açores.

**14 En Afrique du Sud, l'apartheid :**

A vient d'un mot afrikaans qui signifie « séparation ».

B a été institué à la fin de la Seconde Guerre mondiale.

C a été combattu par l'African National Congress.

D a été aboli en 1971.

**⓯ Le Japon :**

A est un archipel composé de trois îles.

B est surnommé l'empire du Milieu.

C a pour point culminant le mont Kiso.

D est une république parlementaire.

**⓰ Récits bibliques :**

A Abel et Caïn sont les enfants d'Adam et Ève.

B Sodome et Gomorrhe sont deux villes détruites par le feu divin.

C Abraham a conduit les Hébreux hors d'Égypte.

D le souverain Babelio a donné son nom à la tour de Babel.

**⓱ Travaux d'Hercule (ou Héraclès) :**

A Tuer le lion de Némée.

B Tuer l'hydre de Lerne à neuf têtes.

C Tuer le Minautore.

D Nettoyer les écuries d'Augias.

**⓲ Dieux et déesses égyptiens :**

A Anubis est un dieu à tête de taureau chargé des momifications.

B Osiris et Isis étaient mari et femme et frère et sœur.

C Râ ou Rê est le dieu du Soleil.

D Le pharaon est le père de toutes les divinités.

**⓳ Mythologie grecque :**

A Les Titans sont les enfants de Zeus.

B Zeus a deux femmes Héra et Artémis.

C Zeus a eu des enfants avec des mortelles : des demi-dieux.

D Aphrodite est la déesse de l'amour et de la beauté.

**⓴ Ulysse :**

A L'auteur de l'épopée de l'*Iliade* et l'*Odyssée* est Platon.

B L'*Iliade* raconte la guerre de Troie entre les Troyens et les Achéens.

C L'*Odyssée* est le récit du retour d'Ulysse sur son île de Chypre.

D Le fils d'Ulysse qu'il retrouve en rentrant chez lui se prénomme Télémaque.

**㉑ Expressions tirées de la mythologie :**

A *Jouer les Cassandre* signifie faire sa diva.

B *Tomber de Charybde en Scylla* signifie devenir SDF.

C *Se croire sorti de la cuisse de Jupiter* signifie être prétentieux.

D *Être dans les bras de Morphée* signifie dormir profondément.

# Idées, sciences et techniques

**22 Sciences politiques :**

A le populisme fait la part belle aux élites.
B la démocratie participative repose sur une participation financière à un parti politique.
C la doctrine de la porte ouverte a favorisé le libéralisme économique dans les pays coloniaux.
D le bonapartisme s'appuie sur un État fort et décentralisé.

**23 Couleurs :**

A la synthèse additive combine le rouge, le vert et le jaune.
B le rouge est complémentaire du vert.
C le daltonisme correspond à l'absence de vision des couleurs.
D les drapeaux belge et allemand sont de la même couleur.

**24 Agriculture :**

A la culture sur brûlis n'est pratiquée qu'en Asie.
B l'essartage est l'action d'apporter aux sols des compléments en engrais.
C l'amendement d'un sol consiste à l'améliorer physiquement.
D l'assolement triennal permet d'alterner deux périodes de culture et une de jachère.

**25 Théories et concepts en psychologie :**

A la *résilience* est l'incapacité à modifier ses habitudes comportementales.
B le *stade du miroir* désigne un moment du développement psycho-sexuel chez l'adolescent.
C par le *transfert,* le patient transpose sur le psychanalyste les relations qu'il entretient avec ses proches.
D le *complexe d'Œdipe* est la propension à ignorer les avertissements.

**26 Alliages :**

A le fer et le carbone produisent la fonte.
B le zinc et le fer produisent le laiton.
C l'acier, le chrome et le laiton produisent l'inox.
D le titane est un alliage de fer et d'inox.

**27 Le mouvement vegan :**

A vegan est synonyme de végétarien.
B il proscrit de l'alimentation uniquement viandes, poissons et œufs.
C le mouvement vegan est en perte de vitesse en France.
D il considère que les animaux et les hommes sont égaux d'un point de vue éthique.

**28 À propos du système solaire :**

A Nicolas Copernic est celui qui a démontré le premier l'héliocentrisme.
B il y a cinq planètes dans le système solaire.
C Jupiter est la plus grosse planète du système solaire.
D la lune et le soleil sont les deux étoiles du système solaire.

**29 Les virus :**

A un virus est contagieux.

B le vaccin du virus de la grippe est différent chaque année parce que les virus mutent.

C les médicaments antibiotiques sont efficaces contre les virus.

D la dengue est un virus transmis par la piqûre d'un moustique femelle.

**30 Les orgues :**

A peuvent avoir plusieurs claviers.

B de barbarie sont des instruments automatophones.

C de Staline sont des lance-roquettes.

D basaltiques sont des formations volcaniques.

**31 Chromosomes :**

A le nombre de chromosomes dans une cellule humaine est 46.

B un chromosome est composé d'ADN.

C il y a un seul exemplaire de l'ADN dans un corps humain.

D lors de la mitose chaque chromosome double est séparé en deux.

**32 Sciences des animaux et des végétaux :**

A *l'ichtyologie* étudie les serpents.

B *l'entomologie* étudie les araignées.

C la *mycologie* étudie les arbres.

D *l'herpétologie* étudie les oiseaux.

**33 Inventions du XXI^e siècle :**

A le GPS.

B le cœur artificiel.

C le livre numérique.

D Internet.

**34 Conservation alimentaire :**

A la pasteurisation permet la destruction totale des micro-organismes pathogènes.

B l'oxydation est une altération due au gaz carbonique.

C la congélation détruit les micro-organismes.

D le traitement UHT est réservé au lait.

**35 Médecine :**

A l'oncologie est synonyme de cancérologie.

B la toxicologie étudie l'effet des drogues.

C la radiologie est une spécialité de l'imagerie médicale.

D la thérapeutique désigne l'enseignement des traitements des maladies.

**36 La cryogénisation :**

A elle consiste à conserver un cadavre dans une solution glacée à base d'azote liquide.

B le liquide doit être à −50 °C.

C ce procédé est connu depuis le milieu des années 1940.

D à ce jour, aucun individu n'a obtenu le droit d'être cryogénisé.

# Politique, économie, société

**37 Steve Jobs :**

A a été l'un des fondateurs d'Apple.

B a été le dirigeant de Pixar.

C s'est rendu célèbre en lançant les voitures Tesla.

D est décédé.

**38 Un « lanceur d'alerte » :**

A est une personne qui divulgue des informations confidentielles.

B est un enquêteur privé ou public.

C Edward Snowden, ancien employé de la CIA, a révélé des surveillances internet de la part des États-Unis.

D peut être encouragé, parfois, par la promesse d'une rémunération.

**39 Réalisations sous le quinquennat de François Hollande :**

A la loi sur le mariage pour tous.

B l'adoption de la déchéance de nationalité.

C la loi sur les 35 heures.

D le crédit d'impôt pour la compétitivité et l'emploi.

**40 La nouvelle route de la soie :**

A a été lancée par Deng Xiaoping.

B est achevée depuis début 2020.

C ne dépasse pas les frontières de l'Asie.

D permet à la Chine de développer de grands projets ferroviaires.

**41 Pays gouvernés par des militaires, en 2020 :**

A l'Algérie.

B l'Argentine.

C la Corée du Nord.

D le Cambodge.

**42 Développement durable en grandes dates :**

A création du Club de Rome en 1978.

B Conférence de Cancún sur le climat en 2010.

C COP 21 à Copenhague en 2015.

D COP 3 et protocole de Kyoto en 1997.

**43 Entreprises chinoises :**

A Dongfeng.

B Huawei.

C Alibaba.

D Tencent.

**44 Ils ont été ministres de l'Éducation en France :**

A François Bayrou.

B Najat Vallaud-Belkacem.

C Françoise Nyssen.

D Jean-Michel Blanquer.

**45 Theresa May :**

A est une femme politique américaine.

B a été présidente du Labour Party.

C a été Premier ministre britannique qui a signé l'accord du Brexit.

D a été le premier dirigeant étranger reçu par Donald Trump.

# Arts, loisirs, médias

**46 Au XVIe siècle, la Pléiade :**

A était un groupe littéraire composé de sept poètes.

B a prôné l'usage du français comme langue de création littéraire.

C a résolument tourné le dos à la poésie des Anciens.

D a eu pour illustre représentant Michel de Montaigne.

**47 Établissements culturels :**

A la pyramide du Louvre a été conçue par Frank Gehry.

B Mucem signifie musée des Corsaires et de la Mer.

C l'Académie française a été créée par Richelieu.

D BnF signifie Bureau national des festivals.

**48 Tableaux célèbres :**

A *Le Cri* de Munch.

B *Les Nymphéas* de Monet.

C *La Grande Odalisque* de Ingres.

D *L'Origine du monde* de Courbet.

**49 Sportifs français récompensés :**

A Kylian Mbappé a été élu ballon d'or 2019.

B Martin Fourcade a été quintuple médaillé olympique.

C Renaud Lavillenie est détenteur mondial du record du saut à la perche.

D l'équipe féminine de hand-ball a remporté le championnat d'Europe 2018.

**50 Médias en France :**

A ils sont parfois nommés le « cinquième pouvoir ».

B ils sont de plus en plus détenus par des capitaux privés.

C Arte est une chaîne d'information franco-allemande.

D la télévision interdit la diffusion de publicités comparatives.

51 **Tintin :**

A a été créé par Georges Rémi.

B a été traduit dans plus de cent langues.

C Millot est le chien de Tintin

D *Tintin au pays des soviets* est le premier album de la série les Aventures de Tintin.

52 **Films et réalisateurs :**

A *La Guerre des étoiles* de Steven Spielberg.

B *Les 7 mercenaires* de Quentin Tarantino.

C *007 Spectre* de Sam Mendes.

D *Avatar* de James Cameron.

53 **Personnages de la *Comédie humaine* de Balzac :**

A Eugénie Grandet.

B Julien Sorel.

C Étienne Lantier.

D Madame Verdurin.

54 **Le kitesurf :**

A est aussi nommé « planche aérotractée ».

B vient du terme anglais *kite* qui signifie « parachute ».

C a une planche accrochée à l'aile par un harnais.

D peut consister, en compétition, à réaliser une course de longue distance.

55 **Les mangas :**

A sont produits principalement en Corée du Nord.

B se lisent souvent de droite à gauche.

C comptent *One Piece* parmi les plus célèbres du genre.

D les BD mangas sont majoritairement édités en couleurs.

56 **La presse écrite :**

A *L'Humanité* défend le libéralisme économique.

B Le *Financial Times* est quotidien.

C *Charlie Hebdo* a cessé de publier depuis les attentas de la rédaction en 2015.

D *Courrier international* est mensuel.

57 **Le Nouveau Roman :**

A est un mouvement littéraire apparu dans les années 1950.

B il est rejoint par le mouvement de la Nouvelle Vague dans le cinéma.

C place l'intrigue au cœur de la production romanesque.

D a eu Robbe-Grillet pour illustre représentant.

58 **Le Vendée Globe :**

A est une course à la voile en équipe.

B comporte des escales.

C implique l'intervention régulière de médecins à bord.

D a ses lignes de départ et d'arrivée dans deux pays différents.

**59 Œuvres de Voltaire :**

A *Micromégas : histoire philosophique.*

B *Le Père Goriot.*

C *Lettres persanes.*

D *Traité sur l'intolérance.*

**60 Le sculpteur Rodin :**

A se prénommait Auguste.

B a réalisé *Les Bourgeois de Calais*.

C avait pour amoureuse Camille Claudel.

D a réalisé *Le Penseur.*

**61 Festivals :**

A Deauville est un festival de cinéma.

B Juan-les-Pins met à l'honneur le théâtre de rue.

C Avignon est un festival de théâtre.

D Angoulême rend hommage à la BD.

**62 Édith Piaf :**

A est d'origine belge.

B a connu le grand amour avec le cycliste Raymond Poulidor.

C a chanté « L'homme à la moto ».

D a été surnommée la Môme.

**63 Architectes illustres au xx<sup>e</sup> siècle :**

A Le Corbusier.

B Henri Cartier-Bresson.

C Ieoh Ming Pei.

D Jean Nouvel.

**64 Jazz, musiciens ou chanteurs :**

A Charlie Parker.

B Francis Scott-Fitzgerald.

C Duke Ellington.

D Erik Satie.

**65 Radio :**

A La radio est diffusée par des ondes électromagnétiques.

B La radio FM signifie radiodiffusion en modulation de fréquence.

C Radio France gère les stations de radio publiques.

D RMC est le sigle de Radio Mont-Calme.

# Corrigé

❶ **VFFF**

**B** Mao Zedong, le Grand Timonier (= pilote d'un bateau).

**C** Margaret Thatcher, la Dame de fer, Premier ministre conservateur britannique de 1979 à 1990.

**D** Jeanne d'Arc, la Pucelle d'Orléans.

❷ **VVFF**

**C** La mer d'Aral est un lac d'eau salée qui n'est pas asséché.

**D** Le Danube a son embouchure dans la mer Noire.

❸ **FVVV**

**A** François Ier et Charles Quint seront des rois ennemis jurés, en guerre durant 25 ans.

❹ **FVFV**

**A** L'Achéron est une rivière empoisonnée dans laquelle le vieillard Charon transportait l'âme des morts vers les Enfers.

**C** Cerbère est un chien à 3 têtes qui garde la porte des Enfers (mythologie grecque).

❺ **VFVV**

**B** La guerre des Six Jours a été déclenchée par Israël.

❻ **VVFV**

**C** La cartomancie est un art divinatoire utilisant le tirage de cartes.

❼ **FFVF**

**A** L'indépendance des États-Unis a eu lieu en 1776.

**B** L'indépendance de l'Algérie a eu lieu en juillet 1962.

**D** L'indépendance de Cuba a eu lieu en 1868.

❽ **VFFV**

**B** Hanouka est une fête juive.

**C** La Semaine sainte précède Pâques pour les catholiques.

❾ **FVVV**

❿ **FFFV**

**A** URSS signifie Union des républiques socialistes soviétiques.

**B** L'URSS a été dissoute le 26 décembre 1991.

**C** Elle incluait la Russie, l'Ukraine, la Biélorussie et la Moldavie.

⓫ **FVVV**

**A** Les régions sont au nombre de 18 (13 régions en métropole + 5 régions ultramarines).

⓬ **FVVF**

**A** Richard Nixon et le Watergate en 1972.

**D** Le krach boursier de Wall Street a lieu en 1929.

⓭ **VVFF**

**C** Madère est un archipel portugais de 4 îles au large de l'Afrique.

**D** Les Açores sont un autre archipel portugais au milieu de l'Atlantique.

⓮ **VVVF**

**D** a été aboli en 1991 sous l'impulsion de Nelson Mandela.

⓯ **FFFF**

**A** Le Japon est composé de 4 îles principales et d'un total de 7 000 îles environ.

**B** L'« empire du Milieu » désigne la Chine.

**C** Le mont Fuji est le point culminant du Japon.

**D** Le Japon est une monarchie constitutionnelle.

⓰ **VVFF**

**C** Moïse a conduit le peuple hébreu hors d'Égypte.

**D** La cité antique de Babylone a donné son nom à la tour de Babel (= Babel en araméen).

⓱ **VVFV**

**C** C'est Thésée qui se charge de tuer le Minautore, avec l'aide du fil d'Ariane pour entrer dans le labyrinthe.

⓲ **FVVF**

**A** Anubis est le dieu de la momification, il a une tête de chacal.

**D** Le pharaon est protégé par les dieux.

⓳ **FFVV**

**A** Les Titans précèdent les dieux et sont les enfants d'Ouranos et de Gaïa.

**B** Seule Héra est l'épouse de Zeus.

⓴ **FVFV**

**A** Homère en est l'auteur.

**C** L'île d'Ulysse est Ithaque, où il va retrouver son fils et sa femme Pénélope.

㉑ **FFVV**

**A** Une Cassandre est une personne clairvoyante sur l'avenir mais qui n'est pas crue.

**B** *Tomber de Chaybde en Scylla* signifie, qu'en tentant d'éviter le mal, on en trouve un encore plus grave.

㉒ **FFVF**

**A** Le populisme fait des reproches aux élites !

**B** Il n'y a pas d'implication financière, c'est un souhait de faire participer tous les citoyens à la vie politique.

**D** Le bonapartisme s'appuie sur un État fort et centralisé.

㉓ **FVFV**

**A** La synthèse additive combine rouge, vert et bleu.

**C** Le daltonisme implique une vision un peu déformée de certaines couleurs.

㉔ **FFFF**

**A** La culture sur le brûlis est pratiquée partout, en particulier en Afrique.

**B** L'essartage est la culture des forêts en arrachant les plantes autour des arbres.

**C** L'amendement d'un sol consiste en l'ajout d'engrais.

**D** L'assolement triennal est un partage de sols en trois cultures différentes et en rotation chaque année.

**㉕ FVVF**

A La résilience est la capacité à bien résister à des traumatismes.

D Le complexe d'Œdipe est pour un fils d'aimer sa mère.

**㉖ VFFF**

B le laiton est produit avec une alliance de cuivre et de zinc.

C L'inox est fait avec du fer, du chrome et du carbone.

D Le titane est un élément chimique pur et non un alliage.

**㉗ FFFV**

A Vegan implique de ne pas consommer ce qui est d'origine animale.

B Il proscrit également les laitages et les fromages.

C Le mouvement vegan est en expansion en France.

**㉘ VFVF**

B Il y a huit planètes.

D La lune est un satellite de la planète Terre.

**㉙ VVFV**

C Les antibiotiques sont efficaces contre les bactéries.

**㉚ VVVV**

**㉛ VVFV**

C Il y a un nombre immense d'exemplaires de l'ADN dans le corps humain !

**㉜ FFFF**

A L'ichtyologie est l'étude des poissons.

B L'entomologie est l'étude de tous les insectes.

C La mycologie est l'étude des champignons.

D L'herpétologie est l'étude des serpents et batraciens.

**㉝ FVVF**

A La date retenue de l'invention du GPS est en 1983.

D La date retenue de l'invention d'Internet est en 1969.

**㉞ VFFF**

B L'oxydation est due à l'oxygène.

C La congélation ralentit mais ne tue pas le développement des micro-organismes.

D Le chauffage rapide à ultra haute température peut être utilisé pour tout liquide alimentaire. Il n'est pas réservé au lait.

**㉟ VVVV**

**㊱ VFVF**

B Le liquide doit être à −190 °C.

D Depuis les années 1960, on congèle des corps.

**㊲ VVFV**

C Elon Musk, riche dirigeant américain, a lancé les voitures Tesla, et la navette spatiale Space X.

**38 VVVV**

**39 VVFV**

C La loi sur les 35 heures a été mise en place en 2000 par le gouvernement Jospin.

**40 FFFV**

A La nouvelle route de la soie a été lancée par l'actuel président chinois Xi Jinping.

B Le projet est énorme et son achèvement à travers le monde est prévu en 2050.

C Elle vient jusqu'en Afrique et en Europe.

**41 VFVF**

B Alberto Fernandez est un civil, président de l'Argentine.

D Le Premier ministre civil Hun Sen dirige d'une main de fer son pays depuis 1998.

**42 FVFV**

A Club de Rome a été créé en 1968.

C La COP 21 s'est déroulée à Paris en décembre 2015.

**43 VVVV**

**44 VVFV**

C Françoise Nyssen a été ministre de la Culture du premier gouvernement Macron.

**45 FFFV**

A Theresa May est britannique.

B Elle a présidé le Parti conservateur.

C Elle a démissionné sans signer d'accord sur le Brexit avec l'Union européenne.

**46 VVVF**

D La Pléiade a eu pour illustre représentant Pierre de Ronsard. Montaigne ne faisait pas partie du groupe de 7 poètes.

**47 FFVF**

A La pyramide du Louvre a été conçue par l'architecte chinois Ming Pei.

B Mucem signifie le Musée des Civilisations de l'Europe et de la Méditerranée.

D BnF signifie Bibliothèque nationale de France.

**48 VVVV**

**49 FVFV**

A Lionel Messi a été élu ballon d'or 2019.

C Le Suédois Armand Duplantis a supplanté en 2020 le précédent record de Renaud Lavillenie.

**50 VVVF**

D Les publicités comparatives sont autorisées depuis 1992.

**51 VVFV**

C Le chien de Tintin s'appelle Milou.

**52 FFVV**

A Steven Spielberg n'a jamais réalisé d'épisodes de *La Guerre des étoiles.*

B Le film western *Les 7 mercenaires* est de John Sturges et date de 1960.

**53 VFFF**

**B** Julien Sorel est un personnage du livre *Le Rouge et le Noir* de Stendhal.

**C** Étienne Lantier est un personnage des romans de Zola, dont *Germinal.*

**D** Madame Verdurin est un personnage du roman *À la recherche du temps perdu* de Marcel Proust.

**54 VFVV**

**B** *Kite* signifie cerf-volant en anglais.

**55 FVVF**

**A** Les mangas sont produits principalement au Japon.

**D** Ils sont majoritairement édités en noir et blanc.

**56 FVFF**

**A** *L'Humanité* est un journal soutenu par le Parti communiste, de gauche, contre le libéralisme.

**C** *Charlie Hebdo* publie encore.

**D** *Courrier international* est un hebdomadaire.

**57 VVFV**

**C** Alain Robbe-Grillet théorise le mouvement en rejetant l'idée d'intrigue.

**58 FFFF**

**A et C** Le Vendée Globe est une course en solitaire.

**B** Elle est sans escale.

**D** Le départ et le retour de la course se font aux Sables-d'Olonne en Vendée.

**59 VFFV**

**B** *Le Père Goriot* est une œuvre de Balzac.

**C** *Lettres persanes* est un ouvrage écrit par Montesquieu.

**60 VVVV**

**61 VFVV**

**B** Juan-les-Pins propose un festival de musique jazz.

**62 FFVV**

**A** Édith Piaf est française. Elle est née à Paris.

**B** Elle a été amoureuse du boxeur Marcel Cerdan.

**63 VFVV**

**B** Henri Cartier-Bresson était photographe.

**64 VFVF**

**B** Francis Scott-Fitzgerald était un écrivain américain.

**D** Erik Satie était un musicien classique.

**65 VVVF**

**D** RMC est le sigle de Radio Monte-Carlo, créé en 1943 par la principauté de Monaco.

# Anglais

DURÉE 45 MINUTES



COEFFICIENTS

| ESDES | ESSCA et IÉSEG |
| --- | --- |
| 4 | 3 |

# Planning de révisions

L'année d'un concours, il est très important de se soumettre à une discipline de travail. En anglais, comme dans d'autres matières, il faut travailler régulièrement pour couvrir les différentes notions à connaître, acquérir le lexique, adapté aux exigences des concours post-bac et s'entraîner.

L'idéal est de commencer à la **rentrée scolaire** ou au **début de l'été qui précède l'année du concours** et de se fixer une somme de travail raisonnable à effectuer chaque semaine de l'année.

| NOTIONS À ABORDER | PÉRIODICITÉ | NOS OUTILS |
|---|---|---|
| Grammaire | **Chaque mois, semaines 1, 2 et 3** : un ou deux points de grammaire par semaine<br>**Chaque mois, semaine 4** : revoir les acquis des semaines 1, 2 et 3<br>**Vacances scolaires** : révision des acquis + un QCM<br>**Avant le concours** : sujets blancs corrigés | Tout le cours page 256<br>Sujets blancs corrigés page 326 |
| Vocabulaire | **Chaque mois, semaines 1, 2 et 3** : un thème de vocabulaire par semaine<br>**Chaque mois, semaine 4** : revoir les acquis des semaines 1, 2 et 3<br>**Vacances scolaires** : révision des acquis + un QCM<br>**Avant le concours** : sujets blancs corrigés | Tout le cours page 295<br>Sujets blancs corrigés page 326 |
| Compréhension | **Semaine 1** : méthode et exercices<br>**Vacances scolaires** : deux textes<br>**Avant le concours** : sujets blancs corrigés | Tout le cours page 324<br>Sujets blancs corrigés page 326 |

# Méthodologie et conseils

## 1. Présentation de l'épreuve

L'épreuve écrite d'anglais du concours ACCÈS comporte deux parties :

- **un QCM de grammaire et de vocabulaire (30 questions) ;**
- **un QCM de compréhension écrite (2 extraits d'articles de presse, 10 questions).**

Elle dure **45 minutes** et est affectée d'un **coefficient 3 à l'ESSCA et à l'IÉSEG, et 4 à l'ESDES.**

## 2. Préparation

Pour préparer les écrits, il faut tout d'abord :

### A. Apprendre, revoir et s'entraîner

Voir planning de révision.

### B. Écouter régulièrement de l'anglais authentique

Vous pouvez le faire sur votre radio ou à la télévision. Privilégiez les **bulletins d'information**. Petit à petit, vous vous familiariserez avec ce langage. Faites-vous plaisir en regardant vos séries, films ou émissions préférés en version originale sous-titrée.

### C. Lire régulièrement en anglais

Vous pouvez consulter la presse anglophone sur Internet. Sur le site de la BBC, par exemple, vous pouvez lire tout au long de la journée de brefs bulletins d'information sur l'actualité mondiale, des retranscriptions d'émissions et des articles de presse sur tous les sujets d'actualité.

### D. Travailler sur les annales en temps réel

Le **temps** et le **stress** sont des paramètres importants sur lesquels vous devez travailler en vous entraînant. Les **annales** vous permettent également de bien comprendre les exercices demandés, ce qui est nécessaire avant de passer le concours.

# 1. Grammaire

Les notions de grammaire abordées dans ce chapitre constituent des connaissances indispensables pour effectuer le QCM de grammaire. Il faut les revoir progressivement, une par semaine par exemple (voir planning de révision, p. 254).

Pour chaque notion étudiée, une question de type QCM vous est proposée.

Les notions de grammaire abordées dans ce chapitre sont plus ou moins développées, en fonction de leur difficulté. En fin de chapitre, vous trouverez d'autres notions que vous devez connaître, mais qui n'y sont pas développées. Vous pourrez, si besoin, consulter une grammaire anglaise afin de les réviser.

Enfin, ce chapitre se termine avec des tableaux de conjugaison et les emplois des différents temps.

## 1. Le présent simple

### Testez vos connaissances !

Complétez la phrase suivante à l'aide de l'une des deux propositions.

***Kate always ___ her dog.***

❍ **A.** *miss*

❍ **B.** *misses*

### Corrigé

**B.**

### A. Construction

| | Forme affirmative | Forme interrogative |
|---|---|---|
| Présent simple | *I, you, we, they* ***work****.*<br>*He, she, it* ***works****.* | **Do** *I, you, we, they* ***work****?*<br>**Does** *he, she, it* ***work****?* |
| | **Forme négative** | **Forme interro-négative** |
| | *I, you, we, they* ***don't work****.*<br>*He, she, it* ***doesn't work****.* | ***Don't*** *I, you, we, they* ***work****?*<br>***Doesn't*** *he, she, it* ***work****?* |

## B. Valeurs

Le présent simple **ne concerne pas uniquement le moment présent**; il a une valeur plus **générale**.

Il sert à exprimer:

- **l'habitude**
  **Exemple :** *I always **get up** at 7.* (Je me lève toujours à 7 heures.)
- **une propriété, une caractéristique du sujet**
  **Exemple :** *Iron **rusts**.* (Le fer rouille.)
- **le goût, l'envie, l'opinion, le souhait, les sentiments** avec les verbes ***to agree*** (être d'accord), ***to believe*** (croire), ***to like*** (apprécier), ***to love*** (aimer), ***to think*** (penser), ***to want*** (vouloir)…
  **Exemple :** *She **loves** him.* (Elle l'aime.)

# 2. Le présent continu (*be* + *–ing*)

### Testez vos connaissances !

Complétez la phrase suivante à l'aide de l'une des deux propositions.

***Where is Tom? I am sure he ___ basket.***

- **A.** *plays*
- **B.** *is playing*

### Corrigé

**B.**

## A. Construction

| | Forme affirmative | Forme interrogative |
|---|---|---|
| Présent continu | ***I am working.*** | ***Am I working?*** |
| | **Forme négative** | **Forme interro-négative** |
| | ***I am not working.*** | ***Aren't I working?*** |

## B. Valeurs

Le présent continu (*be* + *–ing*) est toujours lié à une **situation**, à un **moment** et à un **lieu précis**.

Celui qui parle **décrit** et **commente** au présent.

Il sert à:

- **décrire ce qui est en train de se passer**
  **Exemple :** *They **are playing** football.* (Ils sont en train de jouer au football.)

- **commenter, donner un avis**
  **Exemple :** *You're always **complaining**!* (Tu te plains toujours !)
- **exprimer l'avenir avec un adverbe de temps**
  **Exemple :** *He's **working** tomorrow.* (Il travaille demain.)

> **ATTENTION**
> Tous les *s* finaux s'entendent en anglais. Ne les oubliez donc pas, à l'écritcomme à l'oral. Attention notamment à l'expression « *one of the* + nom au pluriel ».
> **Exemple :** *one of the best pupils...*

# 3. Les adjectifs et les adverbes

## Testez vos connaissances !

Complétez la phrase suivante à l'aide de l'une des quatre propositions.

***He gave many ___ reasons, ___.***

- ❍ **A.** *different - reluctantly*
- ❍ **B.** *differents - reluctantly*
- ❍ **C.** *different - reluctant*
- ❍ **D.** *differently - reluctantly*

## Corrigé

**A.**

## A. Les adjectifs

### a. Accord

Les adjectifs sont **invariables** en anglais. Ils ne s'accordent pas.

**Exemple :** *There are so many **different** colours.* (Il existe tellement de couleurs différentes.)

### b. Ordre

En présence de plusieurs adjectifs devant le nom, ceux-ci apparaissent dans un ordre hiérarchique bien établi qu'il faut connaître et respecter.

**Exemple :** *A **pretty small young blonde French** actress.* (Une jeune et jolie petite actrice blonde française.)

| *A **pretty*** | ***small*** | ***young*** | ***blonde*** | ***French** actress.* |
|---|---|---|---|---|
| appréciation, jugement | taille, forme, dimension | âge | couleur | nationalité, religion, marque |

**Exemple :** *A* ***big old blue American*** *car.* (Une grosse et vieille voiture bleue américaine.)

Lorsque plusieurs adjectifs qualifient un nom, l'anglais n'utilise pas *and* (et), sauf pour faire référence à différentes parties d'un tout.

**Exemple :** *A* ***black and white*** *scarf.* (Une écharpe noire et blanche.)

## B. Les adverbes

### a. Accord

En anglais, comme en français, l'adverbe est un mot **invariable**.

### b. Forme

En anglais, les adverbes se forment le plus souvent à partir de l'adjectif, auquel on ajoute le suffixe ***-ly.***

| Adjectifs | Adverbes |
|---|---|
| *sad* (triste) | *sad**ly*** (tristement) |
| *kind* (gentil) | *kind**ly*** (gentiment) |

Les adverbes concernés par cette règle peuvent subir des **modifications orthographiques**. Il faut ainsi souvent se référer au dictionnaire.

| Adjectifs | Adverbes |
|---|---|
| *lucky* (chanceux) | *luck**ily*** (avec de la chance) |
| *simple* (simple) | *simp**ly*** (simplement) |
| *full* (plein) | *ful**ly*** (pleinement) |

### ATTENTION

Certains mots se terminant en *-ly* sont des adjectifs et non des adverbes. Ils sont rares.

| Adjectifs | Formes adverbiales |
|---|---|
| *friendly* (amical) | ***in a friendly way*** (amicalement) |
| *lovely* (joli, mignon) | ***in a lovely way*** (d'une jolie façon) |
| *silly* (sot) | ***in a silly way*** (de façon idiote) |

De même que, en français, tous les adverbes ne se terminent pas en -ment, en anglais ils ne se terminent pas tous en -ly.

Certains adverbes ont la même forme que l'adjectif qui leur correspond. C'est le cas des adverbes/adjectifs suivants : ***daily***, ***weekly***, ***monthly***, ***yearly***, ***early/late***, ***back***, ***close***, ***fast***, ***first/last***, ***hard***, ***inside/outside***, ***little***, ***long***, ***loud***, ***low***, ***near***, ***next***, ***only***, ***opposite***, ***quick***, ***round***, ***slow***, ***very***…

**Exemple** : *This is a* ***daily*** [adjectif] *newspaper.* (C'est un journal quotidien.)

*I read it* ***daily*** [adverbe]. (Je le lis quotidiennement.)

Certains adverbes ne correspondent à aucun adjectif. C'est le cas des adverbes suivants : ***almost***, ***always***, ***often***, ***sometimes***, ***usually***, ***occasionally***, ***rarely***, ***never***…

### c. Place dans la phrase

■ Les **adverbes de manière** se placent généralement **après le complément, mais parfois aussi avant le verbe.**

**Exemple :** *I speak English* ***fluently. [après le complément]*** (Je parle anglais couramment.)

*I* ***really*** *enjoy dancing.* ***[avant le verbe]*** (J'aime vraiment bien danser.)

■ Les **adverbes de fréquence** se placent toujours **avant le verbe** (et après l'auxiliaire s'il y en a un), sauf avec le verbe ***to be.***

**Exemple :** *She* ***often*** *gets up early.* [avant le verbe] (Elle se lève souvent tôt.)

*She has* ***never*** *driven a car.* [avant le verbe et après l'auxiliaire] (Elle n'a jamais conduit de voiture.)

*He is* ***sometimes*** *late.* [après le verbe to be] (Il est parfois en retard.)

**RAPPEL DU FORMATEUR**

Les adverbes de fréquence sont : *rarely* (rarement), *sometimes* (parfois), *occasionally* (occasionnellement), *frequently* (fréquemment), *often* (souvent), *usually* (habituellement), *always* (toujours), *never* (jamais).

■ Les **locutions adverbiales de fréquence** comme *every day* (tous les jours), *once a week* (une fois par semaine), *twice a month* (deux fois par mois), *three times a year* (trois fois par an)… se placent **en début ou en fin de phrase.**

**Exemple :** *We see her* ***every day.*** (Nous la voyons tous les jours.)

■ Les **adverbes de lieu et de temps** comme *here* (ici), *there* (là-bas), *yesterday* (hier), *tomorrow* (demain), *today* (aujourd'hui)… se placent généralement en fin de phrase.

**Exemple :** *We're leaving* ***tomorrow.*** (Nous partons demain.)

■ Les **adverbes de degré** comme *too* (trop), *very* (très), *more* (plus), *totally* (totalement), *nearly* (presque), *enough* (assez)… se placent **immédiatement avant l'adjectif ou l'adverbe qu'ils modifient.**

**Exemple :** *These boots are* ***too*** *small.* (Ces bottes sont trop petites.)

■ Les **adverbes négatifs** comme *barely*, *hardly*, *scarcely* (à peine, presque pas) se placent **avant le verbe (et après l'auxiliaire s'il y en a un).**

**ATTENTION**

Leur sens étant négatif, le verbe apparaît toujours à la forme affirmative.

**Exemple :** *I could scarcely believe it.* (Je pouvais à peine y croire.)

# 4. Les comparatifs et les superlatifs

## Testez vos connaissances !

Complétez la phrase suivante à l'aide de l'une des quatre propositions.

***Which one of these two brands is ___?***

- ○ **A.** *the stronger*
- ○ **B.** *the strongest*
- ○ **C.** *stronger*
- ○ **D.** *strongest*

## Corrigé

**A.**

Quand on compare **un élément à un autre**, on utilise **un comparatif**.
Quand on compare **un élément à tous les autres**, on utilise **un superlatif**.

## A. Le comparatif

Il existe trois formes de comparatif.

### a. Le comparatif d'égalité : aussi ... que

L'adjectif est précédé et suivi de *as*.

***as*** **+ adjectif +** ***as***

**Exemple :** *He is* ***as*** *tall* ***as*** *his father.* (Il est aussi grand que son père.)

### b. Le comparatif de supériorité : plus ... que

- **Adjectifs d'une syllabe (ex. :** ***tall, small, cold...*****)**

**adjectif** ***-er*** **+** ***than***

**Exemple :** *I'm tall****er than*** *you.* (Je suis plus grande que toi.)

- **Adjectifs de deux syllabes terminés en** ***-y, -er, -ow, -le*** **(ex. :** ***happy, funny, tidy, clever, narrow, noble...*****)**

**adjectif** ***-er*** **+** ***than***

**Exemple :** *She's happ****ier than*** *her sister.* (Elle est plus heureuse que sa sœur.)
Si l'adjectif se termine en *-y*, *y* se transforme en *i* au comparatif de supériorité.

- **Adjectifs de deux syllabes et plus (ex. :** ***modern, expensive...*****)**

***more*** **+ adjectif +** ***than***

**Exemple :** *He drives* ***more*** *carefully* ***than*** *his wife.* (Il conduit plus prudemment que sa femme.)

On peut renforcer le comparatif de supériorité à l'aide de l'adverbe *much* ou par *way*.

**Exemple :** *I'm* ***much/way*** *taller than you.* (Je suis bien plus grande que toi.)

### c. Le comparatif d'infériorité : moins ... que

L'adjectif (quel que soit le nombre de syllabes) est précédé de *less* et suivi de *than*.

***less* + adjectif + *than***

**Exemple :** *His car is* ***less*** *fast* ***than*** *mine.* (Sa voiture est moins rapide que la mienne.)

## ATTENTION

Il existe des adjectifs et adverbes qui possèdent un comparatif **irrégulier**.

| Adjectifs et adverbes irréguliers | |
|---|---|
| **Bases** | **Comparatifs** |
| ***good***, ***well*** (bon, bien) | ***better than*** (meilleur que, mieux que) |
| ***bad*** (mauvais) | ***worse than*** (plus mauvais que) |
| ***far*** (loin) | ***farther than***, ***further than*** (plus loin que) |
| ***old*** (vieux, âgé au sens d'aîné) | ***elder*** (plus vieux) |
| ***much***, ***many*** (beaucoup) | ***more*** (plus) |
| ***little*** (peu) | ***less*** (moins) |

## B. Le double comparatif

Pour exprimer une **progression** (de plus en plus…, de moins en moins…), on emploie le verbe ***get* à la forme progressive et deux fois le comparatif**.

**Exemple :** *The weather* ***is getting hotter and hotter****.* (Il fait de plus en plus chaud.)

*It* ***is getting more and more interesting****.* (C'est de plus en plus intéressant.)

*It* ***is getting less and less interesting****.* (C'est de moins en moins intéressant.)

## C. *The* + comparatif

Pour exprimer une **double progression**, augmentation ou diminution proportionnelle (plus … plus …, moins … moins …, plus … moins …, moins … plus …), on emploie des **comparatifs introduits par *the***.

**Exemple :** ***The more, the merrier****.* (Plus on est de fous, plus on rit.)

***The less*** *she talks,* ***the happier*** *I am.* (Moins elle parle, plus je suis heureux.)

***The more*** *I see you,* ***the more*** *I love you.* (Plus je te vois, plus je t'aime.)

***The less*** *I work,* ***the less*** *I want to work.* (Moins je travaille, moins j'ai envie de travailler.)

Lorsque la comparaison porte sur **deux éléments, et deux seulement**, la langue anglaise utilise **un comparatif de supériorité** précédé de l'article **the**.

**Exemple :** *He is* ***the younger*** *of the two.* (Il est le plus jeune des deux.)

*Kate is* ***the taller*** *of the twins.* (Kate est la plus grande des jumeaux.)

## D. Le superlatif

Il existe deux formes de superlatif.

### a. Le superlatif de supériorité : le plus...

- **Adjectifs d'une syllabe (ex. : *tall, small, cold…*)**

**_the_ + adjectif _–est_**

**Exemple :** Tom is the tallest boy in the class. (Tom est le plus grand garçon de la classe.)

**NOTE DU FORMATEUR**

Le complément est toujours introduit par la préposition ***in*** s'il s'agit d'un lieu et par la préposition ***of*** s'il s'agit d'un groupe.

- **Adjectifs de deux syllabes terminés en *–y*, *–er*, *–ow*, *–le* (ex. : *happy, funny, tidy, clever, narrow, noble…*)**

**_the_ + adjectif _–est_**

**Exemple :** *She's **the funniest** girl I've ever met.* (C'est la fille la plus drôle que j'aie jamais rencontrée.)

Si l'adjectif se termine en *–y*, *y* se transforme en *i* au superlatif.

- **Adjectifs de deux syllabes et plus (ex. : *modern, expensive…*)**

**_the_ + _most_ + adjectif**

**Exemple :** *It's **the most** expensive restaurant in town.* (C'est le restaurant le plus cher de la ville.)

### b. Le superlatif d'infériorité : le moins...

L'adjectif (quel que soit le nombre de syllabes) est précédé de *the least.*

**_the least_ + adjectif**

**Exemple :** *This is **the least** interesting book I've ever read.* (C'est le livre le moins intéressant que j'aie jamais lu.)

**ATTENTION**

Il existe des adjectifs et des adverbes qui possèdent un superlatif **irrégulier**.

| Adjectifs et adverbes irréguliers | |
|---|---|
| Bases | Superlatifs |
| ***good, well*** (bon, bien) | ***the best*** (le meilleur, le mieux) |
| ***bad*** (mauvais) | ***the worst*** (le plus mauvais) |
| ***far*** (loin) | ***the farthest, the furthest*** (le plus loin) |
| ***old*** (vieux, âgé au sens d'aîné) | ***the eldest*** (le plus vieux, l'aîné) |
| ***much, many*** (beaucoup) | ***the most*** (le plus) |
| ***little*** (peu) | ***the least*** (le moins, le moindre) |

# 5. Le cas possessif

## Testez vos connaissances !

Complétez la phrase suivante à l'aide de l'une des quatre propositions.

***James ___ stepfather ought to have arrived by now.***

- ❍ **A.** '
- ❍ **B.** ø
- ❍ **C.** *his*
- ❍ **D.** *'s*

## Corrigé

**A.**

Le cas possessif, appelé aussi génitif saxon, sert à exprimer un **rapport de possession ou d'appartenance** entre deux éléments.

## A. Construction

En anglais, on place le « possesseur » en **première position**.

Dans la plupart des cas, le premier élément, le « possesseur », est une **personne** ou un **animal**.

Il se construit de la manière suivante :

- **possesseur (singulier) + *'s* + nom**
  **Exemple :** *John's house.* (La maison de John.)
  *My sister's friends.* (Les amis de ma sœur.)
  *Mrs Moss's son.* (Le fils de Mrs Moss.)
- **possesseurs (pluriel régulier) + ' + nom**
  **Exemple :** *My parents' garden.* (Le jardin de mes parents.)
  *The boys' bedroom.* (La chambre des garçons.)
- **possesseurs (pluriel irrégulier) + *'s* + nom**
  **Exemple :** *The children's toys.* (Les jouets des enfants.)

Au cas possessif, on peut omettre le second élément de la construction s'il a été mentionné précédemment.

**Exemple :** *Whose book is it?* It's Sam's. (À qui est ce livre ? C'est celui de Sam.)

## B. Emplois

- Outre le rapport de possession et d'appartenance, le cas possessif peut servir à traduire « **chez** ».

**Exemple :** *She's going to Mr Won's and on the way she'll stop at the baker's.* (Elle va chez Mr Won et, sur le chemin, elle s'arrêtera chez le boulanger.)

- Il est fréquent dans des **expressions de temps ou de distance.**
  **Exemple :** *today's paper* (le journal d'aujourd'hui), *a week's holiday* (une semaine de vacances), *last year's events* (les événements de l'année dernière), *a mile's walk* (une marche d'un kilomètre et demi)
- On l'utilise également pour parler d'**éléments du monde**, de **repères connus de tous.**
  **Exemple :** *France's workers* (les travailleurs français), *London's underground* (le métro de Londres), *the world's population* (la population du monde entier), *the government's policy* (la politique du gouvernement)

## 6. « ne pas » : *not to*

### Testez vos connaissances !

Complétez la phrase suivante à l'aide de l'une des quatre propositions.

***She's been told ___ that letter before she's arrived.***

- **A.** *not to read*
- **B.** *to reading*
- **C.** *to not read*
- **D.** *to not reading*

### Corrigé

**A.**

L'expression « **de ne pas** » se traduit par ***not to*** et non l'inverse.

**Exemple :** *She's been told **not to** read that letter before she's arrived.* (On lui a dit de ne pas lire cette lettre avant d'être arrivée.)

## 7. *Than* et *that*

### Testez vos connaissances !

Complétez la phrase suivante à l'aide de l'une des quatre propositions.

***The results are much better ___ expected.***

- **A.** ø
- **B.** *than*
- **C.** *that*
- **D.** *as*

### Corrigé

**B.**

« **Que** » peut se traduire en anglais par *than, that, which*… Il faut donc réfléchir au sens de « que » dans la phrase avant de le traduire.

# 8. *Which* et *who*

## Testez vos connaissances !

Complétez la phrase suivante à l'aide de l'une des quatre propositions.

***These are the countries ___ are developing.***

- ❍ **A.** *whose*
- ❍ **B.** *who*
- ❍ **C.** *which*
- ❍ **D.** *whom*

## Corrigé

**C.**

### A. Fonction

Les pronoms relatifs, comme leur nom l'indique, **introduisent** une **proposition subordonnée relative**.

Ils peuvent être **soit sujet soit complément** du verbe de cette subordonnée.

**Exemple :** *The man* **who** *is here is my brother.* [pronom relatif sujet de la subordonnée] (L'homme qui est là est mon frère.)

*The man* **(that)** *you can see is my brother.* [pronom relatif complément de la subordonnée] (L'homme que tu vois est mon frère.)

### B. Emploi

En anglais, à l'oral, et même à l'écrit lorsque le contexte n'est pas trop formel, le pronom relatif complément est souvent **omis**. Il est en fait sous-entendu. On parle parfois dans ce cas du **relatif zéro.**

**ATTENTION**

Lorsque le pronom relatif est sujet, il ne peut jamais être omis, comme dans l'exemple *The man who is...*

**Exemple :** *She is the woman you wrote to.* (C'est la femme à qui tu as écrit.)

*The last book I read was fascinating.* (Le dernier livre que j'ai lu était fascinant.)

**NOTE DU FORMATEUR**

Lorsque le pronom relatif est sous-entendu et que le verbe comprend une préposition, celle-ci est rejetée après le verbe et son complément.

**Exemple :** *She is the woman you wrote to.*

Dans un anglais plus formel, on écrira :
*She is the woman* ***to whom*** *you wrote.*
*The last book* ***that*** *I read was fascinating.*

## C. Choix du pronom relatif

Pour choisir un pronom relatif, il faut repérer le nom qu'il remplace et qui le précède (son **antécédent**). Il faut aussi déterminer sa **fonction** dans la phrase.

| Fonction du relatif dans la subordonnée | Antécédent animé | Antécédent inanimé |
|---|---|---|
| Sujet | ***who***<br>ex. : *The girl* ***who*** *lives next door.* | ***which*** ou ***that***<br>ex. : *The car* ***which/that*** *we want to buy.* |
| Complément | **omis le plus souvent** sinon ***whom**** ou ***that***<br>ex. : *The man I love.*<br>*The man* ***whom/that*** *I love.*<br>*The man I talked to.* | **omis le plus souvent** sinon ***which*** ou ***that***<br>ex. : *The car we want.*<br>*The car* ***which/that*** *we want.*<br>*The car we looked at.* |
| Génitif | ***whose***<br>ex. : *The boy* ***whose*** *name is John.* | ***Whose*** ou, rarement, ***of which***<br>ex. : *The house* ***whose*** *door is blue.*<br>*The house the door* ***of which*** *is blue.* |

**whom* a tendance à disparaître

### a. ce que/ce qui

***What*** annonce quelque chose qui va être précisé.

**Exemple :** *I didn't understand* ***what*** *he said.* (Je n'ai pas compris ce qu'il a dit.)

***What*** *I like best is music.* (Ce que je préfère, c'est la musique.)

***Which*** reprend ce qui a déjà été énoncé.

**Exemple :** *It didn't rain at all,* ***which*** *surprised me.* (Il n'a pas du tout plu, ce qui m'a surpris.)

*She was a famous singer,* ***which*** *I didn't know.* (C'était une chanteuse célèbre, ce que j'ignorais.)

> **ATTENTION**
>
> N'oubliez pas la virgule avant *which*, obligatoire entre les deux propositions.

### b. *dont*

On traduit « dont » en anglais par ***whose*** (pronom relatif, complément du nom) si l'antécédent est animé et même parfois s'il est inanimé, les constructions avec ***of which*** étant rares.

**Exemple :** *This is the boy* ***whose*** *sister is our neighbour.* (C'est le garçon dont la sœur est notre voisine.)

*Is this the house* ***whose*** *windows were broken?* ou *Is this the house the windows* ***of which*** *were broken?* (Est-ce la maison dont les fenêtres ont été cassées ?)

> **ATTENTION**
>
> On ne traduit « dont » par *whose* et *of which* que lorsque le pronom exprime la possession. Or, « dont » apparaît en français chaque fois que le verbe est suivi de la préposition « de », alors qu'il n'est pas toujours question de possession.
>
> **Exemple :** L'homme dont tu parlais est mort. (*The man you were talking about is dead.*)
>
> Dans ce cas, si une préposition en anglais est obligatoire (ex. : *about*), on la maintient immédiatement après le verbe et on n'utilise pas de pronom relatif.

### c. Traductions de « où »

- ***Where***

  **Exemple :** *Paris is the city **where** I was born.* (Paris est la ville **où** je suis né.)
- ***When***

  **Exemple :** *I'll always remember the day **when** I saw him.* (Je me souviendrai toujours le jour **où** je l'ai vu.)

## D. *Whatever/Whoever/Wherever/Whenever*

Ces mots sont formés à partir de relatifs (***what***, ***who***, ***where***, ***when***) et de ***–ever***, qui ajoute à chacun des relatifs l'idée de **quelconque**.

| | | | |
|---|---|---|---|
| whatever | quoi que ce soit qui …<br>quoi que ce soit que … | ***Whatever*** happens, don't panick!<br>***Whatever*** she thinks, she's wrong! | **Quoi qu'**il arrive, ne panique pas !<br>**Quelle que** soit sa pensée, elle a tort ! |
| whoever | qui que ce soit qui …<br>qui que ce soit que … | ***Whoever*** calls her, she mustn't go out.<br>***Whoever*** you meet, don't stop! | **Quiconque** l'appelle, elle ne doit pas sortir.<br>**Qui que** ce soit que tu rencontres, ne t'arrête pas ! |
| wherever | où que ce soit que … | ***Wherever*** you go, I'll follow you. | Je te suivrai **où que** tu ailles. |
| whenever | à quelque moment que ce soit que … | You can leave ***whenever*** you like! | Tu peux partir **quand** tu veux. |

# 9. Les indénombrables

## Testez vos connaissances !

Complétez la phrase suivante à l'aide de l'une des quatre propositions.

***The news ___ good today!***

- ❍ **A.** *seem*
- ❍ **B.** *is*
- ❍ **C.** *are*
- ❍ **D.** *look*

## Corrigé

**B.**

## A. La notion de dénombrement

- Les noms **dénombrables désignent ce que l'on peut compter.**
  Un nom dénombrable existe **au singulier et au pluriel.**
  **Exemple :** ***a*** *cat* (un chat), ***three*** *cats* (trois chats)
- Les noms **indénombrables** désignent **ce que l'on ne peut pas compter.**
  Un nom indénombrable n'est **jamais précédé de l'article *a/an*** et il est **toujours accompagné d'un verbe au singulier.**
  **Exemple :** *My hair* ***is*** *long and fair.* (Mes cheveux sont longs et blonds.)

> **ATTENTION**
> Certains noms sont indénombrables en anglais, mais leurs équivalents français sont des dénombrables pluriels.

## B. Les indénombrables en anglais

Sont **indénombrables** en anglais :

- les noms de **matériaux** et d'**aliments** : *wool* (de la laine), *bread* (du pain), *tea* (du thé), *milk* (du lait)…
- les noms renvoyant à une **notion** ou à un **ensemble d'éléments :**
  - **concrets** : *furniture* (des meubles), *rubbish/refuse* (des détritus), *luggage* (des bagages), *hair* (des cheveux), *fruit* (des fruits)…
  - **abstraits** : *advice* (des conseils), *news* (des nouvelles), *information* (des renseignements), *progress* (des progrès), *evidence* (des preuves)…

Les dictionnaires utilisent le signe (*U*) (*uncountable*) ou (I) (indénombrable) pour indiquer qu'un nom est indénombrable en anglais.

**ATTENTION**

Certains noms peuvent être employés dans un sens indénombrable ou dénombrable.

**Exemple :** *There were* ***times*** *when...* [dénombrable pluriel] (Il y eut des périodes où...)

***Time*** *is money.* [indénombrable] (Le temps, c'est de l'argent.)

## C. Le dénombrement d'un indénombrable

Pour un certain nombre de noms indénombrables, on peut obtenir un singulier à l'aide de ***a piece of***.

**Exemple :** ***a piece of*** *news* (une nouvelle), ***a piece of*** *advice* (un conseil)

# 10. *There is* et *there are*

## Testez vos connaissances !

Complétez la phrase suivante à l'aide de l'une des quatre propositions.

***___ weren't here yesterday. ___ weren't many people.***

- **A.** *They - There*
- **B.** *There - They*
- **C.** *Their - They*
- **D.** *They - Their*

## Corrigé

**A.**

## A. Emploi

On emploie le verbe ***to be*** précédé de ***there,*** et éventuellement d'un auxiliaire de modalité, pour indiquer que quelque chose existe, a existé, existera, aurait pu exister…

La structure ***there*** + ***be*** conjugué correspond aux structures françaises « il y a », « il y avait », « il y aura », « il y aurait »…

Cette structure existe à tous les temps et peut être associée à tous les auxiliaires modaux.

**ATTENTION**

Il existe des cas où « il y a » ne se traduit pas par *there is/are*:

• Pour exprimer la **durée** :

**Exemple : Il y a** trois mois qu'ils se sont mariés. → *They got married three months* ***ago***.

**Il y a** trois mois que je ne les ai pas vus. → *I haven't seen them **for** three months.*
• Pour exprimer la **distance** :
Exemple : **Il y a** quatre kilomètres d'ici à l'école. → *The school is four kilometres **away**.*

## B. Accord

Si « il y a » ne varie pas en nombre en français, il existe en revanche **un singulier et un pluriel en anglais.**

Exemple : ***There is** a book on the table.* (Il y a un livre sur la table.)
***There are** books on the table.* (Il y a des livres sur la table.)
***There was** a book on the table.* (Il y avait un livre sur la table.)
***There were** books on the table.* (Il y avait des livres sur la table.)
***There can** be a problem.* (Il peut y avoir un problème.)
La structure *there* + *be* conjugué existe à la **forme interrogative** et **négative**.
Exemple : ***Is there** enough milk left for me?* (Est-ce qu'il reste assez de lait pour moi ?)
***There aren't** any apples any more.* (Il n'y a plus de pommes.)

# 11. Les démonstratifs

### Testez vos connaissances !

Complétez la phrase suivante à l'aide de l'une des quatre propositions.

***Look at ___ shoes! I have never seen ___ before.***

- **A.** *this - these*
- **B.** *that - these*
- **C.** *those - these*
- **D.** *these - those*

### Corrigé

**D.**

## A. Accord

En anglais, les **démonstratifs** s'accordent **uniquement en nombre**.

## B. Emplois

***This*** (***these*** au pluriel) et ***that*** (***those*** au pluriel) servent à désigner un objet ou une personne. Ils sont **adjectifs** ou **pronoms**.

### a. *This/These*

*This* (*these* au pluriel) désigne un objet **qui appartient à la situation présente** (d'où l'idée de **proximité** à laquelle on a coutume d'associer *this*).

**Exemple :** ***This*** *is our neighbour.* [Le voisin est devant celui qui parle.] (Voici notre voisin.)

On emploie *this* (*these* au pluriel) pour un objet **dont on parle pour la première fois**.

**Exemple :** *Look at* ***this!*** [L'interlocuteur n'est pas censé avoir remarqué l'objet en question.] (Regarde ça !)

### b. *That/Those*

On utilise *that* (*those* au pluriel) pour tout objet ou fait **qui n'est pas dans la situation présente** (d'où l'idée d'**éloignement** à laquelle on a coutume d'associer *that*).

**Exemple :** *Things were much easier* ***in those days.*** [passé] (Les choses étaient bien plus faciles **en ce temps-là**.)

*Things are much easier* ***these days.*** [présent] (Les choses sont bien plus faciles de nos jours.)

On emploie *that* (*those* au pluriel) lorsque celui auquel on s'adresse **sait de quel objet il s'agit**.

**Exemple :** *Yes,* ***that****'s great.* (Oui, c'est super.)

Dans la mesure où *that* peut exprimer une idée d'éloignement, il prend parfois une valeur de **jugement** (souvent **négatif**).

**Exemple :** *Look at* ***that!*** [Le ton peut exprimer le dégoût, le mépris, le reproche…] (Regarde-moi ça !)

*Look at* ***those*** *awful paintings!* (Regarde ces horribles tableaux !)

## 12. Les verbes prépositionnels en *to* + *–ing*

### Testez vos connaissances !

Complétez la phrase suivante à l'aide de l'une des quatre propositions.

***I am so looking forward to ____ you.***

- ❍ **A.** see
- ❍ **B.** *have seen*
- ❍ **C.** *seeing*
- ❍ **D.** *saw*

### Corrigé

**C.**

## RAPPEL DU FORMATEUR

*To* peut être tantôt la **marque de l'infinitif** (ex.: *to read*, lire) tantôt une **préposition**.

**Exemple :** *She looks forward to seeing you again.* (Il lui tarde de te revoir.)

Il existe un certain nombre de verbes, comme *to look forward to* (avoir hâte de, attendre avec impatience), construits avec la préposition *to*; **s'ils sont suivis d'un verbe, celui-ci est nécessairement un gérondif**, comme *seeing* dans la question en début de cours.

En voici une liste non exhaustive:

| to be used to | être habitué à |
|---|---|
| ***to devote time to*** | consacrer du temps à |
| ***to get used to*** | s'habituer à |
| ***to object to*** | désapprouver |
| ***to look forward to*** | avoir hâte de, attendre avec impatience |
| ***to take to*** | se mettre à (une habitude) |
| ***to accustom to*** | accoutumer à |
| ***to amount to*** | équivaloir à/revenir à |
| ***to be given to*** | être enclin à |
| ***to be reduced to*** | (en) être réduit à |
| ***to confess to*** | avouer |
| ***to confine oneself to*** | se borner à, se cantonner à |
| ***to contribute to*** | contribuer à |

## ATTENTION

Ne pas confondre *to be used to* (être habitué), *to get used to* (s'habituer) et *used to* (avant...).

**Exemple :** I'***m not used to*** *working so early.* (Je ne suis pas habitué[e] à travailler si tôt.)

***I never got used*** *to working so early.* (Je ne me suis jamais habitué[e] à travailler si tôt.)

***I used*** *to work earlier. I didn't use to wake up at 8 o'clock.* (Avant, je travaillais plus tôt. Je ne me levais pas à huit heures.)

# 13. Les majuscules

## Testez vos connaissances !

Complétez la phrase suivante à l'aide de l'une des quatre propositions.

***I met my ___ friends last ___ when they came to ___.***

- **A.** *American - january - France*
- **B.** *American - January - France*
- **C.** *american - January - France*
- **D.** *American - January - france*

## Corrigé

**B.**

L'anglais utilise des majuscules pour tout ce qui a rapport au calendrier (jours, mois, fêtes) et à la nationalité (pays, peuples, nationalités, langues). **C'est une faute de les oublier.**

# 14. Les articles *a/an*, *the* et l'article zéro

## Testez vos connaissances !

Complétez la phrase suivante à l'aide de l'une des quatre propositions.

***___ Queen Elisabeth has been reigning for more than 60 years.***

- **A.** *a*
- **B.** *the*
- **C.** ø
- **D.** *an*

## Corrigé

**C.**

## A. L'article indéfini *a/an*

### a. *A* ou *an* : comment les distinguer ?

L'article indéfini ***a*** (un, une) s'emploie :

- **devant les mots qui commencent par une consonne**
  **Exemple :** ***a*** *girl* (une fille), ***a*** *cat* (un chat)

- devant les mots qui commencent par le son [‘j]
  **Exemple :** ***a*** *uniform* (un uniforme), ***a*** *European man* (un Européen), ***a*** *year* (une année)
- devant les mots qui commencent par le son [‘w]
  **Exemple :** ***a*** *one-way ticket* (un aller simple)

L'article indéfini ***an*** (un, une) s'emploie :

- devant les mots qui commencent par une **voyelle** (sauf lorsque la voyelle introduit le son [‘j] ou [‘w])
  **Exemple :** ***an*** *animal* (un animal), ***an*** *umbrella* (un parapluie)
- devant les mots qui commencent par un *h* muet
  **Exemple :** *an hour* (une heure), *an honest person* (une personne honnête), *an heir* (un[e] héritier[e]), *an honour* (un honneur)

### b. Emplois

On emploie ***a/an*** :

- devant les **noms de métier** au singulier
  **Exemple :** *His mother is **a** nurse.* (Sa mère est infirmière.)
- dans les expressions de temps et de mesure
  **Exemple :** *She works eight hours **a** day.* (Elle travaille huit heures par jour.)
  *It's £7 **a** kilo.* (C'est 7 livres le kilo.)
- **après *what* et *such*** dans les phrases exclamatives au singulier
  **Exemple :** *What **a** nice horse!* (Quel joli cheval !)
  *It's such **a** pity!* (Quel dommage !)

> **ATTENTION**
> Il ne faut jamais utiliser *a/an* devant un nom indénombrable (ex. : *furniture, advice, information, news*...).
> **Exemple :** *I've got good news.* (J'ai une bonne nouvelle/de bonnes nouvelles.)

## B. L'article défini *the* (le, la, les, l')

L'article défini ***the*** est **invariable en genre et en nombre**. Il se prononce [‘ðə] devant les consonnes (ex. : ***the*** *cat* [le chat], ***the*** *milk* [le lait]) et [‘ði:] devant les voyelles (ex. : ***the*** *animal* [l'animal], ***the*** *umbrella* [le parapluie]).

On emploie *the* :

- pour faire référence à **quelque chose de spécifique, de déterminé**
  **Exemple :** ***The*** *boy in black.* (Le garçon en noir.) [Ce garçon-là en particulier.]
  ***The*** *apples she bought.* (Les pommes qu'elle a achetées.) [Et pas d'autres.]
- devant un nom désignant une **notion** ou une **chose unique**, ou que l'on souhaite désigner comme telle.
  **Exemple :** ***the*** *sun* (le soleil), ***the*** *sea* (la mer), ***the*** *universe* (l'univers)...
- devant un **adjectif représentant un ensemble de personnes**
  **Exemple :** ***the*** *young* (les jeunes), ***the*** *blind* (les aveugles), ***the*** *Blacks* (les Noirs)...

## ATTENTION

*The* n'est pas employé :
- dans les **concepts généraux**
  **Exemple :** *Time is money.* (Le temps, c'est de l'argent.)
- devant un **titre suivi d'un nom propre ou d'un prénom**
  **Exemple :** *Queen Elizabeth* (la reine Élizabeth), Duke Philip (le duc Philippe)
- devant les **noms de pays**
  **Exemple :** *France* (la France), *Great Britain* (la Grande-Bretagne), *Italy* (l'Italie)...

**Il existe cependant des exceptions :** *the United Kingdom* (le Royaume-Uni), *the United States* (les États-Unis), *the Soviet Union* (l'Union soviétique), *the Netherlands* (les Pays-Bas)

### C. L'article zéro Ø

Il existe en anglais une forme d'article qui ne se « voit » pas. L'article zéro, représenté par le symbole Ø, est courant en anglais et n'existe pas en français.

Cette « absence » d'article a toujours un sens.

Il y a absence d'article ou article zéro :

- pour parler des **choses en général**
  **Exemple :** *Cats like milk.* (Les chats aiment le lait.)
  *Love is what we need.* (L'amour est ce dont nous avons besoin.)
- pour exprimer l'idée du **partitif** (du, de la, de l', des)
  **Exemple :** *I drink milk and I eat cereals at breakfast.* (Je bois du lait et je mange des céréales au petit déjeuner.)

## 15. *Another, other* et *others*

### Testez vos connaissances !

Complétez la phrase suivante à l'aide de l'une des quatre propositions.

***Give me ____ plate! This one is broken.***

- **A.** *an other*
- **B.** *other*
- **C.** *another*
- **D.** *others*

### Corrigé

**C.**

Ne confondez pas :

- ***another*** [toujours en un mot] (un[e] autre)

**Exemple :** *Give me **another** glass of water, please.* (Donne-moi un autre verre d'eau, s'il te plaît.)

- ***other*** [adjectif] (d'autres)
  **Exemple :** *I'd like to visit **other** countries.* (J'aimerais visiter d'autres pays.)
- ***others*** [pronom pluriel, utilisé seul] (d'autres)
  **Exemple :** *He has got many instruments, he doesn't want others.* (Il a beaucoup d'instruments, il n'en veut pas d'autres.)

## 16. Les quantifieurs

### Testez vos connaissances !

Complétez la phrase suivante à l'aide de l'une des quatre propositions.

***There were only ___ pounds left in her purse and ___ in her bank account.***

- ❍ **A.** *no - any*
- ❍ **B.** *few - none*
- ❍ **C.** *none - few*
- ❍ **D.** *many - no*

### Corrigé

**B.**

### A. *Some, any* et *no*

#### a. Généralités

| | Quantifieurs | Exemples |
|---|---|---|
| **Phrases affirmatives** | ***some*** | ■ ***Some*** *drivers are dangerous.* (Certains conducteurs sont dangereux.)<br>■ *I need **some** help.* (J'ai besoin d'aide.) |
| **Phrases négatives** | ***not … any*** | ■ *He wo**n't** give you **any** help.* (Il ne t'aidera pas.)<br>■ *There are**n't any** eggs in the fridge.* (Il n'y a pas d'œufs dans le frigo.) |
| **Phrases interrogatives** | ***some*** | ■ *Would you like **some** wine?* (Voulez-vous du vin ?)<br>■ *Can I have **some** milk, please?* (Est-ce que je peux avoir du lait, s'il vous plaît ?) |
| | ***any*** | ■ *Is there **any** milk?* (Est-ce qu'il y a du lait ?)<br>■ *Have you got **any** children?* (Avez-vous des enfants ?) |

### NOTES DU FORMATEUR

- *On peut remplacer not … any* par ***no***. Le verbe est alors à la forme affirmative.
  **Exemple :** ***There aren't any*** *eggs in the fridge.* = ***There are no eggs*** *in the fridge.*
- ***None*** signifie « aucun(e) » et s'utilise comme pronom (contrairement à *no* qui ne s'utilise que comme adjectif).

**Exemple :** *How many gifts did you get?* ***None!*** (Combien de cadeaux as-tu eus ? Aucun !)

- On utilise ***some*** lorsque l'on propose ou que l'on souhaite une certaine quantité.

  **Exemple :** *Would you like* ***some*** *wine?* (Voulez-vous du vin ?)
- On utilise ***any*** lorsque l'on veut simplement se renseigner sur l'existence d'une quantité : « Est-ce qu'il y en a ? ».

  **Exemple :** *Is there* ***any*** *milk?* (Est-ce qu'il y a du lait ?)
- Lorsque ***any*** est utilisé dans une phrase affirmative, il a le sens de « n'importe lequel ».

  **Exemple :** *Take any train but come!* (Prends n'importe quel train mais viens !)

### b. Les composés de *some*, *any* et *no*

- **Élément inanimé et indéfini :** *something* (quelque chose), *anything* (quelque chose), *nothing* (rien)
- **Personne indéfinie :** *somebody/someone* (quelqu'un), *anybody/anyone* (quelqu'un), *nobody/no one* (personne)
- **Lieu indéfini :** *somewhere* (quelque part), *anywhere* (quelque part), *nowhere* (nulle part)

## B. Autres quantifieurs

**ATTENTION**

Voici d'autres quantifieurs indéfinis. Il est indispensable de connaître leur compatibilité ou leur incompatibilité avec les noms dénombrables et indénombrables.

| Quantité | Traduction | Exemples |
| --- | --- | --- |
| Beaucoup | ***Much*** + indénombrable | *Has he got* ***much*** *money?*<br>(Est-ce qu'il a beaucoup d'argent ?) |
| | ***A lot of/Lots of*** + indénombrable | *Has he got* ***a lot of*** *money?*<br>(Est-ce qu'il a beaucoup d'argent ?) |
| | ***Many*** + dénombrable pluriel | *She hasn't got* ***many*** *friends.*<br>(Elle n'a pas beaucoup d'ami[e]s.)<br>**ATTENTION**<br>*Much* et *many* s'emploient rarement dans les phrases affirmatives. Dans ce cas, les anglophones préfèrent utiliser *a lot of* ou *lots of.* |
| | ***A lot of/Lots of*** + dénombrable pluriel | *She's got* ***a lot of/lots of*** *friends.*<br>(Elle a beaucoup d'ami[e]s.) |
| | ***Plenty of*** + indénombrable/ dénombrable pluriel | *I have* ***plenty of*** *time/friends.*<br>(J'ai beaucoup de temps/d'amis.) |

| | | |
|---|---|---|
| **Trop** | ***Too*** + adjectif/adverbe | *It's **too** big.* (C'est trop grand.) [adjectif]<br>*He drives **too** fast.* (Il conduit trop vite.) [adverbe] |
| | ***Too much*** | *You eat **too much**.* (Tu manges trop.) |
| | ***Too much*** + indénombrable | *There's **too much** noise.* (Il y a trop de bruit.) |
| | ***Too many*** + dénombrable pluriel | *There were **too many** people.*<br>(Il y avait trop de monde.) |
| **Assez** | ***Enough*** + nom | *I've got **enough money** to pay my rent.*<br>(J'ai assez d'argent pour payer mon loyer.) |
| | Adjective + ***enough*** | *He isn't **rich enough** to buy it.*<br>(Il n'est pas assez riche pour l'acheter.) |
| **Plusieurs** | ***Several*** + dénombrable pluriel | *We have **several** places to visit.*<br>(Nous avons plusieurs endroits à visiter.) |
| **Tout** | ***All*** + indénombrable/ dénombrable pluriel | *She has finished **all** her work.* (Elle a fini tout son travail.)<br>***All** her jewels have been stolen.*<br>(On lui a volé tous ses bijoux.) |
| | ***Every*** + dénombrable singulier | *He gets up at 7 **every** day.*<br>(Il se lève à 7 h 00 tous les matins.)<br>**ATTENTION**<br>Ne confondez pas *every* (tous) et *each* (chacun).<br>**Exemple :** *Each of you must wear a uniform.*<br>(Chacun d'entre vous doit porter un uniforme.) |
| | ***Both*** + dénombrable pluriel | *I like **both** films.* (J'aime les deux films.)<br>*I like them **both**.* (Je les aime tous les deux.)<br>**ATTENTION**<br>Faites attention à la place de *both* et *all* quand ils sont associés à des pronoms.<br>**Exemple :** *I like them **both**./I like **both** of them.* (Je les aime tous les deux.) *We bought them **all**./We bought **all** of them.* (Nous les avons tous achetés.) |
| **Un peu de** | ***A little*** + indénombrable | *Can I have **a little** sugar?*<br>(Est-ce que je peux avoir un peu de sucre ?) |
| **Quelques** | ***A few*** + dénombrable pluriel | *He only had **a few** friends there.*<br>(Il n'avait que quelques amis ici.) |
| **Peu de** | ***Little*** + indénombrable | *He had very **little** time.* (Il avait très peu de temps.) |
| | ***Few*** + dénombrable pluriel | ***Few** pupils study Latin.* (Peu d'élèves étudient le latin.) |
| **La plupart** | ***Most*** + indénombrable/ dénombrable pluriel | ***Most** people like travelling.* (La plupart des gens aiment voyager.)<br>***Most** kids don't like spinach.* (La plupart des enfants n'aiment pas les épinards.) |
| | ***Most of*** + déterminant + nom | ***Most of** my friends can speak English.* (La plupart de mes amis savent parler anglais.) |

| | | |
|---|---|---|
| Des centaines/ millions/… | Nombres cardinaux au pluriel + ***of*** | *They receive* ***hundreds of*** *letters.*<br>(Ils reçoivent des centaines de lettres.)<br>***Thousands/Millions of*** *tourists come to France every year.* (Des milliers/millions de touristes viennent en France chaque année.)<br>**NOTE DU FORMATEUR**<br>On traduit « des dizaines de… » par ***dozens of…*** (des douzaines de…) en anglais. |

## C. Les autres indéfinis

### a. *Either/Neither*

***Either*** et ***neither*** ne s'emploient que dans le cas où l'on désigne deux éléments dans une phrase.

- ***Either*** (forme affirmative) signifie « l'un ou l'autre, n'importe lequel des deux ».
  **Exemple :** *Do you prefer tea or coffee? –* ***Either*** *will be fine.* (Préférez-vous du thé ou du café ? L'un ou l'autre me conviendra.)
- ***Neither*** (forme négative) signifie « ni l'un ni l'autre, aucun des deux ».
  **Exemple :** *Which do you prefer? –* ***Neither*** *of them.* (Lequel préférez-vous ? – Ni l'un ni l'autre.)
- On traduit l'expression « soit … soit …/ou … ou … », quand elle comporte deux éléments, par ***either … or …***
  **Exemple :** *He's* ***either*** *German* ***or*** *Swedish.* (Il est soit allemand soit suédois.)
- À l'inverse, on traduit l'expression « ni … ni … » par ***neither … nor …***
  **Exemple :** *I'm* ***neither*** *a liar* ***nor*** *a hypocrit!* (Je ne suis ni menteur ni hypocrite !)
- ***Not either*** et ***neither*** signifient « non plus ».
  **Exemple :** *He told me he didn't like tea but he does****n't*** *like coffee* ***either****.* (Il m'a dit qu'il n'aimait pas le thé, mais il n'aime pas le café non plus.)

**ATTENTION**

Neither, dans le sens de « non plus », est utilisé avec un auxiliaire et un sujet exprimé.
**Exemple :** *He never drinks tea. -* ***Neither do I****.* (Il ne boit jamais de thé. - Moi non plus.)

### b. *Other, the same*

- ***Other*** (autre, d'autre) est **invariable** lorsqu'il est utilisé comme adjectif indéfini.
  **Exemple :** *I have no* ***other*** *sister.* (Je n'ai pas d'autre sœur.)
  En revanche, en tant que pronom, il peut porter la marque du pluriel.
  **Exemple :** *I don't know where the* ***others*** *are.* (Je ne sais pas où sont les autres.)

- ***The same*** signifie « le même », « la même », « les mêmes ».

  **Exemple :** *It's always **the same** old story!* (C'est toujours la même histoire !)

  Si l'on veut exprimer **une comparaison**, *the same* se construit comme un comparatif d'égalité, c'est-à-dire avec *as*.

  **Exemple :** *He likes **the same** books **as** you.* (Il aime les mêmes livres que toi.)

  Si l'on veut exprimer une identité, *the same* se construit avec ***that*** + **proposition verbale.**

  **Exemple :** *She came by **the same** road **that** you took.* (Elle est venue par la même route que toi.)

# 17. Les auxiliaires de modalité

## Testez vos connaissances !

Complétez la phrase suivante à l'aide de l'une des quatre propositions.

***Investigators will conduct a survey of what ___ wrong in the last inquiry.***

- ❍ **A.** *would go*
- ❍ **B.** *will go*
- ❍ **C.** *may have gone*
- ❍ **D.** *can go*

## Corrigé

**C.**

## A. Mode d'emploi

Les auxiliaires de modalité peuvent exprimer de nombreuses notions, essentiellement : la **capacité** et l'**incapacité**, l'**obligation** et l'**absence d'obligation**, la **possibilité** et l'**impossibilité**, la **permission** et l'**interdiction**, l'**éventualité** et la **probabilité**, le **futur**, la **volonté**, le **conseil**, le **reproche** et le **regret**.

### a. En tant qu'auxiliaires

- Ils prennent la première place dans les questions.

  **Exemple :** ***Can** she swim?* (Sait-elle nager ?)

- Ils « portent » la négation.

  **Exemple :** *She **can't** swim.* (Elle ne sait pas nager.)

- Ils portent toujours une marque de temps, soit celle du présent, soit celle du prétérit.

  **Exemple :** *can/could, will/would, shall/should.*

- Ils ne se conjuguent jamais avec les auxiliaires *do/did* (puisqu'ils sont eux-mêmes des auxiliaires).

### b. En tant que modaux

- Ils ne prennent pas de *s* à la 3e personne du singulier (ils sont invariables).
  **Exemple :** *She **can** swim very well.* (Elle sait très bien nager.)
- Ils ne sont jamais suivis de *to* (mais toujours de la base verbale).
  **Exemple :** *She **can** swim.* (Elle sait nager.)
- On ne peut employer deux auxiliaires de modalité l'un à côté de l'autre.
  **Exemple :** ~~*She **will can** swim*~~ **est impossible.**
- Quand on veut exprimer deux notions de modalité, le futur et la capacité par exemple, il faut employer un **verbe substitut d'auxiliaire de modalité**, c'est-à-dire un **verbe équivalent à un auxiliaire de modalité**.

  **Exemple :** *She **will be able to** swim in a few months.* (Elle saura nager dans quelques mois.)

## B. Les verbes lexicaux équivalents aux auxiliaires de modalité

Contrairement aux auxiliaires de modalité, et comme par exemple les verbes « pouvoir » ou « devoir » en français, **les verbes équivalents aux modaux se conjuguent à tous les temps**. Ils remplacent donc souvent les auxiliaires de modalité au passé et au futur, mais ont un sens presque équivalent au présent. On peut également les combiner avec un auxiliaire de modalité quand on veut exprimer deux notions modales (le futur et la capacité, comme dans l'exemple ci-dessus).

## C. Tableau des auxiliaires de modalité (AM) et des verbes équivalents (VE)

| Temps | AM et VE | Exemples |
|---|---|---|
| | | **Permission, autorisation** |
| **Présent** | *Can* | *He **can** go out.* (Il peut sortir.)<br>***Can** I stay here?* (Est-ce que je peux rester ici ?) |
| | *May/Could* | *May* et *could* sont plus polis que *can*.<br>***May/Could** I go now?* (Puis-je/Pourrais-je partir maintenant ?) |
| **Passé** | *Could* | *She said we **could** park here.* [style indirect]<br>(Elle a dit que nous pouvions nous garer ici.) |
| **Tous temps** | *Be allowed to* | *You **are/were allowed** to park here.*<br>(Vous êtes/étiez autorisé à vous garer ici.) |
| | | **Refus de permission, interdiction** |
| **Présent** | *Cannot* | *Cannot* est le moins formel.<br>*He **cannot/can't** go out.* (Il ne peut pas sortir.) |
| | *Must not* | *He **mustn't** go out.* (Il ne doit pas sortir.) |
| | *May not* | *He **may not** go out.* (Il ne peut pas sortir.) |
| **Tous temps** | *Not + be allowed to* | *You **are/were not allowed to** go out.*<br>(Vous n'êtes/n'étiez pas autorisé à sortir.) |

| Obligation | | |
|---|---|---|
| Présent | *Must* | Avec *must*, celui qui parle est d'accord.<br>*You* ***must*** *tell the truth.* (Vous devez dire la vérité.) |
| | *Have to* | Avec *have to*, celui qui parle se contente de transmettre.<br>*You* ***have to*** *tell the truth.* (Vous devez dire la vérité.) |
| Passé | *Had to* | *You* ***had to*** *tell the truth.* (Vous deviez dire la vérité.) |
| | *Must* | *Must* ne s'emploie au passé qu'au discours indirect.<br>*She said you* ***must*** *tell the truth.*<br>(Elle a dit que vous deviez dire la vérité.) |
| Tous temps | *Have to* | *You will* ***have to*** *tell the truth.*<br>(Vous devrez dire la vérité.) |
| **Absence d'obligation, de nécessité** | | |
| Présent | *Don't have to* | *You* ***don't have to*** *pay.* (Vous n'êtes pas obligé de payer.) |
| | *Don't need to / Needn't* | *Need* au présent se conjugue soit comme un auxiliaire modal, soit avec *do*.<br>*You* ***don't need to*** *pay.* (Vous n'avez pas besoin de payer.)<br>*You* ***needn't*** *pay.* (Vous n'avez pas besoin de payer.) |
| | *Have to* | *You* ***won't have t****o pay.* (Vous ne serez pas obligé de payer.) |
| Tous temps | *Need to* | *You* ***didn't need to*** *pay.* (Il n'était pas nécessaire que vous payiez.) |
| **Volonté (ordre, refus)** | | |
| Présent | *Will* | ***Will*** *you listen to me!* (Veux-tu m'écouter !)<br>*Will* est le tag de l'impératif.<br>*Listen to me,* ***will*** *you?* (Écoute-moi, veux-tu ?) |
| | *Won't* | I **won't** tell it to you. (Je ne te le dirai pas.) |
| **Conseil, reproche** | | |
| Présent | *Should(n't)/ Ought(n't) to* | *Should* et *ought* to sont presque équivalents dans cet emploi.<br>*You* ***should/shouldn't*** *worry.* (Tu devrais/ne devrais pas t'inquiéter.)<br>*You* ***ought/oughtn't*** *to worry.* (Tu devrais/ne devrais pas t'inquiéter.) |
| **(In)capacité, (im)possibilité** | | |
| Présent | *Can/Can't* | *He* ***can/can't*** *swim.* (Il sait/ne sait pas nager.) |
| | *Could/Couldn't* | *He* ***could/couldn't*** *swim.* (Il savait/ne savait pas nager.) |
| Passé | *(Not) be able to* | *He* ***was/wasn't*** *able to come yesterday.*<br>(Il pouvait/ne pouvait pas venir hier.) |
| Tous temps | *(Not) be able to* | *He* ***will/won't*** *be able to come tomorrow.*<br>(Il pourra/ne pourra pas venir demain.) |
| **De la probabilité à la quasi-certitude** | | |
| Présent | *Might* | On va du moins certain au plus certain.<br>*That* ***might*** *be true.* (Il se pourrait que cela soit vrai.) |
| | *Could* | *That* ***could*** *be true.* (Cela pourrait être vrai.) |
| | *May* | *That* ***may*** *be true.* (Il se peut que cela soit vrai.) |
| | *Must* | *That* ***must*** *be true.* (Cela doit être vrai.) |
| | *Can't* | *That* ***can't*** *be true.* (Cela ne peut être vrai.) |

# 18. *Wish* et conditionnel, prétérit modal et « subjonctif »

## Testez vos connaissances !

Complétez la phrase suivante à l'aide de l'une des quatre propositions.

***He wishes he ___ rich and ___ buy a mansion house.***

- **A.** *is - could*
- **B.** *were - could*
- **C.** *was - can*
- **D.** *were - would*

## Corrigé

**B.** et **D.**

## A. Emploi du prétérit modal

On emploie le prétérit modal pour exprimer :

- l'hypothèse après ***if***, ***as if***

**Exemple :** ***If*** *she* ***knew*** *the truth, she'd (would) be disappointed.* (Si elle savait la vérité, elle serait déçue.)

*It is* ***as if*** *she* ***didn't know*** *me.* (C'est comme si elle ne me connaissait pas.)

On peut émettre une hypothèse avec le **past perfect modal** pour un **événement qui ne s'est pas réalisé dans le passé** (« **irréel du passé** ») :

**Exemple :** ***If*** *he* ***had been*** *there, he would have told her what to do.* (S'il avait été là, il lui aurait dit ce qu'il fallait faire.)

- le regret après le verbe ***to wish***

**Exemple :** *I* ***wish*** *she* ***were*** *here with us.* (Je souhaiterais qu'elle soit ici avec nous./Je regrette qu'elle ne soit pas là avec nous./Si seulement elle était là avec nous.)

*I* ***wish*** *I* ***weren't*** *so shy.* (Je voudrais être moins timide./Je regrette d'être si timide./Si seulement je n'étais pas si timide.)

Le regret avec le *past perfect* modal

**Exemple :** *We* ***wish*** *we* ***hadn't bought*** *this house.* (Nous regrettons d'avoir acheté cette maison./Si seulement nous n'avions pas acheté cette maison.)

Les **souhaits encore réalisables** (**potentiels**) peuvent s'exprimer de deux façons, avec ***would*** et avec ***could***.

**Exemple :** *I* ***wish*** *she* ***would*** *accept my offer.* (J'aimerais qu'elle accepte mon offre.)

*I* ***wish*** *he* ***could*** *come and see me.* (Je voudrais qu'il vienne me voir.)

- la préférence après ***I had rather*** (plus couramment ***I'd rather***)

**Exemple :** ***I'd rather*** *she* ***came*** *next week.* (Je préférerais qu'elle vienne la semaine prochaine.)

**ATTENTION**

Lorsque la phrase ne comporte qu'un seul sujet, I'd rather est suivi de la base verbale.

**Exemple :** ***I'd rather stay*** *here.* (Je préférerais rester ici.)

La préférence avec le *past perfect* modal

**Exemple :** ***I'd rather*** *he* ***hadn't come.*** (J'aurais préféré qu'il ne vienne pas.)

- le souhait après ***It's (high) time***

**Exemple :** ***It's (high) time*** *you* ***told*** *him the truth.* (Il est [grand] temps que tu lui dises [vous lui disiez] la vérité.)

Les prétérits ***could*** et ***might***, quand ils expriment une possibilité ou une éventualité dans le présent ou l'avenir, sont des **prétérits modaux** :

**Exemple :** *It* ***might*** *rain tomorrow.* (Il se pourrait qu'il pleuve demain.)

## B. Le subjonctif en anglais

Il est difficile d'évoquer le prétérit modal (et le *past perfect* modal) sans parler du subjonctif en anglais.

Le **prétérit modal** et le ***past perfect*** **modal** (étudiés ci-avant) représentent une des deux formes du subjonctif en anglais : le subjonctif passé.

Le subjonctif français est le mode qui présente une action envisagée, une action possible. On le trouve après des mots qui expriment un souhait, un sentiment, un doute, un regret.

**Exemple :** Je suis très **contente** qu'il **soit** là.

En anglais, on emploie **beaucoup moins ce mode** qu'en français.

On parle néanmoins, en anglais, de **subjonctif présent** et de **subjonctif passé** (prétérit modal et past perfect modal étudiés ci-avant).

- Les verbes anglais au subjonctif présent apparaissent sous la forme de la **base verbale** :

**Exemple :** *It's important that he* ***be*** *told at once.* (Il est important qu'il soit informé tout de suite.)

*It's essential that she* ***come*** *here.* [pas de *s* à la 3e personne du singulier au subjonctif présent). (Il est essentiel qu'elle **vienne** ici.)

- On emploie le subjonctif présent dans une langue soignée pour exprimer un **ordre** ou une **suggestion** après *to order, to insist, to suggest, to demand, to command, to request…* ou une **nécessité** après *it is necessary/essential/desirable/important that…*

**Exemple :** ***They suggested that*** *he* ***come*** *with us.* (Ils/Elles suggérèrent qu'il vînt avec nous.)

***It is important that*** *she* ***attend*** *the meeting.* (Il est important qu'elle assiste à la réunion.)

Ces formes subjonctives sont plus rares en anglais britannique qu'en anglais américain ; on les remplace généralement par des constructions avec ***should***.

On dira plus couramment : *She* ***should*** *attend the meeting.* (Elle devrait assister à la réunion.)

■ On emploie le subjonctif présent dans des **expressions traditionnelles**, pour exprimer un **souhait** ou une **supposition**, et dans la **langue juridique** :

**Exemple :** *God **save** the Queen! Long **live** the Queen!* (Vive la Reine !)

*God **bless** you!* (Dieu vous bénisse !)

*If this **be** true…* (Si cela est vrai…)

# 19. Voix passive

## Testez vos connaissances !

Complétez les deux phrases suivantes à l'aide de l'une des quatre propositions correspondantes.

❶ ***Her car is out of order. She should have it ____.***

- **A.** *repaired*
- **B.** *repairing*
- **C.** *being repaired*
- **D.** *repair*

❷ ***We debated over that matter. It was most ____.***

- **A.** *interest*
- **B.** *interested*
- **C.** *being interested*
- **D.** *interesting*

## Corrigé

❶ **A.** ❷ **D.**

## A. Construction

**À la voix passive, le COD occupe la place de sujet.**

Le COD, devenu sujet à la voix passive, est placé en **première position dans la phrase**.

**Exemple :**

| | | | |
|---|---|---|---|
| ***Mrs White*** | has cleaned | ***the house.*** | [phrase active] (Mrs White a nettoyé la maison.) |
| sujet | | complément (COD) | |

| | | | |
|---|---|---|---|
| The house | has been cleaned | ***by Mrs White.*** | [phrase passive] (La maison a été nettoyée par Mrs White.) |
| sujet | | complément d'agent | |

## B. Sens

Dans la phrase passive ci-dessus, ce n'est plus la personne qui a nettoyé la maison qui nous intéresse, mais **le fait que la maison ait été nettoyée**. Le COD *the house* est devenu sujet dans la phrase passive. L'emploi du passif indique que l'on attache plus d'importance à l'action elle-même qu'à la personne qui l'a accomplie. D'ailleurs, le complément d'agent, introduit par *by* (*by Mrs White*), n'est pas toujours mentionné. On aurait pu dire aussi : *The house has been cleaned*. En effet, on ne mentionne le complément d'agent que si celui-ci a une importance particulière.

**Exemple :** *He was treated* ***by the best doctor***. (Il a été soigné par le meilleur médecin.)

## C. Conjugaison

Grammaticalement, on forme le passif à l'aide de l'**auxiliaire *be*** et du **participe passé du verbe lexical.**

On peut utiliser le passif **à tous les temps.**

Pour conjuguer le passif, il suffit de conjuguer l'auxiliaire *be* au temps demandé :

| Temps | Exemples | Traductions |
|---|---|---|
| **Présent simple** | *The house* ***is built***. | La maison est construite. |
| **Présent continu** | *The house* ***is being built***. | La maison est en construction. |
| **Futur** | *The house* ***will be built***. | La maison sera construite. |
| **Prétérit simple** | *The house* ***was built***. | La maison a été construite. |
| **Prétérit continu** | *The house* ***was being built***. | On construisait la maison. |
| **Present perfect** | *The house* ***has just been built***. | La maison vient juste d'être construite. |
| **Past perfect** | *The house* ***had been built***. | On avait construit la maison. |

On peut aussi combiner les auxiliaires de modalité et le passif pour exprimer, par exemple :

| Valeur | Exemples | Traductions |
|---|---|---|
| **La possibilité** | *The house* ***can be built***. | On peut construire la maison. |
| **L'impossibilité** | *The house* ***can't be built***. | On ne peut pas construire la maison. |
| **L'obligation** | *The house* ***must be built***. | Il faut construire la maison. |
| **L'interdiction** | *The house* ***mustn't be built***. | Il ne faut pas construire la maison. |
| **L'éventualité** | *The house* ***may be built***. | Il se peut que la maison soit construite. |
| **La permission** | *The house* ***may be built*** | On peut construire la maison. |
| **Le conseil** | *The house* ***should be built***. | Il faudrait construire la maison. |

Quand le verbe, à la voix active, est suivi d'une particule ou d'une préposition, celle-ci est maintenue à la voix passive, à la droite du verbe.

**Exemple :** *Someone will* ***take care of*** *the children*. [phrase active] (Quelqu'un s'occupera des enfants.)

*The children will be* ***taken care of***. [phrase passive] (On s'occupera des enfants.)

# 20. *For, since* et *present perfect*

## Testez vos connaissances !

Complétez les deux phrases suivantes à l'aide de l'une des quatre propositions correspondantes.

**1** ***Mrs Johnson has been teaching ___ the school was created.***

- **A.** *since*
- **B.** *for*
- **C.** *ever since*
- **D.** *when*

**2** ***President Obama ___ for more than 7 years now.***

- **A.** *was elected*
- **B.** *elected*
- **C.** *has elected*
- **D.** *has been elected*

## Corrigé

**1** **A** et **C**. **2** **D**.

## A. *For* ou *since*

- ***For*** est suivi d'une durée (*for twenty years, for three hours, for two days, for a long time, for ever…*).

  **Exemple 1 :** *She has had this car* ***for a week****.* (Elle a cette voiture depuis une semaine.)

  **Exemple 2 :** *He has been working with us* ***for three months****.* (Il travaille avec nous depuis trois mois.)

- ***Since*** marque toujours une origine : il est suivi d'une date ou d'une information qui marque un point de départ dans le temps (*since 1995, since last week, since the war, since Christmas, since I saw her…*).

  **Exemple 1 :** *She has had this car* ***since last week****.* (Elle a cette voiture depuis la semaine dernière.)

  **Exemple 2 :** *He has been working with us* ***since January****.* (Il travaille avec nous depuis janvier.)

> **ATTENTION**
>
> En français, *for* et *since* se traduisent tous deux par « depuis » et le *present perfect* par un présent ou un passé composé.

## B. *Present perfect* simple et *present perfect* continu

La plupart du temps, on utilise *for* et *since* avec un *present perfect*, simple (exemple 1) ou continu (exemple 2).

Avec le ***present perfect* continu**, on privilégie la **mise en situation** et l'**activité** plutôt que le simple constat. En effet, le *present perfect* continu nous renseigne surtout sur l'activité du sujet grammatical. L'énonciateur ne se limite pas à constater les faits, mais exprime un point de vue.

**Exemple :** *It **has been raining** for two weeks!* (Il a plu *ou* Il pleut depuis deux semaines !) [L'énonciateur a des indices pour faire ce constat et il s'en plaint.]

# 21. Concordance des temps

## Testez vos connaissances !

Complétez la phrase suivante à l'aide de l'une des quatre propositions.

***When she got back home yesterday night, everybody ___ to bed.***

- **A.** *went*
- **B.** *have gone*
- **C.** *go*
- **D.** *had gone*

## Corrigé

**A** et **D.**

## A. Avec le futur

La concordance des temps est fondamentale en anglais comme en français. Il faut retenir, en particulier que, en anglais, lorsque le verbe de la **principale** est au **futur**, on emploie le **présent simple** dans les **subordonnées** introduites par **when**, **as soon as**, **as long as**, **until**, **while**, **before**, **after**, **whenever**, **wherever**, **who**, **what**, **as much as**, **if**, **in case**.

**Exemple :** ***When I'm*** *eighteen, **I'll** learn to drive.* (Quand j'**aurai** 18 ans, j'**apprendrai** à conduire.)

## B. Avec le conditionnel

De la même manière, lorsque le verbe de la **principale** est au **conditionnel**, on emploie le **prétérit** dans les **subordonnées** introduites par les conjonctions ci-dessus.

**Exemple :** *If I **had** money, I **would buy** a big house.* (Si j'avais de l'argent, je m'achèterais une maison.)

# 22. La proposition infinitive

## Testez vos connaissances !

Complétez la phrase suivante à l'aide de l'une des quatre propositions.

***She didn't want ___.***

- **A.** *that John calls her back*
- **B.** *John call her back*
- **C.** *her call John back*
- **D.** *John to call her back*

## Corrigé

**D.**

## A. La proposition infinitive avec *to*

Ce que l'on appelle en grammaire anglaise « la proposition infinitive » n'a pas d'équivalent en grammaire française. C'est une construction propre à la langue anglaise qu'il faut connaître afin d'éviter de nombreuses erreurs de traduction.

Seul un **nombre restreint** de verbes anglais admettent la proposition infinitive, mais ces verbes sont **très courants**. Les utiliser en les accompagnant d'une proposition infinitive demande à l'apprenant français un effort de mémoire et de compréhension pour manipuler et transformer la phrase en une construction grammaticale qui n'existe pas dans sa langue.

Observez les trois phrases suivantes :

1. *I* ***want*** *to help you.* (Je veux t'aider.)
2. *I* ***want*** *Mary to help you.* (Je veux que Marie t'aide.)
3. *I* ***want*** *her to help you.* (Je veux qu'elle t'aide.)

Chacune de ces phrases contient une proposition infinitive ; on reconnaît l'infinitif *to help* dans les trois exemples, mais ce qui fait de la proposition infinitive une construction propre à la langue anglaise est illustré dans les phrases 2 et 3 :

***sujet + verbe + nom ou pronom complément + infinitif en*** *to*

Dans les exemples ci-dessus (1, 2, 3), tout ce qui est souligné, est **complément** de *I want*. C'est pour cette raison que, dans la phrase 3, le pronom qui remplace *Mary* est le pronom complément *her* et non le pronom sujet *she*.

### RAPPEL DU FORMATEUR

Les pronoms personnels sujets et compléments en anglais :

| | | | | | | | | |
|---|---|---|---|---|---|---|---|---|
| Pronoms personnels sujets | *I* | *you* | *he* | *she* | *it* | *we* | *you* | *they* |
| Pronoms personnels compléments | *me* | *you* | *him* | *her* | *it* | *us* | *you* | *them* |

Voici la liste des principaux verbes anglais employés avec la proposition infinitive :

| Verbes suivis de propositions infinitives | Traductions |
|---|---|
| ***To want*** *somebody to do something* | Vouloir que quelqu'un fasse quelque chose |
| ***To ask*** *somebody to do something* | Demander à quelqu'un de faire quelque chose |
| ***To expect*** *somebody to do something* | S'attendre à ce que quelqu'un fasse quelque chose |
| ***To hate*** *somebody to do something* | Détester que quelqu'un fasse quelque chose |
| ***To need*** *somebody to do something* | Avoir besoin que quelqu'un fasse quelque chose |
| ***To order*** *somebody to do something* | Ordonner à quelqu'un de faire quelque chose |
| ***To prefer*** *somebody to do something* | Préférer que quelqu'un fasse quelque chose |
| ***To remind*** *somebody to do something* | Rappeler à quelqu'un de faire quelque chose |
| ***To teach*** *somebody to do something* | Apprendre à quelqu'un à faire quelque chose |
| ***To allow*** *somebody to do something* | Permettre à quelqu'un de faire quelque chose |
| ***To force*** *somebody to do something* | Forcer quelqu'un à faire quelque chose |
| ***To tell*** *somebody to do something* | Ordonner à quelqu'un de faire quelque chose |
| ***To advise*** *somebody to do something* | Conseiller à quelqu'un de faire quelque chose |
| ***To wish*** *somebody to do something* | Souhaiter que quelqu'un fasse quelque chose |
| ***To wait*** *for somebody to do something* | Attendre que quelqu'un fasse quelque chose |
| ***'d like*** *somebody to do something* | J'aimerais (Tu aimerais, Il aimerait…) que quelqu'un fasse quelque chose |

## B. La proposition infinitive sans *to*

Il existe des verbes dont la construction est très proche de la proposition infinitive. Leur schéma est le suivant :

***sujet*** *+ make +* ***nom ou pronom complément*** *+* ***base verbale***

**Exemple :** *He* ***makes*** *them laugh.* (Il les fait rire.)

Voici les trois principaux verbes suivis d'une proposition infinitive sans *to* :

| Verbes suivis de propositions infinitives sans *to* | Traductions |
|---|---|
| ***To have*** *somebody do something* | Faire faire quelque chose à quelqu'un |
| ***To make*** *somebody do something* | Faire faire quelque chose à quelqu'un |
| ***To let*** *somebody do something* | Laisser quelqu'un faire quelque chose |

### NOTE DU FORMATEUR

Les verbes de perception ***see*** (voir) et ***hear*** (entendre) peuvent aussi parfois être suivis d'un nom ou pronom complément et d'une base verbale.

**Exemple :** *We heard a lion roar.* (Nous avons entendu rugir un lion.)
*I saw the man run away.* (J'ai vu l'homme s'enfuir en courant.)

# 23 Tableaux de conjugaison

## A. Présent

| | | Formes | | |
|---|---|---|---|---|
| | | **Affirmative** | **Interrogative** | **Négative** |
| Aspect | **Présent simple** | I work.<br>You work.<br>He, she, it works.<br><br>We work.<br>You work.<br>They work. | Do you work?<br>Does he, she, it work? | I don't work.<br><br>He doesn't work. |
| Aspect | **Présent continu** | I'm working.<br>You're working.<br>He, she, it's working.<br><br>We're working.<br>You're working.<br>They're working. | Are you working?<br>Is he working? | I'm not working.<br>You're not/You aren't working.<br>He's not/He isn't working. |
| Aspect | **Present perfect** | I've worked.<br>You've worked.<br>He, she, it's worked.<br><br>We've worked.<br>You've worked.<br>They've worked. | Have you worked?<br>Has he worked? | I've not/I haven't worked.<br><br>He's not/He hasn't worked. |
| Aspect | ***Present perfect* continu** | I've been working.<br>You've been working.<br>He, she, it's been working.<br><br>We've been working.<br>You've been working.<br>They've been working. | Have you been working?<br>Has he been working? | I haven't been working.<br><br>He hasn't been working. |
| Modalité | **Ex. : *can*** | I can work.<br>You can work.<br>He, she, it can work.<br><br>We can work.<br>You can work.<br>They can work. | Can you work?<br>Can he work? | I can't work.<br><br>He can't work. |

## B. Prétérit

| | | Formes | | |
|---|---|---|---|---|
| | | **Affirmative** | **Interrogative** | **Négative** |
| Aspect | Prétérit simple | I worked.<br>You worked.<br>He, she, it worked.<br><br>We worked.<br>You worked.<br>They worked. | Did you work?<br>Did he work? | I didn't work.<br><br>He didn't work. |
| Aspect | Prétérit continu | I was working.<br>You were working.<br>He, she, it was working.<br><br>We were working.<br>You were working.<br>They were working. | Were you working?<br>Was he working? | I wasn't working.<br>You weren't working.<br>He wasn't working. |
| Aspect | Past perfect | I had worked.<br>You had worked.<br>He, she, it had worked.<br><br>We had worked.<br>You had worked.<br>They had worked. | Had you worked?<br>Had he worked? | I hadn't worked.<br><br>He hadn't worked. |
| Aspect | *Past perfect continu* | I had been working.<br>You had been working.<br>He, she, it had been working.<br><br>We had been working.<br>You had been working.<br>They had been working. | Had you been working?<br>Had he been working? | I hadn't been working.<br><br>He hadn't been working. |
| Modalité | Ex. : *can* | I could work.<br>You could work.<br>He, she, it could work.<br><br>We could work.<br>You could work.<br>They could work. | Could you work?<br>Could he work? | I couldn't work.<br><br>He couldn't work. |

# 24 Emploi des temps

## A. Temps du présent

### a. Présent simple et continu

Voir leçon 1. sur le *s* à la 3e personne du singulier et les *s* des pluriels.

### b. *Present perfect* simple

Il permet de porter un regard vers le passé et de le lier au présent pour faire le **bilan d'une situation passée** ou parler d'un **événement qui a démarré dans le passé et qui se poursuit au moment où l'on parle**. On peut le traduire en français par du passé composé ou du présent.

**Exemple :** *I* ***have worked*** *here for many years.* (Je travaille ici depuis des années.)

### c. *Present perfect* continu

Il combine la valeur du *present perfect* simple (l'énonciateur fait le constat d'un fait passé) et celle de *be + –ing* (il explique/justifie/réagit à ce fait passé).

**Exemple :** *It* ***has been raining*** *for days!* (Il pleut depuis des jours !)

## B. Temps du passé

### a. Prétérit simple

Temps du récit, il permet de faire référence à un **événement passé**, souvent **daté** et **révolu**. Le prétérit exprime une coupure avec le présent, et, dans certains cas, avec la réalité (*voir* leçon). On peut le traduire en français par un passé composé, un passé simple ou un imparfait.

**Exemple :** *She* ***called me*** *yesterday.* (Elle m'a appelé hier.)

### b. Prétérit continu

Il permet d'expliquer/de commenter des faits qui se sont déroulés dans le passé. On peut le traduire en français par un imparfait.

**Exemple :** *I* ***was reading*** *a novel when my sister called to invite me out.* (Je lisais quand ma sœur m'a appelé pour m'inviter à sortir.)

### c. *Past perfect* simple

Il correspond en général au *present perfect* dans un contexte passé. On l'utilise dans des **discours rapportés** ou pour effectuer des **retours en arrière explicatifs**. Il équivaut au plus-que-parfait français.

**Exemple :** *They told me that they* ***had not come*** *because they were sick.* (Ils m'ont dit qu'ils n'étaient pas venus car ils étaient malades.)

### d. *Past perfect* continu

Il correspond à du *present perfect* en *be + –ing* dans un contexte passé.

**Exemple :** *I realised she* ***had been working*** *too late when I saw her the next day.* (Je me suis rendu compte qu'elle avait travaillé trop tard quand je l'ai vue le jour suivant.)

# 2. Vocabulaire

## 1. Les thèmes incontournables[1]

Les thèmes de vocabulaire que vous allez travailler dans ce chapitre sont indispensables à la bonne connaissance du lexique attendue chez des étudiants post-bac. Il faut, tout comme la grammaire, les travailler progressivement et les revoir. Un thème par semaine semble raisonnable. Il vous appartient, par ailleurs, de constituer des fiches personnelles à partir du vocabulaire que vous rencontrerez dans l'année.

Liste des thèmes étudiés :

A. *Trade* (le commerce)
B. *Immigration* (l'immigration)
C. *Firms* (les entreprises)
D. *Education* (l'éducation)
E. *The Internet* (Internet)
F. *The environment* (l'environnement)
G. *Exclusion and poverty* (l'exclusion et la pauvreté)
H. *Institutions and politics* (institutions et vie politique)
I. *The media* (les médias)
J. *Health* (la santé)
K. *Justice and laws* (la justice et les lois)
L. *Natural disasters* (les catastrophes naturelles)
M. *The economic crisis* (la crise économique)
N. *Religion* (la religion)



1. Les verbes anglais suivis d'un astérisque sont irréguliers.

## A. *Trade* (le commerce)

| | |
|---|---|
| ***globalization*** | la mondialisation |
| ***global*** | mondial |
| ***economic*** | économique |
| ***global economy*** | l'économie mondiale |
| ***black economy*** | l'économie parallèle |
| ***fair trade*** | le commerce équitable |
| ***overseas/foreign trade*** | le commerce extérieur |
| ***free trade*** | le libre-échange |
| ***goods*** | les marchandises |
| ***labour*** | le travail/la main-d'œuvre |
| ***labour cost*** | le coût de la main-d'œuvre |
| ***illegal work/moonlighting*** | le travail au noir |
| ***prices*** | les prix |
| ***to relocate*** | délocaliser |
| ***competition, a competitor*** | la concurrence, un concurrent |
| ***profits*** | les bénéfices |
| ***inequality*** | l'inégalité |
| ***unequal*** | inégal |
| ***wages*** | les salaires |
| ***unemployment*** | le chômage |
| ***a policy*** | une politique |
| ***a subsidy*** | une subvention |
| ***a consumer*** | un consommateur |
| ***to go* up, to increase, to rise**** | augmenter |
| ***to raise/lower prices*** | augmenter/baisser les prix |
| ***to drop*** | chuter, baisser |
| ***the stock exchange*** | la Bourse |
| ***a shareholder*** | un actionnaire |
| ***deregulation*** | la déréglementation |
| ***tax evasion*** | la fraude fiscale |
| ***the flight of capital*** | la fuite des capitaux |
| ***a tax haven*** | un paradis fiscal |
| ***Westernization*** | l'occidentalisation |
| ***standardization*** | l'uniformisation |
| ***to outsource*** | sous-traiter, externaliser |
| ***developed/developing countries*** | les pays industrialisés/en voie de développement |

## B. *Immigration* (l'immigration)

| | |
|---|---|
| ***illegal immigration*** | l'immigration clandestine |
| ***illegal*** | clandestin |
| ***a host country*** | un pays d'accueil |
| ***a homeland*** | un pays d'origine |
| ***to deport, deportation*** | expulser, l'expulsion/le renvoi |
| ***a political refugee*** | un réfugié politique |
| ***a political asylum*** | un asile politique |
| ***a guest worker*** | un travailleur immigré |
| ***migrant labour*** | la main-d'œuvre immigrée |
| ***undocumented*** | sans-papiers |
| ***the customs*** | la douane |
| ***to settle*** | s'établir, s'installer |
| ***citizenship*** | la citoyenneté |
| ***jus soli*** | le droit du sol |
| ***foreign, alien*** | étranger |
| ***to flee**** | fuir |
| ***the brain drain*** | la fuite des cerveaux |
| ***a stowaway*** | un passager clandestin |
| ***a smuggler*** | un passeur |
| ***to cross a border*** | franchir une frontière |
| ***to hide**** | se cacher |
| ***a lorry, a truck*** | un camion |
| ***a small boat*** | une embarcation |
| ***to capsize*** | chavirer |
| ***to sink**** | couler |
| ***detention centres*** | les centres de rétention |
| ***a makeshift camp*** | un camp de fortune |
| ***asylum seekers*** | les demandeurs d'asile |
| ***a sweatshop*** | un atelier clandestin |
| ***the underground economy*** | l'économie souterraine |
| ***a residence/work permit*** | un permis de séjour/travail |
| ***to grant political asylum*** | accorder l'asile politique |
| ***to detain*** | mettre en garde à vue |
| ***a detainee*** | un détenu |
| ***racial hatred*** | la haine raciale |

## C. *Firms* (les entreprises)

| | |
|---|---|
| ***a firm, a company*** | une entreprise, une société |
| ***small and medium-sized firms*** | les PME |
| ***a subsidiary*** | une filiale |
| ***a family business*** | une entreprise familiale |
| ***to set* up a company*** | créer une entreprise |
| ***to run* a company/business*** | diriger une entreprise/société |
| ***a company director*** | un chef d'entreprise |
| ***the managing director*** | le P-DG |
| ***a factory, a plant*** | une usine |
| ***a warehouse*** | un entrepôt |
| ***a workshop*** | un atelier de production |
| ***executives, managers*** | les cadres |
| ***the workforce*** | la main-d'œuvre |
| ***employees*** | les employés |
| ***to close down*** | fermer (définitivement) |
| ***to downsize*** | réduire les effectifs |
| ***a manufacturer*** | un fabricant |
| ***a supplier*** | un fournisseur |
| ***the turnover*** | le chiffre d'affaires |
| ***an application*** | une candidature |
| ***a résumé, a CV*** | un CV |
| ***a redundancy plan*** | un plan social |
| ***to hire, to recruit*** | embaucher |
| ***to fire*** | licencier |
| ***the (trade) unions*** | les syndicats |

## D. *Education* (l'éducation)

| | |
|---|---|
| ***to go* to university/college*** | aller à l'université |
| ***to enrol at university/college*** | s'inscrire à l'université |
| ***a diploma, a degree*** | un diplôme |
| ***a grade, a mark*** | une note |
| ***attendance*** | l'assiduité |
| ***to attend school*** | fréquenter l'école |
| ***truancy*** | l'absentéisme |
| ***to play truant*** | sécher les cours |
| ***to take* an exam*** | passer un examen |
| ***to pass an exam*** | réussir un examen |
| ***to fail an exam*** | rater un examen |
| ***to drop out*** | abandonner les études |
| ***school dropouts*** | les décrocheurs |
| ***academic/school failure*** | l'échec scolaire |
| ***a primary school*** | une école primaire |
| ***a middle school*** | un collège |
| ***a high school*** | un lycée |
| ***a competitive exam*** | un concours |
| ***gifted, smart*** | doué |
| ***proficient in*** | fort en |
| ***a low-achiever*** | un élève en difficulté |
| ***training*** | la formation |
| ***tuition fees*** | les frais d'inscription |
| ***a debt*** | une dette |
| ***to pay* back/off*** | rembourser |
| ***a scholarship*** | une bourse (d'étude) |
| ***to be educated at*** | faire ses études à |
| ***to be literate and numerate*** | savoir lire et compter |
| ***a coeducational school*** | une école mixte |
| ***a boarding school*** | un pensionnat |
| ***a state school*** | une école publique |
| ***the alumni*** | les anciens élèves |
| ***a teacher*** | un professeur |
| ***a professor*** | un professeur d'université |

## E. *The Internet* (Internet)

| | |
|---|---|
| ***browsing the net*** | la navigation sur Internet |
| ***a browser*** | un navigateur |
| ***to surf (on) the net*** | surfer sur le net |
| ***a login*** | un identifiant |
| ***a password*** | un mot de passe |
| ***an Internet user*** | un internaute |
| ***a hacker*** | un pirate |
| ***hacking*** | le piratage |
| ***data*** | des données |
| ***a file*** | un fichier |
| ***a link*** | un lien |
| ***censorship*** | la censure |
| ***e-business*** | le commerce électronique |
| ***online shopping*** | le commerce en ligne |
| ***digital age*** | l'ère du numérique |
| ***illegal downloading*** | le téléchargement illégal |
| ***a USB memory stick/Flash Drive*** | une clé USB |

## F. *The environment* (l'environnement)

| | |
|---|---|
| ***global warming*** | le réchauffement climatique |
| ***the greenhouse effect*** | l'effet de serre |
| ***to be eco-friendly*** | être respectueux de l'environnement |
| ***to preserve*** | protéger |
| ***preservation*** | la sauvegarde |
| ***the Greens, the Ecology/Green Party*** | les verts |
| ***an environmentalist*** | un écologiste |
| ***an eco-freak*** | un fana d'écologie |
| ***to waste*** | gaspiller |
| ***sustainable development*** | le développement durable |
| ***to save*** | économiser |
| ***to dump*** | déverser |
| ***a dump site*** | un terrain de décharge |
| ***to sully*** | souiller |
| ***to threaten*** | menacer |
| ***a major threat*** | une menace importante |
| ***a sewer*** | un égout |
| ***the climate change*** | le changement climatique |
| ***an ecological disaster*** | une catastrophe écologique |
| ***to be broke*** | être fauché |
| ***the rich and the poor*** | les riches et les pauvres |
| ***to make both ends meet*** | joindre les deux bouts |
| ***to be destitute*** | être sans ressources |
| ***the poverty threshold*** | le seuil de pauvreté |
| ***to live below the poverty line*** | vivre en dessous du seuil de pauvreté |
| ***to lack, a lack*** | manquer de, un manque |
| ***to need, a need*** | avoir besoin de, un besoin |
| ***renewable energies*** | les énergies renouvelables |
| ***toxic chemicals*** | les produits toxiques |
| ***disposable*** | jetable |
| ***recycling*** | le recyclage |
| ***to (make) compost*** | faire du compost |
| ***biodegradable packaging*** | les emballages biodégradables |
| ***waste sorting*** | le tri sélectif |

## G. *Exclusion and poverty* (l'exclusion et la pauvreté)

| | |
|---|---|
| ***unemployment*** | le chômage |
| ***to live on the dole*** | être inscrit au chômage |
| ***a jobseeker*** | un demandeur d'emploi |
| ***the unemployment rate*** | le taux de chômage |
| ***to temp*** | faire de l'intérim |
| ***a temp*** | un intérimaire |
| ***temp work*** | l'intérim |
| ***to be laid off, to be made redundant*** | être licencié (économique) |
| ***to dismiss*** | licencier (pour faute) |
| ***job cuts*** | les suppressions d'emploi |
| ***to axe/shed* jobs*** | supprimer des emplois |
| ***industrial dispute*** | les conflits sociaux |
| ***(to live on) Welfare benefits*** | (vivre) des aides sociales |
| ***to be in dire straits*** | être dans une situation désespérée |
| ***to be ill-paid*** | être mal payé |
| ***the underprivileged*** | les exclus |

## H. *Institutions and politics* (institutions et vie politique)

| | |
|---|---|
| ***to go* to the polls*** | aller voter |
| ***to run* for*** | être candidat à |
| ***politics*** | la politique (en général) |
| ***politicians*** | les hommes et femmes politiques |
| ***a policy*** | une politique |
| ***a bill*** | un projet de loi |
| ***a law*** | une loi |
| ***a survey, a poll*** | un sondage |
| ***a political party*** | un parti politique |
| ***to collect money, to raise funds*** | financer une campagne |
| ***to cut*/to reduce public spending*** | diminuer les dépenses publiques |
| ***to soften/to strengthen a position*** | adoucir/durcir une position |
| ***to be right-wing/left-wing*** | être de droite/de gauche |
| ***a reshuffle*** | un remaniement |
| ***MPs (Members of Parliament)*** | les députés |
| ***a seat*** | un siège |
| ***a term*** | un mandat |

# I. *The media* (les médias)

| | |
|---|---|
| ***the press*** | la presse |
| ***a newspaper*** | un journal |
| ***a daily*** | un quotidien |
| ***a tabloid*** | un tabloïd |
| ***the gutter press*** | la presse à scandale |
| ***the front-page*** | la une |
| ***the headlines*** | les gros titres |
| ***to hit* the headlines*** | faire la une des journaux |
| ***an editor*** | un rédacteur en chef |
| ***a publisher*** | un éditeur |
| ***a report*** | un reportage |
| ***a leak*** | une fuite |
| ***to be biased /unbiased*** | être partial/impartial |
| ***censorship*** | la censure |
| ***to gag*** | bâillonner |
| ***to gag the press*** | museler la presse |
| ***the Fourth Estate*** | le quatrième pouvoir |
| ***a topical issue*** | une question d'actualité |
| ***a social issue*** | un problème de société |
| ***the freedom of expression*** | la liberté d'expression |
| ***a quotation (from)*** | une citation (tirée de) |
| ***to give* an account of…*** | faire un compte rendu de… |
| ***a criticism*** | une critique |
| ***to criticize*** | critiquer |

## J. *Health* (la santé)

| | |
|---|---|
| ***a doctor, a physician*** | un médecin |
| ***a GP (general practitioner)*** | un généraliste |
| ***the health care*** | les services médicaux |
| ***fees*** | les honoraires |
| ***medical costs*** | les frais médicaux |
| ***the health insurance*** | l'assurance maladie |
| ***an insurance company*** | une compagnie d'assurances |
| ***medical treatment*** | les soins médicaux |
| ***pills, medicine, drugs*** | les médicaments |
| ***overmedication*** | la surmédication |
| ***a prescription*** | une ordonnance |
| ***to get* free medical care*** | être soigné gratuitement |
| ***to cap healthcare costs*** | limiter les dépenses de santé |
| ***life expectancy*** | l'espérance de vie |
| ***a health risk*** | un risque sanitaire |
| ***a public health issue*** | un enjeu de santé publique |
| ***junk food*** | la « malbouffe » |
| ***obesity, obeseness*** | l'obésité |

## K. *Sanitary Crises*

| | |
|---|---|
| ***A crisis (plural: crises)*** | une crise |
| ***An epidemic*** | une épidémie |
| ***Epidemic*** | épidémique |
| ***A pandemy*** | une pandémie |
| ***Pandemic*** | pandémique |
| ***The outbreak*** | le déclenchement, le début |
| ***To ban something*** | interdire quelque chose |
| ***A lockdown, a confinement*** | un confinement |
| ***To confine*** | confiner |
| ***To be put in quarantine*** | être placé en quarantaine |
| ***To quarantine somebody*** | mettre quelqu'un en quarantaine |
| ***A death*** | une mort |
| ***Dead people*** | les morts |
| ***To die*** | mourir |
| ***To spread*** | (se) répandre |
| ***A curfew*** | un couvre-feu |
| ***To be, to get infected*** | être infecté |
| ***To heal, to cure*** | soigner, guérir |
| ***To recover from*** | se remettre de |
| ***A virus (plural: viruses)*** | un virus |
| ***To be scared, frightened*** | avoir peur |
| ***To fear*** | craindre |
| ***Scary, frightening*** | qui fait peur |
| ***Daunting*** | décourageant |
| ***A disease*** | une maladie |
| ***To queue*** | faire la queue |
| ***To keep 2 m social distancing*** | respecter 2 m de distance |
| ***To be concerning*** | être préoccupant |
| ***A concern*** | un souci |
| ***Hospital supplies*** | le matériel hospitalier |
| ***A face mask*** | un masque facial |
| ***To be effective*** | être efficace |
| ***A cluster*** | un groupe, un rassemblement |
| ***To cluster*** | se rassembler, se grouper |
| ***A flu pandemic, an influenza pandemic*** | une pandémie de grippe |
| ***To affect somebody*** | atteindre, toucher quelqu'un |
| ***To tackle the epidemic*** | s'attaquer à l'épidémie |
| ***To happen overnight*** | arriver du jour au lendemain |
| ***A pass*** | un laissez-passer |

| | |
|---|---|
| ***To be positive/negative*** | être positif/négatif |
| ***A fortnight*** | quinze jours |
| ***To sanitize a place*** | désinfecter un lieu |
| ***A sanitizer*** | un désinfectant |
| ***Hand washing*** | le lavage des mains |
| ***To re-schedule an event*** | reprogrammer un événement |
| ***Clinical care*** | les soins intensifs |
| ***To sneeze*** | éternuer |
| ***To cough*** | tousser |
| ***A dry cough*** | une toux sèche |
| ***To be challenging*** | être, s'avérer difficile |
| ***At an alarming rate*** | dans des proportions préoccupantes |
| ***A case*** | un cas |
| ***Reported cases*** | le nombre connu de cas |
| ***To tighten the rules*** | durcir les règles |
| ***To abide by the rules / to stick to the rules*** | obéir aux règles |
| ***To run out of*** | manquer de |
| ***A global disaster*** | une catastrophe mondiale |
| ***A plight*** | une situation très critique |
| ***A health crisis*** | une crise sanitaire |
| ***The WHO (World Health Organization)*** | l'OMS |
| ***The estimates*** | les estimations |
| ***The economic downturn*** | la récession économique |
| ***Death tolls*** | le nombre de morts |
| ***To drop (significantly)*** | baisser (considérablement) |
| ***To increase, to intensify*** | augmenter |
| ***To decrease, to abate*** | baisser, diminuer |
| ***A care home*** | un EHPAD |
| ***A mass killer*** | un tueur en masse |
| ***A vaccine*** | un vaccin |
| ***To be available*** | être disponible |
| ***To lack a vaccine*** | manquer de vaccin |
| ***The acme, the summit, the peak*** | le point culminant, le pic |
| ***To stabilize*** | se stabiliser |
| ***Medical and nursing staff, health care personnel*** | le personnel soignant |
| ***Unprecedented*** | du jamais-vu |

## L. *Justice and laws* (la justice et les lois)

| | |
|---|---|
| ***courts*** | les tribunaux |
| ***sentences*** | les peines |
| ***a crime, an offence*** | un délit, une infraction |
| ***to indict*** | mettre en examen, accuser |
| ***an indictment*** | une mise en examen, une accusation |
| ***to prosecute, to sue, to take* legal action*** | poursuivre en justice |
| ***to go* to jail*** | aller en prison |
| ***a lawsuit, a trial*** | un procès |
| ***a lawyer, an attorney (US)*** | un avocat |
| ***a prosecutor*** | un procureur |
| ***to charge with*** | inculper |
| ***to convict, to sentence*** | condamner |
| ***to acquit*** | acquitter |
| ***to file a lawsuit*** | porter plainte |
| ***a criminal record*** | un casier judiciaire |
| ***an offender*** | un délinquant |
| ***a thug, a yobbo*** | un voyou |
| ***a juvenile offender*** | un jeune délinquant |
| ***an inquiry, an investigation*** | une enquête |
| ***to investigate*** | enquêter |
| ***bribery*** | la corruption |
| ***a swindler*** | un escroc |
| ***prison overcrowding*** | la surpopulation des prisons |
| ***judicial system*** | le système judiciaire |
| ***a theft*** | un vol |
| ***to witness, a witness*** | être témoin de, un témoin |
| ***to be kept in police custody*** | être mis en garde à vue |
| ***a prisoner, a detainee, an inmate*** | un prisonnier |
| ***to curb crime*** | éradiquer la criminalité |
| ***the death row*** | le couloir de la mort |
| ***a bail*** | une caution |
| ***a scam*** | une arnaque |

## M. *Natural disasters* (les catastrophes naturelles)

| | |
|---|---|
| ***an earthquake*** | un tremblement de terre |
| ***a tidal wave*** | un raz de marée |
| ***a storm*** | un orage, une tempête |
| ***a hurricane*** | un ouragan |
| ***a tornado, a twister*** | une tornade |
| ***to sweep* away everything in its path*** | entraîner tout sur son passage |
| ***to collapse*** | s'écrouler |
| ***to cause widespread damage*** | causer des dégâts considérables |
| ***heavy/fierce/torrential rain*** | les pluies fortes/diluviennes |
| ***a flood*** | une inondation |
| ***to flood, to swamp*** | inonder |
| ***flood zones*** | les zones inondables |
| ***a dam*** | un barrage |
| ***to drown*** | (se) noyer, submerger |
| ***drought*** | la sécheresse |
| ***a heatwave*** | une vague de chaleur, une canicule |
| ***rubble*** | les décombres |
| ***a mudslide*** | une coulée de boue |
| ***a power outage*** | une coupure de courant |
| ***to rescue*** | sauver |
| ***humanitarian aid*** | l'aide humanitaire |

## N. *The economic crisis* (la crise économique)

| | |
|---|---|
| ***the slump*** | la récession |
| ***the global economic meltdown*** | l'effondrement de l'économie mondiale |
| ***to cut* jobs*** | supprimer des emplois |
| ***austerity measures*** | une politique de rigueur |
| ***a redundancy plan*** | un plan social |
| ***a stimulus plan*** | un plan de relance |
| ***a downturn*** | un fléchissement de l'activité |
| ***the housing crisis*** | la crise immobilière |
| ***real estate*** | l'immobilier |
| ***a taxpayer*** | un contribuable |
| ***the interest rate*** | le taux d'intérêt |
| ***the small savers*** | les petits épargnants |
| ***to take* out a loan*** | faire un emprunt |
| ***a bankruptcy*** | une faillite |
| ***to boost growth*** | stimuler la croissance |
| ***to make* a profit*** | réaliser des bénéfices |
| ***to rocket*** | monter en flèche |

## 0. *Religion* (la religion)

| | |
|---|---|
| ***a Christian*** | un chrétien |
| ***Jewish, a Jew*** | juif, un juif |
| ***a Muslim*** | un musulman |
| ***the freedom of worship*** | la liberté de culte |
| ***secularism*** | la laïcité |
| ***to practice one's religion*** | pratiquer sa religion |
| ***to don a veil*** | porter un voile |
| ***bigotry*** | le fanatisme |
| ***fundamentalism*** | l'intégrisme |
| ***to radicalize*** | se radicaliser |
| ***faith*** | la foi |
| ***the Arab spring*** | le printemps arabe |
| ***a popular uprising*** | un soulèvement du peuple |
| ***protests, marches, demonstrations*** | des manifestations |
| ***terrorist attacks*** | des attentats terroristes |
| ***the casualties*** | les victimes |

# 2. Les faux amis

Les faux amis sont des mots anglais dont on pense pouvoir deviner le sens du fait de leur ressemblance avec des mots français, mais dont ce sens diffère cependant. Il faut les connaître.

| | |
|---|---|
| ***to abuse*** | insulter, injurier |
| ***to achieve*** | réaliser |
| ***actual*** | réel |
| ***an affair*** | une aventure amoureuse |
| ***an agenda*** | un programme, un ordre du jour |
| ***an alien*** | un étranger |
| ***to apologize*** | s'excuser |
| ***an application*** | une candidature |
| ***an argument*** | une dispute, un argument |
| ***to assume*** | supposer que |
| ***to attend*** | assister à |
| ***a ballot*** | un scrutin |
| ***caution*** | la prudence |
| ***chance*** | le risque, le hasard |

| | |
|---|---|
| ***change*** | la petite monnaie |
| ***a character*** | un personnage |
| ***to charge*** | faire payer |
| ***circulation*** | le tirage d'un journal, la diffusion |
| ***a college*** | une université |
| ***to commit to*** | s'engager, s'impliquer |
| ***to complete*** | finir, achever |
| ***a crime*** | un délit, une infraction |
| ***current*** | actuel |
| ***currently*** | actuellement |
| ***a defendant*** | un inculpé, un accusé |
| ***to demand*** | exiger |
| ***to deserve*** | mériter |
| ***to discharge*** | renvoyer, licencier |
| ***dramatic*** | spectaculaire |
| ***economic*** | qui se rapporte à l'économie |
| ***economical*** | qui permet d'économiser |
| ***to enervate*** | affaiblir |
| ***eventually*** | finalement |
| ***an evidence*** | une preuve |
| ***facilities*** | les équipements, les installations |
| ***a fault*** | un défaut, une anomalie |
| ***to fix*** | réparer |
| ***global*** | mondial, universel |
| ***hazard*** | le danger, le risque |
| ***an issue*** | un problème, un numéro de magazine |
| ***a lecture*** | une conférence, un sermon |
| ***a novel*** | un roman |
| ***oil*** | le pétrole |
| ***to pass an exam*** | réussir un examen |
| ***political*** | politique (adj.) |
| ***politics*** | la politique au sens large |
| ***a prejudice*** | un préjugé |
| ***the premises*** | les locaux |
| ***to respond*** | réagir |
| ***a résumé*** | un CV |
| ***to resume*** | reprendre, continuer |
| ***sensible*** | raisonnable, sensé |
| ***a stranger*** | un inconnu |
| ***traffic*** | la circulation |
| ***will*** | la volonté |

## 3. Les mots à l'orthographe trompeuse

L'orthographe en anglais, comme en français, est un élément qu'il ne faut pas sous-estimer. Les mots qui suivent sont régulièrement « écorchés » dans les copies. Les correcteurs apprécient une orthographe soignée. C'est un élément majeur qui peut faire la différence avec les autres candidats.

| | |
|---|---|
| ***an address*** | une adresse |
| ***afraid*** | effrayé |
| ***aggressive*** | agressif |
| ***although*** | bien que |
| ***an apartment*** | un appartement |
| ***authority*** | l'autorité |
| ***baggage*** | un bagage |
| ***a beginning*** | un début |
| ***being*** | *be + -ing* |
| ***comfortable*** | confortable |
| ***a connection*** | une connexion, une correspondance |
| ***cotton*** | le coton |
| ***dance*** | la danse |
| ***defence*** | la défense |
| ***definitely*** | sans aucun doute |
| ***democracy*** | la démocratie |
| ***to denounce*** | dénoncer |
| ***developed, developing*** | développé, en développement |
| ***a development*** | un développement |
| ***dysfunctional*** | dysfonctionnel, à problèmes |
| ***economically*** | économiquement |
| ***an engineer*** | un ingénieur |
| ***an envelope*** | une enveloppe |
| ***the environment*** | l'environnement |
| ***an example*** | un exemple |
| ***an exercise*** | un exercice |
| ***a function*** | une fonction |
| ***(the) future*** | le futur (nom), futur (adjectif) |
| ***a government*** | un gouvernement |
| ***an improvement*** | une amélioration |
| ***a judge*** | un juge |

| | |
|---|---|
| ***a language*** | une langue |
| ***literature*** | la littérature |
| ***to lose*, a loser*** | perdre, un perdant |
| ***loose*** | lâché, desserré |
| ***a marriage*** | un mariage |
| ***a means of*** | un moyen de |
| ***a millionaire*** | un millionnaire |
| ***to move*** | bouger |
| ***a movie*** | un film |
| ***necessarily*** | nécessairement |
| ***a negotiation*** | une négociation |
| ***personal*** | personnel |
| ***personally*** | personnellement |
| ***politically*** | politiquement |
| ***a politician*** | un politicien |
| ***the responsibility*** | la responsabilité |
| ***the sense*** | le sens, la raison |
| ***a speech*** | un discours |
| ***successful*** | qui réussit, brillant |
| ***traffic*** | la circulation |
| ***unemployment*** | le chômage |

# 4. Les verbes prépositionnels et les verbes à particules

La langue anglaise est riche en verbes prépositionnels et à particules. Il faut connaître les principaux d'entre eux et les apprendre par cœur. On ne peut pas deviner la préposition, la particule ou l'absence des deux en anglais et il existe, malheureusement, peu de cas de correspondance avec le français.

## A. Les prépositions

### a. Quelques prépositions courantes

| | |
|---|---|
| ***above*** | au-dessus de |
| ***across*** | à travers, de l'autre côté |
| ***along*** | le long de |
| ***among*** | parmi |
| ***around*** | autour de |
| ***at*** | à |
| ***behind*** | derrière |
| ***below*** | au-dessous de |
| ***between*** | entre |
| ***down*** | en bas de, vers le bas |
| ***from*** | (en provenance) de |
| ***in*** | dans |
| ***in front of*** | en face de |
| ***into*** | dans |
| ***near, close to, by*** | près de |
| ***next to*** | à côté de |
| ***off*** | au large de, éloigné |
| ***on*** | sur, dans (un bus, un train) |
| ***opposite*** | en face de |
| ***over*** | par-dessus, au-dessus |
| ***to*** | à |
| ***towards*** | vers |
| ***under*** | sous |
| ***up*** | en haut de, vers le haut de |

**b. *In* ou *into* ?**

On utilise *in* (dans) quand on localise quelqu'un ou quelque chose.

**Exemple :** *He's **in** the kitchen.* (Il est dans la cuisine.)

On utilise *into* (dans) pour indiquer que l'on pénètre dans un lieu.

**Exemple :** *Someone went **into** my bedroom when I wasn't **in**.* (Quelqu'un est entré dans ma chambre alors que je n'y étais pas.)

**c. *At* ou *to* ?**

On utilise *at* (à) quand il n'y a pas de mouvement.

**Exemple :** *They're **at** school.* (Ils sont à l'école.)

On utilise *to* (à) quand il y a mouvement, déplacement d'un point vers un autre.

**Exemple :** *They're going **to** school.* (Ils vont à l'école.)

**d. *To* ou *from* ?**

On utilise *from* (de) quand on se réfère à la provenance, à l'origine.

**Exemple :** *She's **from** London.* (Elle est de Londres.)

On utilise *to* (de) quand on se réfère à la direction, à la destination.

**Exemple :** *I saw him on the train **to** London.* (Je l'ai vu dans le train de [qui allait à] Londres.)

**e. Les prépositions de temps**

| | |
|---|---|
| ***after*** | après |
| ***at*** | à (+ heure) |
| ***before*** | avant |
| ***during*** | pendant |
| ***for*** | pendant, depuis (voir leçon) |
| ***from*** | à partir de |
| ***in*** | en |
| ***on*** | le (+ jour) |
| ***since*** | depuis (voir leçon) |
| ***still*** | encore |
| ***until*** | jusqu'à |
| ***within*** | en, avant |

**Exemple :** *We worked **from** eight **to** twelve.* (Nous avons travaillé de huit heures à midi.)

### f. Autres prépositions

| | |
|---|---|
| ***about*** | à propos de |
| ***as*** | en tant que |
| ***because of*** | à cause de |
| ***by*** | par |
| ***except for*** | excepté |
| ***for*** | pour |
| ***instead of*** | au lieu de |
| ***like*** | comme |
| ***thanks to*** | grâce à |
| ***with*** | avec |

### g. Rejet de la préposition en fin de phrase

Dans les ***wh***-questions et les propositions relatives, la préposition est le plus souvent séparée de son complément et rejetée en fin de phrase.

**Exemple :** *What are you looking* ***at****?* (Qu'est-ce que tu regardes ?)

*Who does she usually go to the cinema* ***with****?* (Avec qui va-t-elle au cinéma habituellement ?)

*I know the man you're writing* ***to****.* (Je connais l'homme à qui tu écris.)

### h. Différences d'usage des prépositions entre l'anglais et le français

L'usage des prépositions en anglais et en français est tellement différent qu'il faut se référer au dictionnaire le plus souvent possible et apprendre par cœur ces variations d'usage d'une langue à l'autre, au cas par cas.

Il existe plusieurs configurations, en voici quelques exemples.

| Verbes prépositionnels anglais | Verbes simples français |
|---|---|
| ***approve of*** | approuver |
| ***comment on*** | commenter |
| ***cut down on*** | réduire |
| ***listen to*** | écouter |
| ***look for*** | chercher |
| ***pay for*** | payer |

| Verbes simples anglais | Verbes prépositionnels français |
|---|---|
| address | s'adresser à |
| answer | répondre à |
| discuss | discuter de |

RÉUSSIR LES ÉPREUVES ÉCRITES
Anglais

| | |
|---|---|
| enter | entrer dans |
| need | avoir besoin de |
| obey | obéir à |
| phone | téléphoner à |
| remember | se souvenir de |
| trust | faire confiance à |
| use | se servir de |

| Mots anglais avec prépositions A | Mots français avec prépositions B |
|---|---|
| **Verbes** | |
| consist in/of | consister à |
| depend on | dépendre de |
| live on | vivre de |
| look after | s'occuper de |
| look like | ressembler à |
| speak about | parler de |
| suffer from | souffrir de |
| think about/of | penser à |
| **Expressions** | |
| at night | la nuit |
| in the morning/afternoon/evening | le matin/l'après-midi/le soir |
| in the rain | sous la pluie |
| in the sun | au soleil |
| on foot | à pied |
| **Adjectifs** | |
| good/bad at | bon, mauvais en |
| happy with | heureux de |
| interested in | intéressé par |
| nice to | gentil avec |
| responsible for | responsable de |

## B. Les verbes prépositionnels et verbes à particule

### a. Prépositions et particules adverbiales

Les prépositions et les adverbes sont *a priori* deux catégories grammaticales différentes. Cependant certaines prépositions anglaises peuvent être utilisées comme particules adverbiales.

**RAPPEL DU FORMATEUR**

Une préposition est suivie d'un complément d'objet (comme son nom l'indique, une **pré**position précède quelque chose), tandis qu'une particule adverbiale n'a pas de complément d'objet.

**Exemple :** *He stayed* ***in*** *his room all day long.* (Il est resté dans sa chambre toute la journée.) [*In* est une préposition qui introduit le COD *his room.*]

*He* ***stayed in*** *all day long.* (Il est resté chez lui toute la journée.) [*In* n'a pas de COD ; c'est une particule adverbiale.]

### b. Verbes prépositionnels et verbes à particules

En anglais, de très nombreux verbes peuvent être associés à des prépositions ou à des particules adverbiales, et doivent même parfois l'être en fonction du sens.

| | | | |
|---|---|---|---|
| Verbe prépositionnel | ***Look at*** *this painting!*<br>(Regarde ce tableau !) | ***Look at*** *it!*<br>(Regarde-le !) | *Who is* ***look****ing* ***at*** *it?*<br>(Qui le regarde ?) |
| Verbe à particule | ***Put on*** *your scarf!*<br>ou ***Put*** *your scarf* ***on****!*<br>(Mets ton écharpe !) | ***Put*** *it* ***on****!*<br>(Mets-la !) | *Who must* ***put*** *it* ***on****?*<br>(Qui doit la mettre ?) |

Les possibilités de construction diffèrent selon la nature du second mot : préposition ou particule adverbiale.

**RAPPEL DU FORMATEUR**

Les verbes prépositionnels et les verbes à particule doivent s'apprendre par cœur, comme du vocabulaire.

# 5. Les principaux verbes irréguliers anglais

Il faut absolument revoir les verbes irréguliers, que vous avez certainement déjà appris lors de vos études secondaires. Il est courant que des candidats conjuguent mal des verbes irréguliers à l'écrit comme à l'oral : ce sont des **fautes particulièrement pénalisantes.**

N'oubliez pas non plus que les verbes irréguliers constituent une grande « banque » de vocabulaire. Il existe **environ 250 verbes irréguliers**, dont une centaine figure ci-dessous. **Certains de ces verbes sont d'un usage très courant** (*eat, drink, buy, go, come, see, sleep, do…*).

**Il faut apprendre ces verbes par cœur et savoir les prononcer.**

Ils sont, en général, **signalés par un astérisque**, comme c'est le cas dans cet ouvrage.

**RAPPEL DU FORMATEUR**

Sont appelés verbes irréguliers les verbes qui ne forment pas leur prétérit et leur participe passé comme les autres verbes lexicaux.

| Base verbale | Prétérit | Participe passé | Traduction courante |
|---|---|---|---|
| **Groupe 1 : les trois formes sont identiques** | | | |
| ***bet*** | ***bet*** | ***bet*** | parier |
| ***burst*** | ***burst*** | ***burst*** | éclater |
| ***cost*** | ***cost*** | ***cost*** | coûter |
| ***cut*** | ***cut*** | ***cut*** | couper |
| ***hit*** | ***hit*** | ***hit*** | frapper |
| ***hurt*** | ***hurt*** | ***hurt*** | blesser, faire mal |
| ***let*** | ***let*** | ***let*** | permettre |
| ***put*** | ***put*** | ***put*** | mettre |
| ***shut*** | ***shut*** | ***shut*** | fermer |
| ***spread*** | ***spread*** | ***spread*** | (s')étendre, (se) répandre |
| **Groupe 2 : l'infinitif et le participe passé sont identiques** | | | |
| ***become*** | ***became*** | ***become*** | devenir |
| ***come*** | ***came*** | ***come*** | venir |
| ***run*** | ***ran*** | ***run*** | courir |
| **Groupe 3 : le prétérit et le participe passé sont identiques** | | | |
| ***bend*** | ***bent*** | ***bent*** | plier, se pencher |
| ***bleed*** | ***bled*** | ***bled*** | saigner |
| ***bring*** | ***brought*** | ***brought*** | apporter |

| | | | |
|---|---|---|---|
| ***build*** | ***built*** | ***built*** | construire |
| ***burn*** | ***burnt**** | ***burnt**** | brûler |
| ***buy*** | ***bought*** | ***bought*** | acheter |
| ***catch*** | ***caught*** | ***caught*** | attraper |
| ***dig*** | ***dug*** | ***dug*** | creuser |
| ***dream*** | ***dreamt**** | ***dreamt**** | rêver |
| ***feed*** | ***fed*** | ***fed*** | (se) nourrir |
| ***feel*** | ***felt*** | ***felt*** | sentir |
| ***fight*** | ***fought*** | ***fought*** | se battre |
| ***find*** | ***found*** | ***found*** | trouver |
| ***get*** | ***got*** | ***got*** | obtenir, devenir |
| ***hang*** | ***hung***** | ***hung***** | suspendre |
| ***have*** | ***had*** | ***had*** | avoir, prendre |
| ***hear*** | ***heard*** | ***heard*** | entendre |
| ***hold*** | ***held*** | ***held*** | tenir |
| ***keep*** | ***kept*** | ***kept*** | garder |
| ***kneel*** | ***knelt*** | ***knelt*** | être à genoux, s'agenouiller |
| ***lay*** | ***laid*** | ***laid*** | poser à plat, mettre |
| ***lead*** | ***led*** | ***led*** | mener |
| ***learn*** | ***learnt**** | ***learnt**** | apprendre |
| ***leave*** | ***left*** | ***left*** | partir |
| ***lend*** | ***lent*** | ***lent*** | prêter |
| ***light*** | ***lit*** | ***lit*** | allumer, éclairer |
| ***lose*** | ***lost*** | ***lost*** | perdre |
| ***make*** | ***made*** | ***made*** | faire |
| ***mean*** | ***meant*** | ***meant*** | signifier |
| ***meet*** | ***met*** | ***met*** | rencontrer |
| ***pay*** | ***paid*** | ***paid*** | payer |
| ***read*** | ***read [red]*** | ***read [red]*** | lire |
| ***say*** | ***said*** | ***said*** | dire |
| ***seek*** | ***sought*** | ***sought*** | chercher |
| ***sell*** | ***sold*** | ***sold*** | vendre |
| ***send*** | ***sent*** | ***sent*** | renvoyer |
| ***shine*** | ***shone*** | ***shone*** | briller |
| ***shoot*** | ***shot*** | ***shot*** | tirer, viser |
| ***sit*** | ***sat*** | ***sat*** | être assis |

| | | | |
|---|---|---|---|
| ***sleep*** | ***slept*** | ***slept*** | dormir |
| ***smell*** | ***smelt*** | ***smelt*** | sentir |
| ***spell*** | ***spelt*** | ***spelt*** | épeler |
| ***spend*** | ***spent*** | ***spent*** | dépenser,<br>passer du temps |
| ***spoil*** | ***spoilt*** | ***spoilt*** | gâcher, gâter |
| ***stand*** | ***stood*** | ***stood*** | être debout |
| ***stick*** | ***stuck*** | ***stuck*** | coller |
| ***sweep*** | ***swept*** | ***swept*** | balayer |
| ***teach*** | ***taught*** | ***taught*** | apprendre |
| ***tell*** | ***told*** | ***told*** | dire, raconter |
| ***think*** | ***thought*** | ***thought*** | penser, croire,<br>réfléchir |
| ***understand*** | ***understood*** | ***understood*** | comprendre |
| ***win*** | ***won*** | ***won*** | gagner |
| **Groupe 4 : toutes les formes sont différentes** | | | |
| **Schéma i – a – u** | | | |
| ***begin*** | ***began*** | ***begun*** | commencer |
| ***drink*** | ***drank*** | ***drunk*** | boire |
| ***ring*** | ***rang*** | ***rung*** | sonner, téléphoner |
| ***sing*** | ***sang*** | ***sung*** | chanter |
| ***sink*** | ***sank*** | ***sunk*** | couler, s'enfoncer |
| ***swim*** | ***swam*** | ***swum*** | nager |
| **Tous les autres schémas** | | | |
| ***awake*** | ***awoke*** | ***awoken*** | s'éveiller |
| ***be*** | ***was/were*** | ***been*** | être |
| ***bear*** | ***bore*** | ***born*** | supporter |
| ***bite*** | ***bit*** | ***bitten*** | mordre |
| ***blow*** | ***blew*** | ***blown*** | souffler |
| ***break*** | ***broke*** | ***broken*** | casser |
| ***choose*** | ***chose*** | ***chosen*** | choisir |
| ***do*** | ***did*** | ***done*** | faire |
| ***draw*** | ***drew*** | ***drawn*** | dessiner |
| ***drive*** | ***drove*** | ***driven*** | conduire |
| ***eat*** | ***ate*** | ***eaten*** | manger |
| ***fall*** | ***fell*** | ***fallen*** | tomber |
| ***fly*** | ***flew*** | ***flown*** | voler |
| ***forbid*** | ***forbade*** | ***forbidden*** | interdire |

| | | | |
|---|---|---|---|
| ***forget*** | ***forgot*** | ***forgotten*** | oublier |
| ***forgive*** | ***forgave*** | ***forgiven*** | pardonner |
| ***freeze*** | ***froze*** | ***frozen*** | geler |
| ***give*** | ***gave*** | ***given*** | donner |
| ***go*** | ***went*** | ***gone*** | aller |
| ***grow*** | ***grew*** | ***grown*** | grandir, faire pousser |
| ***hide*** | ***hid*** | ***hidden*** | cacher |
| ***know*** | ***knew*** | ***known*** | connaître |
| ***lie*** | ***lay*** | ***lain*** | être étendu, s'étendre |
| ***ride*** | ***rode*** | ***ridden*** | aller à cheval, bicyclette |
| ***rise*** | ***rose*** | ***risen*** | s'élever, se lever |
| ***see*** | ***saw*** | ***seen*** | voir |
| ***shake*** | ***shook*** | ***shaken*** | secouer |
| ***show*** | ***showed*** | ***shown*** | montrer |
| ***speak*** | ***spoke*** | ***spoken*** | parler |
| ***steal*** | ***stole*** | ***stolen*** | voler |
| ***swear*** | ***swore*** | ***sworn*** | jurer |
| ***take*** | ***took*** | ***taken*** | prendre |
| ***throw*** | ***threw*** | ***thrown*** | jeter, lancer |
| ***wake*** | ***woke*** | ***woken*** | réveiller |
| ***wear*** | ***wore*** | ***worn*** | porter (sur soi) |
| ***write*** | ***wrote*** | ***written*** | écrire |

# 3. Compréhension

Cette épreuve nécessite que vous lisiez attentivement le texte et, bien évidemment, que vous le compreniez. La justesse de vos réponses dépendra surtout de votre bonne compréhension des détails du texte, en plus de son sens global. Certaines questions sont très proches les unes des autres : seul un détail les différencie parfois. Il faut par conséquent lire très attentivement à la fois le texte et chacune des propositions. Pour commencer, vous devez **lire le texte au moins deux fois**. Puis, à chaque question, **revenez au texte et examinez les détails** afin de trouver la bonne réponse. Il est indispensable de faire ce va-et-vient entre le texte et les questions.

À titre d'exemples, voici un texte avec deux séries de questions, corrigées et expliquées.

Les trois sujets d'annales corrigés en fin de chapitre vous permettront de vous entraîner davantage dans les conditions réelles du concours.

## Entraînement

Sixty-five gift catalogues arrived in the past month to remind me Christmas is coming and I shall therefore speak of Puritans, who disapprove of them mightily, along with everything else.

I find it relatively little trouble to dump them in the trash basket, but your sound Grade-A Puritan considers them the work of the Devil and is hardly content to toss them away, preferring to send back empty postage-free envelopes and to work as much confusion as possible to the godless who offer for sale such merchandise as panty hose, soap, musical instruments and similar abominations.

### Vocabulary

mightily: *vigoureusement*
to dump: *jeter*
a trash basket: *une corbeille à papier*
sound: *avisé, sensé*
the Devil: *le Diable*
hardly content: *guère satisfait*
to toss away: *jeter*
the godless: *les impies*
a panty hose: *un collant*

### Questions

**1 The author chose to write about Puritans because:**

A They disapprove of Christmas.
B They disapprove of unsolicited advertising before Christmas.
C They approve of everything except gifts.
D Christmas is a festival for the Puritans.

**② The Puritan, on receiving catalogues:**

- **A** Sends back the enclosed envelopes without ordering anything.
- **B** Goes outside to attack the godless merchandisers.
- **C** Enjoys nothing more than tossing them away.
- **D** Expects the Devil to do the work.

# Corrigé

**① FVFF**

- **A** We are not told that the Puritans disapprove of Christmas.
- **B** Puritans disapprove of all the gift catalogues sent to people just before Christmas.
- **C** No, they accept the notion of gift.
- **D** This idea is not in the text.

**② VFFF**

- **A** Strict puritans do not throw away the gift catalogues and the other forms, but prefer to send back the empty postage-free envelopes to create confusion.
- **B** They do not demonstrate against that aspect of merchandising.
- **C** No, Puritans toss the catalogues away but send the envelopes back.
- **D** No, they consider gift catalogues to be the work of the Devil.

# Sujets blancs corrigés

## SUJET 1 : Anglais

**DURÉE :** 45 MINUTES

**Pour chaque question, signalez si chaque item est vrai (V) ou faux (F).**

❶

A I want to study either at the ESSCA, the IESEG or the ESDES.

B The whole world should try and reduce food waste.

C Are you sure that talking about the weather is a good ice-breaker?

D I would love to go to United States.

❷

A She gave me some really good advices.

B I don't have many luggage.

C Did you have a nice travel?

D Thank you for that very useful information.

❸

A I have an other idea to tell you about.

B I need another two days to finish the project.

C We need to find others students who will help us.

D We're the only two left. The others have already gone home.

❹

A I am not agree with you at all.

B Paul is no friend of mine!

C There are not particular reasons why I am tired today.

D No amount of discussion will make me change my mind.

❺

A I see him on Wednesdays.

B I didn't see him last Wednesday.

C I don't see him on Wednesday.

D I saw him every Wednesdays.

**6**

**A** She has visited Japan a few times.

**B** He has been married twice already.

**C** She has left her job five years ago.

**D** They have lived here since three years.

**7**

**A** You haven't to have ID on you at all times in the UK.

**B** You mustn't use your mobile phone in class or you'll get sent out.

**C** You shouldn't go to the doctor unless you're really ill.

**D** You don't have to smoke in public places in France, it's illegal.

**8**

**A** Jane failed the exam and so has Michael.

**B** Either Peter or Frank should get the position.

**C** She hasn't got the faintest idea where we are, and nor have I.

**D** Neither Alice is coming to the party nor is Stephane.

**9**

**A** To respond quickly to complaints is good for business.

**B** Knowing a few words in the local language is a good travel advice.

**C** I'm looking forward to hear from you.

**D** Do you like working at weekends?

**10**

**A** It was difficult to make a decision about the choice of venue.

**B** Theo waited me after class to go to basketball together.

**C** It all depends of how many people you invite to the party.

**D** I'm counting on you to keep that secret.

**11**

**A** It will be dark by the time we get there.

**B** Once I can get my computer fixed, I'll be able to finish the report.

**C** I hope I have a managerial position by the time I will be 30.

**D** Please don't call before 8 pm as we will be having dinner.

**12**

**A** She has a lot of qualifications and should easily get the job.

**B** Many students complain of tiredness just before the holidays.

**C** The thief committed much crimes before he was finally caught.

**D** We had very few warning before the hurricane hit.

⓭

A I had seen Clemence yesterday.

B When she arrived, I had already finished everything.

C I walked in, then Marcus had arrived.

D By midday, all the votes had been counted and the winner declared.

⓮

A Could you tell me how old are you?

B Ask her does she have the time.

C Tell me how many more hours do we have to wait here, please.

D Would you mind to repeat what your name is?

⓯

A You will only success if you revise hard.

B I am born in May 1993.

C Profits have grown by 20% since January.

D Reading is one of the best way to improve your English.

⓰

A Are you coming to the party on Saturday?

B How many languages are you speaking?

C What are you doing on the floor? Get up!

D She's having a beautiful house by the sea.

⓱

A I am not as confident about this month's profits as my manager.

B She is more confident than her younger sister.

C He is by far the least confident of the group.

D The more confident you are, the better you are at sales.

⓲

A I thought yesterday's meeting was really productive.

B The board of directors unanimously decided not to relocate.

C I'm having difficulty getting used to the new database.

D I'm fed up of filling in university application forms.

⓳

A I can't wait to see how is Sarah's new boyfriend.

B How is your Mum doing these days? Is she better?

C It's incredible how much you've changed since I last saw you!

D Is this really how you think I should dress for the interview?

**20**

**A** My company has just signed a three-million dollar aviation contract.

**B** The Olympic Games cost the U.K. billions of dollars.

**C** Brexit could cost British taxpayers tens of millions pounds.

**D** A million of protestors or more are marching against the new laws.

**21**

**A** When David was on holiday, we looked after her house.

**B** I really like mine new school, the teachers are really friendly.

**C** Everything in her kitchen has its own storage place.

**D** I have forgotten my pencil, can I borrow yours for the exam?

**22**

**A** Whose iPhone could this be?

**B** Who's got the right time?

**C** Who's idea was it to invite Celeste to the party?

**D** Who's she going to stay with in Nepal?

**23**

**A** I'll call him when I've finished what I'm doing.

**B** If you had told me earlier, I could have changed the meeting time.

**C** I wish I can pass my driving test.

**D** If you knew he was so unreliable, why did you lend him the car?

**24**

**A** We did an experience on rats in my biology class yesterday.

**B** He's very up to date with the actuality, he reads the news every day.

**C** She's a very sensible girl and cries very easily.

**D** I hate travelling by plane as there is never enough place for my legs.

**25**

**A** I love the winter sails, you can get some real bargains.

**B** I don't want to talk about it because its very personal.

**C** Yesterday, my boss announced an increase of 20% on our salaries.

**D** You'll have to ask the responsable, I can't make that decision.

**26**

**A** In France, everyone has the right to vote.

**B** There are several reasons why I will not be at the meeting.

**C** The machine has numerous different uses.

**D** Both reason is acceptable in my opinion.

㉗

**A** Didn't you use to live somewhere around here?

**B** Before it was demolished, the supermarket used to be over there.

**C** I am used to get up early, so a 7.00 am start is fine for me.

**D** He used all his talents to impress the selection board.

㉘

**A** I usually go to work on foot.

**B** People are having more children than ever before.

**C** Women in business today still have to face the glass ceiling.

**D** Managing big data is a new problem for modern society.

㉙

**A** This is a topic which it interests me.

**B** Can you tell me which bus takes me to the town centre?

**C** The doctor which operated on me is very famous.

**D** The car he bought is very expensive.

㉚

**A** Suppose you miss the plane, what will you do?

**B** I'll come providing he'll invite me.

**C** I'll block the 10th for our meeting unless I don't hear from you.

**D** If I were better at English, I would apply to study in the U.K.

## Australia's new normal... as city temperatures hit 47C people shelter from the deadly heat

Australians are no strangers to hot weather. But for the past week large parts of the continent have suffered a heatwave of unusual length and intensity. Temperature records were beaten in cities and rural towns around the country. Shops across Sydney ran out of fans, and New South Wales energy minister Don Harwin urged people to beat the heat by going to the movies.

But in the far-western Sydney suburb of Penrith – 60km from the coast – options for getting out of the heat are few. Penrith has the dubious honour of being Sydney's hottest suburb, with summer daytime temperatures four or five degrees higher than in the inner city. During last week's heatwave, the suburb sweltered through an unheard-of 46.9°C – a record for the city. "Penrith has had about 12 days above 40 degrees this summer, which is clearly unusual", says Karl Braganza, climate monitoring manager at the Bureau of Meteorology.

The heatwave is officially over, but the reality of Australian summers getting hotter is much more serious and far-reaching than a few more hot days each year. Almost every Australian capital city experienced higher-than-average temperatures in January; in Sydney and Brisbane, it was the hottest month on record. That scorching January came after 2016 was the country's fourth-hottest year on record – a year that, in turn, followed on from 2013, the hottest year the country has ever recorded.

That increasing heat has made an already dry continent even more prone to devastating bushfires. NSW Rural Fire Service commissioner Shane Fitzsimmons describes fire conditions during the heatwave as "the worst possible... they are catastrophic. We haven't seen this in NSW to this extent, ever." Fire conditions were even worse than on "black Saturday", Australia's worst-ever bushfire disaster, in 2009, in which 173 people died.

Less dramatic, but just as worrying, is the rising number of deaths from heat stress, which already kills more Australians than all other natural disasters combined. A shockingly high number of Australians died of heat stress on 27 January – the day after Australia Day, a national holiday where outdoor activities like swimming, barbecues and going to sporting matches are commonplace.

Adapted from an article in *The Guardian* by Alex McKinnon on Sunday 19 February 2017

**Pour chaque question, signalez si chacun des items est vrai (V) ou faux (F).**

**31**

**A** Australians are used to temperatures of 47°C.

**B** Last week's temperatures were higher than any previously recorded.

**C** People should expect higher summer temperatures in Australia from now on.

**D** Don Harwin advised people to buy fans or go to the movies to cool down.

**32**

**A** Karl Braganza lives in Penrith.

**B** Penrith is cooler than the centre of Sydney.

**C** 46.9°C is the hottest temperature ever recorded in Penrith.

**D** It's easy to get out of the heat in Penrith.

**33**

A January 2017 was the hottest month ever recorded in Sidney.

B The text was written at the end of the heatwave.

C In Australia, it was hotter in 2016 than in 2013.

D Temperatures in most Australian capital cities were higher than average in January.

**34**

A More people die from bushfires than from heat stress.

B Australia Day was on 26th January.

C A lot of people died from heat stress on Australia Day.

D Nobody works on Australia Day.

**35**

A Black Saturday was in 2009.

B 173 people died from heat stress in 2009.

C Lots of people spend time outside on Australia Day.

D Last week the bushfire risk was high as black Saturday.

## Car ban fails to curb air pollution in Mexico City

Banning cars on Saturdays in Mexico City hasn't reduced air pollutants, according to a new study. Scientists had expected that limiting driving at the weekend would reduce vehicle emissions. But this analysis looking at pollution measurements in a city with serious air quality problems, found no discernible effect. Residents got round the restrictions by car pooling, using taxis and purchasing extra vehicles, researchers say.

Back in 1992, the UN declared Mexico City the world's most polluted city. In an effort to tackle the problem, restrictions were introduced in 1989 with drivers prevented from using their cars on one day per week. The system was based on number plates so a licence ending in a five or six meant the car couldn't be driven on Monday and so on. The programme, known as Hoy No Circula, has been hugely successful in terms of compliance and has seen some improvements in air quality with Mexico no longer ranked as the most polluted city, having been overtaken on that dubious honour list by the likes of Beijing and Delhi.

Mexico's driving curbs were extended to Saturdays back in 2008 with an analysis carried out beforehand indicating that nitrogen oxides and large particulates would decline by 16%. To look at the impact of the Saturday restriction, US researchers analysed not just air quality samples but also public transportation numbers and weekend attendance at the city's zoo to get a clearer picture of overall activity.

Dr Lucas Davis from the University of California, Berkeley, who carried out the study told BBC News that public transport in Mexico City is inexpensive but often overcrowded. He also believes there are cultural factors behind the reluctance to give up the car.

"Driving is a real status symbol in Mexico City, and once a family have raised enough money to buy a car, there's a status associated with private vehicles that's tough for people to break. There's a bit of a cultural or socio-economic resistance to taking public transport."

Adapted from an article by Matt McGrath, Environment correspondent BBC, 2 February 2017

**Pour chaque question, signalez si chacun des items est vrai (V) ou faux (F).**

36

A Saturday driving restrictions have been in place in Mexico City for 28 years.

B Thanks to the Saturday ban, nitrogen oxide in the air has decreased by 16%.

C Mexico City is still the most polluted city in the world.

D Driving restrictions in Mexico City were set up in 1989 by the UN.

37

A Hoy No Circula refers to the day when only public transport runs in Mexico City.

B Private cars are only allowed on the streets if they have the right number plate for that day.

C Residents are only allowed to drive their cars in the city one day per week.

D Taxi drivers were probably happy about the Saturday restrictions.

38

A Dr Davis is a researcher.

B A lot of people use public transport in Mexico City.

C People in Mexico City prefer to use cars because public transport is expensive.

D People bought extra cars to avoid the restrictions.

39

A The Saturday restrictions stopped people going to the zoo.

B The zoo in Mexico City is only open at weekends.

C More people used public transport on Saturdays.

D Saturdays were included in the Hoy No Circula programme in 2008.

40

A The driving restrictions in Mexico City have helped improve the air quality.

B Taxis also have to comply with the driving restrictions.

C Owning a car in Mexico City shows that you have money.

D The use of public transport has increased as a result of the Hoy No Circula.

# Corrigé

**❶ VVVF**

**D** L'article « *the* » est obligatoire devant « *United States* ».

**❷ FFFV**

**A** « *Advice* » ne prend jamais de « *s* », c'est un nom indénombrable.

**B** « *Luggage* » est indénombrable, il faudrait donc dire « *much luggage* ».

**C** Il faut dire « *trip* » et non « *travel* ».

**❸ FVFV**

**A** « *Another* » s'écrit toujours en un mot.

**C** On ne met pas de « *s* » à « *other* » dans ce cas car il est adjectif et non pronom.

**❹ FVFV**

**A** « *I don't agree...* »

**C** Il faut ajouter « *any* » devant « *particular...* ».

**❺ VVFF**

**C** « *On Wednesdays* »

**D** On dit « *every Wednesday* » car on ne met jamais de « *s* » après « *every* ».

**❻ VFFF**

**B** « *He has already been married...* » : « *already* » est mal placé.

**C** « *She left... ago.* » On utilise toujours le prétérit avec « *ago* ».

**D** « *Since* » doit être suivi d'une date ou d'un point de départ précis. Pour une durée, on utilise « *for* ».

**❼ FVFF**

**A** « *You don't have to...* »

**C** « *...go to the doctor's...* »

**D** Ici, on utilisera « *mustn't* » pour exprimer l'interdiction.

**❽ FVVV**

**A** « *...and so did Michael.* »

**❾ VFFV**

**B** « *Advice* » est indénombrable et ne peut donc pas être précédé de l'article « *a* ».

**C** « *I'm looking forward to hearing...* »

**❿ VFFV**

**B** « *Theo waited for me...* »

**C** « *It all depends on how...* »

**⓫ VVFV**

C « ...*by the time I am 30.* » On ne met pas de futur après « *by the time* ».

**⓬ VVFF**

C « ...*many crimes...* » (nom dénombrable pluriel)

D « ...*little warning...* » (nom indénombrable)

**⓭ FVFF**

A « *I saw...* » Le prétérit est obligatoire avec « *yesterday* ».

C « ...*then Marcus arrived.* » (concordance des temps)

D « ...*and the winner was declared.* » (passif)

**⓮ FFFF**

A « ...*how old you are* » (discours indirect)

B « *Ask her if she has the time.* » (discours indirect)

C Au discours indirect, l'auxiliaire « *do* » est incorrect.

D Le verbe qui suit « *to mind* » doit être en « *-ing* » : « *Would you mind repeating...* ».

**⓯ FFVF**

A « *You will only succeed...* »

B « *I was born...* » = « Je suis né(e)... »

D « ...*one of the best ways...* »

**⓰ VFVF**

B « ...*do you speak?* » Le présent simple est obligatoire ici.

D « *She has...* » Le présent simple est obligatoire ici.

**⓱ VVVV**

**⓲ VVVF**

D « ...*fed up with...* »

**⓳ FVVV**

A « ...*how Sarah's new boyfriend is.* » (discours indirect)

**⓴ VVVF**

D « *A million of demonstrators...* »

**㉑ FFVV**

A « ... *after his house.* »

B « ...*my new school...* »

**㉒ VVFV**

C « *Whose idea...* ».

RÉUSSIR LES ÉPREUVES ÉCRITES
Anglais

**㉓ VVFV**

C « *I wish I could...* » Pensez à « Si seulement je pouvais... ».

**㉔ FVFF**

A « *We made an experience...* »

C « *She's a very sensitive girl...* » ; « *sensible :* raisonnable ».

D « *...enough room...* », « *place* » est un faux ami (« un lieu »).

**㉕ FFVF**

A « *...the winter sales,...* » (« les soldes d'hiver »).

B « *...because it's very personal* »

D « *Responsable* » n'existe pas en anglais.

**㉖ VVVF**

D « *Both reasons are...* » « *Both* » est toujours suivi du pluriel.

**㉗ VVFV**

C « *I am used to getting up...* »

**㉘ VVVF**

D « *... for modern societies.* »

**㉙ FVFV**

A « *...which interests me.* »

C « *The doctor who operated...* »

**㉚ VFVV**

B « *...providing he invites me.* ».

**㉛ FVVF**

A « During last week's heatwave, the suburb sweltered through an unheard-of 46.9°C - a record for the city. » (l. 8-9)

B « But for the past week large parts of the continent have suffered a heatwave of unusual length and intensity. » (l. 1-2)

C « The heatwave is officially over, but the reality of Australian summers getting hotter is much more serious and far-reaching than a few more hot days each year. » (l. 12-13)

D « Shops across Sydney ran out of fans, and New South Wales energy minister Don Harwin urged people to beat the heat by going to the movies. » (l. 3-5)

**㉜ FFVF**

A Non dit dans le texte.

B « Penrith has the dubious honour of being Sydney's hottest suburb, with summer daytime temperatures four or five degrees higher than in the inner city. » (l. 7-8)

C « During last week's heatwave, the suburb sweltered through an unheard-of 46.9°C - a record for the city. » (l. 8-9)

D « But in the far-western Sydney suburb of Penrith - 60km from the coast - options ,for getting out of the heat are few. » (l. 6-7)

**33 VVFV**

**A** « Almost every Australian capital city experienced higher-than-average temperatures in January; in Sydney and Brisbane, it was the hottest month on record. » (l. 13-15)

**B** « The heatwave is officially over… » (l. 12)

**C** « That scorching January came after 2016 was the country's fourth-hottest year on record – a year that, in turn, followed on from 2013, the hottest year the country has ever recorded. » (l. 15-17)

**D** « Almost every Australian capital city experienced higher-than-average temperatures in January. » (l. 13-14)

**34 FVFV**

**A** « Less dramatic, but just as worrying, is the rising number of deaths from heat stress… » (l. 22-23)

**B** « … on 27 January – the day after Australia Day… » (l. 25)

**C** « A shockingly high number of Australians died of heat stress on 27 January – the day after Australia Day… » (l. 24-25)

**D** « …Australia Day, a national holiday… » (l. 25)

**35 VFVF**

**A** « …on "black Saturday", Australia's worst-ever bushfire disaster, in 2009… » (l. 21-22)

**B** « …Australia's worst-ever bushfire disaster, in 2009, in which 173 people died. » (l. 22)

**C** « …Australia Day, a national holiday where outdoor activities like swimming, barbecues and going to sporting matches are commonplace. » (l. 25-27)

**D** « Fire conditions were even worse than on "black Saturday"… » (l. 21-22)

**36 FFFV**

**A** « Mexico's driving curbs were extended to Saturdays back in 2008… » (l. 13)

**B** « …with an analysis carried out beforehand indicating that nitrogen oxides and large particulates would decline by 16%. » (l. 13-14)

**C** « …with Mexico no longer ranked as the most polluted city… » (l. 11)

**D** « …restrictions were introduced in 1989… » (l. 7)

**37 FVFV**

**A** « The system was based on number plates so a licence ending in a five or six meant the car couldn't be driven on Monday and so on. » (l. 8-9)

**B** « The system was based on number plates… » (l. 8)

**C** « …with drivers prevented from using their cars on one day per week… » (l. 7-8)

**D** « Residents got round the restrictions by car pooling, using taxis… » (l. 4-5)

**38 VFFV**

**A** « Dr Lucas Davis from the University of California, Berkeley… » (l. 18)

**B** « There's a bit of a cultural or socio-economic resistance to taking public transport. » (l. 23)

**C** « …public transport in Mexico City is inexpensive… » (l. 19) « …socio-economic resistance to taking public transport. » (l. 23)

**D** « Residents got round the restrictions by car pooling, using taxis and purchasing extra vehicles… » (l. 4-5)

**㉔ FFFV**

**A** « To look at the impact of the Saturday restriction, US researchers analysed ... weekend attendance at the city's zoo... » (l. 14-16)

**B** Cette information n'est pas donnée dans le texte.

**C** « ...found no discernible effect. » (l. 4)

**D** « Mexico's driving curbs were extended to Saturdays back in 2008... » (l. 13)

**㊵ VFVF**

**A** « ...has seen some improvements in air quality with Mexico... » (l. 10-19)

**B** « Residents got round the restrictions by ... using taxis... » (l. 4-5)

**C** « ...once a family have raised enough money to buy a car, there's a status associated with private vehicles... » (l. 21-22)

**D** Cette information n'est pas donnée dans le texte.

# SUJET 2 : Anglais

**DURÉE :** 45 MINUTES

**Pour chaque question, signalez si chaque item est vrai (V) ou faux (F).**

❶

**A** Drinking water is good for the health.

**B** When was the film *Wonder* released?

**C** What a country of contrasts India is!

**D** He just avoided falling.

❷

**A** I wish I know more about my ancestors.

**B** Turn out the lights, please.

**C** Most of the public places in London actually belong to private companies.

**D** She remembers asking the guitar player for an autograph.

❸

**A** African-American art must be given more importance.

**B** She knows the doctor's wife very well, she is a friend of her.

**C** We stayed at my sister's, she lives near one of the parks in London.

**D** This restaurant is excellent and the childrens' menu is perfect!

❹

**A** Information about all sorts of scientific innovations are available on the Internet.

**B** People demonstrated for hours to denounce the damage done to the nature.

**C** The young people are not interested in politics.

**D** Her knowledge of the world of business is a real asset.

❺

**A** The more involved she is in projects, the more popular she becomes.

**B** The greater the scandal is, the worse criticisms are.

**C** First ladies are not elected but their power is no less real.

**D** The more the merriest.

❻

**A** I must admit not to know anything about that band.

**B** Stop to talk for a minute and pay attention to the lyrics.

**C** Read the book before seeing the film.

**D** Being a punk cannot be reduced to choosing a particular type of clothes.

**7**

A How thrilling it is taking the train there!

B What helpful initiatives railway children's associations are.

C It's such pity it is over!

D How tasteful is Indian food!

**8**

A She wanted to know whether it was a tale about climate change.

B This album has been listened by lots of people.

C Which neighbourhood is the scene set in?

D Is he looking forward to visit you?

**9**

A I do not live in Chelsea and neither he does.

B I do not know anything about London.

C You can not find any theatres anywhere in this area.

D The mayor promised to make changes and he did.

**10**

A She told us to not miss that day's special lunch.

B I advised she considers a creative career.

C This festival helps them to keep their traditions.

D Did your mother tell you to finish your homework?

**11**

A However she likes Italian, she prefers English.

B I always leave early for class in case there is a lot of traffic.

C Your neighbour in class is the person who sits beside you.

D Even though many people own computers, not all them understand how they work.

**12**

A He makes them to laugh.

B She had very few time to compose.

C Each of you must wear a uniform.

D Has she got much money in the bank?

**13**

A There were a lot of people in parks last Sunday.

B Look at these shoes!

C These are the countries who are developing.

D The boy who's name is David...

**14**

**A** There are so differents colours in a rainbow.

**B** Luckily, he'll arrive in time.

**C** It's the most colourfull painting I've seen.

**D** Look at those awful murals!

**15**

**A** The Prince Charles got the coronavirus.

**B** I've only bought an one-way ticket.

**C** Mum saw him an hour ago.

**D** She is a teacher, isn't she?

**16**

**A** Please, give me advice.

**B** He speaks others languages than French and Chinese.

**C** Most pupils like surfing the net.

**D** How many sisters have you got? None!

**17**

**A** She will be able to swim by the end of the month, won't she?

**B** The police are going to investigate on what may have gone wrong in the last inquiry.

**C** The USA is about to face a new epidemy.

**D** I had rather he hadn't come.

**18**

**A** You had better think before you speak.

**B** It's high time she leaves her parents.

**C** They suggested that he come with us.

**D** Her phone is out of order. She should have it repaired.

**19**

**A** This house has just been built.

**B** The children must be taken care.

**C** I wonder what she's waiting for.

**D** Had I money, I would buy a new house.

**20**

**A** When he will be 18, he will travel alone.

**B** The doctor will see you whenever you want.

**C** Unfortunately, their boat oversized.

**D** Illegal download is still a common thing.

**21**

A Politics is in everyday's life.

B Due to the crisis, lots of people are going to be laid on.

C There may be a global economic meltdown in 2021.

D The actual English Prime Minister is Boris Johnson.

**22**

A Whatever you decide, I will follow you.

B Do whatsoever you please!

C Keep practicing until you master the tough ones.

D I like his straightforward way of speaking.

**23**

A Iron rust.

B Is he working tomorrow?

C He fluently speaks English.

D Which ones of these cars is your favourite?

**24**

A This is the news.

B What are her hair like?

C Would you like more fruit?

D The police finally found a piece of evidence.

**25**

A He turned off the radio so as to listen to the birds.

B Her brother, whom you met yesterday, is very pleasant.

C They broke the window-pane for getting into the room.

D She said that the patient was waiting for the doctor to arrive.

**26**

A Mr. Thorn was so disappointed that he dismissed.

B When she arrives in Paris, she will send you a postcard.

C Thousand of people ran in the NYC Marathon last year.

D I haven't seen her since she got married.

**27**

A The child said her mum why he was crying.

B As soon as he entered the room, he felt something was strange.

C He suffers of pneumonia.

D David Bowie released his new album in January 2016.

**28**

**A** This pupil pays no attention in class, does he?

**B** Who wants to go to Morocco?

**C** When he was young, my father would play football every Sunday.

**D** Look at those big clouds! It will rain.

**29**

**A** Teachers are used to getting up early.

**B** You must to get up early tomorrow.

**C** I like your haircut. When did you go to the hairdresser?

**D** Most children like Harry Potter.

**30**

**A** He didn't read the all book.

**B** They were devastating when they learnt the truth.

**C** When I arrived in the class, the pupils were looking at each other.

**D** Damn, I've cut myself!

**Coronavirus: The month everything changed**

In the space of a month, the United Kingdom has transformed beyond recognition. And most of us haven't had time to stop and take stock.

One Friday afternoon, when the UK was another country, a chalkboard leaned against the outside wall of a country pub. A message had been written in neat, thin capital letters. "Unfortunately a customer who visited us has tested positive for the coronavirus," it read. "So as a precautionary measure we are closing for a full deep clean." It was signed by the landlord and landlady, who apologised for the inconvenience.

The pub was located along a quiet, narrow road just outside Haslemere in Surrey. The patient who had gone there lived somewhere in the county. Unlike previous British cases detected up to that point — he was the 20th — he hadn't been abroad recently. As far as anyone knew, he was the first to catch the virus inside the UK.

On the same day, 28 February 2020, came another news update. A grimmer milestone. A British man who'd been infected on the Diamond Princess cruise ship became the first UK citizen to die, in Japan, from Covid-19.

That afternoon, children were still in classrooms and adults were still at work. People shook hands and hugged and kissed. In the evening, they went to pubs and restaurants. Some went on dates and others visited elderly relatives. They assembled in groups and mingled with residents of other households.

As the weekend went on, football fans crammed into stadiums. Worshippers gathered in churches, mosques, temples and synagogues.

You could go outside for as long as you liked, if you didn't mind the rain. On supermarket shelves, toilet paper and paracetamol were plentiful. Recent storms had left large swathes of the country flooded, but for most British people, life went on as it always had and seemingly always would.

Insofar as any of this describes a British way of life, though, it was one that ceased to exist entirely within just a few weeks.

Adapted from an article in *BBC Stories* by Jon Kelly on March 28th 2020.

**Pour chaque question, signalez si chacun des items est vrai (V) ou faux (F).**

**31**

A The article deals with the ban to go to pubs in the UK for sanitary reasons.

B The article deals with the closure of pubs in the UK for sanitary reasons.

C The article deals with the first pub which closed in the UK for sanitary reasons.

D The article deals with the way life has changed in the UK for sanitary reasons.

**32**

A Life changed in a few weeks.

B People could prepare themselves to this change.

C The first victim died in the UK.

D The first victim to die was the customer of a pub.

**33**

A On 28 January 2020, people celebrated their last day outside.

B On 28 February 2020, people didn't realise it was one of their last free day outside.

C In February 2020, normal life went on in the UK.

D In February 2020, a British man died on a cruise.

**34**

A The next weekend, most people went to places of worship to pray.

B The next weekend was rainy.

C You could still find what you wanted in supermarkets.

D Every outside activity was banned.

**35**

A The UK has never known such a change.

B The author of the article is British.

C One Friday afternoon, the owners of a pub in London decided to close.

D The $20^{th}$ victim of the virus had not been abroad.

**The public and private lives of candidates**

As a voter, I simply want to know that [the president] is someone who has lived. I do not want to know the details. I value privacy and I value a presidential candidate who demands it too. […]

Two of the greatest leaders of the last century were Franklin D. Roosevelt and Winston Churchill. Roosevelt had a serious illness but did not flaunt his disability. Nor did he publicize the fact that he was terribly ill with heart failure in 1944. Churchill was an alcoholic. I do not know whether he could stop drinking if he chose, because there is no evidence that he ever chose to.

Neither could be elected today because these things would disqualify them. And that would have been a catastrophe for Western civilization. Abraham Lincoln was clearly manic depressive. John F. Kennedy was a prodigious womanizer. […]

There was more to all these men and having them lose elections because of their vices would have been disastrous. What would we have done without them? Yet, none could be elected today.

George Friedman, huffingtonpost.com, 2017.

**Les affirmations suivantes sont-elles ou non incluses dans le texte ?**

**36**

**A** The article is about presidents' public and private lives.

**B** The article is about the 20$^{th}$ president's public and private lives.

**C** The article is about all American presidents' lives in general.

**D** The article is about any presidents' lives.

**37**

**A** Roosevelt and Churchill had the same disease.

**B** Both Roosevelt and Churchill had a disease.

**C** So did Lincoln and Kennedy.

**D** All of them suffered from a mental disability.

**38**

**A** The author of the article thinks presidents should not conceal anything.

**B** He thinks they have to conceal some details of their lives.

**C** He thinks that a president, like anybody, must have some privacy.

**D** He thinks a president must have some experience.

**39**

**A** It is not sure these presidents could be elected today.

**B** It is sure they wouldn't be elected today.

**C** They would all be disqualified for their flaws.

**D** Churchill decided many times to stop drinking.

**40**

**A** According to the author, some of them should have resigned.

**B** According to the author, it would have been tragic hadn't they been elected.

**C** Kennedy, like all the other presidents, was a great seducer.

**D** According to the author, these men have changed the world.

# Corrigé

**❶ FVVF**

A for health

D has just avoided

**❷ FFVV**

A I wish I knew

B turn off/on

**❸ VFVF**

B a friend of hers

D the children's menu

**❹ FFFV**

A information is...

B to nature

C young people

**❺ VVVF**

D the merrier

**❻ FFVV**

A not knowing

B stop talking

**❼ VVFF**

C such a pity

D Indian food is

**❽ VFVF**

B interested to

D to visiting

**❾ FVFV**

A (does he)

C (theatre)

**❿ FFVV**

A not to miss

B her to consider

**⓫ FVFV**

A although she likes

C next to you

⑫ **FFVV**

**A** makes them laugh

**B** little time

⑬ **VVFF**

**C** countries which are

**D** whose name

⑭ **FVFV**

**A** different, adjectifs invariables

**C** colourful

⑮ **FFVV**

**A** Prince Charles

**B** a one-way ticket

⑯ **VFVV**

**B** other languages

⑰ **VVVF**

**D** would rather

⑱ **VFVV**

**B** high time she left

⑲ **VFVV**

**B** taken care of

⑳ **FVFF**

**A** when he is 18

**C** boat capsized

**D** illegal downloading

㉑ **VFVF**

**B** laid off

**D** current

㉒ **VVVV**

㉓ **FVFF**

**A** rusts

**C** English fluently

**D** Which one

㉔ **VFVV**

**B** What is her hair

**25 VVFV**

C in order to get

**26 FVFV**

A he resigned

C thousands of

**27 FVFV**

A said to

C suffers from

**28 VVVF**

D it's going to

**29 VFFV**

B must get up

C hairdresser's

**30 FFFV**

A whole

B devastated

C one another

**31 FFVV**

**32 VFFF**

**33 FVVF**

**34 VVVF**

**35 VVFV**

**36 VFFV**

**37 FVVF**

**38 FVVV**

**39 FVVF**

**40 FVFV**

# SUJET 3 : Anglais

**DURÉE :** 45 MINUTES

**Pour chaque question, signalez si chaque item est vrai (V) ou faux (F).**

❶

**A.** The French exam was difficult, isn't it?

**B.** Can you tell me what you did?

**C.** What match saw you?

**D.** Have you seen David anywhere?

❷

**A.** This is the best film I've ever seen.

**B.** What is the most funny film you have seen?

**C.** John earns as much money as me.

**D.** She has teached for a long time.

❸

**A.** Sunday was a such lovely day.

**B.** He didn't have money enough to pay.

**C.** The Prime Minister arrived last week.

**D.** The news is good today.

❹

**A.** This apples come from Normandy.

**B.** Look at these funny people!

**C.** What's the owner's name of this company?

**D.** Shall you give him his present?

❺

**A.** Most German people speak English.

**B.** Most of what he said was true.

**C.** This is the most hardest test I've done.

**D.** It's one of the most important reasons for his departure.

❻

**A.** Wich place have you visited?

**B.** Whom did you go with?

**C.** Whose the car is it?

**D.** Which car do you prefer?

❼

A. Womens are still fighting for their rights.

B. Men's clothes at work have changed.

C. Both men and women can wear jeans.

D. My childrens' bedrooms are small.

❽

A. You needn't worry. It will be fine.

B. Do you need helping? I can fix it for you.

C. People have different needs.

D. We haven't finished yet. A lot still needs to be done.

❾

A. That's a big piece of news.

B. I need an information. Can you give it to me?

C. Give me two milks, please!

D. He will repeat it two times.

❿

A. Had he been warned, he wouldn't have made that mistake.

B. I wish you tell me the truth.

C. They would go to church every Sunday.

D. If only you know them!

⓫

A. Do you want any more chicken?

B. There won't be some room left.

C. I need a little more help from you.

D. There weren't anybody left after midnight.

⓬

A. Have you a car park?

B. Does she has a new phone number?

C. I didn't use to smoke.

D. People enjoy presents. So does everybody.

⓭

A. Some like jogging, others swimming.

B. The twins don't look like one an other.

C. I haven't seen her the other day.

D. Mum used to see him every other week.

⓮

A. He generally uses his car a great deal.

B. He would never get used to fly.

**C.** I often used my tools to repair my furniture.

**D.** Don't panic! You'll get used to doing without it.

**15**

**A.** Mr Smith can not speak foreign languages.

**B.** Are you able to drive alone?

**C.** Smoking is no longer allowed in public places.

**D.** He was forbidden to go out for a fortnight.

**16**

**A.** Each of them have received healthcare.

**B.** None of us has worked for more than 3 months.

**C.** Painting is her everyday past time.

**D.** Sandra used to visit her grandma every day.

**17**

**A.** How well do they play the piano?

**B.** How high are you?

**C.** My father shaves often.

**D.** How many sister have you got?

**18**

**A.** Franck's mother's nurse.

**B.** She plays drums very well.

**C.** I don't speak Chinese neither.

**D.** Although she is good at socializing, she hasn't met anybody in London.

**19**

**A.** Despite of her artistic skills, she can't draw.

**B.** What an artist! She really has a gift.

**C.** My sons are such good chess players!

**D.** Wait me! I'm coming at once.

**20**

**A.** He spent two hundreds and fifty-six dollars yesterday.

**B.** It was ten fifty pm when he got back home.

**C.** The shop was closing when he arrived.

**D.** What were you doing when John has met you?

**21**

**A.** The Prime Minister has to resign, hasn't he?

**B.** They're studying at Yale, are they?

**C.** My parents won't come if they're not invited, will they?

**D.** Her daughter dances quite well, doesn't she?

**22**

**A.** Can you tell me what time was it when he rang?

**B.** I don't know what you mean.

**C.** What she needs, it is another child.

**D.** She's abandoned her first idea, which is a good thing.

**23**

**A.** She's the woman whom I talked to.

**B.** The man whose son is an engineer has left early.

**C.** The car she drives is brand new.

**D.** The architect has received the Pritzker Prize in 1988.

**24**

**A.** His car is out of order. He should have it repaired.

**B.** The meeting was most interesting.

**C.** They were spending their holidays in Normandy while their house was being repainted.

**D.** They've been living in Cape Cod for 20 years.

**25**

**A.** Sorry for being late, I lost my bus.

**B.** Nobody knows why was the meeting postponed.

**C.** Either Helen nor Peter got the job.

**D.** My decision to divorce was made after a great deal of thought.

**26**

**A.** Every business has an unique culture.

**B.** I am looking forward to hearing from you.

**C.** The products don't harm the environment.

**D.** She explained me the job.

**27**

**A.** My flat was broken into when I was on holiday.

**B.** The next meeting is scheduled for Monday.

**C.** I am believing you now.

**D.** I didn't shave yesterday morning.

**28**

**A.** I have been waiting since Friday.

**B.** I generally walk to work.

**C.** Why should the documents be sent?

**D.** Who's going to Canada with you?

**29**

**A.** There could be much explanations for this.

**B.** My boss always gives me good advices.

**C.** The deadline for the report is May 6th 2017.

**D.** I was born in 21st April 1992.

**30**

**A.** The printer ran out of paper.

**B.** There are people in companies responsible for communicating with customers through social networks.

**C.** The Internet has kept developing for twenty years.

**D.** I love the animals.

## Text 1

**How modern life is transforming the human skeleton**

**From the emergence of a spiky growth at the back of some people's skulls to the enigmatic finding that our elbows are getting narrower, our bones are changing in surprising ways**

It all started with a goat. The unfortunate animal was born in the Netherlands in the spring of 1939 – and his prospects did not look good. On the left side of his body, a bare patch of fur marked the spot where his front leg should have been. On the right, his front leg was so deformed, it was more of a stump with a hoof. Walking on all fours was going to be, let's say, problematic. But when he was three months old, the little goat was adopted by a veterinary institute and moved to a grassy field. There he quickly improvised his own peculiar style of getting around. Pushing his back feet forwards, he would draw himself up until he was standing half-upright on his hind legs, and jump. The end result was somewhere between the hop of a kangaroo and a hare, though presumably not quite as majestic.

Sadly the plucky goat was involved in an accident soon after his first birthday, and he died. But there was one final surprise lurking in his skeleton.

For centuries, scientists had thought that our bones were fixed – that they grow in a predictable way, according to instructions inherited from our parents. But when a Dutch anatomist investigated the goat's skeleton, they found that he had begun to adapt. The bones in his hips and legs were thicker than you would expect, while the ones in his ankles had been stretched out. Finally his toes and hips were abnormally angled, to accommodate a more upright posture. The goat's frame had started to look a lot like those of animals which hop.

Today it's an established fact that our skeletons are surprisingly malleable. The pure white remains displayed in museums may seem solid and inert, but the bones beneath our flesh are very much alive – they're actually pink with blood vessels – and they're constantly being broken down and rebuilt. So although each person's skeleton develops according to a rough template set out in their DNA, it is then tailored to accommodate the unique stresses of their life.

This has led to a discipline known as "osteobiography" – literally "the biography of bones" – which involves looking at a skeleton to find out how its owner lived. It relies on the fact that certain activities, such as walking on two legs, leave a predictable signature behind, such as sturdier hip bones.

And from the discovery of a curious spiky growth on the back of many people's skulls to the realisation that our jaws are getting smaller, to the enigmatic finding that German youths currently have narrower elbows than ever before, it's clear that modern life is having an impact on our bones.

Zaria Gorvett, *BBC*, 13 June 2019

31

A. The article only deals with people's skulls.
B. The article only deals with bones in general.
C. The article only deals with animals' bones.
D. The article only deals with people's skeletons.

32

A. The text shows that bones can't change.
B. Skeletons can adapt.
C. Research was based on the study of a goat.
D. The animal at study was born in the first part of the $20^{th}$ century.

33

A. Scientists used to think that our bones couldn't evolve.
B. A scientist from the Netherlands made a huge discovery.
C. The abnormal goat could almost jump.
D. Our flesh is alive and solid.

34

A. Many people have had a spike on their skulls.
B. Modern life can have an impact on bodies.
C. Osteobiography deals with studying oysters.
D. Youngsters in Germany have smaller elbows now.

35

A. The distorted goat has lived for many years.
B. The goat was half a kangaroo half a hare.
C. Thanks to him, scientists have made a breakthrough.
D. We can't predict how bones will evolve.

## Text 2

**#OneFairWage : Is it wrong to pay tipped staff less than others?**

Not long ago, Alexandria Ocasio-Cortez was serving drinks in the Bronx. Now the youngest ever member of Congress, she recently got back behind the bar in support of a campaign called One Fair Wage.

"We have to raise the national minimum wage to $15 an hour, nothing less," she said at the event organised by lobby group Restaurant Opportunities Centers (ROC) United.

The US federal minimum wage currently sits at $7.25 (£5.70) an hour – but that bottom amount falls to just $2.13 (£1.68) in jobs where workers can expect tips from customers.

The law understands this as anyone who "customarily and regularly" receives more than $30 a month. So it's normal for workers like car washers, bar staff and salon workers to be paid below minimum wage by their employers.

Many cities and states have higher pay requirements than the national rules, but a staggering 43 of the 50 states have different wages in jobs where tipping is customary.

This explains, in part, why tipping etiquette feels so alien to visitors to the US.

There are rules and regulations in place to safeguard workers. The Fair Labor Standards Act (FLSA) only allows employers to pay a lower rate if the employee makes enough in tips to make up the difference. If their tips don't reach the minimum wage threshold, business are supposed to pay up.

But campaigners say this doesn't always happen.

They insist that the current system leaves employees open to wage theft, causes income instability, perpetuates racial and gender inequities and leaves tipped staff vulnerable to harassment.

They want the tip credit system to end with one set minimum wage – which sounds like it would be a popular idea, right? But these proposals are actually pretty controversial among businesses and workers alike.

Kelly-Leigh Cooper, *BBC News*, 13 June 2019

**36**

A. The article deals with tipping in the UK.

B. The article deals with tipping in the Bronx.

C. The article deals with tipping in the USA.

D. The article deals with tipping in the world.

**37**

A. The author of the article is a waiter.

B. A. O.C. supports the campaign "One Fair Wage" and was a waitress.

C. A. O.C. has become a politician.

D. A. O.C. is the author of the article.

**38**

A. The minimum salary is different in tipped jobs from other jobs.

B. All jobs are tipped in the USA.

C. The minimum wage for tipped jobs is more than 30 dollars a month.

D. All cities and states have the same pay system.

39

A. In France, there is a tipping custom as in the US.
B. In Europe, there is not the same tipping etiquette as in the US.
C. The FLSA protects employees.
D. If the minimum wage is not reached, employees must adjust.

40

A. The campaign shows that paying regulations aren't effective.
B. Campaigners want the tipping system to finish.
C. Everybody agrees with the end of the tipping system.
D. The proposals of the campaigners are divisive.

# Corrigé

**❶ FVFV**

A. ..., wasn't it?

C. did you see?

**❷ VFVF**

B. ...the funniest film...

D. ...has taught...

**❸ FFVV**

A. was such a lovely...

B. enough money...

**❹ FVVF**

A. These apples....

D. Will you give...?

**❺ VVFV**

C. the hardest test...

**❻ FVFV**

A. Which...

C. Whose car...?

**❼ FVVF**

A. Women...

D. My children's bedrooms...

**❽ VFVV**

B. help?

**❾ VFFF**

B. need information.

C. two glasses of milk,...

D. it twice.

**❿ VFVF**

B. ...you told me...

D. ...you knew them!

**⓫ FFVF**

A. ...some more...

B. ...any room...

C. There wasn't anybody...

**⓬ FFVV**

A. Have you got...?

B. Does she have...?

RÉUSSIR LES ÉPREUVES ÉCRITES
Anglais

⓭ **VFVV**

**B.** ...one another.

⓮ **VFVV**

**B.** ...used to flying.

⓯ **FVVV**

**A.** ...cannot...

⓰ **FVVV**

**A.** ...has received...

⓱ **VFFF**

**B.** How tall...?

**C.** ...often shaves.

**D.** ...sisters...?

⓲ **FFFV**

**A.** ...a nurse.

**B.** ...the drums...

**C.** ...either.

⓳ **FVVF**

**A.** Despite her...

**D.** Wait for me!...

⓴ **FVVF**

**A.** ...two hundred...

**D.** ...John met you?

㉑ **VFVV**

**B.** ..., aren't they?

㉒ **FVFV**

**A.** ...time it was...

**C.** ...needs is another...

㉓ **VVVF**

**D.** ...architect received....

㉔ **VVVV**

㉕ **FFFV**

**A.** ...I missed my bus.

**B.** ...why the meeting was postponed.

**C.** Neither Helen...

㉖ **FVVF**

**A.** ...has a unique...

**D.** ...explained the job to me.

**27 VVFV**

C. I believe you...

**28 VVVV**

**29 FFVF**

A. ...many explanations...

B. ...good advice.

D. ...born on the 21 st...

**30 VVFF**

C. Internet has...

D. ...love animals.

**31 FVFF**

**32 FVVV**

**33 VVVF**

**34 VVFV**

**35 FFVV**

**36 FFVF**

**37 FVVF**

**38 VFFF**

**39 FVVV**

**40 VVFV**

PARTIE 2

# Réussir les **épreuves orales**

# Entretiens individuel et collectif

DURÉE

ESDES et IÉSEG
45
MINUTES

ESSCA
2
HEURES



COEFFICIENTS

ESDES
7

ESSCA
10

IÉSEG
7,5

# Planning de révisions

Votre préparation à l'oral doit être quotidienne et prendre deux formes.

| PÉRIODES | PRÉPAREZ VOTRE ORAL... | TRAVAIL À EFFECTUER |
|---|---|---|
| Tout au long de l'année | **Sans en avoir l'air** | Osez vous exprimer en public, même si vous êtes timide. |
| | | Soyez curieux, lisez, écoutez les informations, participez à la vie culturelle de votre ville. |
| Le mois qui précède le concours | **Explicitement** | Prenez connaissance des modalités de déroulement des épreuves grâce à la présentation des épreuves page 367. |
| | | Apprenez à vous présenter grâce à la méthode page 367. |
| | | Apprenez à parler de vous grâce à la méthode page 371. |
| | | Réfléchissez et demandez autour de vous quels sont vos qualités, vos défauts, vos intérêts et vos engagements. |
| | | Entraînez-vous entre amis, avec vos parents ou en classe si l'occasion se présente (lors d'un exposé par exemple), et répondez aux questions type page 376. |
| Les semaines qui précèdent les oraux | | Suivez l'actualité, soyez curieux ! |

# Méthodologie et conseils

Pour réussir le concours ACCÈS, il faut être dans une **disposition mentale de concours**. Cela signifie que vous devez **optimiser** chacun de vos apprentissages et chacune de vos connaissances, lectures, discussions ou loisirs dans l'optique de préparer votre réussite au concours, à l'écrit mais aussi à l'oral !

Après avoir réussi le cap des écrits, ou les épreuves dites d'« admissibilité », vous devez vous rendre dans les écoles et passez les épreuves orales pour intégrer une école. Un ou deux types d'entretien vous attendent.

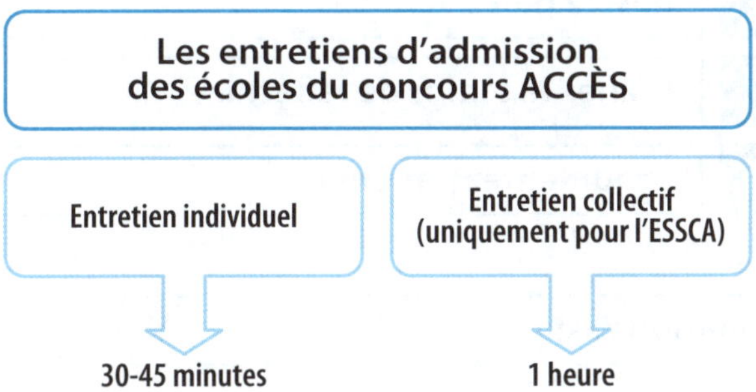


# 1. L'entretien individuel

## 1. Se présenter

Les candidats aux oraux sont souvent terrifiés par les questions qui peuvent leur être posées lors de l'entretien individuel. Ils se concentrent beaucoup sur le fond et en oublient parfois la forme, qui est pourtant essentielle à l'oral. Savoir dire bonjour en regardant la personne dans les yeux, savoir se tenir ou encore écouter les questions et les remarques des membres du jury ne sont pas toujours des réflexes pour les candidats.

Voici donc quelques règles simples mais indispensables pour réussir l'oral.

### 10 règles pour réussir son oral

| | |
|---|---|
| 1 | Soyez enthousiaste |
| 2 | Soyez présentable |
| 3 | Disciplinez vos cheveux |
| 4 | Maîtrisez vos mains et vos pieds |
| 5 | Soignez votre diction et votre langage |
| 6 | Regardez le jury |
| 7 | Ayez confiance en vous sans être arrogant |
| 8 | Restez poli |
| 9 | Prenez le temps de réfléchir |
| 10 | Argumentez par points |

## 1 Soyez enthousiaste

- En entrant, dites bonjour en regardant successivement chacune des personnes en face de vous.
- Souriez.
- Tenez-vous droit, la tête haute.

## 2 Soyez présentable

### a. Côté garçons

- La chemise et la veste sont de rigueur. Jeans, tee-shirts et baskets sont à éviter.
- Ne portez pas de cravate si vous ne vous sentez pas à l'aise avec, elle n'est pas obligatoire.

> « L'important, c'est que le candidat montre qu'il a fait un effort pour s'habiller. S'il n'est pas à l'aise avec une cravate, mieux vaut qu'il la laisse de côté. Cela ne sera jamais pénalisant », affirme Jean-François Fiorina, directeur de l'ESC Grenoble. « Et puis, il ne faut pas hésiter à retirer sa veste si l'on a trop chaud », ajoute Loïc Dilly, membre du jury de SKEMA Business School. »

### b. Côté filles

- Misez sur une tenue sobre et élégante, par exemple, un pantalon ou une jupe avec un chemisier (pas de mini-jupe, de short, ni de grand décolleté).
- Idem pour le maquillage et les cheveux : sentez-vous à l'aise.

## 3 Disciplinez vos cheveux

- Ne touchez pas constamment vos cheveux.
- Prévoyez une coiffure adéquate ou du gel.
- Vos deux yeux doivent être dégagés.

## 4 Maîtrisez vos mains et vos pieds

- Les mains et les pieds ne doivent pas gesticuler dans tous les sens.
- Si vous ne savez pas quoi faire de vos mains, mieux vaut les poser sur la table.
- Ne restez pas les bras croisés.
- Quant aux pieds et aux jambes, si vous avez du mal à les contenir, pensez simplement à poser les deux pieds bien à plat sur le sol.

## 5 Soignez votre diction et votre langage

### a. La diction

- Ne parlez pas trop vite (l'adrénaline incite souvent à parler trop vite au début) !
- Parlez suffisamment fort pour être entendu de tous les membres du jury.

### b. Le langage

- Optez pour un français correct.
- N'utilisez pas de vocabulaire familier.
- Faites attention à la grammaire. Une phrase est classiquement constituée d'un sujet, d'un verbe et d'un complément.

  **Exemple :** « L'anglais est essentiel dans le monde des affaires ».
- Évitez les expressions et les mots inutiles qui appauvrissent votre argumentation tels que : « j'avoue », « pas de souci », « ben voilà », « quoi ».

## 6 Regardez le jury

- Vous êtes à l'oral pour convaincre. Il faut capter l'attention de tous les jurés pour que tous « croient » en vous. Pensez à tourner la tête régulièrement et à regarder chaque membre du jury, même le plus discret.
- Si vous avez le droit à vos notes, lors de l'oral, vous pouvez bien sûr osciller entre la lecture de ces dernières et les regards adressés au jury.

## 7 Ayez confiance en vous sans être arrogant

- Ne soyez jamais arrogant, et bannissez les expressions du type : « Je ne sais pas si vous savez mais… ».

> « De trop nombreux candidats se la jouent, se vantent. J'ai mis de bonnes notes à des étudiants timides mais qui avaient fait des choses très intéressantes, et de mauvaises notes à d'autres qui m'ont donné l'impression d'avoir tout fait et tout vu », concède Jean-François Fiorina, directeur de l'ESC Grenoble. »

## 8 Restez poli

- Ne coupez pas la parole aux jurés.
- Ne dites aucun gros mot, mot familier ou en verlan.
- Ne soupirez pas.
- Évitez de poser des questions au jury, sauf si vous y êtes invité. (Ne posez pas au jury la question de savoir si votre oral s'est bien passé !)
- Remerciez le jury en sortant, sans trop en faire pour autant !

## 9 Prenez le temps de réfléchir

- N'ayez pas peur des silences : il n'y a rien de pire qu'un candidat qui parle trop et qui s'enlise dans des explications sans fin. Prendre le temps de réfléchir prouve que la question posée par le jury est intéressante et mérite réflexion.
- N'ayez pas peur de ne pas comprendre une question : demandez au jury de répéter ou de préciser.

## 10 Argumentez par points

- Votre pensée doit **absolument** être organisée.
- Utilisez des connecteurs logiques.
- N'hésitez pas à utiliser vos mains pour compter les différents points évoqués.

**Exemple :** « Dans un premier temps » *(faites « 1 » avec le pouce)*, « Dans un deuxième temps » *(faites « 2 » avec le pouce et l'index)*, etc.

# 2. Parler de soi

Pour parler de soi, retenez la **règle des 4 P.**

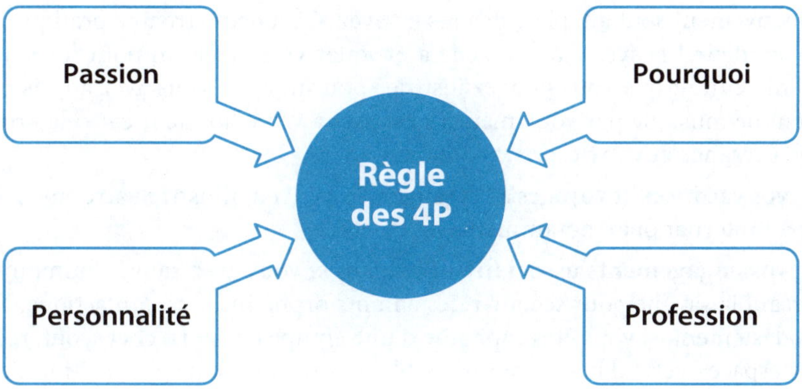


## A. Personnalité

L'objectif est de vous décrire rapidement, en précisant :

- **votre âge et votre cursus scolaire :** la filière de votre terminale, vos options – surtout si elles sont originales (cinéma, musique, sport, etc.) –, etc. ;
- **votre ville de domiciliation et/ou de scolarisation** ;
- **le nombre de vos éventuels frères et sœurs** (si un membre de votre famille a intégré une des écoles que vous présentez, n'hésitez pas à le préciser) ;
- **vos 3 qualités** ;
- **votre défaut** (et seulement si on vous le demande, un deuxième défaut) : n'hésitez pas à être sincère, tout en évitant cependant les défauts qui poseraient problème pour intégrer l'école (comme par exemple : asocial, fainéant ou insolent). Vous pouvez également présenter votre défaut avec humour.

**Exemple :** « J'ai tendance à être théâtral, quitte à épuiser les autres parfois, mais comme je suis le dernier d'une fratrie de 4 enfants, j'ai dû trouver un moyen pour m'imposer ! »

> **ATTENTION**
> Évitez les défauts qui sont de fausses qualités, comme par exemple « perfectionniste ». Trop de candidats les évoquent, cela ne vous démarque pas et vous fait paraître prétentieux.

## B. Passion

Le jury sera attentif à :

- **vos activités extrascolaires** (sport, culture, lecture, etc.) si vous en avez. Il serait effectivement souhaitable que vous en ayez. Cela peut être une pratique tout à fait en amateur ! N'ayez aucune gêne à évoquer votre passion pour les mangas, par exemple (tant que vous pouvez justifier pourquoi). Si vous avez appris un instrument de musique par vous-même, c'est tout à votre honneur car cela prouve votre persévérance et votre esprit volontaire ;
- **vos vacances et voyages à l'étranger**. Ils peuvent illustrer votre envie de travailler à l'international, notamment ;
- **vos engagements associatifs**. Bien sûr, si vous avez sauvé l'humanité en traversant la savane pour secourir des enfants orphelins, c'est fantastique. Mais, plus modestement, si vous êtes capitaine d'une équipe de sport, chef scout, responsable des espaces verts dans votre immeuble ou membre d'une association de défenses des fourmis rouges du Limousin, c'est déjà très bien ! Le tout est de connaître ce dont vous parlez et de montrer de l'enthousiasme pour votre sujet.

**CONSEILS DU FORMATEUR**

Il est impératif d'argumenter autour de vos goûts ou du moins de pouvoir argumenter si nécessaire.

**Exemples :** « J'aime lire » (« Quels livres ? », « Quel est le dernier livre que vous avez lu ou aimé ? ») ; « J'aime le cinéma » (« Quels genres de films aimez-vous ? », « Quels acteurs ou réalisateurs vous plaisent ? », « Quel film vous a marqué ? », etc.) ; « J'ai voyagé dans tel pays » (« Qu'est-ce qui vous a plu ? », « Qu'est-ce qui vous a surpris ou déplu ? », « Qu'est-ce que cela vous a apporté ? »).

## C. Pourquoi ?

Vous devez être capable de **motiver vos choix**.

**Exemples :**

– « Pourquoi choisissez-vous d'étudier dans une école de commerce plutôt qu'à l'université, dans un IUT, de faire un BTS ou une autre formation ? »

– « Pourquoi l'école de commerce dans laquelle vous postulez vous plaît-elle en particulier ? »

– « Si vous avez le choix, quel campus souhaiteriez-vous intégrer ? Pour quelles raisons ? »

– « Préférez-vous un cursus à l'étranger ou un cursus tout en anglais ? Pourquoi ? »

### CONSEIL DU FORMATEUR

Étudiez précisément les atouts des écoles, leurs spécificités et leurs spécialisations. Il peut s'agir de la durée des stages en entreprise ou de leur localisation. Il peut également s'agir de l'alternance.

**Réfléchissez au préalable à vos motivations** pour ne pas être pris au dépourvu le jour de l'entretien.

**Exemples :**

– étudier de nouvelles matières pour découvrir le monde du travail ;
travailler en groupe de façon moins scolaire qu'au lycée ;
– s'ouvrir à l'international au contact des étudiants étrangers de l'école ;
– s'engager dans une association au sein de l'école car il y a toujours beaucoup d'associations d'élèves dans lesquelles chaque élève est encouragé à s'investir. Prenez le temps de les découvrir pour savoir dans laquelle vous voudriez vous engager, soit le jour de votre oral en rencontrant des étudiants, soit sur le site de l'école.

## D. Profession

Attendez-vous à avoir des questions sur votre future profession.

**Exemples :**

– Vous verriez-vous dans un métier en particulier (finance, marketing, vente, ressources humaines, etc.) ? Dans un secteur d'activité (la grande consommation, l'énergie, la construction automobile, le luxe, etc.) ? Si oui, précisez-le et justifiez-le avec des arguments autres que par exemple « Mon oncle gagne beaucoup d'argent dans le secteur de… ».
– Préféreriez-vous travailler dans une grande entreprise (avec de gros moyens) ou bien dans une petite entreprise (avec plus de souplesse, une hiérarchie réduite, etc.) ? Êtes-vous attiré par l'économie sociale et solidaire (les écoles du concours ACCÈS proposent des modules d'enseignement dans ce secteur).
– Avez-vous le projet de monter une entreprise ?

### CONSEILS DU FORMATEUR

Il n'est absolument pas demandé au candidat d'avoir un projet professionnel déjà établi, mais il n'est pas non plus interdit d'avoir des envies et des idées. N'inventez surtout pas un projet, soyez juste sincère !

## 3. Répondre aux questions posées par le jury

- Répondez à toutes les questions posées par les membres du jury, même si elles vous embarrassent. Si vous ne savez pas comment répondre à une question, trouvez une manière de répondre un peu à côté en vous excusant de ne pas connaître exactement la réponse à la question posée.
- Prenez votre temps pour répondre, cela vous laisse un peu de temps pour réfléchir à votre réponse si besoin.
- Ne posez pas de questions au jury, sauf si celui-ci vous y invite, comme parfois en toute fin d'entretien (« Avez-vous une dernière question à poser au jury ? »).

# 2. L'entretien collectif

À l'ESSCA, les oraux d'admission comprennent un entretien collectif, qui consiste en une discussion non préparée d'environ 45 minutes sur un sujet d'intérêt général.

**Exemple :** Votre lycée vous demande d'organiser une sensibilisation à la lecture pour les élèves du collège.

Pour aborder sereinement cette épreuve, intéressez-vous à son déroulement. Les conseils *infra* vous permettront de vous démarquer.

## 1. Déroulement

Les candidats sont convoqués par groupes de 6 ou 7.

▶ Les candidats sont installés en tables rondes. Ils inscrivent leurs nom et prénom sur un papier devant eux. Des feuilles et un stylo sont mis à leur disposition.

▶ Le jury impose un sujet. Les candidats ont 10 minutes pour le préparer individuellement. Ils ne font aucun commentaire et ne posent aucune question.

▶ Le jury anonce l'ouverture de la discussion. Chaque candidat est invité à y prendre part tout en écoutant les autres candidats.

Pendant la discussion, les candidats sont autorisés à consulter les notes qu'ils ont prises au cours du temps de préparation. Ils peuvent même ajouter des idées au cours de la discussion.

Le temps du débat, les membres du jury se déplacent autour des tables des candidats pour lire leurs notes, les écouter et les évaluer.

## 2. Conseils

Soyez confiant, d'autres ont réussi, alors qu'ils étaient aussi impressionnés que vous !

- Écoutez les autres candidats pour rebondir sur leurs propositions
- Exploitez vos connaissances et votre expérience en banissant les hors-sujets
- Notez vos idées afin d'être convaincant lors de votre prise de parole
- N'hésitez pas à résumer les idées des autres à la fin du temps imparti pour clore le débat

# Les questions sur votre motivation à intégrer l'école

## 1. Pourquoi faites-vous le choix d'une formation en école de commerce ?

**Réponses possibles :**

« Je suis enthousiaste à l'idée de travailler en entreprise (petite, grande, multinationale avec des possibilités de travailler à l'étranger…). »

« Je voudrais me former pour devenir entrepreneur. »

« Je souhaite moins d'enseignements académiques (histoire-géographie, philosophie, maths) et plus d'enseignements pragmatiques et concrets. »

« Je suis attiré(e) par une formation encadrée et non celle de la faculté qui me conviendrait moins. »

« Les nombreuses possibilités de faire une partie de ma scolarité à l'étranger sont attractives, mais aussi les stages obligatoires, qui rendent la formation complète pour construire une expérience réussie sur le marché du travail. »

## 2. Pourquoi avez-vous choisi cette école ?

Il s'agit là d'une question très fréquente que vous devez impérativement préparer. Il vous faudra prendre un temps important pour connaître de façon précise cette école de commerce en particulier et la spécificité de son projet (ex. : à l'ESDES, le management et les questions d'éthique au travail…), ses différents campus, ses cursus à l'international, les spécialisations proposées pour les années d'études en master, les associations étudiantes pour éventuellement vous y engager si vous intégrez l'école, etc. Vous pourrez aussi passer un moment sur le site de l'école, durant les journées portes ouvertes, ou encore avec les élèves qui vous accueilleront le jour de l'oral… Vous vous renseignerez ainsi sur un cours en particulier, un professeur dont quelqu'un vous aura parlé…

Montrez que vous ne récitez pas exactement la même chose qu'à l'entretien que vous avez passé la veille pour une autre école. Des exemples concrets s'imposent pour démontrer votre connaissance et votre motivation !

## 3. Pourquoi notre école vous choisirait-elle ?

## 4. Qu'allez-vous apporter à notre école ?

**Réponses possibles :**

« Je serai, à n'en pas douter, un(e) élève très motivé(e) par les études proposées et les manières de travailler (notamment en groupe), je serai moteur, je saurai prendre des initiatives, choisir des cours optionnels qui m'attirent… »

« Je compte m'investir dans les cours mais aussi dans les autres aspects de la vie de l'école. Je pense en particulier à telle association étudiante (engagement social dans le soutien scolaire, association sportive, bureau des sports, *junior entreprise* pour effectuer des petites missions rémunérées…). »

À vous de vous renseigner sur les différentes associations existantes au sein de l'école, soit sur le site interne, soit auprès des élèves qui vous accueilleront le jour de votre oral.

Quand vous passez un oral dans une école nettement moins bien classée dans les palmarès, ne dites pas, si vous êtes admis et à l'ESCP-Europe et dans cette école beaucoup moins cotée, que vous choisirez d'intégrer cette dernière. Ce n'est ni sincère ni crédible ! Il est légitime quand on est pris dans deux écoles de notoriétés différentes de se diriger vers la meilleure des deux !

# Les questions sur votre personnalité

## 5. Donnez trois qualités qui sont les vôtres

Préparez un exemple sur chacune des qualités que vous avancez.

## 6. Donnez trois défauts qui sont les vôtres

Préparez un exemple sur chacun des défauts que vous avancez. Mais, attention, il faut éviter de citer des défauts qui n'en sont pas réellement : « Je suis perfectionniste ». Soyez sincère en évitant à l'inverse des défauts « graves » comme « Je suis menteur », « Je suis très paresseux » !

## 7. Quelles sont les qualités ou valeurs que vous ont transmises vos parents ?

## 8. Quels sont vos loisirs, vos centres d'intérêt ?

Soyez sincère, si vous aimez le football, la boxe ou les mangas, dites-le. Mais ne répondez pas en une seule phrase : « J'aime le football ». Approfondissez, dites ce qui vous plaît : les entraînements, les compétitions si vous en faites, les compétitions internationales de ce sport si vous les suivez, l'ambiance…

Essayez d'analyser ce que cela vous apporte : un bien-être après le sport, le plaisir de retrouver des camarades, développer un esprit collectif, de la solidarité, une envie de vous surpasser dans l'effort…

## 9. Quel est le dernier livre que vous avez lu et aimé ?

## 10. Quel est votre film préféré, pourquoi ?

De façon générale, quand vous allez parler de quelque chose qui vous plaît, il faut avoir réfléchi aux raisons de cette attirance. On veut vous découvrir, non par le titre du film, du livre ou de l'artiste que vous dites aimer, mais par la manière dont vous serez capable d'expliquer vos goûts.

## 11. Avez-vous voyagé ?

## 12. Qu'est-ce que voyager à l'étranger vous a apporté ?

## 13. Aimeriez-vous partir étudier à l'étranger ?

Si vous avez eu la chance de voyager, il ne suffira pas de lister les pays visités. Il faut que vous soyez capable de dire ce qui vous a plu ou non, surpris ou émerveillé, avec des faits précis tirés de vos souvenirs. Si vous n'avez pas eu cette chance, ce n'est absolument pas un handicap ; vous pourrez dire que certains livres ou films vous ont fait voyager d'une autre manière.

## 14. Avez-vous déjà eu un engagement sportif, associatif, culturel ou autre ?

Engagement sportif : Être joueur au sein d'une équipe est un premier niveau d'engagement. Pensez aussi aux rôles du capitaine d'équipe, d'arbitre, qui sont des engagements pertinents à évoquer si vous l'avez été.

Engagement citoyen : pensez à dire que vous avez été, par exemple, membre d'un conseil de vie lycéenne, délégué de classe, membre d'un comité de jeunes dans votre ville, soutien scolaire à des plus jeunes, scout, etc.

Engagement culturel : club de théâtre, de cinéma, groupe de musique, chorale, etc.

## 15. Quel stage d'observation en entreprise avez-vous fait en classe de troisième (ou en seconde) ?

## 16. Qu'est-ce que cela vous a apporté ?

## 17. Citez un projet, une prise de responsabilité dont vous êtes fier (fière).

Une première petite expérience d'organisation d'un week-end ou d'une fête est par exemple déjà une prise de responsabilité. N'imaginez pas que l'on attend de vous d'avoir déjà organisé de très grands événements comme le festival des Vieilles Charrues !

## 18. Quelle est votre matière préférée en cours ? Pourquoi ?

## 19. Si on vous donnait 1 million d'euros, qu'en feriez-vous ?

■ Dans le mois qui précède le calendrier des épreuves orales, vous veillerez à bien suivre l'actualité et prendre des notes par écrit, dans un carnet par exemple, pour retenir des points clés.

■ Parfois, une ou deux questions en anglais sont posées, mais jamais durant tout l'entretien.

# Les questions sur l'actualité et la culture générale

## 20. Quel est le sujet d'actualité des dernières semaines qui vous a marqué ?

## 21. Pourquoi ce sujet d'actualité vous a-t-il marqué ?

Choisissez un sujet que vous maîtrisez correctement et qui ne vous semble pas trop polémique pour éviter un débat politique.

## 22. Que pensez-vous du président de la République ?

Évitez de donner de façon tranchée votre opinion politique, pour ou contre le président, ou tout homme politique. Il vous faut malgré tout répondre en donnant idéalement un exemple concret qui appuie votre réponse, mais tout en nuances. « J'ai apprécié X. X. parce que… »

## 23. Vous sentez-vous plutôt français d'abord ou plutôt européen ?

## 24. Pensez-vous que l'on en fait trop autour de la question du réchauffement climatique ?

Et, pour finir, on vous demandera la plupart du temps :

## 25. Avez-vous une dernière question à poser au jury ?

Vous avez peut-être repéré, parmi les deux ou trois membres du jury qui se sont présentés tout au début de votre entretien, une personne dont le métier ou la fonction au sein de l'école vous intéresse sur une question précise. Posez-lui votre question.

Si vous n'avez pas de question, vous pouvez en conclusion redire votre motivation pour intégrer cette école en deux phrases courtes.

Ne demandez pas au jury ce qu'ils ont pensé de cet entretien. Ils vous feront quitter la salle et délibéreront sans vous faire de retour. Vous connaîtrez votre note en même temps que tous les candidats le jour des résultats finaux.

# Simulation d'entretien

Voici deux simulations d'entretien :

- Dans la première, le candidat, Eliott, n'est pas convaincant. À vous de déceler dans ses réponses les erreurs à éviter.
- La seconde simulation rebondit sur les « mauvaises » réponses pour proposer un discours bien plus convaincant !

## 1. Les écueils à éviter

**Jury (après une présentation rapide des trois personnes qui compose le jury) : Bonjour, Monsieur. Vous pouvez vous asseoir et décliner votre identité ainsi que votre parcours scolaire, s'il vous plaît.**

Eliott :
Je m'appelle Eliott Goupil. J'ai 17 ans et je suis en terminale S, option SVT, parce que je n'avais pas beaucoup de choix, en fait. Et j'habite à Mortagne-au-Perche, dans le 61.

**Avez-vous des passions ?**

Je joue beaucoup au basket, dans le *city* près de chez moi. Et chez moi, je regarde beaucoup de vidéos YouTube sur le basket.
Sinon, rien de spécial…

**Qu'aimez-vous dans le basket ?**

Tout.

**Mais encore ?**

J'aime bien la technique que cela demande pour marquer des paniers. J'aime bien aussi les joueurs et les championnats de la NBA.

**Pourquoi avoir choisi notre école ?**

D'abord parce qu'on m'a dit qu'elle était bien et aussi parce que je veux partir de chez moi. Il n'y a vraiment pas grand-chose à faire où j'habite.

## 2. Des réponses plus convaincantes

**Bonjour, monsieur. Vous pouvez vous asseoir et décliner votre identité ainsi que votre parcours scolaire, s'il vous plaît.**

Je m'appelle Eliott Goupil. J'ai 17 ans et je suis en terminale S, option SVT, ~~parce que je n'avais pas beaucoup de choix, en fait~~. Et j'habite à Mortagne-au-Perche, dans le 61.

Même si vous n'aimez pas trop votre filière, vous n'êtes évidemment pas obligé de le dire ! Et si vous voulez le faire parce que cela vous tient à cœur, expliquez davantage.

**Exemple :**

« J'ai choisi d'aller en terminale S parce que mes parents pensaient que ça m'ouvrirait plus de portes, même si je savais dès le départ que je voulais étudier l'économie dans une école de commerce » ou « J'ai choisi une terminale S parce que j'aime beaucoup les maths même si je n'avais pas d'affinités particulières avec les SVT, mais plus avec l'économie et l'actualité. C'est pourquoi j'aimerais vivement intégrer votre école ».

**Avez-vous des passions ?**

Je joue beaucoup au basket, dans le *city* près de chez moi. Et chez moi, je regarde beaucoup de vidéos YouTube sur le basket.

~~Sinon, rien de spécial…~~

« Rien de spécial » n'a aucun intérêt ! Cela dévalorise les propos du candidat au lieu de convaincre le jury ! Eliott aurait dû préciser pourquoi il apprécie beaucoup le basket, ce qui aurait en plus évité que le jury soit obligé de le relancer avec la question suivante !

**Qu'aimez-vous dans le basket ?**

~~Tout.~~

Ce genre de réponse est à bannir, elle laisse croire que le candidat n'a pas envie d'expliquer ou est incapable d'argumenter.

Si vous appréciez quelque chose, il y a sûrement plein de bonnes raisons à cela. Alors, trouvez ! Soit en y réfléchissant sur le moment, soit en préparant avant vos arguments (*cf.* conseils dans ce livre).

**Mais encore ?**

J'aime bien la technique que cela demande pour marquer des paniers. J'aime bien aussi les joueurs et les championnats de la NBA.

Là encore, et toujours, le jury est obligé de relancer le candidat. Il est temps qu'il argumente !

L'idéal est de le faire en plusieurs points. Vous pouvez présenter successivement les trois arguments en accompagnant votre discours de gestes de vos mains.

**Exemple :**

« J'aime beaucoup le basket pour trois raisons principales :
- tout d'abord pour l'histoire de ce sport, et également la carrière de Michael Jordan. C'était un grand sportif qui, bien qu'il ait annoncé plusieurs fois sa retraite, a porté son équipe des Chicago Bulls six fois jusqu'à la victoire du championnat NBA (entre les 1990 et 1997). C'est aussi un grand homme d'affaires qui a fortement valorisé l'entreprise Nike par sa propre marque et son logo mythique ;
- ensuite, le championnat de NBA est passionnant avec les playoffs et ses quatre victoires nécessaires pour franchir les étapes. De ce fait, la saison est longue (d'octobre à mai) et pleine de rebondissements ;
- enfin, j'apprécie beaucoup tout l'aspect statistique autour de ce sport avec ses mesures et ses estimations permanentes sur les performances des joueurs, des équipes et des franchises. »

**Pourquoi avoir choisi notre école ?**

~~D'abord parce qu'on m'a dit qu'elle était bien et aussi parce que je veux partir de chez moi. Il n'y a vraiment pas grand-chose à faire où j'habite.~~

**Exemple :**

« Initialement, j'ai connu votre école par un collègue de mon père qui est de la promo 1998. Il nous a dit qu'elle était excellente. Et puis, je suis venu aux portes ouvertes et j'ai beaucoup aimé l'ambiance et l'accueil des professeurs et des élèves. Et, en regardant sur différents sites Internet, j'ai vu aussi qu'elle était très bien cotée.

Et puis, je ne vous cache pas que la ville dans laquelle je vis est vraiment petite. Je serais heureux de faire mes études dans une ville plus vivante et plus animée culturellement. »

# Anglais

DURÉE

| ESDES et IÉSEG | ESSCA |
| --- | --- |
| 30 MINUTES | 45 MINUTES |



COEFFICIENTS

| ESDES et ESSCA | IÉSEG |
| --- | --- |
| 3 | 2,5 |

# Planning de révisions

Après quelques mois de travail pour préparer les épreuves écrites, il faut commencer à penser aux épreuves orales.

Vous pouvez, par exemple, alterner la préparation des écrits et des oraux en travaillant une semaine sur deux sur chaque type d'épreuve.

| PÉRIODICITÉ | NOTIONS À ABORDER | NOS OUTILS |
| --- | --- | --- |
| Une semaine sur deux, en alternance avec l'épreuve écrite | **Les mots de liaison** | Méthodologie et conseils page 388 |
| | **Les conjonctions de subordination** | Méthodologie et conseils page 390 |
| | **Vocabulaire** | Tout le cours page 295 |
| | **Comptes rendus d'articles commentés** | Méthodologie et conseils page 390 |
| | **Entraînement** | Sujets corrigés page 392 |

# Méthodologie et conseils

## 1. Présentation des épreuves

Les épreuves orales du concours consistent en un commentaire de texte assorti de questions orales.

Elles durent **30 à 45 minutes** et sont affectées d'un **coefficient 2,5 à 3**.

Elles visent à vérifier la capacité des candidats à utiliser leurs connaissances tout en se montrant désireux de communiquer.

Sont évaluées :

- l'expression ;
- la qualité de la langue ;
- l'argumentation ;
- la communication.

## 2. L'expression orale

**Tout au long de l'année, en amont du concours,** il est nécessaire de **s'entraîner à parler et à lire à haute voix**.

### A. La prononciation et l'accentuation

Pour **travailler la prononciation et l'accentuation** (n'oubliez pas que les **accents toniques** sont primordiaux en anglais et qu'il faut les connaître), vous pouvez vous entraîner à **écouter des émissions et à relire plusieurs fois à haute voix** leurs scripts. Vous pouvez par exemple les télécharger sur le site de la BBC.

Vous pouvez aussi aller sur les sites suivants :

> www.soundsofenglish.org

> www.bbc.co.uk/worldservice/learningenglish

Ce travail vous sera très utile.

Voici les **erreurs de prononciation les plus courantes** :

- ***h*** en début de mots ;
- ***s*** à la 3e personne du singulier des verbes au présent simple et à la fin des noms au pluriel ;
- ***-ed*** en fin de mots ;
- ***-ism*** en fin de mots, comme pour tourism, capitalism, etc. ;
- ***kn-*** en début de mots, comme pour know (le *k* ne se prononce pas) ;
- les consonnes muettes comme pour psychology (le *p* ne s'entend pas) ou iron (le *r* ne s'entend pas).

Pensez également à l'**intonation** et au **rythme** à l'oral. Il faut **respirer, ne pas lire** (vous pouvez néanmoins jeter des coups d'œil à vos notes), **regarder le jury** et **ne pas parler trop vite ni trop bas** de façon à être intelligible.

## B. L'organisation des idées

Par ailleurs, pour s'exprimer à l'oral comme à l'écrit, en particulier pour un examen, il faut **organiser ses idées** et les exprimer avec une certaine logique. Pour structurer, argumenter et nuancer, il faut utiliser des **mots de liaison** et des **conjonctions de subordination** appropriés. S'il en existe beaucoup, il est bon d'en connaître un ou deux par catégorie.

### a. Les mots de liaison

| Introduire | |
|---|---|
| ***the text/the article is about/deals with/tackles the issue of...*** | le texte/l'article traite de la question de... |
| ***first, firstly, in the first place*** | tout d'abord |
| ***secondly, in the second place*** | deuxièmement |
| ***the interest of the text/the article lies in...*** | l'intérêt du texte/de l'article réside dans... |
| **Exprimer un point de vue, son accord ou son désaccord** | |
| ***a criticism*** | une critique |
| ***as far as I am/he is/we are concerned...*** | en ce qui me/le/nous concerne |
| ***he is quite right in pointing out that...*** | il a tout à fait raison de signaler que... |
| ***the author's/the journalist's view is too biased/ prejudiced*** | le point de vue de l'auteur/du journaliste est trop partial |
| ***I agree with..., I disagree with...*** | je suis d'accord avec..., je ne suis pas d'accord avec... |
| ***I share his opinion/his point of view*** | je partage son opinion/son point de vue |
| ***I wonder if/whether...*** | je me demande si... |
| ***in my opinion..., to my mind...*** | à mon avis... |
| ***it seems to me that...*** | il me semble que... |
| ***the advantages and the drawbacks*** | les avantages et les inconvénients |
| ***the pros and the cons*** | le pour et le contre |
| ***to back/to support*** | soutenir |
| ***to be a proponent/an opponent*** | être un partisan/un adversaire |
| ***to be for.../against...*** | être pour.../contre... |
| ***to approve of*** | approuver |
| ***to take sides with*** | prendre parti pour |
| ***what I mean is...*** | ce que je veux dire, c'est que... |
| **Expliquer** | |
| ***a key issue*** | un problème clé, une question essentielle |
| ***a topic, a subject*** | un sujet |
| ***a topical question*** | une question d'actualité |

| | |
|---|---|
| ***actually, indeed*** | effectivement, vraiment, en fait |
| ***all in all*** | en somme, somme toute |
| ***anyway*** | de toute façon |
| ***as regards..., regarding...*** | en ce qui concerne..., quant à... |
| ***currently, nowadays, today*** | actuellement, aujourd'hui |
| ***for example/instance*** | par exemple |
| ***generally speaking*** | d'une manière générale |
| ***it has often been said...*** | on a souvent dit... |
| ***it is generally agreed today that...*** | tout le monde s'accorde aujourd'hui pour dire que... |
| ***it is obvious that...*** | il est évident que... |
| ***oddly/curiously enough*** | chose curieuse |
| ***paradoxically enough*** | paradoxalement |
| ***on the one hand ... on the other hand*** | d'une part ... d'autre part |
| ***owing to*** | en raison de |
| ***thanks to*** | grâce à |
| ***to some extent*** | d'une certaine manière |
| **Renforcer** | |
| ***besides, moreover*** | de plus, en outre |
| ***compared to*** | comparé à |
| ***in fact, as a matter of fact*** | d'ailleurs, en fait |
| **Exprimer la conséquence** | |
| ***so, therefore, consequently, hence*** | ainsi, donc, en conséquence |
| ***that is the reason why...*** | c'est la raison pour laquelle... |
| ***eventually*** | finalement |
| **Exprimer le contraste** | |
| ***conversely*** | en revanche |
| ***however, yet, nevertheless*** | cependant, toutefois |
| ***contrary to, unlike*** | contrairement à |
| ***either ... or...*** | soit ... soit... |
| ***neither ... nor...*** | ni ... ni... |
| **Exprimer la restriction** | |
| ***despite, in spite of*** | en dépit de, malgré |
| **Résumer** | |
| ***in a word, in short*** | en un mot |
| ***to sum up*** | tout compte fait, pour résumer |
| **Conclure** | |
| ***as a conclusion, to conclude*** | en conclusion |
| ***to put it in a nutshell*** | en bref, en résumé |
| ***lastly, finally*** | en fin de compte |

### b. Les conjonctions de subordination

| | |
|---|---|
| **But** | |
| ***to, in order to*** | pour, afin de |
| ***so that*** | afin que |
| **Cause** | |
| ***as*** | comme, étant donné que |
| ***given that*** | vu que |
| ***since, because*** | puisque, parce que |
| **Concession, opposition** | |
| ***although, though*** | bien que |
| ***even if, even though*** | même si |
| ***no matter what/how*** | peu importe ce que/comment |
| ***whereas, while*** | alors que |
| ***whoever*** | qui que ce soit |
| ***whatever*** | quel que soit |
| ***wherever*** | où que ce soit |
| **Condition, hypothèse** | |
| ***if*** | si |
| ***in case*** | au cas où |
| ***provided that*** | pourvu que, à condition que |
| ***unless*** | à moins que |
| ***whether ... or...*** | que ... ou que... |
| **Conséquence** | |
| ***insofar as*** | dans la mesure où |
| ***to such an extent that*** | à tel point que |
| ***so that*** | si bien que |

## 3. Le compte-rendu

Le travail que vous effectuez au cours de l'année de préparation sur le vocabulaire, la grammaire, la prononciation et l'accentuation devrait vous permettre de réussir votre compte-rendu d'article à l'oral.

Cet exercice vise à apprécier :
- votre anglais oral ;
- votre degré de compréhension du texte ;
- votre capacité à présenter un compte-rendu à l'oral et à le structurer.

Comme pour toutes les autres épreuves, il est nécessaire que vous vous entraîniez.

Lors du temps de **préparation**, vous devez :
- lire attentivement le texte au moins deux fois ;
- noter les étapes de votre compte-rendu.

Celui-ci doit être organisé de la manière suivante :

- **introduction :** présentez brièvement le document ; l'annonce du plan est facultative ;
- **développement :** déroulez les idées principales du texte ; n'hésitez pas à citer le texte (*I quote: …*) ;
- **conclusion :** terminez rapidement (l'épreuve est courte).

## 4. L'entretien

L'**entretien** qui suit votre compte-rendu permet au jury d'apprécier votre **réactivité**, vos **qualités de communication** et votre **niveau de langue**. N'hésitez pas à **faire appel à votre culture personnelle pour y puiser des exemples de situations ou de faits comparables à ceux du texte**, afin qu'ils illustrent vos propos.

# Sujets blancs corrigés

## SUJET 1 : Anglais

**DURÉE :** 30 À 45 MINUTES

### Consigne

Rédigez un compte-rendu de l'article puis répondez à l'oral aux questions.

## Five things coronavirus can teach us about life and death

The COVID-19 pandemic and the wall-to-wall news coverage that has come with it has changed many of our lives seemingly overnight. In the UK, as in many countries, this news coverage includes a daily death toll. For the first time in many people's lives they are having to face their own mortality and that of their loved ones.

Facing up to this fact can be painful and disabling, but in my work as a professor of death studies I have found it offers an opportunity to rediscover truths about life – both individually and in society.

Below are five positive things death can teach us about life.

**1. Your life perspective changes**

Shared adversity can foster a sense of community and affinity with others that can be masked in normal times. The challenge is to sustain this after adversity ends. And just as personal encounters with mortality can transform a person's life, a societal encounter with mortality has the potential to transform the life of society.

Disaster, pandemic and war can destabilise everyday social arrangements and assumptions, and catalyse profound social change. Arguably the Black Death helped end feudalism, the Chernobyl disaster helped hasten the collapse of the Soviet Union, and the experience of community solidarity and state intervention during World War II helped fuel the UK's desire to set up a welfare state. This pandemic has potential to change society for the better if we are able to seize this opportunity.

**2. It highlights the power of nature**

Many like to think they are masters of the physical world, including their own bodies. The deterioration of the body – whether through illness, disability, old age or ultimately death – reveals the limits of this assumption.

On a wider scale, humans are devastating the natural world, causing the extinction of thousands of species at an ever-increasing rate. Now, nature, in the form of a tiny virus that particularly threatens humans, is giving us a taste of our own medicine. The virus – like earthquakes, floods and other natural disasters – is reminding us that humans are also part of the natural world.

**3. And the power of connection**

New forms of heroism are emerging among frontline health workers, cleaners, delivery drivers, cashiers, refuse collectors and volunteers. From the clapping for carers that neighbourhoods in some countries are doing to the resurgence of neighbourliness and volunteering, the pandemic has created webs of giving and receiving. Distant family members and friends from the past get back in touch. What people do now counts and can provide a meaning to life sadly absent in many nine-to-five jobs.

Sociologist and thinker Michael Young (Lord Young of Dartington) spent his life documenting and fostering social solidarity in Britain – he helped found the welfare state in the 1940s and then wrote a sociological study of family and kinship in East London. In the 1990s, he wrote in a study of people dying of cancer that death, while sundering relationships, can also bring people together:

*Death is the common experience which can make all members of the human race feel their common bonds and their common humanity.*

My own research confirms this to be true.

The pandemic has highlighted the important things in life for many people. Gary L Hider/ Shutterstock

**4. This is an opportunity for review**

Facing up to mortality prompts us to reevaluate our lives. There are key times in the life course when this is likely to happen. One is the mid-life crisis, another is when entering old age – people look at what they have done so far, and may find themselves content with this, or decide to change, or regret that it seems too late to change.

The pandemic may cause some to review their lives while they still have enough decades left to act on their review. Not only whole societies, but some individuals may decide to live in new ways.

**5. Death needs to be talked about**

Facing up to mortality also has some simple practical implications. However fit and youthful you are, you should write a will and talk frankly and openly to those closest to you about your thoughts, hopes and fears.

Talk about what treatment you would or would not want if you catch COVID-19 and deteriorate. But be aware that with both health services and families stretched, there is no guarantee your wishes will be carried out – though discussing them first certainly helps.

Death's lesson here, perhaps, is about the limits to our control over our own life.

*The Conversation*, April 15, 2020.

# Questions

1. Do you think as Tony Walter that Covid-19 has changed the life of society?
2. How can you explain a pandemic can have good impact too on people?
3. Don't you think it made inequalities grow too?
4. Do you personally think it has changed your life?

# Corrigé

# Proposition de compte-rendu

The text I have just worked on deals with the latest and still living enormous worldwide pandemic, Covid-19. It focuses, after months of disease and deaths all over the world, on the way Covid-19 may change and has changed our lives and our relation to life and death.

The author, Tony Walter, Professor Emeritus of Death Studies at the University of Bath in England, depicts, I quote the title, "Five things Covid can teach us about life and death."

What strikes us first as readers is the way the author of the article takes a positive stand regarding the "benefits" of Covid, or the fact that such a plight can teach us things about us and life and death.

Indeed, one of those things it has taught us is that we can help and support each other more than we usually do. This pandemic, as other big disasters in history, has, I quote, "transformed the life of society" and for the better. People have shown and show more solidarity, more unity.

Another point is the awareness people get at seeing they are part of nature, part of a whole and how they can disorganize, disrupt or spoil it. We are all responsible for our environment and we have to protect it.

Covid-19 has also enhanced the importance of NHS and all caretakers, people who work in the shadow at all times and who became our everyday heroes during confinement. It showed how necessary we are all to one another and all part of the same humanity.

Finally, the author develops two other major impacts Covid had on us: the way it forced us to reconsider our lives and enjoy them before old age. In parallel, people, while confronted to disease, old age and death, have to think and talk more openly about the way they imagine the end of their life, the treatments they would accept or not, the will they should write in order to set things clear before dying and tell their families their last wishes.

To conclude, this article brings up the fact that Covid-19, though tragic and devastating, has made people grow and forced them to consider or reconsider their lives. It has changed societies, raised more unity and solidarity and led us to think about our own end of life.

# Vocabulaire

*to depict* : dépeindre

*a stand* : une position

*a plight* : une situation critique

*to disrupt* : perturber, interrompre

*to enhance* : mettre en avant

*a caretaker* : un personnel soignant

*confinement* : le confinement

*a will* : un testament

# Propositions de réponses aux questions orales

**❶ Do you think as Tony Walter that Covid-19 has changed the life of society?**

Yes, I definitely do. Such a predicament as Covid-19 has inevitably had major consequences on society and on people. Thousands of people died and it can't leave the world as it used to be.

**❷ How can you explain a pandemic can have good impact too on people?**

I think it reminds people they are equal and as weak in front of diseases, in front of death and consequently it changes the usual balance of inequalities among people.

Whatever powerful and rich you are, you can be a victim and can't deter a pandemic to hit you, so it makes people be part of the same unity, of the same humanity.

You cannot escape or no longer protect yourself with money, success, etc. You need the same care and doctors, the same medicine, the same help from the others. Everyone has to survive.

**❸ Don't you think it made inequalities grow too?**

Yes, some people, some countries were more armed and protected than others. In the Third World and overpopulated countries, it was way more difficult for people to respect confining and distancing but we saw in France how difficult it was to get masks, how sometimes "lost" politicians were to tell people what to do or not.

It is true that it was undoubtedly easier for a small family living in a big house with a garden to bear confinement than for a big family in a small apartment, but death and disease can hit anybody anywhere.

**❹ Do you personally think it has changed your life?**

Yes, no doubt my life will never be exactly the same afterward. I will not be as carefree as I used to be. In my opinion, Covid-19 has reminded everyone how precious and fragile life is. I have also grown more aware of the necessity to protect old people and to look after sick ones.

I have also decided since then to dedicate some of my free time to voluntary charities.

Besides, because it led the world to a major economic downturn, we have to unite and cooperate to recover and to save those who have lost everything. This is, in my opinion, the only way to survive and to cope and limit the number of victims of this pandemic.

# SUJET 2 : Anglais

**DURÉE :** 30-45 MINUTES

## Consigne

Rédigez un compte-rendu de l'article puis répondez à l'oral aux questions.

### Bulgarian and Romanian migrants "will help economy"

European Commission claims Romanians and Bulgarians moving to Britain will help the economy, and warns David Cameron against plans to restrict migrants' access to benefits.

Romanians and Bulgarians moving to Britain will help the economy, the European Commission claimed on Monday as it warned David Cameron over his plans to restrict European migrants' access to benefits.

The Commission said in a report that immigrants to Britain from European Union countries paid far more in tax than they received in benefits, so were therefore an economic bonus.

Although it acknowledged that mass immigration could cause social and infrastructure problems, it concluded that the overall impact was positive.

The Commission's position is a challenge to the Prime Minister, who is preparing to defy European law by restricting benefits to immigrants from Bulgaria, Romania and other European countries. Restrictions on citizens of the two countries will lapse at the end of the year, meaning they will be free to work in Britain.

The coming change has led some MPs to warn that a large influx of migrants will cause social and economic disruption.

Underlining British doubts about the arrival of Bulgarians and Romanians, a poll this week showed that more than half of voters do not want people from the two Eastern European countries to have full employment rights.

Free movement of labour across members' borders is a fundamental principle of the EU, and the Commission promised to uphold that right in the face of British resistance.

In a report on free movement policies, the Commission argued that allowing people from other nationals to work freely brings economic benefits.

Because migrant workers tend to be young and active, they generally contribute more in taxes than they cost in public services, the Commission said. They also bring useful skills.

"On average, mobile EU citizens are more likely to be in employment than nationals of the host country," the Commission said. "They help the host country's economy to function better because they help to tackle skills shortages and labour market bottlenecks."

The Commission's economic argument is shared by some independent economists, as well as the Treasury.

However, critics of European migration say it brings social problems to host countries, as services struggle to absorb the arrivals, some of whom experience difficulty in fitting into their new communities. Even the Commission, as it made the economic case for free movement, conceded that in some cases, it can create social problems.

"At the same time as free movement brings benefits to Europeans and to the EU economy as a whole, it can create challenges for local communities," the paper said.

The economic crisis also "accentuated a debate in some member states on the impact of free movement on national social systems and on the pressures on local services", it added.

In response to public concern about the arrival of Bulgarians and Romanians, Mr Cameron is preparing to announce limits on their ability to claim benefits. EU nationals have to wait three months before becoming eligible to claim welfare, a time limit that could be double under plans that could be set out as soon as this week.

A Commission spokesman warned that any changes in benefits criteria could be incompatible with EU rules.

"The Commission will assess the compatibility with EU law of any new UK Government measures on access for EU nationals to benefits in the UK as and when the details of such measures are finalised," said the spokesman.

"Once the UK Government has fully clarified any changes it intends to introduce concerning access to benefits, the Commission will seek to ensure that these measures are fully compliant with EU rules on free movement."

Some Conservative MPs want Mr Cameron to go much further than just limiting benefits. More than 30 of the party's MPs have backed a Commons amendment that would extend restrictions on Bulgarians and Romanians until 2018.

Voters also want tighter rules. A poll by Channel Five showed yesterday that 47 per cent said people from the two countries should have no rights to work, settle and claim benefits. Another 18 per cent said they should have more limited rights than other EU nationals. A quarter said they should have the same rights. Bulgaria and Romania have been in the EU since 2007, with their citizens theoretically subject to transitional controls on their right to work in the UK.

Nonetheless, Government figures show that the number of people from the two countries being granted permanent right to reside in the UK is rising fast, even as the numbers from other countries fall.

Some 1,067 Bulgarians were granted residency last year, up from 13 in 2011. For Romanians, the total rose from 24 to 1,110.

The two countries have complained about British political rhetoric about their citizens.

Romania's Foreign Minister, Titus Corlatean told Channel 5 News he did not expect a "flood" of migrants from his country to come to Britain after January 1 and attacked the way the immigration debate had been conducted in the UK.

He called on Mr Cameron to reject "the xenophobic and populistic and once again sometimes racist attitudes which are promoted by some other British politicians".

The Bulgarian ambassador to the UK this week told the *Daily Telegraph* said that he was not aware of any Bulgarian application for a British work permit which had been turned down, raising doubts about the effectiveness of the transitional curbs.

However the Home Office said that approximately 20 per cent of work permit applications from British employers looking to hire Bulgarians were rejected.

Downing Street said the Government was still looking at what more action could be taken on benefits for immigrants.

The Prime Minister's Official Spokesman said: "The Government is taking action. Of course we are looking at what more can be done."

Asked when the Prime Minister's thinking in this area would become clearer, he declined to provide any timescales.

The spokesman was also asked what the Government's stance would be if the next steps contravened EU law. He would only say: "The Government acts within the law."

Asked if David Cameron was concerned about racist tones in the immigration debate, the spokesman pointed to the Prime Minister's previous comments about the need to engage "in this important debate in a measured way".

Bruno Waterfield, *The Telegraph*, 25 November 2013

# Questions

1. Do you think free movement policies bring any benefits?
2. What do people fear mainly, in your opinion?
3. You, then, definitely agree with the European Commission's point of view rather than with Cameron's one?
4. What about Calais?

# Corrigé

## Proposition de compte-rendu

The article is taken from the British newspaper The Telegraph and was published in November 2013. It deals with plans of the English Prime Minister, David Cameron, regarding European migrants and the way the European Commission has challenged them. Indeed, David Cameron is on the verge of restricting European migrants' access to benefits*. He was warned against it by the European Commission claiming that European migrants, namely Bulgarians and Romanians, will help the economy.

As a matter of fact, Cameron's plans were challenged by the European Commission which reminded the Prime Minister that, on the one hand, European immigration in Britain was on the whole very positive for the country from an economic standpoint*, and, on the other hand, that restricting the social advantages of new immigrants in Britain would be a breach of* European rules.

What's more, The European Commission has concluded that free movement of labour* in the European Union was economically stimulating for many reasons. Indeed, incomers* yield* new wealth through their hard work, but they also bring useful competences to the country. Since they work and pay taxes, they represent a true blessing* for the countries that welcome them: "The Commission said in a report that immigrants to Britain from European Union countries paid far more in tax than they received in benefits, so were therefore an economic bonus".

Yet, the Commission concedes that mass numbers of immigrants may bring specific problems to the host* countries. Indeed, they may wreak* havoc* on local services and upset local communities. Critics of European migration say it can bring social problems, put a strain* on the overall organization of a country and disrupt* sectors like transports, health services or housing.

The article also shows that a substantial number of British people (47%) think Bulgarian and Romanian migrants should have "no rights to work, settle and claim benefits". Thus, a large number of voters want tighter rules on immigration, supporting Cameron's plans of restrictions.

Finally, both Romania and Bulgaria have expressed discontent about the racist undertones of some conservative politicians' plans concerning immigration: "the two countries have complained about British political rhetoric about their citizens". Besides, they also tried to be reassuring in claiming that their citizens would not come in mass numbers to Britain.

In conclusion, we can say that this article shows Britain's division over the issue of European immigration, opposing the European Commission's arguments that migrants are a bonus to the economy and Cameron's wish to restrict their benefits.

# Vocabulaire

*benefits* : des allocations, des aides

*a standpoint* : un point de vue

*a breach of* : un non-respect de, une infraction

*labour* : le travail

*an incomer* : un arrivant

*to yield* : rapporter, produire

*a blessing* : une bénédiction

*host* : d'accueil

*to wreak* : causer, entraîner
*havoc* : des dégâts
*a strain* : une tension, une pression
*to disrupt* : perturber
*to be relieved* : être soulagé
*a meltdown* : un effondrement
*a boon* : une aubaine, une bénédiction
*a bane* : un fléau, un poison
*to hamper* : gêner, entraver
*a plight* : une situation très difficile

# Propositions de réponses aux questions orales

**1 Do you think free movement policies bring any benefits?**

To my mind, it is a great thing that any European citizen can look for a job in a foreign country, and work there without asking for a permit. Of course, this right also implies that European foreigners can benefit from social and tax advantages in their host country.

In my opinion, most immigrants are young and active, they can bring different skills too. In addition, they do not take the same jobs as regular citizens, meaning that they do not "steal jobs", as some claim. Shortages in some sectors could be relieved* by immigration. For example, nurses have been in demand for years in many European countries. Besides, it has been proven that foreign workers contribute a lot more than they receive and "cost" in "benefits".

**2 What do people fear mainly, in your opinion?**

Since the financial and economic crisis of 2009, many countries have been criticizing free movement policies and European immigration. One of people's main fear, in my opinion, is unemployment. People fear they might be "stolen" from possible jobs by migrants; moreover, they may think immigrants cost too much to a nation to host. Finally, because of the economic meltdown* and growing inequalities, which impoverish the middle and working classes, people express more irrational fears such as racist or xenophobic feelings.

**3 You, then, definitely agree with the European Commission's point of view rather than with Cameron's one?**

Yes, I do. Foreign workers and free movement policies are definitely a boon* rather than a bane*. The European Union forms a single market where no restrictions and taxes are imposed on the movements of European citizens and products and it must stay so. The United Kingdom suffers from skill shortages in IT, health and education, which could hamper* the country's recovery effort. One mustn't yield to irrational and primitive fears. Foreign immigration boosts the economy.

**4 What about Calais?**

Calais is an extreme situation; what migrants and local people live there, is a real tragedy and solutions must be found; yet, you cannot draw general conclusions from that plight*. Immigration is a hot button issue for Europe and the USA and one mustn't forget that studies have revealed that immigration has represented and still represents a substantial economic stimulus.

PEFC PEFC/30-32-821

Achevé d'imprimer en octobre 2020 par Wilco aux Pays-Bas
Dépôt légal: novembre 2020
N° éditeur MAGSI20190486